정신치료의 철학적 지평

김영필 외 지음

정신치료의 철학적 지평

김영필 외 지음

철학과현실사

머리말

정신치료에 관한 철학적 담론이 논의되기 시작하고 있는 현금의 학문적 분위기에 발맞추어 이 책을 출간한 것은 매우 의미 있는 일이다. 하지만, 다른 한편으로, 전통적인 정신치료에 새로운 지평을 마련해야 하는 그 출발점에 서 있다는 점에서는 긴장감을 갖지 않을 수 없다.

철학의 자기정체성을 이론적 성찰이나 관념적 추상에서 확인하기보다 임상적 실천의 장에서 그 본래성과 진정성을 찾으려는 노력은 이미 시작되었다. '철학상담' 혹은 '철학치료' 및 '임상철학(clinical philosophy)'이란 용어들이 낯설지 않은 것은, 철학은 이미 그 출발에서부터 인생의 구체적인 문제를 실천적으로 해결하는 활동이었다는 사실 때문이다.

근대 이후 가속화된 과학주의적 패권은 인간의 일상적 삶까지 식민화하려는 야욕을 포기한 적이 없다. 우리의 일상적 삶의 원형인 '생활세계'의 구체적 경험들이 '객관성'이란 이름으로 포장된 과학주의에 의해 그 원본적 가치가 유린당하고 말았다. 결국 인간의 정신조차 하나의 자연적 사물처럼 취급함으로써, 정신적 질환을 기계론적-물리주의적 모델에 의해 진단하고 치료하려는 과학주의적 치료모델을 정당화시키고 말았다.

이제 과학주의적 치료모델만으로 치료할 수 없는 정신적 문제들에 대한 새로운 접근 대안을 모색하지 않을 수 없다. 이런 상황하에서 이 책은 정신치료의 새로운 지평, 즉 철학적 지평을 반성적으로 고찰해 본다. 철학적 정신치료의 장을 마련함으로써 전통적인 정신치료의 태생적 한계를 극복할 수 있는 역동적 대안을 찾으려고 한다. 정신치료의 접근방식을 철학적 치료모델로 그 지평을 확장함으로써, 정신치료의 새로운 미래를 열어갈 것이다. 이 새로운 출발은 그 자체로도 의미를 갖는다. 이제 그 출발이기에 앞으로 정신치료에 대한 풍성한 철학적 담론들이 쏟아지기를 기대해 본다.

이 책은 한국학술진흥재단의 지원을 받아 아시아대학교 철학치료 연구소가 "동서철학의 정신치료적 함의에 대한 연구"(KRF-2005-079-AM0019)란 제목으로 수행한 연구 성과물들을 모아 만든 책이다. 이 연구에 참여한 연구자의 논문들과 전문가로 초청되어 발표한 김주완, 김석수, 장윤수 교수의 논문들로 만들어졌다.

끝으로 이 책이 출판될 수 있도록 도움을 준 철학과현실사에 감사의 말을 전한다.

2008년 2월
필자를 대표해서 김 영 필 씀

차 례

현상학적 정신치료

E. 후설의 상호주관성이론을 중심으로

김 영 필

1. 머리말

필자는 에드문트 후설(Edmund Husserl, 1859-1938)의 상호주관성 (Intersubjektivität)이론이 함의하는 정신치료적 기능을 분석하려고 한다. 메다르 보스(Medard Boss, 1903-1990)는 이미 하이데거의 '세계내존재'라는 존재론적 구상에 힘입어 질병을 세계로부터의 단절로 읽고 그에 대한 진단과 처방을 내린 바 있다.1) 이 글은 하이데거의 존재론적 기획에 의해 '세계내존재'로 그 외연의 두께가 확장되기 이전, 후설의 생활세계적 존재론에서 정신치료적 함의를 찾으려고 한다. 특히 후기 생활세계적 현상학의 기본적 토대를 이루고 있는 상호주관성이론이 함의하는 정신치료적 기능을 제시하는 데 목적이 있다. 인간의 공동체적 삶의 지반인 생활세계(Lebenswelt)의 망각을

---

1) 한국현상학회 편, 『현상학과 정신분석』, 철학과현실사, 2000, p.61.

근대학문의 위기로 읽은 후설은 근대정신의 위기를 치료하기 위한 대안을 스스로 제시해 보이고 있다.

현상학적 존재모델의 해체, 즉 주-객의 근원적인 지향적 상관관계의 파열은 바로 정신분열의 존재론적 근거이다. 정신분열증 환자는 의식의 장(場, field)이 파열되는 마음 상태에서 발생한다. 상호주관적 세계인 생활세계의 상실을 정신질환, 특히 정신분열의 발생적 기원으로 해석한다면, 정신분열에 대한 현상학적 진단과 치료는 필수적 과제이다.

정신분열증 환자는 자기만의 개별적 의식 속에 갇혀 있다. 상호주관적 세계와 등지고 앉아 의식과 세계 사이의 부단한 지향적 흐름을 차단한 채 살고 있다. 의식의 지향성이 작동하지 않은 상태에서 마치 '기계 속의 유령'처럼 자신만의 의식 속에 갇혀 있다. 지향적 의식이 제대로 작동하지 않은 상태가 바로 정신분열의 상태이다. 정신분열 상태의 대표적 사례인 자폐증이 좋은 예가 된다. 이것은 외부세계와의 단절이다. 유아론적 가상에 빠져 있다. 외부세계와 단절하고 순수의식에로 몰입하는 상태이다. 우리는 정신분열의 상태를 현상학적 관점에서 역사성의 단절로 규정할 수 있을 것이다. 의식의 지향성이 단절되어 시간적 연속성과 세계와의 관계성이 단절됨으로써 '생활세계'라는 역사적 공동체가 무역사적인 개별적 의식으로 쪼개진 상태이다. 내적 시간의식으로서의 의식의 흐름이 단절되어 흐름으로서 과정으로서 그리고 장으로서 기능이 제대로 작동하지 않은 상태이다. 결국 인격 상호간의 사랑의 대화가 단절됨으로써 상호주관적 장의 수립이 불가능한 상태이다. 정신분열 환자의 쪼개진 의식에는 상호주관성이 문제가 되지 않는다.

그러므로 임상적 실천의 장에서 우리에게 요구되는 것은 상호주관적 경험이 가능한 상담자-내담자, 치료자-환자 사이의 대화적 구조를

10

복원하는 것이다. 정신분열증 환자의 치료에 있어서, 환자를 대화나 감정이입을 통해 도저히 이해할 수 없는 타자로 앞서 재단하는 것은 매우 잘못된 접근방식이다. 정신분열증은 바로 치료자와 환자 사이의 상호작용, 상호인격적 대화의 단절로 이해하기에 앞서 성급히 개별 환자의 질병이나 결손으로 규정하는 것은 문제가 있다.

환자를 상호작용에 의해 이해할 수 없는 타자로 규정하는 야스퍼스나, 참되고 진실된 것은 분석가의 능력에 달려 있다고 생각하는 프로이트는 환자의 경험을 치료자의 경험에 종속시킬 위험성을 내포한다. 중요한 것은 환자의 정신적 문제를 단순히 질병이나 기능장애 혹은 결손의 양태로 규정하기보다 치료자와 환자 사이의 대화적 경험의 일탈에서 찾는 것이다. 이에 대한 논의를 위해 후설의 상호주관성이론은 매우 설득력 있는 치료적 대안이 될 수 있다.

2. 현상학적 접근의 필요성

우리는 모한티의 말을 인용해서 후설의 현상학적 접근을 여타의 선(先)현상학적 접근과 구분하기 위해 '의심의 현상학(phenomenology of suspicion)'과 구분된 '존중의 현상학(phenomenology of respect)'[2]으로 규정한다. 의심의 현상학은 이론가나 치료자가 환자의 경험의 적법성을 의심하는 것이다. 환자의 경험 자체를 자연과학적 가설에 의해 질병으로 분류하기에 앞서 있는 그대로를 인정하는 것이 중요하다. (선험적) 의식은 모든 실재적인 것의 의미를 구성하는 것으로 그 자체로 인정되어야 한다. 후설에 의하면 모든 경험의 흐

---

2) 다음을 참조. L. Davidson, "Phenomenology and contemporary clinical practice:introduction to Special Issue", *Journal of Phenomenological Psychology*, September 22, 2004.

름은 그것이 의식에 나타나는 그대로 존중되어야 한다. 경험의 흐름은 그 자체가 존재를 제시하는 것으로 적법하고 신뢰성 있게 존중되어야 한다. 타자의 경험을 불신과 의심으로 대하기보다 모든 경험을 있는 그대로 대하는 것이 중요하다. 환자 자신의 경험을 있는 그대로 인정하고 존중하는 것이 바로 치료자의 기본적 자세이다. 환자의 경험을 환자의 입장에서 이해하는 것이 중요하다.

환자의 경험을 환자의 입장에서 그 액면가대로 평가한다는 것은 무엇을 의미하는가? 자연과학에 근거한 학문적 원리를 가지고 환자의 경험을 진단하고 치료하는 전통적 심리치료의 접근방식이 문제가 된다. 이것은 정신을 물리적 신체에 단순히 인과적으로 부착되어 있는 보완물로 간주하거나 또는 물리적인 인과계열과 평행하는 인과계열로 해석하는 데서 비롯된 것이다. 만약 환자의 경험이 학문적인 방법적 추상에 의해 더 이상 제거될 수 없는 근원적인 구체상, 즉 어떠한 개념적 추상에 의해서도 분석될 수 없는 선천적인 필연적 구조를 가지고 있다면, 환자의 경험은 치료자의 편에서 아무것도 덧붙이지 않은 채 그 자체로 존중되어야 한다. 이 선천적인 필연적 구조는 바로 학문적 탐구에 의해 개념으로서 추상되기에 앞서 이미 거기에 주어져 있는 보편적 경험양식이다. 이것은 정신과 자연 그리고 주체와 객체가 분리되기에 앞서 주어진 시원적(始原的) 분야로서 상호주관적 경험의 장이다. 이 보편적 경험양식에 근거해 치료자와 환자 사이의 상호이해와 공감이 가능해진다.3)

---

3) 우리가 후설의 상호주관성이론을 하나의 임상철학을 위한 이론적 근거로 읽어내는 데 있어서 중요한 관점을 제시해 주는 것은 바로 생생한 경험의 확실성을 모든 경험의 권리원천으로 삼는다는 데 있다. 즉 원본적으로 부여하는 직관을 모든 인식의 권리원천으로 삼는다. 위로부터 가설된 어떠한 이론적 가설로부터도 자유로워진 태도에서 생생하게 살아 있는 경험에서부터 다시 시작한다. 그의 현상학적 환원은 바로 이러한 경험의 확실성을 그 액

이런 점에서 환자의 경험은 비록 주체적이고 상대적인 경험이긴 하지만, 언제나 의심할 수 없이 확실하게 거기 있는 것으로서 지각된다. 즉 어떠한 이론적 추상에 의해서도 깨어질 수 없는 고유한 존재의미를 가진 것으로 이미 주어져 있다.

전통적인 심리치료의 관점에서 볼 때, 의식작용은 유기적 과정(특히 신경조직의)이나 다른 모든 물리적 과정과 똑같은 실재세계에서, 그리고 똑같은 객관적인 시공간 속에서 발생하는 일정한 성질을 지닌 것으로 간주된다. 즉 의식작용이 인과적으로 혹은 생리적으로 생리학적 과정과 연관되어 있다.4) 따라서 전통적인 심리치료에서 다루

면가 그대로 인정하기 위한 방법적 조치이다. 예를 들어 정신분석에서 환자는 그가 깊이 연루되어 있는 그런 감정들에 대해 반성한다. 자기반성이 현상학적 치료수단이다. 그러므로 이 자기반성에 저항하는 것이 질병의 주요 원인이고, 이 저항을 극복하는 것이 치료과정이다. 자기반성을 통해 선험적 의식을 회복함으로써 진정한 문제의 원인을 드러낼 수 있다. 이 원인은 결코 추론이나 형이상학적 사색을 통해 드러날 수 없다. 모든 개념적 추론에 의해 이념적으로 조작되거나 왜곡되기에 앞서 이미 생생하게 주어져 있는 것을 단지 있는 그대로 기술할 뿐이다. 정신치료에서 환자는 자신의 경험의 지평을 정확하게 그리고 편견 없이 드러냄으로써 자신의 감정들을 찾아낼 수 있다. 생생한 경험이란 바로 의식에 현전하는 경험으로서 의식적 경험이다. 의식초재적 경험은 한갓 의식내재적 경험에 의해 구성된 것으로서 그 자체 파생적이고 간접적인 경험이다. 그러므로 환자는 자신의 의식적 삶에 대한 반성 없이 진정한 자신의 문제를 찾을 수 없다. 모든 진리나 실재 그리고 가치들은 바로 의식적 경험에 의해 비로소 의미가 부여될 수 있을 뿐이기 때문이다. 정신치료에서 치료자의 일방적인 객관적 관찰이 진정한 치료가 아닌 것은 바로 이런 이유 때문이다. 환자는 자신의 진정성에 대해 인간적인 책임을 전적으로 다할 수 있을 때만 진정한 치료가 가능하다. 온갖 이념적 추론에 의해 개념적으로 특정한 질병으로 분류된 진단규준에 의해 특정 질병으로 이름 붙여지기에 앞서 그 발생적 혹은 존재론적 기원을 의식적 삶의 생생한 경험에 호소하여 치료하는 것이 우선적이어야 한다. 선(先)개념적 경험인 지각의 확실성을 우위에 두는 현상학적 원칙이 전통적 심리치료에 대한 임상철학의 이론적 토대가 되는 이유가 바로 이것이다.

4) 아론 걸비취, 최경호 옮김, 『의식의 장』, 인간사랑, 1994, p.198 이하 참조.

는 정신적 문제나 질환은 기능적 장애나 생물학적 결손과 연결되어 설명된다. 현상학은 이와는 달리 의식을 실증과학적으로 다루지 않는다. 의식은 실재세계와 나란히 존재하는 일상적 영역이 아니기 때문이다. 물리학주의와 궤를 같이하고 있는 심리학주의는 인간의 의식적 삶을 설명하기 위해 인간의 의식조차 물리적 사건에 작용받는 물리적 체계로 인정하고 있다. 후설은 이것을 '의식의 자연화'로 규정한다.

현상학적 접근은 바로 의식작용이 의식 이외의 다른 물리적 체계에 의해 설명되는 것이 아니라 오히려 물리적-심리적 세계가 의식에 역관계되어 있고, 그 존재근거가 의식에서 되물어져야 한다는 입장이다. 현상학적 환원은 바로 이를 위해 필요한 조치이다. 현상학적 환원이 수행되지 않고서 의식이 아직도 실재세계의 한 부분으로서 간주되고 있는 한, 의식작용은 물리적 사건에 인과적으로 의존하고 있는 것으로 해석된다. 환원에 의해서 의식작용은 실재세계에서 발생하는 사건으로 간주되지 않는다. 환자의 정신적 문제를 인과적 추론의 희생물로 삼지 않기 위해서 그 문제 자체가 있는 그대로 드러나게 하는 태도로 변경하지 않으면 안 된다. 자연적 태도에서 현상학적 태도로의 환원이 요구된다. 그러므로 현상학적 환원을 철저하게 수행한 자만이 훌륭한 상담자와 치료자가 될 수 있다. 현상학적 시선을 가질 수 있도록 철저한 훈련을 한 자만이 문제 자체로 돌아갈 수 있다. 환자의 어떠한 문제도 그의 의식적 삶과 분리해서 객관적으로 설명될 수 없는 것이기에, 그의 의식적 삶에 대한 이해 없이 문제 자체로의 접근은 불가능한 것이다.

예를 들어 고통이나 중독과 같은 경우가 그렇다. 전통적 의학에서는 고통과 중독이 자아의 배후에서 혹은 신체 너머에서 발생하는 것으로 진단한다. 하지만 의학적 모델만으로는 진정한 치료가 가능하지 않을 것이다. 이 고통과 중독의 경험을 넘어 또 다른 원인에 의해 야기된 것으로 객관적으로 추론됨으로써 환자의 경험이 가진 구신성(具身性, Leibhaftigkeit)과 직접성을 손상해서는 안 된다. 치료는 간접적이고 추론적인 절차에 앞서 주어져 있는 생생한 경험에서 시작해야 한다.5) 일반적인 질병의 경우는 신체 특정 부위에서 발생하는 것처럼 느끼는 것은 당연하다. 요통이나 치질은 특정 부위에서 발생한 것으로 쉽게 느낄 수 있다. 하지만 고통은 단순한 육체적 아픔만도 아니고 정신적 아픔만도 아니다.6) 정신과 세계의 관계성 사이에 그 존재론적 근거를 가지고 있는 '사이-경험(between-experience)'이다.

고통과 중독에 시달리는 환자에게는 고통과 중독이라는 정서적 혹은 심리적 대상을 반성 혹은 대상화할 수 있는 선험적 자아가 상실되어 있다. 고통과 중독이라는 심리적 대상과 그 대상을 반성하는 선험적 자아가 과도하게 혼합되어 있는 경우이다. 그러므로 일차적인 치료는 바로 이 과도하게 혼합되어 있는 상태를 진정시키는 것이다. 고통과 중독이 주체의 특정 부분에서 발생하는 것이 아니라, 선험적 자아에 의해 반성된 지향적 대상으로 전환됨으로써, 고통과 중독 현상 자체를 선험적 차원에서 반성할 수 있는 상황을 만들어주는 것이 중요하다. 환자 스스로 자신의 문제에 대해 반성할 수 있는 상황을 만들어줌으로써, 경험적 자아를 반성하는 선험적 자아를 회복할 수 있도록 해주어야 한다. 고통과 중독 현상을 겪고 있는 경험적 자아와 그 자아 자체를 반성할 수 있는 선험적 자아 사이의 지향적

---

5) P. Koestenbaum, *The New Image of the Person: The Theory and Practice of Clinical Philosophy*, Greenwood Press, 1978, p.481.

6) '고통'의 철학치료적 함의에 대한 상세한 논의는 다음을 참조. 손봉호, 「고통의 현상학」, 한국현상학회 편, 『생활세계의 현상학과 해석학』, 서광사, 1992, pp.40-63.

관계를 인식하는 것이 중요하다. 따라서 고통과 중독에 대한 치료 역시 전통적인 의학적 접근만으로는 한계가 있다. 고통과 중독 현상에 대한 생리-물리-화학적 추론은 이차적인 것이다. 따라서 전통적 의학과 유대성을 가지면서도 그 한계를 넘어서는 '전체론적 의학(holistic medicine)'[7]이 요구된다.

3. 생활세계의 망각으로서 정신적 위기

만약 현대인의 정신적 문제나 질병이 단순히 객관적 규준에 의해 진단될 수 없는 주관적 경험에서 수반되는 것이라면, 정신치료의 방법은 메타과학적 모델을 필요로 하지 않을 수 없다. 정신적 문제는 자연과학적 의미의 인과적 현상이 아니기 때문이다. 말하자면 정신질환과 육체적 질환 사이에는 질적인 차이가 있기 때문에, 정신질환에 대해서는 자연과학 이전의 생활세계적 경험의 장으로 돌아가 그 문제의 근원을 해명할 필요가 있다. 그러므로 질병에 대한 기계론적 접근이 가지는 태생적 한계를 넘어 정신질환의 고유한 문제 자체로 돌아가기 위해서 선(先)과학적, 생활세계적 경험의 영역으로 돌아가야 한다.

따라서 정신질환은 전통적인 기계론적 모델로만 치유할 수 없다. 전통적 모델에는 정신질환을 비정상적인 생물학적 기능으로 정의하는 생물학적 정신의학, 부적절한 행동으로 정의하는 행동주의심리학과 정신의학이 속한다. 이와 더불어 정신질환을 사회적 문제로 규정하는 입장도 제시된다. 정신적인 문제는 사회적 환경과 분리해서 정의할 수 없다는 입장이다. 이와 같은 정신질환에 대한 생물학적 전

---

7) P. Koestenbaum, 앞의 책, p.466.

통과 심리학적(행동주의적) 전통과 사회학적 전통들은 한결같이 정신질환을 자연현상과 같이 다룬다. 현상학자 후설은 이것을 바로 의식의 자연화로 규정한다. 이 모든 전통적 입장들은 자연과학주의적 정신의학이나 심리치료의 한계를 넘어설 수 없다.[8] 왜냐하면 전통적 접근방법은 모든 정신질환을 경험과학적 규준하에서 일정한 방식으로 분류할 수 있다는 자연과학주의적 편견에서 자유롭지 못하기 때문이다. 정신적 질환에 대한 전통적 분류는 자칫 질환 자체가 가지는 상황성과 맥락성을 놓칠 위험이 있다. 정신질환이라는 사태 자체로 혹은 정신적 문제 자체로 돌아가 거기에서부터 새롭게 시작하지 않으면 안 되는 이유도 바로 이 점에 있다. 왜냐하면 내담자의 정신적 문제는 그 자체가 기계론적 모델에 의해 재단될 수 없는 그만의 고유한 문제이기 때문이다. 특히 경험과학적으로 추상된 진단규준들은 생활세계적 경험의 생생한 이야기들을 추상하고 난 이후 얻어진 추론의 산물이기 때문이다. 정신적 질환은 이제 더 이상 객관적 규준에 의해서만 진단-치유할 수 없는 생활세계적 경험으로 이루어진 주관적 느낌으로서의 질환이기 때문이다. 따라서 정신적 질환은 객관적 진단규준만으로는 질환으로 검증되지 않는 주체적-실존적 의미의 질환의 요소를 함축하고 있다. 정신적 질환은 생활세계 속에서 발생하는 주체적 삶의 조건들에서 생겨나는 것이기 때문에 자연과학적 규준에 의해서 치유될 수 없다. 생활세계적 경험에로의 환원을 통해 그 정신적 문제 자체로 되돌아가야 할 이유가 바로 여기에 있다. 만약 정신적 문제가 자연과학적 원리에 의해 객관적으로 모두 다 설명될 수 없는 것이라면, 상담자와 내담자는 상호이해의 과정을 통해 문제 자체로 접근해 가지 않을 수 없다. 왜냐하면 불안과 같은

---

8) 헨릭 울프 · 스티그 페데르센 · 라벤 로젠베르그, 이호영 · 이종찬 옮김, 『의학철학』, 아르케, 1999, p.163.

정신적 문제는 공포와는 달리 주체적-실존적 체험이기 때문이다. 이 것은 일종의 해석학적 이해의 대상이다.9) 불안은 객관적으로 설명할 수 있는 대상을 갖지 않는 그 자체 무의 현현이기에 상호이해의 지 평 속에서 그 해결의 실마리를 찾아야 한다.

그러므로 우리는 전통의학이나 정신분석 및 상담심리학이 정신질 환을 자연적 사물처럼 취급하는 '의식의 자연화'를 초래해 왔다는 점을 비판하지 않을 수 없다. 특히 데카르트 이후, 정신과 육체의 분 리 하에서 이루어져 온 이분법적 접근은 정신질환의 문제를 육체와 분리된 정신의 관점에서 취급해 왔다. 이러한 접근방법은 인간이 가 진 정신-물리적 상관성을 외면하는 방법이다. 이러한 방법에 대한 비 판과 함께 현상학적 관점에서 심신상관의학(心身相關醫學)을 제시 한 메다르 보스의 견해는 이런 맥락에서 의미를 갖는다.10) 그의 심 신상관의학은 인간본질에 대한 새로운 이해에서 출발한다. 정신적 문제는 육체와 분리된 별개의 문제도 아니고 그렇다고 육체의 문제 처럼 다룰 수 있는 문제도 아니다. 정신질환은 생물학적, 심리학적, 사회적 문제이기도 하지만 동시에 인간주체의 고유한 체험이기도 하 다. 그러므로 정신질환에 대한 현상학적 접근은 인간존재의 다층성, 즉 물리적 속성도 가지면서 정신적 및 인격적 속성도 동시에 가지는 근본적 사태 자체로 돌아가기를 요구한다. 정신-물리적 존재로서의 인간은 그 존재론적 구조가 다층적이다. 이 다층적 구조를 어느 하 나의 구조로 환원하는 입장은 정신적 문제 자체로 돌아가는 것을 차 단한다.

심적인 것, 정신적인 것, 인격적인 것을 자연화하는 것에 대해 반 대하는 현상학자 후설은 자연과학적 태도에서 인격적 태도 혹은 생

---

9) 같은 책, p.177.
10) 같은 책, p.235.

활세계적 태도로 변경할 것을 주문한다. 정신질환이 자연과학적 모델에 의해 설명될 수 없는 생활세계적 경험에서 비롯되는 것이라면, 현상학적 의미의 정신질환은 이 생활세계적 경험으로부터의 일탈이다. 자연과학주의적 태도에서 생활세계적 태도로의 환원이 수행된 이후 인간은 근본적으로 생활세계란 공동체 속에서 서로 함께 살며 서로 말하며, 인사할 때 손을 내밀며 사랑하고 미워하는 데서, 생각하고 행동하며 주장하고 반대하는 데서 서로 관계되어 있다.11) 이제 자연 역시 자연과학주의적 태도에서 관찰의 대상이 아니라 우리의 인격적 삶을 가능하게 하는 환경세계로서 주어진다. 예를 들어 부부, 가족, 단체, 국가, 교회 등의 구성원으로서 살아간다. 인간은 근본적으로 상호주관적 공동체의 구성원으로 살아갈 수밖에 없다. 이 상호주관적 혹은 의사소통적 지평으로부터의 일탈, 즉 유아론적 고립이 정신적 질환으로 등장한다. 그러므로 현상학적 의미의 정신질환은 바로 사랑의 공동체인 생활세계의 망각이다. 후설은 바로 이것을 삶의 위기로 진단한다. 위기는 다름 아닌 정신적 위기이다. 생활세계 속의 한 인격적 주체로서의 나로부터 일탈, 즉 세계폐쇄성이 정신적 문제로 등장한다. 인격적 연합체에 공속되어 있음으로써 가능해지는 사회성과의 단절이 문제이다. 후설은 바로 이런 이유에서 생활세계의 복권을 통한 정신적 위기의 치유를 강조한다. 역사적, 수동적으로 형성되어 온 우리의 삶의 지평인 생활세계라는 의미지반의 상실로 초래된 정신적 위기는 우리의 삶의 태도를 철저하게 변경하지 않고서는 치유할 수 없다. 세계를 소박하게 대하는 일반적 정립작용을 괄호치고 생활세계를 복권하려는 전(全)인격적 태도변경을 수행함으로써 비로소 정신질환이 치유될 수 있다. 망각된 생활세계의 복권,

---

11) W. 마르크스, 이길우 옮김, 『현상학』, 서광사, 1990, p.121.

즉 환원이 없이 단순한 약물치료만으로는 정신적 문제가 치유될 수 없다. 우리의 삶을 한정짓는 생활세계의 지평에로 되돌아감이 없이 정신적 위기로부터 자유로울 수 없다. 이 생활세계는 다름 아닌 우리 모두의 삶의 공동체이다.

전통적 정신치료는 실증주의라는 오래된 과학주의적 가설로부터 자유로울 수 없는 태생적 한계를 가진다. 과학주의적 가설에 의해 망각된 인간적 삶의 지평인 생활세계를 회복하지 않고서는 근본적 치료는 불가능하다. 나와 너는 나와 너 이전의 '우리'의 삶의 지평의 한 구성원이라는 공존의식이 회복됨이 없이 정신적 고립은 더욱 가속화되어 간다. 근대의 위기를 생활세계의 망각으로 진단하고 생활세계의 회복을 통한 치유를 강조하는 후설의 선험-현상학적 대안은 철학치료의 주요한 방법을 제시한다.

세계와 타자로부터의 고립이라는 유아론적 소외현상은 상호주관적 공동세계인 생활세계로의 환원이 없이는 치유될 수 없다. 근대 과학주의적 가설에 의해 재단된 주체와 생활세계와의 단절은 바로 정신적 위기를 초래한다. 생활세계로의 환원은 바로 근대정신에 의해 망각된 삶의 지반을 회복하는 길이다. 탈세계화에 의한 주체의 고립에서 연유하는 정신적 위기는 더 이상 전통적 치료방법에 의해 치유될 수 없다. 망각되고 은폐된 생활세계를 복권하려는 철저한 전(全)인격적 변화를 수행하지 않으면 불가능하다. 후설의 선험적 환원은 단순한 관념적인 인위적 조치가 아니라, 상호주관적 지평을 회복하여 현대인의 유아론적 정신질환을 치유하기 위한 철학치료의 수행이다.

4. 선험적 환원의 치료적 함의

현상학이 임상과학의 한계를 넘어 임상철학을 가능하게 하는 것은 바로 방법론에 있다. 특히 현상학적 방법은 인간을 하나의 물리적 대상으로 다루어 온 전통과 근본적으로 다르다는 사실이 중요하다. 인간은 물리적 대상과는 근본적으로 다르다. 인간정신을 하나의 물리적 대상으로 다루는 전통적인 심리학주의에 저항하면서, 자연과학적 가설에 의해 재단되기 이전의 의식, 즉 순수의식과 선험적 의식으로 돌아가기 위한 환원이야말로 임상적 실천에 있어서 중요한 의미를 갖는다.12) 무엇보다도 현상학은 원본적인 생생한 경험을 우위에 두고 있다. '객관성'이란 이름으로 덧입혀진 이념의 옷을 걷어내고 생생한 주관적 경험으로 돌아가려는 현상학은 타자(환자)의 정신적 문제를 치료자가 이미 가지고 있는 자연과학적-객관적 원리에 의해 재단하는 것과는 근본적으로 다른 접근방식이다. 그리고 생생한 경험에 대한 기술(記述, Deskription) 역시 현상학의 중요한 방법이다. 객관적 규준에 의해 임의적으로 조작하기에 앞서 주어진 경험을 아무런 전제 없이 직관하고 통찰하기 위한 방법이 바로 기술이다. 스스로 주어진 것을 충실하게 기술하려는 방법은 바로 타자의 경험을 그 구신성(具身性, Leibhaftigkeit) 혹은 생생함 속에서 단적으로 읽어내려는 접근방식이다. 타자의 경험에 대한 아무런 전제 없는 접근은 바로 타자를 하나의 물리적 사물로 취급하는 전통적 접근방식과는 근본적으로 다르다. 관찰된 현상을 고스란히 손을 대지 않고 있는 그대로 기술하려는 현상학의 방법은 타자의 경험을 주체경험으로 환원하거나 주체의 임의적 가설에 의해 조작 혹은 왜곡시키는 것

---

12) P. Koestenbaum, 앞의 책, p.30 이하 참조.

을 근본적으로 차단하기 위한 인위적 조치로서 환원이다. 환원은 경험에 참여하기보다는 반성하기 위한 수단이다.13) 타자의 경험에 참여하기 위해서는 타자의 경험에 빠져들 위험성이 있다. 마치 사랑하는 경험에 빠져들듯이. 반성하는 것은 사랑의 경험까지 현상학적 환원의 대상으로 삼아야 한다. 즉 사랑이 인생에 있어서 어떤 의미를 갖는지를 평가하고 보고하는 것이다. 사랑에 빠져드는 것을 중지하는 환원이 요구된다. 이것은 치료자와 환자 사이의 상호작용과 감정이입을 위해 요구되는 절차이다.

특히 영혼과 육체를 분리해서 접근하는 전통적 방법과는 근본적으로 다르다. 현상학적 의미에서 경험은 분리될 수 없는 네트워크이고 장이다. 의식은 항상 무엇에 대한 의식이라는 의식의 근본적 특성을 '지향성'으로 읽은 후설은 의식과 타의식, 의식과 실재 사이의 근원적 유대성을 강조한다. 이런 점에서 의식의 구조, 특히 지향적 구조를 분석하는 선험현상학은 전통적인 심리치료에 철학적 근거를 제시해 준다. 전통적인 심리학이나 의학이 관심을 기울이지 않았던 의식의 구조에 대한 현상학적 분석은 정신치료의 새로운 지평을 열어준다. 비록 전통적 심리학이 의식에 대한 연구를 수행해 왔지만, 어디까지나 그 접근방식이 자연과학의 객관적 원리에 의존해서 이루어져 왔기 때문에, 의식의 근본적 구조를 충분히 해명하지 못했다.

전통적 치료모델만으로는 상호주관성의 부재로 인한 정신적인 문제들을 치료하기에는 그 방법적 한계를 갖지 않을 수 없다. 왜냐하면 전통적 치료모델은 '기계 속의 유령'이라는 이원론적 교설을 방법적 원리로 삼고 있기 때문이다. 현상학적 반성은 단순한 인식론적 구상을 넘어 주-객 분리에 의해 쪼개진 의식의 장을 회복하기 위한

---

13) 같은 책, p.34 참조.

치료적 조치이다. 그러므로 선험적 환원의 각 단계는 그 나름의 치료적 의미를 갖는다. 더욱이 선험적 의식을 회복하기 위한 환원의 단계가 깊어지면 질수록 유아론적 가상에 몰입하여 생활세계로부터 등을 돌리고 정신적으로 유리되어 있는 환자를 치료할 수 있는 진정성이 회복될 수 있다. 그러므로 환원을 충분히 수행하기 위한 방법을 아는 것이 중요하다. 상호주관성의 상실 혹은 부재가 정신적 질환의 원인이라는 존재론적 진단은 결국 상호주관적 의식을 회복함으로써 비로소 치료될 수 있다는 결론을 이끌어낸다. 우리가 환원의 치료적 함의를 중요하게 다루려는 관점에서 다음과 같은 환원의 두 단계를 언급하지 않을 수 없다.

첫 번째 환원의 단계는 개별적 의식의 영역이다. 여기에서 의식은 개별적 존재에서 드러난다. 추상적 대상을 지각하는 의식이 바로 대상이다. 즉 경험적 대상으로서의 의식이다. 이 단계에서 의식은 스스로를 개별적이고 분리된 의식으로 생각한다. 이 개별적 혹은 경험적 의식은 아직 상호주관성을 회복하지 못한, 즉 다른 의식과 하나가 되지 못한 의식이다. 이 단계에서 회복된 의식은 여전히 스스로 타 의식과 분절되어 소외된 것으로 스스로를 경험한다. 정신치료의 단계의 첫 단계로서 치료자와 환자 사이의 감정, 욕망, 본능 등의 경험적 대상들에 의해 아직 선험적 관계가 수립되지 않은 단계이다. 선험적 관계의 회복을 통한 진정한 치료를 위해 극복되어야 할 경험적 자아의 세계이다.

다음 환원의 단계는 스스로를 하나의 개별적 자아로 경험하는 단계를 넘어서는 것이다. 이제 이 개별적 의식이 반성의 대상이 되는 단계로서 반성의 주체는 바로 상호주관적 의식이다. 치료자와 환자, 혹은 상담자와 내담자 사이의 사랑의 채널은 바로 이 단계에서 경험된다. 비로소 치료자와 환자 사이의 선험적 관계가 이루어진다. 상호주관성이 회복되는 단계로서 치료적 의미는 매우 크다.

이 단계를 넘어 더 깊은 차원에서 우리는 오랫동안 형성되어 온 삶의 존재론적 지반으로서의 생활세계를 만난다. 사회적 혹은 공동체적 의식의 세계로서 생활세계는 근대 이후 자연과학주의적 가설에 의해 망각한 진정한 삶의 공동지반이다. 고향상실 혹은 존재망각이 정신적 질병의 존재론적 원인이라면, 이제 현상학적 정신치료 모델에 의해 회복되어야 할 궁극적 세계가 바로 우리의 역사적 공동체로서의 생활세계이다. 물론 이 생활세계는 각각의 지역적 공동체인 환경세계의 특수성을 가로질러 인류의 보편적 세계로 만나는 세계이다. 그러므로 사회적 공동체적 의식은 바로 우주적 의식에 의해 그 반성적 대상이 되어 더 깊은 차원으로 환원을 수행함으로써 만난다. 이 의식은 바로 우주적 의식이다. 지역적 시-공간을 넘어 보편적으로 체험된 시-공간의 세계로서 만나는 삶의 보편적 지반인 우주이다. 그러므로 이 삶의 공동체를 회복하기 위한 생활세계적 환원이야말로 치료적 의미는 매우 크다.

5. 지향성의 대화치료적 구조

주체와 타자 사이의 대화적 채널은 후설의 의식의 지향성이다. 지향성은, 의식은 항상 그 무엇에 관한 의식이라는 의식의 특성을 지칭하는 술어이다. 항상 타자에로 지향되어 있으며 타자에로 다가서려는 사랑과 본능의 구조를 의식의 지향성으로 표현한다. 상담자-내담자의 관계 역시 상담자는 항상 내담자인 타자에로 감정을 이입하면서 상호이해의 지평을 구성해 가면서 대화관계를 형성한다. 전통적 심리치료의 방법은 주체인 상담자중심의 치료적 접근이었다. 그러나 타자는 결코 주체에 의해 객관적으로 설명될 수 없는 그 스스로 주체이다. 그러므로 동일한 생활세계를 살고 있는 두 주체는 상호이해와 감정이입을 통한 유비적 짝지음의 과정을 통해 상호공감적으로 이해할 수 있을 뿐이다.

그러나 후설의 지향성은 바로 가깝게는 사르트르나 메를로-퐁티에 의해, 멀리는 포스트구조주의자들에 의해 주체중심의 전통적 인식론의 패러다임으로 읽힌다. 지향성이 의식의 지향성인 한, 아무리 타자에로 향해 있다고 하더라도, 그 타자는 의식에 의해 하나의 대상으로 표상되어야 할 객체 이상이 아니라고 읽혀지기 때문이다. 이러한 후설의 지향성에 대한 통상적 견해에 저항하면서, 지향성의 대화적 구조를 확인하려고 한다.

후설의 상호주관성이론은 타자의 신체를 매개로 이루어지는 주체와 타자 사이의 감정이입을 강조하고 있다. 하지만 감정이입과 같은 방법으로는 타자 자체에로 직접적으로 접근할 수 없다. 후설 역시 타자의 문제를 중심적으로 다루었고 이를 통해 상호공동체의 구성을 문제 삼은 것은 사실이지만, 타자의 신체를 통해 타자성을 충분히 이해할 수 있다는 그의 생각에는 문제가 있다. 왜냐하면 타자가 의식의 지향적 대상으로 표상되는 순간 타자성 자체가 상실되어 버리기 때문이다.[14] 근대과학의 인식론적 토대가 후설에게 여전히 작동한다는 것이 일반적 비판이다. 인식주체-인식대상이라는 이분법적 구도하에서 이루어진 근대과학의 인식론적 패러다임을 여전히 함의하고 있는 후설의 지향성이론에는 내담자인 타자에 대한 인격적 배려와 사랑이 배제되기 쉽다. 후설의 지향성 구도는 내담자를 상담자의 존재론적 이웃으로 배려하고 내담자의 편에서 문제 자체로 다가가려는 존재론적 지향성이 결여되어 있다는 비판이 제기될 수 있다.

---

14) 서동욱, 『차이와 타자』, 문학과지성사, 2000, p.169.

포스트구조주의자들에 의해 읽혀진 후설의 지향성은 타자를 주체와 동일하게 재현하는 표상활동에 지나지 않는다. 포스트구조주의자들은 오히려 주체란 의식은 비로소 타자에 의해 생겨난다고 말한다. 타자의 시선 속에서 주체는 살아날 수 있을 뿐이다.

그러나 우리는 후설의 지향성을 타자와의 대화성이 결여된 유아론적 채널로 읽는 것에 대해 비판적 시각을 갖는다. 후설의 지향성은 주체의 속성이 아니다. 다만 주체는 이미 타자와 그리고 타자는 이미 주체와 지향적 지시관계를 이루어 하나의 모나드적 공동체를 형성하고 있음을 단적으로 읽어내기 위한 메타포가 바로 지향성이다. 지향성은 관계성이다. 주체는 타자에 관한 의식(Bewusst-sein)이면서 동시에 타자에 의해 비로소 의식적으로 됨(Bewusst-werden)이라는 관계적 구조를 지칭하는 술어가 바로 지향성이다. 물론 근대적 주체-패권주의에 극단적으로 저항하기 위한 포스트구조주의자들의 타자 담론은 자칫 주체와 타자 사이의 아프리오리한 상관성을 추상하기 쉽다. 우리가 후설의 지향성을 상호주관성을 이루어갈 수 있는 채널로 읽을 경우, 그의 지향성은 타자에 대한 사랑과 공동체의 구성원들에 대한 배려를 함축하고 있는 타자의 현상학으로 읽을 수 있다. 이러한 독서를 통해 이 글은 후설의 지향성에서 상담자-내담자 사이의 간극을 허물고 대화를 통해 사랑의 공동체를 형성할 수 있는 치료적 함의를 발견한다.

타자를 주체와 동일한 것으로 재현전화하려는 표상적 사유는 내담자만의 특정성(singularity)을 보편적 규준 하에 포섭하려는 오래된 전통을 가능하게 하였다. 타자의 특정성은 결코 주체에 의해 보편성으로 추상될 수 없다. 그렇기에 타자는 주체에 대한 영원한 타자성을 지니면서 주체와 거리를 두고 있다. 타자는 주체의 소유물이 아니다.15) 이처럼 타자의 절대적 타자성을 고려할 때, 치료자와 상담자는 환자와 내담자를 배려하지 않을 수 없다. 선험적 주체성으로 결코 환원될 수 없는 타자성에 대한 배려와 관심은 내담자의 특정한 문제 자체로 다가서게 한다. 이 내담자의 특정한 문제들은 '나'란 기호와 또 다른 기호인 '나' 사이의 맥락성 안에서 다양하게 읽혀지기를 기다린다. 우리는 이러한 점에서 포스트구조주의가 전통적 정신치료의 한계를 넘어설 수 있는 하나의 대안임을 확인할 수 있다. 하지만 근대의 주체에 대한 극단적 알레르기를 표출하는 포스트구조주의는 극단적 맥락주의로 흩어질 가능성을 내포한다. 현상학적 상호주관성이론이 포스트구조주의에 의해 성급하게 근대적 주체성이론으로 읽혀짐으로써 현상학적 의미의 대화와 해석이 가지는 치료적 기능이 자칫 과소평가될 우려가 있다.

6. 관계를 통한 치료

모든 치료는 관계(participation)에서 일어난다. 치료자와 환자 사이의 진정한 관계에 대한 논의 없이 단순히 정신치료이론에 의존하는 것은 한계가 있다. 치료자와 환자, 상담자와 내담자 사이의 진정한 인간적 관계가 전제되지 않고서 치료자-상담자 편에서 특정한 진단 규준에 의거해서 진단-처방되는 관계는 진정한 대화적 관계가 아니다. 성공적인 치료는 상담자-내담자 사이의 만남의 질에 의해 그 가능 여부가 결정된다.16)

현상학적 관점에서 정신질환은 바로 상호주관성의 부재이다. '기계 속의 유령'이라는 데카르트적 가설에 근거해 있는 전통적 치료는 바로 진정한 상호주관성을 상실한 유아론적 치료모델이다. 우리가

---

15) 같은 책, p.222.
16) P. Koestenbaum, 앞의 책, p.245.

현상학적 존재모델을 진정한 정신치료의 방법론으로 요구하는 것은 바로 현상학이 주-객의 지향적 관계를 근거로 상호주관성의 문제를 철저히 해명하고 있는 점이다. 상호주관성은 그 자체가 치료적 경험이다.

이 상호주관성은 현상학적 환원에 의해 데카르트적 환상이 허물어지는 지점에서 열리는 의식과 대상 사이의 놀라운 관계의 장이다. 이 관계의 장이 회복됨이 없이 치료자와 환자 사이의 진정한 인간적 만남은 불가능하다. 이 관계의 장 속에서 치료자나 환자는 모두 자신의 순수의식, 즉 경험적-세속적 환경에서 자유로운 순수의식으로 만난다. 이 순수의식과 순수의식 사이의 만남이 이루어지는 선험적 관계의 회복이 없이 진정한 정신치료는 한계를 갖지 않을 수 없다.

그러므로 현상학적으로 요구되는 훌륭한 치료자는 스스로 환원을 수행함으로써 환자와의 선험적 관계를 회복하는 자이다. 즉 환자로부터 인정을 받거나 사랑을 받거나 혹은 환자에게 공격적이 되거나 힘으로써 조정하려는 경험적 욕구로부터 자유로워져야 한다. 이러한 경험적 욕구를 작동하지 못하게 할 수 있을 때 훌륭한 치료자가 될 수 있다. 환자의 진정한 요구에 귀를 기울이려는 윤리적이고 합리적인 관계를 유지하는 것이 중요하다. 치료자 스스로 환자와의 선험적 관계를 유지할 수 없을 때, 환자의 요구에 시달리게 된다. 치료자는 상호주관성의 경험을 자신의 전문가적 자질로 구비해야 한다. 그가 오로지 의학적 모델에만 의존할 경우, 환자와의 모든 관계는 경험적 관계가 될 수밖에 없다.[17]

치료자의 궁극적 목적은 환자 역시 스스로 환원을 수행하여 치료자와의 관계를 진정한 선험적 관계로 유지하도록 도움을 주는 것이

---

17) 같은 책, p.254.

다. 환자와 치료자는 자신들의 경험적 자아와 경험적 자아의 관계 자체가 관찰과 분석으로 대상이 되는 선험적 관계를 회복하는 것이 중요하다. 이렇게 함으로써 환자는 자유와 창조성 그리고 친밀성이 보장되는 그런 관계를 유지할 수 있다. 치료자와 환자는 상담 과정 중에 서로 성적으로 이끌리거나 서로 무관심하거나 성을 내거나 후회하거나 무서워하거나 하는 등등의 경험적 관계로 들어갈 수 있다. 이러한 관계들을 넘어 선험적 관계를 수립함으로써 치료자와 환자는 진정으로 하나의 의식의 장으로 들어가게 된다.[18]

현상학적 관점에서, 질병은 바로 의식과 세계 사이의 지향적 네트워크가 분열된 상태이다. 즉 의식의 장이 단절된 상태이다. 말하자면 의식과 세계 사이의 근원적 관계성이 차단됨으로써 의식의 자기분열이 일어난 상태가 바로 정신분열증이다. 의식과 세계 사이의 존재론적 채널이 붕괴된 상태이다. 이 상태에서 환자는 비록 의식과 세계가 관계를 맺고 있다는 것을 지각은 하지만, 그 관계를 지향적 관계로 실제로 경험하지 못하는 상태이다. 이 경우 정신분열증 환자의

---

18) 후설은 이 선험적 환원을 마치 신비적 혹은 밀교적 체험으로 오해하지 말 것을 주문한다. 물론 환원을 수행하는 것은 철저하고 단호하지 않으면 안 된다. 마치 오랫동안 믿어온 자신의 종교를 바꾸는 것만큼이나 단호한 결단이 필요하다. 환원에 대한 통상적 비판이나 여타의 견해들이 많지만, 다만 여기에서는 우리의 주제와 연관시켜 다음과 같이 말할 수 있을 것이다. 실체론적 사고에서 관계론적 사고로의 전회, 즉 자기중심의 사고에서 타자중심의 사고로의 전회로 읽어야 한다. 자기 스스로 자신의 경험적 자아를 반성하면서 자신은 이미 그리고 항상 타자와의 관계 속에 있다는 근본 사실을 인식하기 위한 방법론적 조치이다. 그러므로 훌륭한 치료자가 된다는 것은 치료자 중심의 오래된 상담태도에서부터 환자중심의 상담태도로 인격적으로 혹은 실존적으로 자신의 태도를 철저히 변경하는 자이다. 타자를 자신의 실존적 파트너로 인정하고 배려하고 존경하려는 태도를 가진 자로 바뀌는 것이다. 마치 지금까지의 직류적 사고방식에서 교류적 사고방식으로 태도를 바꾸는 것과 흡사하게 말이다.

의식은 쪼개진 의식이다. 이 의식은 세계와의 지향적 관계를 단절한 상태이기에 경험적 의식으로서 선험적 의식과 분리된 상태이다. 경험적 의식과 선험적 의식은 동일한 의식을 어떠한 태도로 읽는가에 따른 두 얼굴일 뿐 근본적으로 다른 얼굴이 아니다. 경험적 의식과 선험적 의식의 분열은 진정한 상호주관적 의식이 아니다.[19] 아직은 탈중심화된(decentered) 상호주관적-대화적 의식으로 전환되지 못하고 개별적 의식중심에 묶여 있음으로 해서 타자와의 근원적 상관관계를 경험할 수 없는 상태이다. 비록 타자를 인식은 하지만 아직 나와 타자와의 관계 자체까지도 초월하는 진정한 선험적 관계를 회복하지 못한 상태이다. 진정한 상호주관성의 회복은 나와 너의 관계조차도 초월하여 나와 너 사이의 모든 대립적 관계를 자유롭게 넘나들 수 있는 데까지 도달해야 한다. 장으로서의 의식의 특성, 즉 지향적 네트워크로서의 의식 안에서는 개별적 자아든 경험적 자아든 선험적 자아든 한갓 동일한 그리고 진정한 자아의 다른 이름일 뿐이다. 의식은 이미 끊임없이 자신을 넘어 타자에로 지향하는 근원적 동기를 가지고 있기에 근본적으로 상호주관적 의식이다. 이 상호주관성이 부재한 상태인 쪼개진 의식에서는 치료자는 자신의 고유한 세계 속에서도 선험적 자아와 경험적 자아의 관계가 단절되고 치료자의 선험적 자아와 환자의 선험적 자아의 관계인 공동세계도 깨어진다. 이 쪼개진 의식 상태에서, 즉 주관-객관의 관계성을 경험하지 못하는 환자의 경우 목이 뻣뻣하게 굳는 신체적 고통을 호소할 수 있을 것이다. 즉 선험적 자아에 의해 반성된 경험적 자아가 마치 다른 두 자아처럼 경험됨으로써 양자 사이의 긴장은 이와 같은 신체적 고통으로 나타날 수 있다.[20]

---

19) P. Koestenbaum, 앞의 책, p.412.
20) 진정한 현상학적 치료자는 선험적 자아와 경험적 자아 사이의 지향적 관계

아마 상호주관성이 가장 심각하게 훼손되어 나타나는 정신분열 상태가 세계와의 관계가 완전히 단절되어 고립상황, 즉 모든 지향적 채널이 단절되어 유아론적 가상에 매몰되어 있는 상황일 것이다. 혹은 반대방향으로 주관성이 오히려 실재세계로 환원되어 버림으로써 의식이 하나의 사물로 취급되는 경우 역시 진정한 관계성이 단절된 경우이다. 특히 유아론적 가상에 매몰되어 있는 환자의 경우는 마치 타자의 세계가 존재하지 않고 단지 자신의 선험적 영역만 존재하는 것으로 경험한다. 선험적 자아와 경험적 자아 사이의 분열은 결국 '선험적 유아론(transcendental solipsism)'이라는 가장 전형적인 형태의 정신분열을 가져온다.21)

를 충분히 이해하고 어느 한쪽에도 몰입하지 않는 자아다. 이 지향적 관계가 단절됨으로써 정신분열이 일어난다. 다만 경험적 자아와 경험적 자아의 관계는 진정한 치료적 관계가 될 수 없다. 이것은 단지 치료자와 환자 사이가 사업이나 법률적 관계로 맺어진 계약적 혹은 형식적 관계에 지나지 않는다(P. Koestenbaum, 앞의 책, p.416).
그러므로 우리는 현상학적으로 요구되는 이상적인 치료자에 대해 다음과 같이 말할 수 있을 것이다. 자아와 비자아(타자)와의 근원적인 지향적 관계성을 인식할 수 있는 자아다. 자아에 붙여진 다양한 이름이 지칭하는 자아가 실재하는 것이 아니라 단지 동일한 자아를 다양한 관점에서, 다양한 태도로 읽은 것에 지나지 않는다는 사실을 인식한 자아다. 스스로 철저한 현상학적 환원을 수행함으로써 진정한 자아를 회복한 자아며 또한 환자로 하여금 진정한 자아를 회복할 수 있도록 사랑의 대화를 게을리 하지 않는 자이다. 동시에 스스로 시간적이면서도 동시에 시간에 구속되지 않는 자아이며, 경험적 자아와 관계를 맺고 있으면서도 동시에 선험적 자아로 기능하는 자아이며, 치료자와 환자 사이의 진정으로 자유로운 관계, 즉 선험적 관계를 회복한 자아이다.

21) P. Koestenbaum, 앞의 책, p.428.

7. 맺음말

생활세계의 망각에 의해 초래된 현대인의 정신적 문제들을 치료하기 위한 후설의 현상학적 대안은 바로 학문의 위기를 넘어 인간성 자체의 위기에 대한 진단에서 출발한다. 그가 말하는 유럽학문의 위기는 바로 보편적 인간성의 위기이다. 현대의 많은 정신적 질환들은 바로 인간성 소외라는 근본적인 문제로부터 시작된 것이다. 그가 진단한 유럽문명의 위기는 '근대'라는 이름으로 인간성에 대해 자행되어 온 과학기술의 폭력을 지칭하는 것이다. 특정지역의 특정인의 위기가 아니라 바로 근대인들의 정신적 위기를 지칭한다. 그러면 이러한 위기는 어떻게 치유될 수 있을까?[22]

인간의 주체성을 과학주의적 가설로 재단하는 근대의 지적 풍토는 모든 개별적 주체를 전체주의의 단순한 부품으로 희생시킨다. 현상학적 환원과 판단중지는 선험적 주체를 발견하기 위한 철학적 대안이다. 환원을 통해 만난 선험적 주체는 바로 상호주관적 주체이다. 후설의 후기 철학의 주제로 다루어지는 상호주관성이론은 세계와 단절된 채 고립되어 살아가는 유아론적 질환을 치유하기 위한 절박한 대안이다. 그의 상호주관성에 대한 탐구는 타자구성이론으로 전개되며 이 타자구성이론은 타자를 나의 선험적 이웃으로 배려하려는 존재론적 자기성찰이 묻어 있다. 이것은 나아가 타자구성을 통한 사랑의 공동체를 회복하려는 절차이다. 근대적 의미의 주체중심의 사고로부터 타자중심으로 사고로 전환하려는 '사랑의 지향성'이 상호주관성을 이루는 근본적 주제가 된다.[23] 타자와의 공동체를 이루어내

---

22) 이종훈, 「후설 현상학의 실천적 의미」, 『현상학과 실천철학』, 철학과현실사, 1993, p.152.
23) 이종관, 「근대적 삶과 현상학의 미래」, 『현상학과 실천철학』, p.209.

려는 본능적 지향성은 다름 아닌 사랑의 지향성이다.

타자와 지속적으로 교섭하려는 자아의 적극적 동기가 바로 공동체를 이루려는 사회화의 본능들이다.24) 즉 상호주관적 본능들이다. 타자구성을 통한 상호주관성의 회복을 통해 유아론적 가상이 소멸될 때 정신적 불안은 소멸된다. 이처럼 후설은 근대적 주체에 은폐되어 세계로의 개방성을 차단당한 채 유아론적 질환을 안고 살아왔던 선험적 주체를 회복함으로써 사랑의 공동체를 구성할 수 있는 선험적 대안을 제시하고 있다.

현대인의 정신적 문제는 바로 신체적 질병에서 비롯되는 것이 아니다. 신체적으로 아무런 질병을 가지고 있지 않은 현대인의 정신적 질환은 바로 주체의 탈세계화에 의한 유아론적 가상에서 벗어나지 못하는 실존적 고립으로부터 발생하는 것이다. 그러므로 세계내존재로서의 공동주관으로서 되돌아감이 없이는 정신적 질환을 치유하는 길은 없다. 그러므로 주체는 타주체와의 관계맺음을 위해 스스로 탈주체화하지 않으면 안 된다. 탈주체화의 과정을 통해 근원적인 상호주관적 공동화를 구성하려는 의지가 필요한 것도 바로 이러한 이유에서이다. 모든 인간관계의 유지를 뒷받침하고 있는 이러한 근원적인 상호주관성의 구성이 전제되지 않고서는 정신적 불안을 치료할 수 있는 철학적 대안은 마련될 수 없다. 이런 의미에서 필자는 후설의 상호주관성이론은 유럽인의 인간성 위기를 치유하기 위한 철학적 대안으로서 가치가 있음을 강조해 왔다. 물론 후설의 상호주관성이론이 아직 근대의 주체중심의 사유를 벗어나지 못하고 있다는 비판이 있지만, 이는 후설에 대한 충분한 이해가 결여된 것에서 비롯된 것이다. 우리는 타자를 자신의 선험적 이웃으로 그리고 존재론적 동

---

24) 이남인, 「본능적 지향성과 상호주관적 생활세계의 구성」, 『현상학과 실천철학』, p.55.

반자로 이해하려는 후설의 상호주관성이론을 통해 물질적 풍요 속에서 정신적 결함을 가지고 살아가는 많은 사람들에 대한 현상학적 처방의 필요성을 강조하지 않을 수 없다. 후설의 상호주관성이론에는 그 지평의 확대 없이도, 즉 후설적 사유 내에서도 더불어 삶과 사랑의 공동체의 현상학을 확인할 수 있는 계기가 충분히 마련되어 있음을 강조하지 않을 수 없다.

후설의 상호주관성이론은 인식론적 수준에서 이루어지는 타자존재에 대한 증명으로 단순화시킬 수 없다. 왜냐하면 그는 타자존재는 이미 존재론적으로 나와 사랑의 공동체를 이루고 있는 근원적인 현상학적 사실임을 강조하고 있기 때문이다.25) 이런 점에서 우리는 그의 상호주관성이론이 가지는 존재론적 의미를 읽어낼 수 있다. 현대인들의 정신적 불안이 바로 사랑의 공동체의 해체에 있다는 것을 고려한다면, 그의 생활세계의 회복을 통한 사랑의 공동체의 구성은 정신적 문제들에 대한 철학적 치유대안이 될 수 있다. 메다르 보스의 말처럼 건강이 단순히 질병의 부재가 아니라면,26) 현대인들의 정신적 불안, 세계로부터 순수의식에로 데카르트적 환원을 수행함으로써 발생하는 유아론적 불안을 치유하기 위한 현상학적 대안은 매우 효율적인 치유대안이 될 수 있다.

필자가 의도한 것은 정신치료에 대한 자연과학주의적 접근이 가지는 한계를 인문학적 대안으로 극복하는 것이다. 현상학적 정신치료역시 바로 정신적인 것이 물리적인 것과 같은 수준에서 취급되는 것을 비판하고 정신적인 것이 가지는 고유한 특성을 강조하며, 이를 통해 정신질환에 대한 치유대안을 제시하는 것이었다. 이것은 바로 자연과학주의적 태도를 인격주의적 태도로 변경할 것을 주문한다.

---

25) 이종관, 앞의 논문, p.214.
26) 한국현상학회 편, 앞의 책, p.59 이하.

만약 타자든 세계든, 인격적 공동체로 구성되기 위해서는 우리의 태도 자체가 자연과학주의적 태도 이전의 생활세계적 태도인 인격주의적 태도로 변경되어야 한다. 인간의 정신을 물질적 층에 결부되어 있는 하나의 단순한 층으로 이해하는 자연과학주의적 태도는 정신적인 것이 가지는 고유한 특성에 접근하지 못한다.

후설이 말하는 인격주의적 태도는 "서로 함께 살며 서로 말하며, 인사할 때 손을 내밀며 사랑하고 미워하는 데서, 생각하고 행동하며 주장하고 반대하는 데서 서로 관계되어 있는" 그러한 태도를 말한다.[27] 인격주의적 태도로의 전환을 통해 만나는 세계는 더 이상 자연적 대상이 아니라 우리가 그 속에 함께 공동체를 이루어 살고 있는 인격적 집단이다. 개인적 인격체로서 그리고 집단에 속한 인격체로서 공동체의 구성원으로 살고 있다. 이 공동체로서의 인격체는 정신적인 것이다.[28] 다수의 인격체들로 이루어진 공동체 역시 하나의 거대한 인격체이다. 이러한 인격체로부터 소외될 경우 정신적 문제를 야기하지 않을 수 없다. 정신질환은 바로 이 공동체로부터의 일탈에서 비롯되는 것이다. 즉 의사소통적 환경세계로부터의 일탈이다. 의사소통적 환경세계 속에서 인격체들은 서로를 이해하고 인정해 주면서 사회를 형성하여 살아간다. 인격적 주체들이 집단의 사회구성원으로 살아간다. 이러한 사회성으로부터의 일탈이 정신적인 문제들로 나타난다. 자아가 이 환경세계로부터 분리될 경우 정신적 질환이 표출된다. 자아와 세계 사이의 근원적 지향적 관계가 차단될 경우 소외를 경험하게 된다. 세계는 항상 나에 대한 세계이고 나의 지향적 체험 속에서 그때그때마다 의미를 지닌 세계로 경험된다. 이러한 의미의 세계를 망각할 경우 세계에 대해 적대적이게 되고 고립적 주

---

27) W. 마르크스, 앞의 책, p.121.
28) 같은 책, p.123.

체 속으로 빠져들어 간다. 이것은 실존적 소외로서 정신적 불안을 야기한다. 근대의 자연과학주의적 태도 속에서 야기된 탈공동화를 생활세계의 회복을 통해 치유하려는 후설의 의도를 읽어낼 수 있다.

우리는 여기에서 후설의 상호주관성이론의 정신치료적 함의를 다시 한번 강조하지 않을 수 없다. 전통적 심리치료나 정신의학에 있어서 상담자와 내담자 혹은 의사와 환자 사이의 관계는 주체-객체라는 오래된 이분법적 구도 위에서 서 있다. 정신적 문제를 가진 내담자나 환자가 주체에 대립하고 있는 하나의 단순한 자연물처럼 취급된다. 타자로서의 내담자는 단순한 물체가 아니라 상담자와 똑같은 심적인 물체인 신체(Leib)이다. 생활세계 안에서 함께 살고 있는 그 자체 하나의 신체이다. 타자로서의 내담자는 단순한 물체가 아니라 동일한 환경세계 속에 살고 있는 신체이다. 나는 바로 타자의 신체를 채널로 의사소통하며 신체로 표현되는 타자의 정신적 의미를 이해한다. 타자는 또 다른 타자를 지향적으로 지시(指示)한다. 이러한 지향적 지시관계로 이루어신 모나드 공동체가 바로 우리의 생활세계이며 정신의 고향이다. 이 고향은 메를로-퐁티에 의해 지향적 두께가 더 두꺼워진 바로 상호신체성으로서의 생활세계이다. 이 고향상실로부터 초래된 정신적 위기는 바로 망각된 생활세계의 복권을 통해 비로소 치유할 수 있을 뿐이다. 모나드 공동체에 등을 돌리고 앉아 있는 주체는 탈공동화로 인한 정신적 문제를 가질 수밖에 없다. 그러므로 현상학적 의미에서 정신질환은 모나드 공동체로부터 유리된 채 유아론적 가상세계에 탐닉하는 것이다.

타자인 내담자를 나와 동일한 선험적 주체로 인정하고 나의 지향적 파트너로 이해함으로써 전통적인 주체(상담자)중심의 치료방법의 한계를 넘어설 수 있다. 왜냐하면 내담자는 이제 더 이상 나에 의해 객관적으로 설명되어야 할 객체가 아니라 그 자신 나와 동일한 세계

지평 안에 살고 있는 인격적 주체이기 때문이다. 나에 의해 타자의 타자성이 남김없이 설명될 수 없고 다만 나와의 유비적 관계 속에서만 이해될 수 있을 뿐이기에 상호이해와 대화적 해석을 통해서만 내담자의 문제로 다가갈 수 있을 뿐이다. 그러기에 내담자 스스로 자신의 문제를 인식하도록 도움을 줄 수 있을 뿐이다.

참고문헌

Antonio, T. de Nicolás, *Habits of Mind: An Introduction to Clinical Philosophy*(New Edition), Authors Choice Press, 2000.

Arbuckle, D. S., *Counselling: Philosophy, Theory and Practice*, Allyn and Bacon, Inc., Boston, 1965.

Davidson, L., "Phenomenology and contemporary clinical practice: introduction to Special Issue", *Journal of Phenomenological Psychology*, September 22, 2004.

Husserl, E., *Philosophie als strenge Wissenschaft*, in *Logos I*, 1911.

_____, *Die Krisis der europäischen Wissenschaften und die transzendentale Phänomenologie*, hrsg. W. Biemel, 1954.

_____, *Phänomenologische Psychologie.* Vorlesungen Sommersemester 1925, hrsg. R. Boehm, 1966.

Koestenbaum, P., *The New Image of the Person: The Therapy and Practice of Clinical Philosophy*, Greenwood Press, Westport, Connecticut/London, England, 1978.

Marinof, L., *Philosophical Practice*, Academic Press, Sandiago, 2002.

Raabe, P. B., *Issues in Philosophical Counseling*, Praeger, Westport, Connecticut/London, 2002.

Schuster, S. C., *Philosophy Practice: An Alternative to Counseling and Psychotherapy*, Praeger, Westport, Connecticut/London, 1999.

Shibles, W., *Emotion: the method of philosophical therapy*, The Language Press, 1974.

Wisnewski, J. J., "Five forms of philosophical therapy", *Philosophy Today*, June 2003.

김영필, 『현상학의 이해』, 울산대 출판부, 1998.

_____, 『유럽학문의 위기와 선험현상학』, 울산대 출판부, 1999.

_____, 「철학 상담학의 정립을 위한 하나의 제안: 현상학적 심리치료」, 『철학논총』 제28집, 새한철학회, 2002.

_____, 「집단따돌림에 대한 하나의 대안: 철학상담」, 『철학논총』 제42집, 새한철학회, 2005.

루 매리노프, 이종인 옮김, 『철학으로 마음의 병을 치료한다』, 해냄, 1999.

리차드 자너, 최경호 옮김, 『신체의 현상학』, 인간사랑, 1993.

모리스 메를로-퐁티, 류의근 옮김, 『지각의 현상학』, 문학과지성사, 2002.

베르너 마르크스, 이길우 옮김, 『현상학』, 서광사, 1990.

서동욱, 『차이와 타자』, 문학과지성사, 2000.

스즈끼 다이세츠, 서명석 외 옮김, 『가르침과 배움의 현상학』, 경서원, 1998.

스티븐 프리스트, 박찬수 외 옮김, 『마음의 이론』, 고려원, 1995.

에드문트 후설, 신오현 옮김, 『현상학적 심리학 강의』, 민음사, 1992.

에드문트 후설, 신오현 편역, 『심리현상학에서 선험현상학으로』, 민음사, 1994.

이길우, 『현상학적 정신이론』, 강원대 출판부, 1986.

조광제, 『몸의 세계 세계의 몸』, 이학사, 2004.

진교훈, 「메다르 보스에게서의 현존재 분석의 의미」, 『현상학과 정신분석』, 철학과현실사, 2000.

_____, 『의학적 인간학』, 서울대 출판부, 2002.

한국현상학회 편, 『현상학과 실천철학』, 철학과현실사, 1993.

_____, 『현상학과 정신분석』, 철학과현실사, 2000.

헨릭 울프 · 스티그 페데르센 · 라벤 로젠베르그, 이호영 · 이종찬 옮김, 『의학철학』, 아르케, 1999.

시의 정신치료적 기능에 대한 철학적 정초

김 주 완

1. 머리말

'시치료(Poetrytherapy)'1)라는 용어는 1950년대 미국에서 처음으로 사용되기 시작하였다.2) 용어의 사용은 명명이다. 하이데거적 표현을 빌려오면, "언어는 존재의 집"3)이며, 말해진 언어는 명명이고

---

1) Poetrytherapy(시치료)는 'poetry(시)'와 'therapeia(도움이 되다, 의학적으로 돕다, 병을 고쳐주다)'의 합성어이다.

2) '시치료(Poetry Therapy)'라는 명칭을 처음으로 사용한 사람은 미국의 그리퍼(Grifer)이다. 그는 시인이자 변호사였고 뉴욕의 Creedmoor State 병원에서 자원봉사를 하는 약사였다. 처음에 그리퍼는 'Poem Therapy'라는 용어를 사용하였는데, 심리학자인 리디(Leedy)의 제안에 따라 'Poetry Therapy'로 명칭을 바꾸어 쓰게 되었다. 둘은 함께 시치료 그룹을 만들었다. 1969년 두 사람을 중심으로 하여 시치료협회(APT)가 설립되면서부터 시치료는 공식적으로 알려졌고, 1971년부터 매년 뉴욕에서 학회가 열리기 시작했다. APT는 1981년에 '미국시치료협회(NAPT)'로 확대되었고 그때부터 매년 미국 전역에서 돌아가면서 학회가 열리게 되었다(Nicholas Mazza, 김현희 외 옮김, 『시치료: 이론과 실제』, 학지사, 2005, pp.29-30 참조).

따라서 명명은 존재를 현존하도록 한다. 그러니까 현존은 명명을 통하여 비로소 현존이 되는 것이다. 그러나 명명 이전에도 이미 그것이 비록 이름은 없었을망정 존재했던 것일 수밖에 없다. 그렇다면 시가 치료에 사용된 역사는 그 이전으로 거슬러 올라가야 한다. 그러나 그 시원이 어디인가 하는 것은 이 글에서 문제 삼아야 할 논점이 아니다. 왜냐하면 이 글의 목적이 시치료의 역사적 배경을 밝히는 데 있는 것은 아니기 때문이다.

이 글의 목적은 시가 가지는 정신치료적 기능을 철학적으로 정초하는 데 있다. 시치료가 임상적으로 시술되고 있는 것은 아직 시작의 단계라고 할지라도 이미 상당한 범위에서 이루어지고 있다. 이러한 현상을 철학적으로 정위하여 그 이론적 근거를 제공하는 것이 이 글의 목적인 것이다. 이것은 철학의 본래적 임무에 해당한다. 왜냐하면 "현상에서 확증하는 것만이 철학에서는 주장될 수 있는 것"[4]이며, 현실은 앞서가고 철학은 뒤따라가는 정리 작업이기 때문이다.

이 글은 먼저, 신체치료와 정신치료의 개념을 구분하고 그 상관성을 밝힌다. 여기에는 정신과 신체는 그것이 인간의 정신이고 인간의 신체인 한에 있어서 반드시 상호작용하는 관계에 있을 것이라는 존재론적 가설이 전제된다. 다음으로, 현재 시술되고 있는 시치료의 학문적 영역과 임상적 방법을 개관하고 임상적 시치료의 모델을 설계하여 예시한 후, 시치료의 현황과 전망을 살펴봄으로써 시치료의 전

---

3) M. Heidegger, *Holzwege*(1950), Gesamtausgabe 6: Vittorio Klostermann, Frankfurt a. M., 1950, S.286("Wozu Dichter?"); M. Heidegger, *Unterwegs zur Sprache*(1959), Gesamtausgabe 12: Vittorio Klostermann, Frankfurt a. M., 1985, S.267("Der Weg zur Sprache").

4) Nicolai Hartmann, *Das Problem des geistigen Seins*, Untersuchungen zur Grundlegung der Geschichtsphilosophie und der Geisteswissenschaften (1933), 3 Aufl., Berlin, 1962(이하 PdgS로 약기함), S.19.

체적 동향을 파악한다. 그리고 현재 시술되고 있는 시치료의 문제점을 점검한다. 마지막으로, 시의 본질을 구명하면서 이를 정신치료적 기능으로 연결시킨다. 여기서는 앞에서 살펴본 시치료의 임상적 방법의 이론적 근거가 시의 본질에서 기인한다는 철학적 논의가 전개된다. 다시 말해서 이 부분은 곧 시의 정신치료적 기능이 어떻게 철학적으로 정초될 수 있는지를 구명하는 것이 된다.

2. 신체치료와 정신치료

의학은 '인간의 생명'을 다룬다. 생명은 생물의 공통적 속성이다. 인간의 생명은 인간 이외의 생물과는 다른 고유한 특성을 가진다. 인간의 생명은 동물적으로 살아 있음 이상의 것이다. 인간의 생명은 심리와 정신까지도 포함한다. 살아 있는 인간은 그 몸만 단지 살아 있는 존재가 아니라 심리와 정신도 살아 있는 존재이다.

니콜라이 하르트만은 살아 있는 인간의 존재구조를 무기적 물질층－유기적 생명층－심리적 의식층－정신층의 사층으로 되어 있는 성층구조로서 파악한다.[5] 인간이 생명적 존재인 한, 동시에 심리적 존재이며 정신적 존재라는 것이다. 활동하는 인간인 한에 있어서 생명 없는 심리나 정신이 있을 수 없고 심리나 정신 없는 생명이 있을 수 없는 것이다. 이렇게 보았을 때 "정신은 허공에 떠 있는 것이 아니다."[6] 심리를 토대로 하여 정신이 존재하고 생명을 토대로 하여 심리가 존재하며 무기적 물질을 토대로 하여 생명이 존재한다.

정신은 높은 층이고 생명은 낮은 층이다. 낮은 층은 강하고 높은

---

5) Nicolai Hartmann, *Der Aufbau der realen Welt*, Grundriss der allgemeinen Kategorienlehre(1940), 3 Aufl., Berlin, 1964, S.183 참조.

6) PdgS, S.16.

층은 약하다. "낮은 층에 대한 높은 층의 자율이 낮은 층에 의존하면서 성립한다."[7] 생명층, 심리층, 정신층은 각각 이러한 의존성과 자율성을 동시에 가지고 있다. 자율성이란 아래층의 속성과는 다른 신규자가 위층에서 새로이 생겨남을 의미한다. 의존성이란 아래층의 속성이 위층까지 벗어 올라와서 남아 있음을 의미하며 아래층을 존재토대로 해서만이 위층이 성립될 수 있음을 의미한다.

자율성을 독립성으로 보고 의존성을 연결성으로 본다면, 의학의 근거가 되는 것은 자율성이 아니라 의존성이다.[8] 의존성이야말로 정신과 신체를 하나로 이어주는 고리이기 때문이다. 이 의존성이 정신과 신체를 상호제약적으로 만든다. 신체가 정신에 영향을 주고 동시에 정신도 신체에 영향을 준다. 그러니까 정신과 신체의 존재론적 상호제약성이 의학의 성립근거가 된다는 말이다. 의학에서는 신체적 이상이 심리에 영향을 줄 수 있고 심리적 이상이 신체에 영향을 줄 수 있다고 본다. 불치병 환자가 우울증에 걸릴 수 있고 심한 스트레스가 암을 유발할 수도 있다고 보는 것이 바로 그것이다.

의학에서는 정신과 심리를 특별히 따로 구분하고 있지는 않다. 심리에 의존하고 있는 정신만을 의학의 대상으로 삼고 있기 때문이다. 심리로부터 독립된 자율적 정신, 예컨대 도덕적 존재로서의 인간의 자유문제나 가치의 실현능력으로서의 의지문제 등은 의학적 치료의 대상이 될 수 없기 때문일 것이다. 의학에서는 인간의 존재구조를 사층성으로 보지 않고 신체와 정신이라는 이층성으로 보고 있다.

질병의 원인 진단에서는 신체와 정신의 상호제약성을 인정하면서도, 그 치료에서는 전적으로 신체치료를 근본으로 하고 있는 점이

---

7) PdgS, S.17.
8) 여기서 자율성은 윤리적, 정신적 존재로서의 인간의 속성으로 이어지고 의존성은 생명적, 신체적 존재로서의 인간의 속성으로 이어진다.

의학의 특성이다. 질병이란 어떤 원인에 의하여 심신의 전체 또는 일부가 장애를 일으켜 정상적 기능을 할 수 없는 상태를 의미한다. 질병에는 감염성 질환과 비감염성 질환이 있다. 서양의학은 이상이 생긴 부위를 수술하여 제거하거나 혹은 교정한다. 또는 약물을 투여하여 화학작용을 일으키게 함으로써 질병부위를 정상상태로 되돌리고자 한다. 그것은 정신신경과에서도 마찬가지이다. 뇌과학적으로 뇌에서 분비되는 화학물질의 작용에 의하여 인간의 심리는 즐거워지거나 슬퍼질 수 있고 나아가 우울증이 생길 수도 있다고 본다. 우울증을 치료하기 위해서 약물요법을 쓴다. 치료약이 신체에 화학작용을 일으켜서 뇌에서 분비되는 화학물질(호르몬)을 억제하고자 하는 것이다. 대부분의 정신과 치료약들이 이러한 근거 위에서 개발된 것이다.

이러한 국소요법 또는 대증요법은 거기에 수반되는 부작용이 있다고 비판하면서 한의학9)은 신체의 전반적 기능을 항진시킴으로써 질병이 치유되게 하는 것을 시도한다. 물론 여기에도 치료약이 쓰이지만 덜 가공된 생약(약초)을 쓰고 있다. 그러나 아직은 체계화와 표준화 그리고 과학적인 임상실험 등에 있어서 서양의학을 따라가지 못하고 있다.

서양의학이든 한의학이든 신체치료에 중점을 두고 있으며 치료에 있어서의 주종은 약물이라는 점이 동일하다. 수술이든 약물이든 혹은 다른 치료방법이든 간에 그것들이 신체에 작용하게 함으로써 이상이 생긴 상태에서 정상의 상태로 되돌려 놓고자 하는 것이기 때문이다. 이렇게 보았을 때 의학은 철저히 신체치료에 치중하고 있으며

---

9) 서양에서는 한의학을 대체의학에 포함시킨다. 그러나 한국에서는 한의학을 서양의학과 대등하게 법적으로 인증하고 있다. 서양의학과 한의학 외의 다른 의술을 한국에서는 대체의학으로 간주한다.

다분히 유물론적 토대를 가지고 있다. 출발도 몸이고 목적도 몸이다. 따라서 신체치료는 '아래로부터 위로 이르는 치료법'이라고 할 수 있다.

반대극단에 정신치료가 있을 수 있다. 이것은 정신에 어떤 자극을 주어 심리적 이상을 회복하게 하거나, 심리에 일정한 변화가 일어나게 하여 신체적 이상을 회복시키는 치료법이라고 할 수 있다. 정신과 치료에서 보조적 방법으로 쓰고 있는 상담치료도 여기에 해당한다고 볼 수 있다. 그러나 이와 같이 순수한 정신치료는 의학의 주종이 아니며 아직 출발도 제대로 되지 않은 단계에 머물러 있다고 해도 과언이 아니다. 정신치료는 신체치료에 반해서 '위로부터 아래로 이르는 치료법'이다. 정신과 신체가 상호제약적 관계에 있다는 굳건한 이론적 토대 위에 서 있는 치료법이다. 오늘날의 대체의학10)에서 관심을 가지는 여러 분야 중의 한 분야가 정신치료라고 할 수 있으며 시치료는 정신치료의 일종이라고 볼 수 있다.

---

10) 대체의학(代替醫學, alternative medicine)이란 현대의학의 주류인 서양의학을 정통의학으로 간주했을 때, 그 정통의학의 반대되는 개념. 보완의학, 비전통의학, 제3의학, 전인의학, 자연의학 등을 말한다. 대체의학을 체계적으로 연구하고 있는 대표적인 나라는 미국이다. 미국은 1992년 국립보건원(NIH) 산하에 대체의학연구위원회를 두고 이에 관한 연구를 적극 지원하고 있다. 미국 국립 보완대체의학연구소에서는 대체의학을 "다양한 범위의 치료철학, 접근방식, 치료법들을 포괄하는 것으로 의과대학이나 병원에서 일반적으로 교육하거나 사용하지 않고, 의료보험을 통해 수가가 지급되지 않는 치료나 진료 행위"라고 정의하고 있다. 미국국립보건원에서는 대체의학을 (1) 정신 신체 치료(예: 최면, 바이오피드백, 명상, 요가, 이완요법), (2) 생전자기장 치료(예: 경피신경자극), (3) 대체의학 체계(예: 한의학, 인도의학, 동종요법), (4) 손 치료(예: 마사지, 카이로프랙틱), (5) 약물 치료(예: 상어연골제품, 봉독), (6) 약초 치료(예: 인삼, 은행잎 추출물), (7) 식이와 영양 요법(예: 비타민 대량 투여, 제한식이)의 7가지로 나누고 있다. 현재 대체의학에 관한 연구는 유럽 등 선진국에서도 활발하게 이루어지고 있다 (http://terms.naver.com/item.php?d1id=7&docid=1759 참조).

정신치료의 근거를 관념론으로 연결시킬 수 있다고 생각하는 사람이 있을 수 있다.[11] 그러나 그것은 아니다. 왜냐하면 정신은 관념적 존재가 아니라 실사적, 경험적 존재이기 때문이다.

3. 시치료의 동향

1) 시치료의 영역

대체의학의 여러 분야 중 한 분야가 정신치료이며, 시치료는 정신 치료의 일종(대체의학 > 정신치료 > 시치료)이라고 볼 수 있다. 현재 시술되고 있는 시치료는 시와 심리학을 접목시킨 새로운 영역이다. "시치료가 심리학 분야에서 '주류'가 아니라는 논쟁도 가능하지만"[12] 시치료는 심리치료에서 하나의 혁신이라고 할 수 있다.[13] 심리치료 분야에서 가장 효과가 뛰어난 것이 시치료로 보이기 때문이다.

시치료란 정신적, 심리적, 신체적으로 불안정하거나 병리적인 내담자가 치료자로부터 시를 처방받는 상호작용을 통하여 안정을 되찾거나 병리적 증상을 제거하는 것을 말한다. 심리학적으로 말한다면,

---

11) 어떤 의미에서는 심령치료나 무속적, 주술적 치료가 관념론과 어느 정도 닿아 있다고 할 수 있다. 무당의 굿이나 사이비 종교에서 흔히들 하고 있는 기도치료법 등이 이와 유사하다. 심령치료나 무속적, 주술적 치료는 인간을 초월하여 있는 어떤 절대적 존재(영적 존재)의 힘을 끌어와서 병을 치료하고자 한다. 이러한 영적 존재는 인간의 신체에서 유리된 초경험적 존재임에 반해, 우리가 여기서 이야기하고 있는 정신은 인간의 신체에 의존하여 있는 경험적 존재이다. 따라서 심령치료나 무속적, 주술적 치료에는 미신이 개입하게 된다.
12) Nicholas Mazza, 앞의 책, p.12.
13) 같은 책, p.218 참조.

내담자의 손상되고 미숙한 자아를 더욱 건강한 자아로 회복하는 것이 시치료이다. 시치료에서 사용되는 방법은 물론 시가 주종이지만 이외에도 여러 가지 보조적 방법이 동원되고 활용된다. 노래, 미술자료, 행동자료(운동, 놀이), 영상자료(드라마, 영화, DVD, 슬라이드, 미디어 자료) 등, 내담자의 치료에 도움이 될 만한 것이면 어떤 자료든지 시치료에는 활용될 수 있다. 편지, 일지, 독서, 이야기, 만들기, 의식(儀式) 등의 방법들도 아울러 치료과정에 응용할 수 있다.

그런 의미에서 시치료는 독서치료와 거의 동의어로 쓰이고 있다.14) 그러나 독서치료의 외연은 시치료보다 넓다. 독서치료가 유개념이라면 시치료는 종개념이 될 수 있을 것이다. 그럼에도 불구하고 이러한 개념의 오용이 생길 수 있는 것은 아직 이 분야에서 개념의 분화가 정밀하게 이루어지지 않고 있으며, 그 외연이 부분적으로 상호중첩하는 데서 기인하는 것으로 보인다. "시치료는 문학과 임상학의 경계 지점에 위치하고 있다."15)고 할 수 있으며, 독립된 치료영역을 가진다기보다는 우선은 독서치료 영역에 포함되어 있으면서 독자적 전문성을 확보하려고 노력 중에 있는 분야라고 할 수 있다.

따라서 시치료 연구자들은 시치료의 가능성을 매우 넓게 보고 있다. 그들은, 질병의 치유뿐만 아니라 예방을 위해서나 삶의 질을 높이기 위한 방법으로도 시치료가 활용될 수 있다고 한다.

시치료 연구자들의 기본 입장은, 시는 어떤 부작용도 없는 자연치료제라는 것이다. 이 약은 고통이나 질병을 억누르거나 감추는 약과는 다르다고 본다. 퍼지면서 자연치유 능력을 보강하도록 하는 자연요법이자 동종요법으로서의 힘을 시가 본질적으로 가지고 있다고 보는 것이다. 치료시의 일반적 요소로서 폭스는 음악적 언어, 감각적

---

14) 같은 책, p.6 참조.
15) 같은 책, p.218 참조.

지각력, 감정, 구체적 이미지 등을 들고 있다.16)

시치료 연구가들은, 치료시의 유의의성이 시의 완성도나 작품성에 있는 것이 아니라 시를 처방받는 내담자 개개인이 경험하는 정서적 체험에 있다고 본다. 다시 말해서 치료자가 처방한 어떤 시가 내담자 개개인에게 어떤 영향을 미치고 어떠한 치료효과가 나타나는가에 따라서 치료시의 의의가 결정된다고 보는 것이다.

2) 시치료의 임상적 방법(모델 예시)

시치료의 대상은 스스로 찾아와서 상담을 받고자 하는 내담자이다. "임상적 관점에서 시치료의 주요 관심사는 시가 아니라 내담자에 있다. 내담자에게는 주어진 시의 객관적이고 '참된' 의미보다는 자신이 느끼는 주관적인 의미를 찾아내는 것이 중요하다."17) 그러니까 시는 치료자가 선정하여 내담자에게 처방하는 것이지만 내담자에게 치료효과가 있어야 하는 것이고, 그러기 위해서는 내담자 중심으로 선정되어야 한다는 것이다. 이러한 시치료의 이론적 근거로서 열거할 수 있는 것은 심리학적 개념으로서의 '자기표출', '동일시', '통찰', '카타르시스' 등이다. 이것을 철학적 개념으로 압축한다면 '삶의 억압'과 '자기의식', '자기해방'이라고 할 수 있다.

시치료는 다양한 치료 상황에서 각각 적절하다고 생각되는 여러 가지 다른 방법들을 사용할 수 있다. "시는 우리의 정서를 환기시키는 언어이다. 시치료는 치료를 가능하도록 하기 위해 언어영역을 사용한다. 즉, 다양한 양식으로 쓰인 기존의 시를 임상적으로 사용할

---

16) John Fox, 최소영 외 옮김, 『시치료』, 시그마프레스, 2005, p.9 참조.

17) A. Lerner, "Poetry therapy comer", *Journal of Poetry Therapy*, 1987, p.54.

뿐만 아니라 독서치료, 이야기 심리학, 은유, 이야기하기, 글쓰기를 포함한다."[18) 시 읽어주기, 내담자에게 시 낭독시키기, 이야기하기, 노래하기, 글쓰기, 극기를 경험하고 성취감을 얻을 수 있는 적절한 운동하기 등 다양한 방법들이 시치료에 복합적으로 사용될 수 있다. "시치료의 실제모델은 다양한 층의 내담자들에게 서로 다른 기법들을 사용하는 포괄적인 시도이다."[19) 그러나 "시치료 그 자체는 앞으로 임상적 연구를 더 필요로 하는 분야이다."[20)

(1) 시치료의 실제모델

마자(Mazza) 교수는 시치료의 실제모델로 다음과 같은 세 가지 요소를 구성하여 제안한다.[21)

① 수용적/처방적 요소(receptive/prescriptive component)

시치료에서 가장 일반적으로 사용되는 방법 중의 하나이다. 치료자는 내담자에게 시를 처방한다. 그러니까 기존의 시를 읽이주거나 내담자로 하여금 읽게 함으로써 반응을 이끌어내고자 한다. 여기서 의도하는 것은 내담자의 감정을 시와 동일시하도록 하는 데 있다. 이 기법의 변형된 형태로서 대중가요를 이용하여 가사를 읽거나 노래 부르도록 하는 방법이 있을 수 있다. 임상치료자는 긍정적 결말로 된 시를 선택할 필요가 있다. 어떤 시를 선정할 것인가 하는 것이 임상치료자에게는 가장 어려운 문제라고 할 수 있다.

---

18) Nicholas Mazza, 앞의 책, p.12.
19) 같은 책, p.45.
20) 같은 책, 같은 쪽.
21) 같은 책, pp.45-55.

② 표현적/창조적 요소(expressive/creative component)

이것은 글쓰기를 치료기법으로 사용하는 것이다. 내담자의 감정을 표현하고 질서감과 구체성을 얻을 수 있도록 하는 수단이 된다. 창의적 글쓰기에서부터 일기쓰기, 여행일지 작성, 편지쓰기 등이 모두 동원될 수 있다. 이메일(E-mail)을 이용함으로써 내담자의 대면치료 기피 심리를 충족시켜 줄 수 있는 장점이 있다. 창의적 글쓰기에서는 자유로운 글쓰기(자유주제, 자유형태)를 이용할 수도 있고, 문장 서두("내가 외로울 때는 …", "내가 바라는 것은 …")를 제시해 주는 구조화된 형태를 이용할 수도 있다.

③ 상징적/의식적 요소(symbolic/ceremoniel component)

여기서는 은유(Metaphors), 의식(Rituals), 이야기하기(Storytelling) 등이 이용될 수 있다.

은유에는 속담을 이용하여 치료효과를 얻는 방법이 포함된다. 소박한 예로서, 사업에 실패하여 심각한 심리적 위축에 처해 있는 사람에게 "재수 없는 놈은 뒤로 넘어져도 코가 깨진다.", "실패는 성공의 어머니이다."라는 속담을 깨우쳐 줌으로써 사업실패를 운수소관으로 돌리고 다시 도전할 수 있는 의욕이 생기게 하는 방법이 그것이다.

의식(儀式)은 사건의 확인과 변화의 증진이라는 두 가지 목적을 갖는다. 예컨대, 배신하고 떠나버린 여인을 잊지 못해 심각한 실의에 빠진 남자로 하여금 떠나버린 여인에게 꼭 하고 싶은 말 한마디를 종이에 쓰게 하고 그 종이로 종이배를 만들어 강물에 띄워 보내게 함으로써 사랑의 종말을 심적으로 정리하고 실의에서 벗어나 새 출발을 하도록 하는 방법이 여기에 해당한다.

이야기하기는 자기의 문제를 표출하여 제거하는 치료적 효과를 갖는다. 말해 버림으로써 내담자의 속에 있던 답답함을 밖으로 내뱉어 버리는 효과를 기대하는 것이다. 천주교에서의 고백성사는 치료면에서 이러한 효과를 가진다고 볼 수 있다.

(2) 임상적 시치료의 모델 설계 예시

여기서 우리는 임상적 시치료의 모델을 가정하여 설계해 본다.[22]

[내담자]

직장에서는 부당한 해고를 당하고 엎친 데 덮친 격으로 사랑했던 여인으로부터도 버림받은 30대 중반의 남자가 있다. 여인은 처음부터 이 남자를 사랑하지 않았으며 다른 남자를 사랑하고 있었다. 그러나 이 남자를 짬짬이 만나주면서 그럭저럭 괜찮은 사이로 지냈으며 자기가 다른 남자를 사랑하고 있다는 것을 감쪽같이 속여왔다. 이 남자가 직장을 잃고 난 뒤에 비로소 이 여자는 사랑하는 사람이 있다고 선언히면서 매몰차게 결별을 선언한 후 떠나버렸다. 그때부터 자기비하와 세상에 대한 혐오감 그리고 대인기피증이 생겨 이 남자는 방 안에만 틀어박혀 있었다. 그러던 중 친구에게 이끌려 늦은 가을에 시치료를 받으러 왔다. 그는 지금 삶의 모든 의욕을 상실하고 있다. 수개월간 씻지 않은 채 온몸에 악취를 풍기면서 거지같은 몰골을 하고 있으면서도 전혀 개의치 않고 있다. 그동안 집 안에만 틀어박혀 컵라면으로 끼니를 때우면서 인터넷 게임에 몰두하든지, 아니면 아무렇게나 누워 멍하니 천장을 쳐다보면서 세상에 대한 증오만 키우고 있었다.

---

22) 이 설계는 Nicholas Mazza, 앞의 책, pp.62-68의 모델을 차용하여 다소 변형한 것임.

[치료계획의 설계]

주 2회씩 내원케 하여 시치료를 하되 전체 치료기간을 8주로 잡는다. 1주를 1회기로 하고 2회기를 1단계로 하여 총 4단계의 시치료를 시술하되 다른 보조적 방법들을 병행한다.

① 지지단계(1-2회기)

이 단계의 치료목표는 내담자의 입장을 지지하면서 내담자로 하여금 마음의 문을 열어 자기의 감정을 표현하도록 한다. 여기에는 다음의 시 2편을 회기별로 1편씩 사용한다.

혼자 있는 이유
_ 김주완

내 코를 장악하는 오징어 냄새가 싫어서
영화관에 안 간다.

내용과 다른 이름들이 싫어서
백화점에 안 간다.

억지로 끌고 가는 반주가 싫어서
노래방에 안 간다.

인간 아닌 인간들이 싫어서
사람 모인 데 안 간다.

갈 곳이 없다.

혼자 있는다.

외로움
_ 김주완

그대,

뼈 속을 스쳐가는 한기를 아는가

때 없이 눈물 철철 흐르며
마음을 갉아내는 서러움을 아는가

가슴에서 일어
휑하니 가슴으로 빠져 나가는
빈 골목의 허망한 바람 소리 아는가

깜깜한 절망 앞에서
보이지 않는 출구를 찾아 더듬거리는
극한의 답답함을 아는가

허허벌판 한 가운데
한 없이 작아지는 자아의
무량한 비통과 자기부정을 아는가

쓰러지는 영혼을 가누려
한 오라기 지푸라기라도 잡고 싶은
빈사의 절박함을 아는가

사람들이 보지 않는 곳으로
영원히 숨어들고 싶은
내가 싫고 친구가 싫고 세상이 싫은

가을날
외로움의 정체를 아는가

그대.

사용방법은 치료자가 내담자에게 먼저 이 시들을 읽어준다. 그리고는 내담자가 소리 내어 읽어보라고 한다. 그런 후에 느낌이 있으면 이야기해 보라고 한다. 아무 반응이 없을 수도 있다. 집에 가져가서 생각나면 다시 읽어보라고 하면서 이 시를 내담자에게 준다. 내담자가 이 시의 내용을 자기와 동일시하여 공감한다면 치료효과가 나타나는 것으로 보아도 좋다. 2회기에 내담자에게 글을 써 오게 하여 내담자의 상태변화를 점검할 필요가 있다. 내담자가 써 온 글을 같이 읽으면서 치료자가 진지하게 공감해 주어야 한다. 이 단계에서 내담자가 치료자에게 최소한의 신뢰라도 가지면서 단 몇 마디라도 자기의 감정을 표현하게 된다면 치료효과가 나타나는 것이라고 볼 수 있다.

② 통각단계(3-4회기)

이 단계의 치료목표는 내담자의 통찰을 발전시키는 데 있다. 여기에는 다음 2편의 시를 사용한다. 사용방법은 전 단계와 같다.

아 픔

_ 김주완

속에서 솟구쳐 오르는
찢어지는 아픔으로
꽃이 피듯
아름다움은 돋아난다.

간절히 보이고 싶을 때
치르는 계산법이다.

매몰차게 잘려져

밖으로 내쳐지는 아픔으로
낙엽 지듯
아름다움은 그렇게 바람이 된다.

버리고자 하는 자가
거둬들이는 계산법이다.

아름다움이란
결국
아픔의 다른 이름이다.

저녁나절
_ 김주완

길은 시간 위에 있었다.

침침한 눈을 비비며
은행나무 숲을 지나
사람들이 길을 가고 있다.

저만큼 날이 저무는데
아직도
멀리멀리 돌아서 간다.

바라보면
서산 위에 숨 가쁜 노을
잠시 얹혀 있을 뿐인데

부질없는 내일이
가슴을 붙들고 있다.

내담자가 과거경험을 토대로 하여 실존적 통각을 하도록 하여야한다. 과거의 구조가 인격구조에 어떻게 영향을 미치며 그것은 현재문제와 어떻게 관련되는지를 치료자는 내담자에게 명료하게 해석해줄 필요가 있다. 이것은 시간의 정서적 측면과 관련이 있다. 4회기에사용되는 뒤의 시는 누구든지 그의 삶에 있어서 "돌아서 간다"는 행을 포함하고 있다.

직장에서의 부당한 해고와 애인으로부터의 매몰찬 버림받음이 지나간 시간과 노력의 상실이고 그것이 자기 자신을 낙오자로 만들었다고 내담자는 믿고 있지만, 무언가를 잃는 것은 곧 새로운 것을 얻는 것이며, 설사 내일 또한 부질없을 수 있지만 내담자가 붙들어야할 것은 그래도 내일이라는 생각이 내담자에게 들 수 있도록, 치료의 관심이 모아져야 한다.

4회기 정도에 이르러서는 "잘난 사람은 잘난 대로 살고 못난 사람은 못난 대로 산다."는 신신애의 「세상은 요지경」이라는 대중가요를같이 불러보는 방법을 병행해 볼 수도 있다. 길거리를 걸어가거나집에 있을 때도 콧노래를 불러보라고 권유할 수도 있다. 이 단계에서는 요즈음의 자기 심정을 시로 써서 가져오라고 과제를 부과할 수도 있다.

③ 행동단계(5-6회기)

이 단계의 치료목표는 자기신뢰의 회복과 당당한 의욕을 고취시킴으로써 행동의 변화를 이끌어내는 데 있다. 여기에는 다음 2편의 시를 사용한다. 사용방법은 전 단계와 같다.

사 랑
_ 김주완

내가 주었을 때
너는 받지 않았다
그러나 나는 줄 수 있었다
언젠가
네가 받고 싶을 때가 된다면
그때
내가 너에게 줄 수 있을지는,
아니 네가 내게서 받을 수 있을지는
모른다
지금은 모른다
네가 아니라 내가 모른다
우리가 서 있는 지금 여기는
그때의 거기가 될 수 없으므로서이다

비가 오면 잠자리는 날아오른다
_ 김주완

비가 올 때
잠자리는 날아오른다
부서져라, 부서져라
빗줄기에 온몸을 부딪치며
높이 높이 날아오른다

앉아서 졸던 여린 가지를 떠나
넓은 나뭇잎 아래로 숨는 것이 아니라
당당히 결전의 장으로 나아가
투명한 날개로 빗줄기를 튕기며
단번에 수직으로 이륙하여 비행한다

밤낮을 가리지 않는다
빗줄기가 굵으면 굵을수록
악착같이 더 높이 비상하여 선회한다

위로 위로 올라야
빗줄기가 약해진다는 것을
놈은 일찍이 알고 있기 때문이다

　5회기에 쓰일 앞의 시에는 해고당한 직장의 고용주와 떠나간 여인
에 대하여 내담자가 대등하게 맞서거나 오히려 더 높은 위치에서 그
들을 질타하는 내용이 행간에 깔려 있다. 6회기에 쓰일 뒤의 시에서
는 결연한 도전의 정신과 과감한 극복의 의지가 포함되어 있다.
　이 단계에서는 직장의 고용주와 떠나간 여인에게 편지쓰기를 내담
자에게 병행하여 시킬 수가 있다. 그리고 그 편지를 찢어서 강물에
흘려보내게 할 수 있다. 그것은 내담자의 자기존엄성의 회복이면서
동시에 지난날에 대한 결별의 의미가 될 수도 있다.
　또 하나, 내담자에게 권유해 볼 만한 일로는 등산이나 마라톤 등
이 있을 수 있다. 세상은 넓고 내담자의 문제는 아주 보잘 것 없는
것이며 내담자 스스로 이제 무언가를 해낼 수 있다는 자신감을 회복
하고 성취감을 맛볼 수 있게 하는 효과를 얻을 수 있다. 몸의 치료에
해당하는 이것은 '아래로부터 위로 이르는 치료법'을 병행하는 것이
되기도 한다.

　④ 통합단계(7-8회기)
　치료의 종결단계인 이 단계의 치료목표는 지금까지 치료에서 얻은
것을 견고히 하는 데 있다. 여기에는 다음 2편의 시를 사용한다. 사
용방법은 전 단계와 같다.

이 단계에서 사용할 2편의 시는 지나간 시간의 모든 부담을 벗어
버리고 지난날의 일들을 달관으로 결별함으로써 다시 제 자리를 찾
아 새로운 시대를 시작하라는 암시를 주기 위하여 선정된 것이다.

나 무 · 1
_ 김주완

버리고 갔으면 좋겠다
길섶에,
구름처럼
후둑후둑 비로 뿌리고
빈 몸으로 갔으면 좋겠다
아득한 돌밭길
인욕의 누더기를 벗어놓고
아무 이름 없이 갔으면 좋겠다

나 무 · 2
_ 김주완

바람이 불면 흔들렸다
버티다 버티다 끝내 흔들렸다,

비가 오면 온 몸을 적셨다
빨아들이고 빨아들여도
그래도 남는 물은 흘려보냈다,

싹을 틔우고 잎을 피워서
가을이면 해마다 떠나보냈다
다가온 때를 어김없이 슬퍼하면서,

온몸에 얼음꽃이 달라붙을 때
죽음을 예감하며 설레었다
몽롱한 잠시간의 황홀이었다,

나는 평생 제 자리를 지켰다
공로도 노고도 아닌 것을,
남들의 기억 속에 남아있을 나를
지우고 싶었다, 깡그리

그것은 분열되고 괴멸되어 가던 자아의 재통합을 이루도록 하기 위해서이다. 7회기에 쓰일 앞의 시에는 지난 시간의 족적을 버리고 다시 "빈 몸으로" 간다는 행이 포함되어 있고, 8회기에 쓰일 뒤의 시에는 보낼 것은 "떠나 보낸다"는 행과 남은 기억의 흔적 또한 "흘려 보낸다"는 행이 포함되어 있다.

이 단계에서 치료자는 내담자에게, 미래에 다시 다가올 수 있는 상실, 좌절, 성공에 어떻게 대처할 것인지를 물어볼 필요가 있다. 정신의 자기실행 능력으로서의 내담자의 의지력과 매 상황마다 해야 하는 판단과 결단의 잣대가 될 가치관이 어떻게 변모해 있는가를 확인할 필요가 있는 것이다. 그것은 다음에 있을 또 다른 내담자의 시 치료에 있어서 참고자료가 될 수 있으며 치료시 선정의 준거가 될 수도 있는 것이다.

⑤ 첨언
이상 4단계로 설명한 부분은 임상적 시치료의 모델을 설계하는 하나의 예시에 불과하다. 반드시 이러한 단계구분을 하여야 하는 것도 아니고 여기서 제시되고 있는 여러 가지 치료방법을 이와 똑같이 병행하여야 하는 것도 아니다. 치료자는 다양한 내담자의 문제상황과

그가 가진 기질 및 성격 등을 고려하여 유연하고도 순발력 있게 그 때그때 필요하다고 생각되는 처방적 치료를 하면 되는 것이다. 여기서의 예시는 시치료 계획을 수립하는 절차와 방법에 대한 이해를 돕는 데 조금이라도 기여할 수 있을까 하는 마음으로 제시해 본 것에 불과하다. 단계별로 제시한 시작품도 반드시 그 단계에 적절하다고는 할 수 없다.

예시만 그런 것이 아니라 시치료 자체도 아직은 미완성의 상태에서 서성이고 있다. "불가피하게도 다른 모든 치료와 마찬가지로 시치료는 미완성으로 남는다."23)

3) 시치료의 현황과 전망

한국에서의 시치료는 이제 갓 도입기와 태동기를 맞이하고 있다. 이에 반해 미국은 이미 50년 이상의 역사를 가지고 시치료가 상당히 확산되어 있는 것으로 보인다. 시치료의 연구지층이 이미 견고해지고 있으며 임상치료도 보편화되고 있는 것 같다. 미국 이외에 몇몇 나라에서도 시치료의 연구가 활발하게 진행되고 있으며 임상적 시술 또한 상당히 보급되고 있는 것 같다. "시치료에 대한 논문이 나오는 나라들로 영국, 베네수엘라, 일본, 독일, 캐나다, 남아프리카공화국, 이스라엘이 있다."24)

최근 들어 한국에서도 소수의 정신과 병동에서 시치료가 임상적으로 활용되고 있지만 시치료 이론이나 표준화가 제대로 정립되지 않은 상태이기에 다소의 방법적 차이가 있는 것으로 보인다. 문헌연구는 물론 임상실험을 통한 연구사례 또한 매우 부족한 실정이다.

---

23) Nicholas Mazza, 앞의 책, p.67.
24) 같은 책, p.218.

2005년 현재 한국에서 시치료에 관심을 가지고 연구에 참여하고 있는 소수의 학자들은 교육심리학, 상담심리학, 유아교육학, 아동학 전공자가 주류를 이루고 있으며 국문학 전공자도 일부 가담하고 있다. 최근에는 독서지도학전공이나 의과대학원 등에서 석사논문들[25]이 이제 갓 나오고 있다.

2005년 현재 한국의 시치료 관련단체 현황은 대개 다음과 같다.

- 한국시치료연구소(Korean Institute of Poetry Therapy)
  http://poetrytherapy.or.kr
- 한국독서치료학회(Korean Association Bibliotherapy)
  http://www.bibliotherapy.or.kr

한국독서치료학회는 2003년 3월에 창립하여 2004년 2월부터 연 1회 자격시험을 실시하고 있으며, 독서치료사 및 독서치료전문가 자격 관리를 하고 있다.

이 외에 경북대학교 대학원 학제간 협동과정 문학치료학과 석사·박사과정이 개설되어 있고 경기대 국제문화대학원 독서지도학과가 있다. 그 외의 각 대학 부설 사회교육원의 단기 과정을 중심으로 하여 독서치료관련 강의가 주로 이루어지고 있다.

한국사회의 선진화 속도가 빠른 만큼 앞으로 시치료도 급속히 보급되고 보편화될 것으로 보인다. 이에 따라 각 대학마다 시치료 전문인 양성을 위한 학과들이 만들어지지 않을까 하는 조심스런 전망을 해볼 수 있다. 수요 있는 곳에 공급이 따르기 때문이다.

---

25) 최소영, 「시치료가 정서지능 향상에 미치는 효과성 연구」, 경기대 국제문화대학원 석사논문, 2004; 현윤이, 「정신과 환자에 대한 시치료 활용에 관한 연구」, 숭실대 대학원 석사논문, 1992.

4) 문제점과 개선방안

시치료에서는 시적 완성도나 작품성보다는 내담자의 정서적 체험과 반응을 더욱 중요시한다. 치료효과라는 실용성에 중점을 두기 때문이다. 그러나 이러한 입각점이 반드시 타당하다고 볼 수는 없다. 의학에서는 치료효과가 높더라도 심각한 부작용을 수반하는 약물이라면 사용을 금지한다. 마약이 대표적인 예이다. 이 부분에 있어서 우리는 이러한 반문을 제기할 수 있다. 시적 완성도가 낮다고 해서 내담자의 정서적 체험이나 반응이 더 좋게 나온다는 보장이 어떻게 가능한 것인가? 완성도가 높은 작품일수록 더 많은 감명을 줄 수 있다는 것이 보편적 타당성을 가지는 것은 아닐까? '난해란 시일수록 좋은 시이다'라는 잘못된 선입견을 가지지만 않는다면 말이다.

그뿐만이 아니다. 어떤 문제를 가진 사람에게 어떤 시를 읽도록 할 것인가 하는 것을 표준화하는 것이 필요한데, 이 일은 참으로 어려운 일이 아닐 수 없다. 내과의사는 만성위염이 있는 환자에게 먹는 감기약 처방은 하지 않는다. 위염을 악화시킬 수 있기 때문이다. 그때 내과의사는 내복약 대신에 주사를 처방한다. 과연 시치료사나 시치료 전문가는 내담자의 증세와 개인적, 체질적 특성에 따라 각각 다르게 처방할 수 있는 시들을 분류하고 표준화하여 보유하고 있는가? 이것은 거의 불가능할지 모른다. 그렇다면 섣부른 시의 처방은 오히려 내담자를 심각한 위기에 몰아넣을 수도 있다. 실연을 하여 고통 받고 있는 사람 중에는 의지력이 강한 사람도 있고 약한 사람도 있을 수 있으며, 실연의 고통이 경미한 사람도 있고 심각한 사람도 있을 것이다. 적합하게 처방되지 않은 시치료는 어쩌면 이들에게 더욱 심각한 고통과 회의를 불러일으켜 자살에까지 이르도록 할지도 모른다.

이러한 문제들을 포함하여 우선 소박하게 시치료 분야의 제반 문제점을 지적하고 이에 대한 해결방안을 모색해 본다면, 우리는 근원적 문제와 제도적 문제로 나누어 접근할 수 있다.

[근원적 문제에 대한 해결방안]
(1) 전문가 양성이 시급하다.
(2) 기초이론의 정립, 활발한 연구와 연구결과의 축적으로 학문적 체계화를 수립하여야 한다.
(3) 치료시의 임상적 처방에 있어서 국제적인 표준화가 이루어져야 한다.
(4) 내담자의 문제상황에 따라 치료자가 각각 달리 처방할 수 있는 치료시의 데이터베이스화가 필요하다.
(5) 충분한 임상실험을 통한 과학적 검증이 필수적이다.

[제도적 문제에 대한 해결방안]
(1) 시치료 전문가 자격관리 주체가 현재의 민간단체에서 앞으로는 국가기관에 귀속되는 방향으로 변경되어야 한다.
(2) 전문가를 양성할 수 있는 대학 내의 학과 개설이 필요하다.
(3) 시치료 연구의 활성화를 위하여 연구비를 집중 배정하는 등 국가적 지원이 필요하다.
(4) 시치료를 전문적인 의료행위로 인정하고 관리하기 위한 의료법 개정이 필요하다.

4. 시의 본질과 정신치료적 기능

시의 정신치료적 기능은 시의 본질특성에서 연유한다. 우리는 다음과 같은 몇 가지 명제들에서 시가 가진 본래성으로서의 정신치료적 기능을 이끌어낼 수 있다.

(1) "시적 언어는 다의적이면서도 일의적이다."[26]
따라서 독자는 시를 읽음으로써 언표된 것 속에서 언표되지 않은 것을 경험할 수 있다. 일상생활에서는 보지 못하는 것, 자칫하면 사라지고 말 그것을 시를 통해서 현실적으로 볼 수 있게 된다. 이것은 유폐된 정신의 문을 열고 개방된 공간으로 우리의 사유를 이끌어내는 역할을 함으로써 치료적 기능이 될 수 있다.

(2) "사상적 저작물은 반성적 이해를 요구하는 데 반해 시는 직관적 이해를 요구한다."[27]
시가 요구하는 직관은 단순한 직관을 의미하는 것이 아니다. 그것은 예술적으로 보는 직관이다. 예술적으로 본다는 것은 여러 가지가 합쳐진 것을 모두 보는 것을 말한다. 예술작품으로서의 시 속에 담겨져 있는 여러 가지를 비교·분석·종합·정리·검증하여 아는 것이 아니라, 한순간에 한꺼번에 알아차리는 것이 시의 직관적 이해이다. 시를 통한 직관적 이해를 통하여 우리 속에 있는 말할 수 없는 것을 우리는 한순간에 즉각적으로 알아차릴 수 있다. "시는 설명이나 이성으로 건드릴 수 없는 인생의 절단 부분을 다룬다. 공백의 용지라는 개방적인 속성으로 인해 상처를 드러내는 실험을 할 수 있다."[28] 직관적 이해는 통찰이라는 치료적 기능을 할 수 있다.

---

26) M. Heidegger, *Unterwegs zur Sprache*(1959), S.267("Der Weg zur Sprache").
27) Nicolai Hartmann, *Ästhetik*(1953), 2 Aufl., Berlin, 1966(이하 Ä로 약기함), S.93 참조.
28) John Fox, 앞의 책, p.24.

(3) "시는 저울질할 수 없는 심령적인 것을 이에 못지않게 저울질할 수 없는 감성적인 것을 통하여 제공한다."[29]

심령적인 것은 심리적이면서 영혼[30]적인 것을 의미한다. 심리적이고 영혼적인 것은 다른 도구로는 측정할 수 없다. 다만 시를 통해서만 우리는 그것들에 접근할 수 있다. 그것도 마찬가지로 측정할 수 없는 시적 감성을 통해서만 가능한 일이다. 따라서 우리 속에 있는 심리적 문제상황은 시를 통해서만 명료해질 수 있다. 혼란한 가치관이나 심리적 상태가 시를 통해서 치유할 수 있는 가능성이 여기서 나온다.

(4) "시인은 사람들이 일상용어로 말할 줄 모르는 것을 말한다."[31]

시인은 '언어를 형성하고 창조하는 자', '보는 사람', '투시하는 자', '밝혀내는 자'이다. 달리는 말해질 수 없는 것을 시에서는 말할 수 있다. 시는 과학이나 철학이 말할 수 없는 것을 말할 수 있다. 시인은 언어를 관습적으로 사용하지 않고 독창적으로 파악하고 다른 의미를 부여하여 안배하기 때문이다. 따라서 시를 통하여 우리의 시야는 새로이 개안되고 새로운 세계를 우리가 경험하게 된다. 세계의 변화는 곧 질병의 치료로 직결될 수 있다.

---

29) PdgS, S.443.

30) 영혼은 심리적 존재도 정신적 존재도 아니다. 그러면서도 그것은 심리와 정신에 어떤 작용을 일으키는 주체적 존재로서 두 존재층에 걸쳐 있으며 '설명할 수 없는 불가사의한 신비적인 힘을 가진 그 무엇'이라고 할 수 있다. 하르트만에 따랐을 때, 영혼은 실사세계와 인간의 사층성 구조 내에서 어떤 하나의 고유한 계층을 차지하는 존재가 아니며 다만 형이상학적, 가설적 존재의 성격을 가지는 것이라고 볼 수 있다.

31) Ä, S.175.

(5) "시는 일상의 파편 아래 숨어 있는 것을 드러낸다."[32)]

우리는 시 속에서 현실적으로는 볼 수 없는 낯선 세계를 들여다본
다. 그것은 시인이 건설해 놓은 세계이다. 그러나 우리는 시인이 건
설해 놓은 세계만을 보는 것이 아니다. 우리는 시 속에 우리 자신의
것을 집어넣는다. 우리는 시인을 뒤따라가는 추창작자(追創作者)가
되는 것이다. 그리하여 우리는 시에서 주어지는 것보다 더 많은 것
을 시 속에서 본다. 우리가 우리 자신도 의식하지 못했던 우리 속의
것을 끄집어내어 새로운 것으로 만든다는 것은 곧 치료적 기능이 된
다.

(6) "시는 직설적으로 말하지 않는다."[33)]

시가 직설적으로 말하지 않는다는 것은 곧 더 많은 것을 말하는
것이다. 상징과 은유는 무한한 세계를 지향한다. 우리가 어떻게 받아
들이는가에 따라 그것들은 끝없이 다른 것으로 재생될 수 있다. 환
언하면 우리가 필요한 방향에서 우리는 시를 받아들일 수 있다. 환
자에게 필요한 것은 치료약이다. 따라서 환자가 시를 받아들인다는
것은 곧 치료약을 받아들이는 것이 된다.

(7) "인간의 삶은 언어 속에 갇혀 있다. 언어를 통해서만 인간은
세계를 이해할 수 있고 언어가 매개해 주는 대로만 사물을 지각할
수 있다."[34)]

시적 언어는 시적 세계를 우리에게 매개하여 준다. 시를 읽으면서

---

32) Ä, S.152 참조.
33) PdgS, S.442 참조.
34) O. F. Bollnow, 한국철학회 편, 『현대철학의 전망』, 법문사, 1967, p.86 참
조.

우리는 시적 세계 속으로 들어가 그 안에 거주하게 된다. 시적 세계에 거주하는 것은 곧 일상세계에서 해방되는 것이고 일상세계를 초월하는 것이다. 일상적 삶의 세계 속에서 생긴 질병은 그 세계를 벗어남으로써 질병으로부터도 벗어날 수 있다. 이것이 곧 시가 본래적으로 가지는 치료적 기능이다.

(8) "우리가 한 언어를 지배한다고 일컫는 것은 오히려 언어에 의해 지배당하고 있는 것이다."[35]

일상생활에서 인간은 기존의 세계를 받아들이고 이해할 뿐이지 그것이 기존의 세계라는 것을 의식하지는 못하고 있다. 일상적 시각은 사물 자체를 보는 것이 아니고 이용가치만을 본다. 그리고 그것이 전부인 줄로 안다. "인간은 언어 자체를 알지도 못한 채 그 언어 속에서 생활하고 그 언어를 신뢰하고 있는 것이다."[36] 이와 같이 언어의 일상성과 폐쇄성 속에 유폐되어 있는 인간의 사유를 해방시켜 주는 것이 시적 언어이다. 시는 일상적 무의식과 자기욕구로부터 인간을 해방시킨다. 요컨대 일상적 언어와 개념적 언어는 인간을 구속시키는 것임에 반해 시적 언어는 인간을 해방[37]시킨다. 억압된 사유를

---

35) PdgS, S.215, S.315.
36) W. 비이멜, 백승균 옮김, 『하이데거의 철학이론』(박영문고 217), 박영사, 1980, p.221.
37) 물론 해방은 새로운 구속을 예비한다. "모든 해방은 구속을 대가로 해서만 얻어지는 것"(PdgS, S.546)이기 때문이다. 시를 통해서 해방된 정신은 영원한 해방을 누릴 수 있는 것이 아니다. 다시 일상성으로 되돌아 왔을 때 인간은 마찬가지로 폐쇄성 속에서 살아가야 한다. 시간적 경과에 따른 시적 세계의 일상화 내지는 속화도 이에 해당한다. 그런 의미에서 시의 정신치료적 기능은 본질적이지만 치료효과는 유효기간이 있다는 것이다. 이것은 약품을 복용했을 때 일정한 시간 동안 지속되는 약효와 같은 것이라고 할 수 있다.

해방시킬 수 있는 시의 본질특성은 곧 정신치료적 기능이라고 할 수 있다.

(9) "말해진 말은 현실을 변화시키며 새로운 현실을 창조한다."[38] 말은 말해짐으로써 현실을 변화시키는 힘을 발휘한다. 욕설, 저주, 축복, 약속 등이 좋은 예이다. 이 경우 말이 선행하고 현실이 뒤따른다. 환언하면 말해진 말은 미래에 어떤 일이 생기도록 하는 힘을 발휘한다. 시치료에서 시를 큰 소리로 읽을 것을 요구하는 것은 말이 가진 이러한 힘에 의존하는 것이다. 따라서 눈으로 읽는 것보다는 큰 소리를 내어 읽는 것이 더 큰 치료효과를 얻을 수 있다. 시에는 더욱 불가사의한 힘이 잠재하여 있다. "시는 일상어가 지니지 못하는 효과를 나타내며 구체적으로 느끼게 한다."[39] "시의 힘은 근본적으로 이 세상의 어떤 힘과도 다른 성질의 것이다. 이 힘은 어떤 다른 외형적으로 더 강한 힘과도 아무런 갈등을 가지지 않으며, 그와 반대로 아주 힘없고 조용하고 그러면서도 물리칠 수 없는 위력을 가지고 그 효과를 나타낸다."[40] 이런 의미에서 시적 언어는 조용하고 강력한 힘으로 우리의 정신을 순화시킨다. 삶과 마음과 정신의 전환을 조용하고도 강력하게 가져오는 바로 이 기능이 시의 정신치료적 기능이 된다.

이러한 아홉 가지의 명제를 하나로 종합한다면 우리는 다음과 같이 말할 수 있을 것이다. "시인의 말들은 인간을 자신의 편견 속에서 해방시키고, 또한 인간의 상업적이고 이기적인 관심을 잠자게 하며,

---

38) O. F. Bollnow, 앞의 책, pp.87-88 참조.
39) Ä, SS.102-103.
40) O. F. Bollnow, 앞의 책, p.22.

인간으로 하여금 모든 사물의 숨겨진 본질을 밝혀주고, 그 속으로 또한 우리 자신 스스로를 완전히 변화하게 해주는 그들의 말에 귀를 기울이게끔 강요하고 이끈다."[41] 온전하지 못한 것 속에서 온전한 것을 노래함으로써 하나의 새롭고 완전한 세계를 건설해 내는 "시인들의 언어는 엄격한 의미에 있어서 예언하는 언어이다."[42] 그런 한에서 시인들은 "신들과 인간들 사이의 그 중간에 내던져져 있는"[43] "반신(半身)"[44]들인 것이다.

5. 맺음말

현재 시술되고 있는 시치료는 심리학과 접목되어 있으며, 독서치료와 거의 동의어로 쓰이고 있다. 그러나 아직 초보적 단계에 머물러 있으며 학문적 체계도 이루어져 있지 않다. 시치료는 치료효과라는 실용성에 중점을 둠으로써 시적 완성도나 작품성보다는 내담자의 정서적 체험과 반응을 더욱 중요시한다. 그러나 이러한 입각점이 반드시 타당하다고 볼 수는 없다. 좀더 충분한 임상실험과 검증이 필요한 부분이라고 할 수 있다.

시의 정신치료적 기능은 앞 절에서 살펴본 바와 같이 시의 본질에서 연원한다. 동시에 "시는 언어에 의한 존재의 건설"[45]인 한, 시가 가지는 정신치료적 기능의 연원은 언어에까지 소급될 수 있다. 그런데 언어는 곧 정신[46]이다. 시적 언어가 언어 중의 언어인 한, 동시에

41) 같은 책, p.22.
42) M. Heidegger, *Erläuterungen zu Hölderlins Dichtung*(1944), S.108("Andenken").
43) 같은 책, S.43("Hölderlin und das Wesen der Dichtung").
44) 같은 책, S.139("Andenken").
45) 같은 책, S.38("Hölderlin und das Wesen der Dichtung").

그것은 정신 중의 정신이라 할 수 있다. 시인은 시 속에서 일상어를 사용하지만 일상어와는 다른 의미로 구사하기 때문이다. 이렇게 보았을 때, 시치료는 설사 심리학과 접목된 영역이라고 하더라도 근본적으로는 정신철학에서 출발할 수밖에 없고 시치료의 기능은 정신에서 연원할 수밖에 없는 것이다.

의학적 치료, 그러니까 '아래로부터 위로 이르는 치료법'이 더 강력한 치료법인 것은 사실이고 그뿐만 아니라 계속하여 발전을 거듭하면서 인간의 질병치료를 주도해 갈 것도 분명하다. 그럼에도 불구하고 '위로부터 아래로 이르는 치료법', 그러니까 지금 우리가 대체의학이라고 부르는 영역에 있어서의 한 가지 치료법인 시치료가 정신의 힘으로 심리적 이상을 고치고 심리의 힘으로 신체의 이상을 고칠 수 있다고 한다면 이러한 치료법 또한 무한한 가능성을 가지고 있다는 것을 우리는 부정할 수 없다. 만약 후자가 전자에 버금가는 치료효과를 낼 수 있게 되거나 혹은 전자를 앞질러 갈 수 있다면 그것이 가장 이상적인 상태라고 할 수 있을 것이다. 왜냐하면 전자가 가지는 신체적 거부반응이나 부작용 같은 것이 후자에서는 없을 것47)이기 때문이다. 그리고 그러한 경지에 가 있는 인간이라면 동양

---

46) 하르트만에 따랐을 때, '언어(말) 그 자체'는 객관적 정신이다. 그리고 '말하는 말(언어)'은 주관적 정신이고 '말해진 말(언어)'은 객체화한 정신이다. 이 세 가지 정신은 병렬적이지만 상호간에 긴밀한 연관을 가지고 있으며 최고 존재로서의 인간의 특성을 규정하는 것이 된다.

47) 물론 '위로부터 아래로 이르는 치료법'으로서의 시치료가 어떤 경우에도 부작용이 없을 것이라고 단언할 수는 없다. 우선은 임상효과가 있는 시라고 하더라도 그 시가 내담자의 의식 내에서 상당한 시간을 거치면서 잘못된 가치관이나 성격파탄의 배아가 될 수도 있을 것이다. 그러므로 여기서의 시치료는 현재 시술되고 있는 시치료를 말하는 것이 아니라, 충분한 이론적 체계가 수립되고 유의미한 임상실험 결과를 토대로 하여 전문적으로 시술되리라고 보는 미래 시점의 시치료를 말한다.

에서 전통적으로 가지고 있는 이상적 인간의 표상인 신선과 크게 다르지 않을 것이다. 그러나 후자가 반드시 유념해야 할 것은, 초인간적인 신비의 영역으로 넘어가 버리거나 주술이나 무속에 의지하는 그러한 경계선을 절대로 넘어 나가지 말아야 한다는 것이다. 환언하면 위로부터 아래로 이르는 치료법으로서의 시치료의 과학화와 체계화가 필요하다는 말이 될 수도 있다.

시치료가 제대로 된 치료법으로 정착하기 위해서는 앞에서 언급된 문제점이 하나하나 해소되어야 한다. 나아가 시치료가 의학의 한 축으로 자리 잡기 위해서는 전문적인 기초이론의 지속적인 연구와 축적이 필요하며 충분한 임상실험을 통한 과학적 검증이 밑받침되어야 함은 물론, 국제적으로 표준화된 시술체계가 확립되어야 한다.

시치료라는 분야는 이제 막 출발선으로 나서려고 하는 단계에 와 있다. 시치료에 있어서의 모든 것이 지금은 단지 가능적으로만 있는 것 같다. 가능성이 현실성과 필연성으로 바뀔 수 있는 것은 오로지 관심과 노력과 시간에 전적으로 제약되어 있는 것이다.

참고문헌

John Fox, 최소영 외 옮김, 『시치료』, 시그마프레스, 2005.
Nicholas Mazza, 김현희 외 옮김, 『시치료: 이론과 실제』, 학지사, 2005.
O. F. Bollnow, 한국철학회 편, 『현대철학의 전망』, 법문사, 1967.
W. 비이멜, 백승균 옮김, 『하이데거의 철학이론』(박영문고 217), 박영사, 1980.
M. Heidegger, *Erläuterungen zu Hoelderlins Dichtung*(1944), Gesamtausgabe 2: Vittorio Klostermann, Frankfurt a. M., 1977.
_____, *Holzwege*(1950), Gesamtausgabe 6: Vittorio Klostermann, Frank-

furt a. M., 1950.

_____, *Unterwegs zur Sprache*(1959), Gesamtausgabe 12: Vittorio Klostermann, Frankfurt a. M., 1985.

Nicolai Hartmann, *Ästhetik*(1953), 2 Aufl., Berlin, 1966.

_____, *Das Problem des geistigen Seins*, Untersuchungen zur Grundlegung der Geschichtsphilosophie und der Geisteswissenschaften(1933), 3 Aufl., Berlin, 1962.

_____, *Der Aufbau der realen Welt*, Grundriss der allgemeinen Kategorienlehre(1940), 3 Aufl., Berlin, 1964.

A. Lerner, "Poetry therapy comer", *Journal of Poetry Therapy*, 1987.

철학, 고통 그리고 치료*

김 석 수

1. 머리말

지금 우리가 살고 있는 시대는 그 어느 시대보다도 경쟁이 치열한 사회이다. 상인의 이주지인 성벽 바깥의 성곽도시(burgus)의 주민 (burgensis)이 공론장의 터전이었던 광장(agora)을 잠식한 이후로,[1] 세상은 온통 시장만능주의에 휘말려 들어가고 있다. 인간의 생명을 지켜내는 병원이나 인간의 교육을 담당하는 교육기관마저도 모두 시장의 영향으로부터 자유로울 수 없게 되었다. 세상을 온통 떠들썩하게 만든 생명공학의 영웅이 하루아침에 부도덕한자로 추락하는 황우석 박사의 사건은 지금의 우리의 삶이 얼마나 심각하게 경쟁구조에

---

* 이 글은 『철학연구』(대한철학회 편, 100집, 2006. 11)에 실린 글을 일부 수정 보완한 것임.

1) Görres-Gesellschaft(hrsg.), *Staatslexikon*, Verlag Herder Freiburg, 1958, S.306.

종속되어 있는가를 단적으로 보여주는 대표적인 사례이다.

이처럼 지금의 우리의 삶은 베버가 주장하듯이 경쟁의 쇠우리(stahlhartes Gehäuser)에서 벗어날 수 없는 상태에 직면해 있다. 따라서 이와 같은 상황 아래서는 경쟁의 비인간성을 고민하는 인문학, 그 중에서도, 특히 철학은 당연히 위기에 직면하지 않을 수 없다. 변방에 위치해 있는 대학일수록 철학과의 위기는 더욱 더 심하게 밀려든다. 철학과의 위기는 단순히 철학과 자체의 위기가 아니라 인문학 전반의 위기이며, 나아가 인간 삶의 조건 전반에 대한 위기이다. 적어도 경쟁이 인간의 삶을 전적으로 지배하는 것이 우리의 인간다운 삶에 필요충분조건이 될 수 없는 이상, 이 위기는 어떤 형태로든 극복되지 않으면 안 된다.

그러나 우리는 오늘의 철학이 위기로 내몰리게 된 것을 단순히 시대 탓으로만 돌릴 수 없다. 이 위기의 상당 부분은 철학자들 자신의 잘못으로 되돌려져야 할 것이다. 왜냐하면 우리의 대부분의 철학자들은 이 땅에서 살아가는 사람들의 문제에 진정으로 참여하여 그들과 함께하는 철학을 하지 않았기 때문이다. 철학이 현실을 떠나버렸을 때 현실에서 고통을 겪고 있는 사람들로부터 더 이상 관심의 시선을 기대할 수 없는 것은 너무나 당연한 일이다. 물론 그렇다고 철학이 현실에 매몰되라는 이야기는 아니다. 그것 역시 현실 속에서 고통을 겪고 있는 사람들에게는 반가울 리 없다. 현실 속에서 고통을 겪고 있는 사람들은 그 부조리한 현실을 비판하든지, 그런 현실을 개선하는 새로운 치유책을 모색하는 활동에 당연히 시선을 돌릴 것이다. 그렇다면 철학자 역시 이 땅의 이웃들로부터 외면을 당하지 않으려면 그들이 겪고 있는 현실의 고통을 비판하고 개선하는 활동에 참여해야 할 것이다. 즉 철학은 육체적, 정신적으로 건강한 삶을 위한 비판학이자 창조학이어야 할 것이다.

따라서 철학자가 비판적이고 생산적인 활동을 하지 않으면서 자신의 위기를 불평하는 것은 자기모순이다. 그러므로 우리의 철학자 역시 현실로부터만 철학을 해서는 안 되겠지만, 현실과 더불어 철학하는 모습을 보여주어야 할 것이다. 이 땅의 철학자들은 비판학과 창조학으로서의 새로운 철학의 탄생을 위한 다각도의 모색을 해야 할 것이다.

이 글은 바로 이와 같은 시대적 사명 앞에서 경쟁의 쇠우리에 갇힌 21세기의 삶에 자리하고 있는 파편화되고 고립된 자아와 그 속에서 자라나고 있는 나르시시즘의 병적 현상에 대처할 수 있는 새로운 철학의 가능성을 고민해 보고자 한다. 그것은 다름 아니라 고통 받고 있는 현실과 그 속에 살아가고 있는 인간의 아픔에 대한 적극적인 동참의 철학, 거리의 철학에 대한 모색이다. 이 글은 철학이 과연 인간의 고통에 대해서 아무런 역할도 할 수 없는가, 할 수 있다면 어떤 것일까의 문제를 집중적으로 다루어보고자 한다.

2. 고통을 외면한 철학

19세기에 이르러 거리의 철학이 강단의 철학으로 전환되면서, 철학자는 이웃하는 동료와 멀어지게 되었다.[2] 그리하여 철학자도 상아탑의 전문가로 자리하면서 학문으로서의 철학을 추구하였지, 세상사의 지혜에 관여하는 철학에 더 절실하게 다가서지 못했다. 전형적인 강단철학자였던 칸트조차도 이 문제에 대해서 심각한 고민을 하고

---

2) 이 점과 관련하여 루 매리노프(Lou Marinoff)는 다음과 같이 주장하고 있다. "상아탑에 처박힌 철학은 그때부터 이론적 통찰은 가득하지만 실제적 실천은 별로 없는 가분수 꼴이 되어 버렸다."(루 매리노프, 이종인 옮김, 『철학으로 마음의 병을 치료한다(*Plato not Prozac*)』, 해냄, 2000, p.24)

있었다. 그는 '학문개념으로서의 철학'은 '세계개념으로서의 철학'에 이바지해야 함을 강조하였다.3) 나아가 그는 철학자는 "우리가 원하는 어떤 종류의 목적에 대해서든 이성 사용의 규칙을 주는 자"여야 하며, "실천적 철학자로서 이론과 사례를 통하여 가르침을 주는 지혜의 교사(Lehrer der Weisheit)"만이 "진정한 철학자"가 될 수 있다고 강조하였다.4) 오죽했으면 철학자 베이컨이 사색하고 관조하는 철학자보다 우리가 당장 고통스러워하는 현실에 도움을 줄 수 있는 기술자를 존중한다고 주장했겠는가?

철학이 거리에 나가 고통 받는 자와 마주하여 대화를 하지 않을 때 그 스스로의 생명력을 잃어버릴 수밖에 없다. 더 이상 철학이 19세기 이후 전개되어 온 강단철학에만 매몰되어 있을 수 없다. 의미 있는 생활인의 삶을 외면한 채 학문상의 과목으로만 철학이 남게 된다면, 고통 받는 인간이 도움을 요청할 리가 없다. 바로 이와 같은 맥락에서 야스퍼스와 니체는 기존의 강단철학의 반생명성에 대해서 강한 비판을 가하였다. 야스퍼스는 오늘날 철학이 위기에 처한 것을 인간이 진정으로 호흡하고 살아야 하는 실존의 공기에 대한 고민을 상실한 데 있다고 보았다.5) 한마디로 철학이 구체적인 치료의 철학으로 다시 태어나야 한다는 것이다. 니체 역시 철학은 더 이상 부유함이나 힘을 대변하는 사치스러운 것이 아니라 아픈 자의 치료에 도움에 되어야 한다고 역설한다.6) 그래서 "그는 건강에 대해서, 그리

---

3) I. Kant, *Logik: Ein Handbuch zu Vorlesungen*, Hg. von G. B. Jasche, 학술원판 IX, S.24.

4) 같은 책, 같은 곳.

5) K. Jaspers, *Der Artzt im technischen Zeitalter*, München, 1999, SS.56-57.

6) F. Nietzsche, *Die fröhliche Wissenschaft*, 서문 2, *Friedrich Nietzsche Sämtliche Werke Kritischeausgabe*, Bd. 3, hrsg. Von Giorgio Colli und Mazzino Moinari, Berlin/New York, 1980, S.347.

고 삶에 대해서 내가 의욕하는 것으로부터 나의 철학을 만들었다."[7]
고 선포한다. 나아가 그는 이와 같은 태도 아래서 철학, 생리학, 의학
사이를 친근한 관계로 전환시키고자 하였다. 그는 철학적 행위와 관
련하여 진리보다 건강, 생명, 힘과 같은 문제에 더 집중하였다.[8] 그
는 철학이 지루한 학문적 작업을 하는 영역으로 추락하였음을 불평
하면서, 철학이 다시 건강과 생명을 고민하는 '철학자 의사'로 거듭
나야 함을 강조하였다.

사실 이들의 이와 같은 태도는 이미 고대시대부터 존재하였다. 에
피쿠로스는 철학을 '영혼의 치료'라고 하였다. 그에 의하면 철학자에
의해 만들어진 주장들은 공허하며, 인간의 아픔에 대해서 아무런 도
움을 주지 못한다. 스토아학파 역시 철학은 추상적 이론을 세우는
것이 아니라 건강하게 잘사는 기술에 관계한다고 하였다.[9]

이처럼 이들 철학자들은 인간에게 스며드는 고통의 문제를 철학의
가장 중심적인 문제로 설정하고 있다. 사실 고통은 인간이 경험하는
가장 근원적이고 확실한 사건이다. 이런 고통을 외면하고서 철학한
다는 것은 이미 인간을 배제한 철학이 되지 않을 수 없으며, 그것은
이미 철학이 아니게 된다. 그럼에도 불구하고 이 고통의 문제를 그
동안 종교인이나 과학자가 전담해 온 것이 사실이다. 종교인이 마음
의 아픔을 치유하는 역할을 해왔다면, 의술인은 몸의 아픔을 전담하
여 왔다.

그렇다면 철학자는 이 고통에 대해서 어떤 역할을 담당하여야 하

---

7) F. Nietzsche, *Ecce homo*, *Friedrich Nietzsche Sämtliche Werke Kriti-scheausgabe*, Bd. 6, S.267.
8) F. Nietzsche, *Die fröhliche Wissenschaft*, 서문 2, *Friedrich Nietzsche Sämtliche Werke Kritischeausgabe*, Bd. 3, S.349.
9) http://en.wikipedia.org/wiki/Philosophical_counseling.

는가? 철학이 고통에 어떤 형식으로든 참여하지 않는다면 인간의 삶의 문제를 방기하는 직무유기가 아닐 수 없을 것이며, 이런 비난을 벗어나려면 어떤 형태로든 역할을 하여야 할 것이다. 이 점과 관련하여 손봉호는 다음과 같이 주장하고 있다.

> 고통으로부터 해방된 사람은 없고 고통이 끼치는 영향에서 벗어난 인간형성이란 불가능하다. 그러므로 고통의 문제를 무시하면 인간현실의 가장 중요한 부분을 무시하는 것이요, 고통의 경험을 전제로 하지 않는 인간이해는 인간의 참모습을 반영할 수 없을 것이기 때문이다.10)

이처럼 철학이 당장 육체적 병을 앓고 있는 환자를 의사처럼 치료할 수도 없고, 또 그렇다고 종교인처럼 또 다른 세계의 존재함에 대한 믿음을 제시함으로써 구원을 제공할 수도 없지만, 적어도 고통이 인간에게 어떤 '의미'를 지니는가에 대해서는 해명해 줄 의무가 있다. 그렇게 함으로써 철학은 고통당하는 사람에게 위로를 제공할 수 있기를 희망할 수 있다. 이제 철학은 감각의 세계에 대해 판단중지를 선포하고 순수 사유에 침잠함으로써 불변의 초월계로 올라가거나 의식의 내면으로 침잠해 들어가 고통이 없는 절대적인 세계나 나를 만나는 것이 아니라 몸을 가지고 아파하는 이 현실적 존재에 시선을 돌려야 할 것이다. 그러므로 이제 철학은 "나는 생각한다 고로 존재한다(Cogito ergo sum)"로부터 "나는 아파한다 고로 존재한다(Doleo ergo sum)"라는 새로운 지평으로 나아가야 할 것이다. 레비나스는 이와 같은 입장에서 새로운 윤리의 지평을 열어놓는다. 그에 의하면

---

10) 손봉호, 『고통받는 인간: 고통문제에 대한 철학적 성찰』, 서울대 출판부, 1998, p.21.

나는 타자의 '상처받을 가능성을 지닌 얼굴'에서 현현(éphipanie)하
는 고통의 눈물을 나로 하여금 내 삶에 대해서 책임을 다하도록 다
그치는 명령의 소리로 진지하게 받아들여야 한다.11)

정말이지 현대인은 테일러(C. Taylor)의 주장처럼 불안한 사회 속
에 살고 있다. 즉, 현대인은 자신의 이성이 도구화됨으로 인해 삶의
의미와 목표를 상실하고, 마침내 자유와 자결권마저 상실한 채 나르
시시즘이라는 자기감옥에 갇혀버렸다.12) 이로 인해 타인의 고통은
고사하고 자신의 고통에 대해서마저 무감각해져 버렸다. 버려진 죽
음, 사물화된 죽음이 곳곳에서 발생하고 있다. 더 이상 우리는 주체
와 타자라는 이분법적 도식 아래서 미메시스와 노에시스가 악순환되
고 신화와 계몽이 서로를 잡아먹는 아폴론 철학에 머물러 있을 수
없다. 우리는 서로 의심하며 고립되어 있는 '홀로 주체'를 넘어 '서
로 주체'가 되는 새로운 얼굴의 철학, 고통의 철학으로 나아가야 할
것이다.

그런데 이 고통의 철학은 단순한 대상이나 일시적 사건을 다루고
해결하듯이, 고통을 그저 물리적으로나 심리적으로 치료하여 지워버
리는 차원에 머물러서는 안 된다. 인간의 고통을 치유하는 현대의
임상의학은 고통을 단순히 수선하고 제거 가능한 대상으로 바라보는

---

11) E. Levinas, *Difficile Liberté,* Paris: Albin Michel, 1976, p.20. 손봉호는 이
점과 관련하여 다음과 같이 주장하고 있다. "그러므로 아무도 다른 사람의
고통을 우리는 거리를 두고 관조할 수 없다. 거리를 두고 관조하는 것은 레
비나스의 지적대로 다른 사람을 나의 의식 속에 의미로 환원시켜 나에게
종속시키는 것이다. 그러나 고통은 나의 의식의 내용, 즉 의미로 환원되지
않는다. 의미로 환원된 고통은 아프지 않다. 고통 받는 인간은 나 바깥에
엄연히 서서 나에게 도전하는 것이다. 그러므로 고통 앞에서 우리는 냉정하
게 객관적 혹은 이론적이 될 수 없고 오히려 윤리적이 될 수밖에 없다."(손
봉호, 앞의 책, p.204)
12) 찰스 테일러, 송영배 옮김, 『불안한 현대사회』, 이학사, 2001, p.21.

경향이 강하며, 고통을 매개로 점점 더 자본화되고 권력화되는 경향을 지니고 있다. 푸코가 주장하듯이 정신병원의 합법화 과정이 이것을 잘 보여주고 있다. 이것은 인간의 삶의 한복판에 자리하고 있는 고통의 참의미를 지워버리거나 은폐하게 되는 부정적 현상을 낳는다. 이것은 고통을 통해 인간의 삶의 참 조건을 드러내는 작업이라고 할 수 없다. 이들에게는 고통의 현상학이 부재하거나 빈약하다.

3. 고통의 종류와 철학의 역할

인간이 세상을 살아가면서 겪는 고통은 여러 가지가 존재한다. 당장 육체의 어떤 부분에 문제가 생겨서 발생하는 고통으로부터, 정신 기능에 이상이 생기거나 마음의 고민으로부터 유래하는 정신적 고통에 이르기까지 다양한 상태들이 존재한다.13) 그러나 이들 고통의 궁극적 원인이 무엇이며, 또 이들 고통이 서로 어떤 관계에 놓여 있는지에 대해서는 아직 완전히 밝혀지지 않았다. 그렇지만 한 가지 분명한 사실은 이들 고통이 완전히 분리되어 있는 별개의 것이 아니라는 점이다. 육체적 고통이 정신적 고통을 동반하기도 하고, 정신적 고통이 육체적 고통을 동반하기도 한다.14) 사실 '고통(苦痛)'이라는 이 단어의 한자 의미만 새겨 보아도 여기에는 마음이 괴로워하는

---

13) 셰페르(H. Schaefer)에 의하면 인간이 고통으로 앓게 되는 질병의 종류는 크게 네 가지로 표현된다. 즉, 병은 육체적 허약함에서 비롯되는 병이나 고통이나 손상에 대해서 감각적으로 느낌으로써 발생하는 병으로 표현되거나, 아니면 악하거나 나쁘다는 의미에서의 정신적 병(geistige Krankheit)이나 악습으로서의 사회적 병으로 표현된다(K. E. Rothschuh, "Krankheit", in *Historisches Wörterbuch der Philosophie*, Bd. 3, hrsg. von J. Ritter, Basel/Stuttgart: Schwabe & Co., S.1184).

14) K. W. N. Fulford, "Concept of Mental Illness", *Encyclopedia of Applied Ethics*, Vol. 3, San Diego: Academic Press, 1998.

‘고(苦)’의 상태와 육체가 아픔을 느끼는 ‘통(痛)’의 상태가 결합되어 있다.15) 그러므로 고통은 이미 육체적 상태와 정신적 상태가 함께 참여되어 있는 개념이다. 물론 짐승의 경우는 ‘통’은 있어도 ‘고’는 없을 수 있다.16)

그러나 인간에서 일어나는 병적 증상은 ‘통’의 상태일 수도 있지만, ‘고’의 상태일 수도 있으며, 이 두 가지가 모두 가미된 경우일 수도 있다. 더군다나 단순한 ‘통’의 상태가 아니라 ‘고’의 상태가 훨씬 더 깊이 개입되어 있는 경우의 병은 순수한 육체적 병이 아니라 한 개인으로서의 정신적인 병이거나, 아니면 사회집단의 질환일 수도 있다. 이 경우는 병을 앓고 있는 자의 가치관이나 세계관에 깊이 관련되어 있을 수 있다. 특히 이 경우의 고통은 객관적 대상으로 제시할 수 없는 주관적이고 사적인 것이다. 그러므로 이런 고통은 ‘설명(Erklärung)’의 방식에 입각하고 있는 자연과학적 태도가 아니라 ‘이해(Verstehen)’의 방식에 입각하고 있는 인문학적 태도가 요구된다. 이 고통은 타자를 앞에 세워놓고 발가벗기는, 그래서 타자를 문초하고 닦달하는 ‘표상(Vorstellung)의 철학’이 아니라, 타자의 고통에 참여하여 타자의 고통을 말 못하는 ‘그것(es)’의 ‘통’이 아니라 소리치는 ‘당신(Sie)’17)의 ‘고’로 체험하는 ‘이해의 철학’을 통해서만 제대

---

15) 서양에서도 ‘고’와 ‘통’에 해당하는 개념들이 존재한다. 전자는 suffering, Leid, souffrance이며, 후자는 pain, Schmerz, doulouer이다. 전자는 정신적인 괴로움에 해당하는 것이라면, 후자의 경우는 육체적인 아픔에 해당한다.

16) 손봉호, 앞의 책, p.26.

17) 가다머의 주장에 따르면 타자는 ‘사물화된 너’나 ‘인격체로서의 너이지만 반성적인 너’가 아니라 ‘말하는 너’이다. ‘사물화된 너’는 자연과학적 방법으로 접근되는 너이며, ‘반성적 너’는 선험철학이나 실존철학에서 주장되는 타자보다 자기가 타자를 더 잘 아는 너이지만, ‘말하는 너’는 내가 타자에 열려 있는 너이다(H. G. Gadamer, *Wahrheit und Methode*, Tübingen: J. C. B. Mohr, 1972, SS.340-341).

로 접근될 수 있다.

사실 인간이 겪는 고통은 사적이고 주관적인 것이어서, 타인이 온전히 이를 인지할 수 있는 언어로 표현하려면 거기에는 많은 어려움이 뒤따르기 마련이다. 그럼에도 불구하고 고통 받는 자는 "다른 어떤 욕구나 본능보다 더 강하게 언어를 요구한다."[18] 그래서 손봉호는 고통과 언어의 관계를 다음과 같이 피력하고 있다.

사람이 당하는 고통에 대한 항의와 그것을 제거해 달라는 호소가 언어의 가장 중요한 기능이며 근거라고 주장할 수는 없을지 모르나 적어도 고통은 언어의 중요한 기능 가운데 하나이며, 언어를 가능케 한 가장 중요한 근거 가운데 하나라고 주장할 수는 있을 것이다.[19]

따라서 언어를 통해 성립되는 대화는 인간의 고통을 치유하는 데 근원적인 기반이 아닐 수 없다. 그러나 이 대화에 사용되는 언어는 과거 철학자들이 진리의 이름으로 사용한 거대 기호나 과학기술적 잣대 위에 성립되는 도구적 언어일 수 없으며, 레비나스의 주장처럼 과부와 고아의 얼굴로 나타나는 구체적인 인간의 이야기에 관계하는 일상언어여야 한다.[20] 타자가 앓고 있는 고통의 얼굴(Visage)과 그의 시선은 나의 어떤 힘도 미칠 수 없는 지각 불능, 대상화 불능, 규정 불능, 소유 불능성을 함축한다. 그의 고통의 얼굴은 지각으로 환원되지 않는다.[21] 그러므로 이 고통의 치료에 참여하는 행위는 방법

---

18) 손봉호, 앞의 책, p.75.

19) 같은 책, p.76.

20) E. Levinas, *Totalité et Infini. Essai sur L'extériorité*, La Haye: Martinus Nijhoff, 1961, p.229.

21) E. Levinas, *Éthique et infini. Dialogues avec Phillippe Nemo*, Paris: Fayard/Culture France, 1982, p.80.

론적 일원론에 입각하고 있는 법칙설정적(nomothetic) 차원이 아닌 개성기술적(ideograpic) 차원이 요구된다.[22) 이 개성기술적 차원은 인문학 고유의 방법으로서 자연과학이 접근할 수 없는 차원이다.

따라서 인간의 고통의 문제를 치유하는 데 있어서 자연과학의 부류에 속하는 의학, 신경정신학, 심리학의 차원이 아닌 철학이 요구될 수밖에 없다. 바로 이와 같은 맥락에서 김영진은 인간이 앓고 있는 병을 '육체적 병', '정신의학적 병(신경정신과적 병)', '철학적 병'으로 분류하고 있다. 그에 의하면 "철학적 병은 육체적 병이나 정신의학적 병보다 훨씬 더 많은 가치 판단이 개입된다."[23) 실제로 세계보건기구(WHO)에서도 '건강'을 "완전한 육체적, 정신적 그리고 사회적 안녕의 상태이며, 단지 병이나 쇠약이 없는 것만은 아니다."[24)라고 규정하고 있다. 여기에는 이미 가치지향적인 정의가 내포되어 있다. 건강의 개념이 이러하듯, "모든 병도 정도의 차이는 있지만 가치담지적이다."[25) 특히 철학적 병은 더 더욱 그러하다. 철학적 병은 육체적 병이나 신경정신과적 병처럼 약이나 주사 내지는 수술을 요하는 것이 아니며, 이들 병처럼 자신이 고통을 당하기보다는 타인들에게 더 많은 고통을 가하게 된다.[26) 그 대표적인 경우가 광신주의이다. 물론 이 광신주의도 정신치료 내지는 심리치료가 이루어져야 하겠지만, 그것만으로 결코 치료가 완전히 이루어질 수 없다. 거기에는 철학적 치유가 요구된다. 왜냐하면 여기에는 세계관이나 가치관에

---

22) G. H. Von Wright, *Explanation and Understanding*, Cornell University Press, 1971, p.2.
23) 김영진, 『철학적 병에 대한 진단과 처방: 임상철학』, 철학과현실사, 2004, p.12.
24) http://100.naver.com/100.php?id=7809.
25) 김영진, 앞의 책, p.31.
26) 같은 책, pp.36-37.

대한 교정이 요구되기 때문이다.[27] 잘못된 인식, 잘못된 논리, 잘못된 가치관이나 세계관으로 인하여 발생되는 "철학적 병을 찾아 이를 진단하고 또 진단에 따라 적절한 처방을 내리는" 경우가 바로 임상철학(clinical philosophy)이다.[28]

그러나 이미 언급되었듯이, 이 임상철학은 병적 현상을 지니고 있는 상대에 대하여 '대상'으로 접근하는 방식을 지양한다. 고전적 정신분석학이나 행동요법(behavior therapy)이나 전통적 신경정신학(traditional neuropsychiatry)은 인과법칙이나 관찰 가능한 경험에 근거하여 문제를 접근하고자 하며, 특히 신경정신학은 병적 현상을 뇌신경의 화학작용으로 환원하여 바라보려는 경향이 강하다. 그러므로 이들은 병적 현상을 지니고 있는 자에 대하여 그를 주체적 차원으로 만나지 못하고 있다.[29] 즉, 이들은 환자의 의식현상을 주관적인 것으로 부정하는 경향이 있다. 이와 같은 접근법은 때로는 치료의 효과를 낼 수도 있지만, 때로는 환자를 더 어려운 상황으로 몰고 가기도 한다. 그래서 철학적 접근은 이 부분에 대한 충분한 고려를 하고자 하며, 바로 이와 같은 맥락에서 철학 카운슬링이 대두된다.[30] 바로 이 "철학 카운슬링은 논리, 윤리, 가치, 의미, 합리성, 갈등과 위험 상황

---

27) 김영진은 이와 같은 철학적 교정을 요하는 병에 해당하는 것을 광신적 민족주의, 효이기주의, 패거리주의, 왜곡된 주체사상, 의리주의, 왕따, 화병, 강간당한 여성의 자살 시도 등 다양한 경우들이 있다고 주장한다(같은 책, p.51).

28) 같은 책, p.212.

29) 같은 책, pp.230-231.

30) 1981년 아센바흐(Gerd Achenbach)에 의해서 철학상담이 시작되었다(http://www.geocities.com/centersophon/press/meaning.html). 1984년 그의 책 『철학적 실천(Philosophische Praxis)』이 출판되고, 그 이후 네덜란드, 캐나다, 노르웨이, 오스트리아, 프랑스, 스위스, 미국 등 여러 나라에서 철학상담이 활성화되었다(http://en.wikipedia.org/wiki/Philosophical_counseling).

에서의 의사결정 등 모든 것을 포괄적으로 다루며, 인간사의 온갖 복잡한 상황을 다룬다."31) 이것은 고통을 외면하지 않으려는 철학의 새로운 방향이자, 철학 본연의 의무에 충실하고자 하는 몸부림이다.

4. 철학적 치료의 필요성과 그 특징

루 매리노프의 주장처럼 "기존의 종교단체가 많은 사람들 사이에서 권위를 잃고, 또 심리치료사나 정신과 의사가 유용성의 범위를 넘어서는 월권행위를 저지르자, 많은 사람들이 철학 카운슬링에 눈을 돌리고" 있다.32) 초월적인 존재로 향하는 사유가 만든 형이상학적 왕국도, 자기를 한없이 높이려는 사유가 만든 과학기술적 왕국도 인간의 근원적 고통을 제대로 담아내지 못하고, 오히려 억압의 장치로 둔갑하는 경향을 보여주었다. 이른바 아도르노의 주장처럼 신화와 계몽의 악순환이 오늘의 우리의 삶을 빈곤하게 만들고 있다. 따라서 삶의 바람직한 방향을 고민하는 현대인은 전통적 세계관이나 가치관, 아니면 모던적 세계관이나 가치관에서 자신의 삶의 미래에 대한 희망을 찾는 데 회의적이다. 철학은 이제 형이상학과 과학기술의 틈바구니에서 다시 한번 인간의 삶의 조건을 재정립할 필요가 있다. 많은 현대인은 오늘의 철학에서 그와 같은 면을 기대하고 있다.

사실 현대사회에 점점 증가하고 있는 우울증의 경우만 보더라도, 다양한 형태가 존재하고 있다. 우울증은 뇌에 이상이 생겨, 즉 유전적인 문제로 신경화학적 전달물질이 분비되고, 이로 인해 두뇌기능이 정상적으로 일어나지 못해서 발생하거나, 아니면 암페타민(각성제)이나 알코올 등의 부작용으로 발생할 수도 있다. 또한 이 우울증

---

31) 루 매리노프, 앞의 책, p.19.
32) 같은 책, p.19.

은 해결되지 못한 어릴 적의 트라우마로 발생할 수도 있고, 아니면 우리의 생활 속에서 직업을 잃게 되거나 이혼을 당하게 되어 금전적으로나 도덕적으로 심한 딜레마에 빠졌을 때도 발생할 수 있다. 앞의 두 가지는 신경과나 신경정신과의 치료를 받아야 하겠지만, 세 번째의 경우는 심리치료와 철학상담이 동시에 이루어져야 하는 부분이다. 특히 네 번째의 경우는 철학적 접근이 반드시 필요한 부분이다.33) 만약에 네 번째의 경우에 프로잭(prozac)을 복용케 한다면 이것은 문제의 당사자를 더 심한 고통으로 인도할 수도 있다.

철학을 통해서 고통을 치유하고자 하는 철학 카운슬링 내지는 상담은 심리치료나 정신과 치료처럼 모든 사람을 '질병화'하는 데 치중하는 것이 아니라 '정상인을 위한 치료법'에 관심을 둔다. 적어도 "철학 카운슬링은 기술이 아니라 인간에 대한 이해로부터 시작된다."34) 이 이해는 이미 앞 절에서 언급되었듯이 고통과 관련된 해석학적이고 윤리적인 이해이며, 상대방에게 열린 마음으로 상대방의 이야기를 들어주고 희망을 심어주는 공감적 방식에 입각한 이해이다. 이러한 방식의 이해는 과거의 정신치료 개념, 즉 'psychotherapy'라는 용어 안에 담겨 있다. 왜냐하면 이 용어는 원래 '돌보다'는 의미를 지니고 있는 그리스어 'therapeuein'과 '영혼', '호흡', '성격'을 의미하는 그리스어 'psukhé'가 결합되어 이루어진 것이기 때문이다. 과거에 영혼을 돌보고 호흡을 돌보는 정신치료사가 성직자들이나,

---

33) 같은 책, p.57. 하워드는 삶과 삶의 의미에 대한 커다란 철학적 문제들은 의학적인 문제들이 아니며, 현대 심리학의 협소한 치료행위로도 해결될 수 없다고 주장한다. 현대 심리학은 사회, 문화적 역사에 대해서 무지하며, 철학적 고민이 전혀 반영되어 있지 않다(Alex Howard, *Philosophy for Coun-selling and Psychotheraphy: Pythagoras to Postmodernism*, Macmillan Press Ltd, 2000, pp.vii-viii).

34) 루 매리노프, 앞의 책, p.59.

요가나 명상을 지도했던 선생이었다면, 성격을 돌보는 정신치료사는 바로 철학상담사이다.35)

　대화를 통해서 이해를 도모하는 철학상담사는 "사람들이 모르는 정보를 알려주는 권위적인 인물이 아니라 사람들이 필요한 길 안내를 제공하는 보통 사람이다."36) 그래서 철학자의 "상담에서 중요한 것은 상담을 문의 받는 자가 '알고 있는 것'이 아니라, 그 고객이 '말할 수 있는' 것이다."37) 따라서 "철학상담소는 인생이란 연극에 부여하는 의미의 가치, 또 거기서 담당하는 역할과 존재의 가치를 자문해 보는 장소이다."38) 그러므로 상아탑 속에 갇힌 강단철학이 문제의 진단에 그친다면, 철학상담은 사람들이 스스로 문제를 풀어가도록 도와주며, 무지를 자각하는 소크라테스의 태도에 입각하여 대화를 진행하는 정신적 개방의 상태를 유지해야 한다.39)

　그래서 허쉬(Seymon Hersh)는 누군가가 철학상담사로서 본연의 임무를 다하려면 그는 자신을 방문하는 고객을 병자로 취급하지 않고 더 나은 삶을 위하여 투자를 하는 사람으로 대해야 함을 강조한다. 또한 코헨(Elliot Cohen)과 앨리스(Alber Allis)도 고객에 대해서 경험과학적인 접근이 아니라 이성적이면서 동시에 정서적인 접근이 시도되어야 함을 강조한다.40) 즉, 철학상담은 상대와의 대화에서 감

---

35) 같은 책, p.61.
36) 같은 책, p.90.
37) 마르크 소테(Marc Sauté), 임혜숙 옮김, 『소크라테스를 위한 카페(Un Café Pour Socrate)』, 교문사, 1998, p.79.
38) 같은 책, p.108.
39) 카이 호프만(Kay Hoffmann), 박규호 옮김, 『철학이라는 이름의 약국(Bei Liebeskummer Sokrates)』, 더불어책, 2004, 머리말, p.257.
40) http://www.geocities.com/centersophon/press/meaning.html. 앨리스는 이 방법을 REBT(Rational Emotive Behavior Therapy)라고 하였다(http://www/Athens/ Forum/5914/press/ox99.html).

정이입과 이성적 분석을 함께 해내는 해석적 작업이다. 그러므로 이 상담은 진리를 드러내고자 특정한 철학적 문제를 피상담자에게 적용하는 것이 아니라 그로 하여금 새롭게 문제를 바라보도록 도와주며, 이를 통해 그와 하나가 되려는 과정이다.41) 따라서 진정한 철학상담은 피상담자를 분석적으로 대하는 것을 해체하고(de-analysis), 또한 그를 진단하는 방식을 무너뜨리는(de-diagnosis) 데 있다.42) 그래서 피상담자 스스로가 문제를 해결하도록 도와주어야 한다. 이와 같은 특징을 기본으로 하여 슈스터(Shlomier C. Schuster)는 철학상담의 특징을 다음과 같이 규정하고 있다.43)

(1) 철학상담사와 피상담자 사이의 진지한 의사소통은 '방법을 넘어선(beyond method)' 방법에 기초한다.

(2) 대화가 중요하다. 바로 이 대화는 피상담자가 자신의 존재에 대해서 생기를 갖게 하고, 또한 자신의 존재로부터 흘러나오게 하는 것이 되어야 한다.

(3) 해석이 중요하다. 이 해석은 상담사가 문제와 하나가 되는 과정에서 설명을 찾는 것이지만, 그것은 상담사가 그 문제에 대해서 자기가 이해한 방식을 개입시키지 않고, 피상담자가 스스로 자신에 대해서 설명하도록 신선한 충격을 줌에 의해서 이루어져야 한다.

(4) 대화에 있어서 혁신적 요소, 즉 경이로움의 요소가 중요하다. 이것은 고정된 관점이나 표준적인 태도들, 더 이상 문제가 되지 않는 완전한 해결을 허용하지 않는다. 비합리적이라고 해서 문제가 있는 것으로 단정해서는 안 된다.

---

41) http://www.geocities.com/centersophon/press/meaning.html.

42) http://www.geocities.com/centersophon/press/meaning.html.

43) http://www.geocities.com/centersophon/press/meaning.html.

이처럼 철학상담사는 피상담자의 인생관, 가치관, 세계관에 대해서 더 깊이 파고 물어 들어가면서, 동시에 객관적 진리가 아니라 피상담자의 마음속에 자리하고 있는 주관적 진리를 발견하려고 한다. 이런 의미에서 철학상담사는 신경정신과 의사나 심리치료사와 달리 사적 인식론(personal epistemology)에 입각하여 피상담자로 하여금 궁극적인 자기를 찾도록 도와주고자 한다.44) 막스 란츠베르그의 GROW 모델이나 매리노프의 PEACE 모델이나 카이 호프만(Kay Hoffmann)의 HORIZONT 모델 모두 이런 태도에 입각하고 있다.45)

5. 맺음말

이상에서 보았듯이 철학의 위기는 철학자의 철학함 그 자체에 있으며, 그 위기의 극복은 현실에 참여하여 그 속에 자리하고 있는 자들의 고통을 철학자가 함께 나누고 대화하는 길이 아닐 수 없다. 다시 말하면 강단의 철학이 거리의 철학, 카페의 철학으로, 사색의 철학, 관조의 철학이 실천의 철학으로 거듭나야 한다. 전문가의 학문적

---

44) http://www.thephilosophyclinic.com/FAQ.html
45) (1) 막스 란츠베르그의 GROW 모델 - Goal: 목표를 설정한다. Reality: 현재의 상황을 이해하고 설명하기 위한 현실성 검토를 수행한다. Option: 열려 있는 선택 가능성이 무엇인지 조사한다. Wrap up: 포장을 끝내는 단계로서, 여기서는 결단을 내린다. (2) 매리노프의 PEACE 모델 - Problems: 상담해야 할 문제 설정. Emotions: 문제에 대한 정서적 반응. Analysis: 선택가능성들에 대한 분석. Contemplation: 편견에서 벗어나 내면적 자유와 거리를 갖고서 전체를 관찰. Equilibrium: 다양한 입장에 대한 고찰을 통해 도달한 균형. 중용의 단계. (3) 카이 호프만의 HORIZONT 모델 - Herausforderung: 도전의 시작. Option: 가능성 선택 모색. Reality: 현실성에 대한 평가. Intuition: 전체에 대한 평가. Zielsetzung: 목표설정, 궁극적인 목표. Organization: 체계화와 조직화. Nutzen: 사용, 사용과 의미. Tanz: 춤, 활력의 상징으로서의 춤.

철학은 생활인의 일상의 철학으로 다시 한번 태어나야 한다. 철학 본래의 자리였던 거리로 나와 현실의 아픔을 공유하는 철학의 장을 만들어갈 때 비로소 철학의 위기도 차츰 차츰 제거되어 갈 수 있을 것이다.

더군다나 인간의 고통과 병을 종교나 과학기술에 내맡겼을 때 우리가 맛보았던 불행한 결과들을 목격하고 있는 이상, 철학이 이것들에 대해서 방기하거나 외면한다면 직무유기가 아닐 수 없다. 일찍이 푸코가 그동안 거쳐 온 인간의 삶의 역사를 '교회에서 병원으로'라는 주장으로 너무나 명확하고 강렬하게 잘 제시해 보여주고 있듯이, 인간의 고통과 질병을 관장하던 교회가 그 힘을 상실하고 그 왕관이 병원에게 넘겨졌을 때, 거기에는 이미 또 하나의 지배구조가 자라나고 있다.46) 우리의 (정신적, 육체적) 생명의 고통과 질병이 어떤 특정 중심 권력에 의해서 지배될 때 거기에는 반드시 비극이 잉태될 수밖에 없다. 철학은 이 중심 권력을 비판적으로 극복하는 노력을 하지 않을 수 없다. 그것은 다름 아니라 철학이 병들고 아파하는 생명에 참여하여 그 생명이 육체적으로 정신적으로 건강하게 유지될 수 있도록 노력하는 길이다.

따라서 현대인의 고통과 질병을 과학의 범주에 속하는 의사나 과학자에게만 내맡길 것이 아니라 그들이 파악하지 못한 인간의 고통과 질병의 영역, 즉 그들이 문제로 접근하지 못하는 마음의 병을 상담하고 치료하는 새로운 철학으로 발전시켜야 할 것이다. 그것이 바로 철학치료, 철학상담, 임상철학이다. 이들 철학은 기존의 의학이나 정신분석학, 내지는 심리학이 갖고 있지 못한 철학의 고유한 방법론

---

46) 오늘날 고통을 처리하는 기술(진통제, 마취, 마약, 술과 환각제 등)이 발전함으로 인하여 자연적 악은 줄어든 반면에, 고통을 체험하지 못함으로써 도덕적 악은 증가하고 있다.

을 통하여 철학을 실천화하는 것이다. 물론 이미 본론에서 밝혔듯이 육체적 병, 정신적 병이 서로 밀접하게 연관되어 있고, 또 상호 영향을 주고받고 있기 때문에 철학적 방법만으로 인간의 근원적 고통과 병을 모두 치유할 수 있는 것은 아니다. 이들이 서로 '협조의 원칙(cooperative principle)'에 입각하여 학제적으로 돕는 관계가 성립되어야 할 것이다.

그러면 이들 사이에 구체적으로 어떻게 협조관계가 유지되어야 하는가? 나아가 철학이 치료를 한다면 구체적으로 어떤 절차와 방법에 의해서 치료를 수행해야 하는가? 유감스럽게도 이 글은 거기에까지 미칠 수 없었다. 우선 이 작업을 하기 위해서는 임상의학이나 정신분석치료, 심리치료에 관한 좀더 구체적이고 전문적인 이해가 동반되어야 하는데, 현재의 필자의 역량으로는 한계가 있을 수밖에 없으며, 또한 철학치료 내부에서도 아직 선진 사례에 대한 충분한 검토를 하지 못했기 때문에, 이 물음에 대한 답 역시 차후의 과제로 남길 수밖에 없었다.

참고문헌

김석수, 「칸트의 '사이성'의 철학과 주체」, 문예미학회, 『문예미학』 10권, 2002. 12.

김영진, 『철학적 병에 대한 진단과 처방: 임상철학』, 철학과현실사, 2004.

김영필 · 박정희, 「임상철학에 대한 인문학적 접근: 임상현상학」, 새한철학회 편, 『철학논총』 43집, 2006. 1.

루 매리노프(Lou Marinoff), 이종인 옮김, 『철학으로 마음의 병을 치료한다(Plato not Prozac)』, 해냄, 2000.

마르크 소테(Marc Sauté), 임혜숙 옮김, 『소크라테스를 위한 카페(Un

Café Pour Socrate)』, 교문사, 1998.

손봉호, 『고통받는 인간: 고통문제에 대한 철학적 성찰』, 서울대 출판부, 1998.

쇠렌 키에르케고르, 임규정 옮김, 『불안의 개념』, 한길사, 1999.

스티븐 D. 에드워즈, 공병혜·홍은영 옮김, 『돌봄과 치유의 철학』, 철학과 현실사, 2004.

조수동, 「임상철학에 대한 인문학적 접근: 불교치료」, 새한철학회 편, 『철학논총』 43집, 2006. 1.

찰스 테일러(C. Taylor), 송영배 옮김, 『불안한 현대사회』, 이학사, 2001.

카이 호프만(Kay Hoffmann), 박규호 옮김, 『철학이라는 이름의 약국(*Bei Liebeskummer Sokrates)*』, 더불어책, 2004.

http://100.naver.com/100.php?id=7809.

http://en.wikipedia.org/wiki/Philosophical_counseling.

http://www.geocities.com/Athens/Forum/5914/press/ox99.html.

http://www.geocities.com/centersophon/press/meaning.html

http://www.thephilosophyclinic.com/FAQ.html.

Fulford, K. W. N., "Concept of Mental Illness", *Encyclopedia of Applied Ethics*, Vol. 3, San Diego: Academic Press, 1998.

Gadamer, H. G., *Wahrheit und Methode*, Tübingen: J. C. B. Mohr, 1972.

Görres-Gesellschaft(hrsg.), *Staatslexikon*, Verlag Herder Freiburg, 1958.

Horkheimer, Max und Adorno, Theodor W., *Dialektik der Aufklaerung*, Frankfurt a. M.: S. Fischer Verlag GmbH, 1969.

Howard, Alex, *Philosophy for Counselling and Psychotheraphy: Pythagoras to Postmodernism*, Macmillan Press Ltd, 2000.

Jaspers, K., *Der Artzt im technischen Zeitalter*, München, 1999.

Kant, I., *Logik: Ein Handbuch zu Vorlesungen*, Hg. von G. B. Jasche, 학술원판 IX.

Levinas, E., *Difficile Liberté*, Paris: Albin Michel, 1976.

_____, *Éthique et infini. Dialogues avec Phillippe Nemo*, Paris: Fayard/

Culture France, 1982.

_____, *Totalité et Infini. Essai sur L'extriorité*, La Haye: Martinus Nijhoff, 1961.

Nietzsche, F., *Die fröhliche Wissenschaft*, 서문 2, *Friedrich Nietzsche Sämtliche Werke Kritischeausgabe*, Bd. 3, hrsg. Von Giorgio Colli und Mazzino Moinari, Berlin/New York, 1980.

_____, *Ecce homo, Friedrich Nietzsche Sämtliche Werke Kritischeausgabe*, Bd. 6, Berlin/New York, 1969.

Noddings, N., *Caring: A Feminine Approach to Ethics and Moral Education*, Berkeley, CA: University of California Press, 1984

Rothschuh, K. E., "Krankheit", in *Historisches Wörterbuch der Philosophie*, Bd. 3, hrsg. von J. Ritter, Basel/Stuttgart: Schwabe & Co., 1976.

Sloterdijk, Peter, *Regeln fuer den Menschenpark. Ein Antwortschreiben zu Heideggers Brief über den Humanismus*, Frankfurt a. M.: Suhrkamp, 1999.

Von Wright, G. H., *Explanation and Understanding*, Cornell University Press, 1971.

메를로-퐁티의 살의 공동체와 정신치료의 미래

신 인 섭

1. 문제의식과 주제의식의 융합적 제기

이 글은 실존론적 인간이해의 차원에서 유물 결정론적 약물치료와 정신분석적 상징치료라는 현대 정신의학 요법의 양 극단에 대한 철학적 저항을 기록한 의료 현상학적 청사진이다. 전통적으로 정신의학은 첫째, 내담자를 자신의 과거와 그 상징적 주변부에만 외곬으로 연결된 무의식적 정신분석의 명목으로 정작 그 자신의 신체나 실제 생활세계에서는 유리된 의식주체로 상담치료하거나 둘째, 그것이 아니라면 뇌기능 장애의 기질성 지평에서 내담자를 생물학적 메커니즘으로 환원하여 투약 처방해 왔다. 그러나 약물치료나 심리치료로는 여러 정신장애를 회복하는 데 한계를 드러냈는데, 이는 인간실재에 대한 철학적 성찰의 부족에 기인함이므로 우리는 새로운 정신의학의 방법론적 토대를 메를로-퐁티의 현상학에서 찾으려 한다. 즉 환원론적 미궁으로 빠지고 있던 프로이트주의에 대한 경험론적, 인과율적 해석을 피하기 위하여 메를로-퐁티의 살의 신체와 그 세계를 필요로 하게 된다는 것이다. 후자는 실존분석가 빈스방거가 자신의 탈육체적 지향성으로 말미암아 무시해 버린 프로이트의 자연주의적 측면을 부각시키게 되는데 그것은 다름 아니라 이드에서 나오는 생명 에너지인 리비도를 자신의 세계의 살 개념과 유비적으로 재해석하는 것이다. 요컨대, 메를로-퐁티는 프로이트의 심층심리학이 기계론적 '몸의 과학'이 아니라 존재의 상호육화를 유발하는 '살의 철학'이라 주해하게 된다. 그는 자아를 정신의 저변에 있는 이드와 더불어 살에 근거하여 이해해야 할 관계항으로 보고 있으며, 더 나아가 자아와 타자 역시 살 속 상관자들로 해석함으로써 타인이 더 이상 타자의 영역에 속하지 않는 새로운 '우리'를 증시하고 있다. 이제 정신치료는 타자의 진료이기 전에 살의 공동체, '우리(nostrité)'의 자기조율이라는 제3지대에 있다고 보아야 할 것이다.

2. 불안의 서식지와 치료 프레임의 재설정

지난 세기, 철학자이자 정신의학자인 칼 야스퍼스는 바야흐로 서구인들이 자아상실의 시대에 접어들었으며 이제 인류는 역사의 마지막 단계를 살고 있다는 절망적 메시지를 보냈다. 실존철학자가 이렇듯 비관적인 문명진단을 내리게 된 것은 인류가 그 어떤 시대보다 더 알 수 없는 불안을 겪게 되었기 때문이다. 주지하듯 우리는 프로이트의 '불안의 문제'와 키어케고어의 '불안의 개념'이 현대인의 정신적 방황에 대한 우려의 신호탄으로 나타난 것임을 익히 알고 있다. 결국 정신분석과 실존철학 모두가 인간의 불안이라는 실존적 상황에서 파생되었다고 볼 수 있는바, 본 논증의 목표는 이러한 존재론적 혼돈 상태가 발생한 인간차원의 서식지를 추적하고 교정하여 정신치료의 올바른 틀을 마련하는 것이라 하겠다. 그리고 그것은 오래된 철학적 숙제, 데카르트 이래의 정신과 물질이라는 실체 이원론의 극복이라는 실질적 문제의식을 상담진료에 반영시킬 토대를 찾는 길로 연결된다.

그런데 프로이트든 키어케고어든 그들의 반(反)데카르트적인 인간 이해가 도출된 논리적 귀결의 원인을 밝히기 위해서 우리는 유럽 정신의 역사-문화적 배경에 대한 비판의 필요성을 느끼게 된다. 17세기 이래 서구인은 자연을 주로 정복과 개발의 대상으로 삼아왔으며, 그 결과 그들은 이제 지배자인 인간 자신까지 통제하는 과학기술의 어설픈 주체가 되고 말았다. 이러한 역사적 현실은 인간의 위대한 능력을 보여준 동시에 가장 위험한 기제를 스스로에게 부과하고만 역설적 상황이라 하겠다. 도대체 이 부정성의 출처는 어디이며 그것의 잔영이 드리워지는 진원지는 어디인가? 생활세계를 위한 과학기술의 중요성은 그 누구도 부인할 수 없을 것이다. 문제는 이것이 왜곡되게 사용될 경우 세계라는 몸통의 값비싼 출혈로 말미암아 필시 일종의 기형아로 변한다는 사실이다. 즉 근대 주체는 자신의 모태인 자연을 사유대상이자 과학기술의 실험도구로 객관화시켜 버렸다. 따라서 자연은 함께 호흡하는 인간의 동반자가 아니라 자신이 생산한 존재의 지배대상으로 전락하는 하극상이 연출되었으며, 급기야 저 자연에서 탄생하고 그것의 부분인 인간 역시도 자신이 산출한 과학기술의 통제구역으로 휘말려 들어가는 어처구니없는 현상이 빚어진 것이다. 말하자면 지배와 통제의 대상으로 재생된 세계는 이제 명백히 역설적 타자의 영역으로 드러나고 있으며, 덧붙여, 자연을 이렇게 객관화시켰다면 또 하나의 생동적 자연이라 할 인간의 이미지를 변질시켜 정신치료의 차원에서 심리현상(psychisme)으로 고립시키거나 물리적 기제(mécanisme)로 환원시키는 것 역시 엄청난 왜곡사태가 아닐 수 없는 것이다. 요컨대 본래적 의미의 자연에 대한 왜곡이자 또 하나의 자연으로서의 인간에 대한 몰이해가 바로 현대 정신의학에 나타난 부적절성의 근본 원인이 된 것이다. 데카르트 이래 인간 이념에 대한 철학적 부당성이 정신치료를 위한 의학적 부적절함을 초래했다는 점에서 이 글의 목적지는 자명해지고 있다 하겠다.

이러한 맥락에서 임상심리를 위해 상담자가 필수적으로 그려야 할 치료적 게슈탈트는 내담자와 그의 세계가 생명 차원의 역동적 통일성으로 복구되어야 한다는 것이며 따라서 후자의 물리-심리 이전의 존재론적 배경, 그의 심층적 인간관계 및 심지어 상담자와의 포괄적 관계까지도 통전적(integral)으로 집대성되어야 하는 것이다. 그러려면 철학사의 코페르니쿠스적 전회가 응당 요구되는데 이것이 우리가 목표로 하는 소위 '살'의 현상학적 정신치료라는 예정지다. 말하자면 상담자는 그의 치료 대상자를 신체나 세계로부터 유리된 초월적이고 자율적인 심리주체로만 대해서도 아니 될 뿐만 아니라 약물투여로 해결하려는 유물-환원론적 접근방식 역시도 삼가야만 하는 것이다.1)

---

1) 후설주의자들도 망각된 생활세계의 복권이나 선험적 환원의 수행 없는 약물치료만으로는 정신치료 문제가 치료될 수 없다고 한다(김영필, 「에드문트 후설의 상호주관성 이론의 정신치료적 함의」, 『철학논총』 제48집, 2007, p.67 참조). 그런데 후설에서도 지향성을 "주체는 타자에 관한 의식(Bewusstsein)이면서 동시에 타자에 의해 비로소 의식적으로 됨(Bewusst-werden)이라는 관계적 구조를 지칭하는 술어"(같은 논문, p.71 참조)로 본다는 차원에서 상호성 및 관계성을 강조하고 있으나 '실질적 작동'으로서 지향성의 존재론적 근거를 밝히지는 못하고 있다. 즉 후설이론으로는 의식수준의 상담치료를 벗어나지 못한다는 말이다. 왜냐하면 이때 후설의 신체란 유비추론으로밖에 밝힐 수 없는 무허가 지역에 있기 때문이며, 더구나 현금의 정신치료란 인식론적 회복만은 아니기 때문이다. 치료자는 내담자를 통전적으로 이해하는 것, 다시 말해, 온몸으로 서로의 누리를 가로질러 만나야 하는 것이다. 이러한 문제의식은 상호주관성에 대한 후설의 관념론적 해석의 한계를 지적하고 있으며 바로 여기서 메를로-퐁티의 변증법적 현상학이 살의 이름으로 등장하고 있는 것이다.

왜냐하면 타인으로서 내담자와 진정으로 소통할 수 있는 대화창을 열기 위해서는 먼저, 자기실존의 선험적 이해 즉 의식과 신체의 현상학적 통일의 장을 마련해야 할 것이며 다음으로, 자아실존과 타자실존 사이의 실질적 소통의 장도 두 항목의 존재론적 융합지평에서 유도되어야 한다. 마지막으로, 이 두 단계의 토대 차원이 요구되는데 그것은 바로 세계이며 이것이 진정한 지평 노릇을 하려면 앞선 두 단계와의 원천 교감이 전제되어야 하는 것이다. 어쩌면 이 세 번째 세계지평이야말로 가장 선결-요구적인 항목이 아닐 수 없다. 그리하여 우리는 현대인의 심리적 카오스의 토양인 근대 주체에 의해 버려진 타자 곧 제3존재 장르로서의 생명세계를 해명, 복구함으로써 타인의 정신치료에 실존 현상학적 근거를 제시하고자 하며 그 전략적 골조를 메를로-퐁티의 살의 공동체에서 찾으려 한다.

3. 정신의학의 치료유형과 실존분석의 세계의미

주지하다시피 정신질환은 대체로 정신증(psychosis)과 신경증(neurosis)의 치료로 대별되고 있으며, 여기에 일반적으로는 질병으로 취급할 수 없으나 "자아 자신과 그에게 의미 있는 타인 및 환경에 대한 사고와 지각 관계에서 비교적 지속적으로 유지되는 심리 패턴"[2]인 인격(personality)에 심각한 문제가 있다고 판단되는 인격장애(personality disorder)를 보탤 수 있을 것이다. 이 후자는 환자의 인격 전반에서 발생하는데 "사회생활에 있어 대인관계의 양상이 나름대로 일관성이 있는 가운데 매우 독특하고 예측 가능한 것"[3]으로 나타난다. 인격장애자들은 사회생활에서 엉뚱한 존재로 여겨지고 심

---

2) 안석균, 「인격장애」, 『최신 정신의학』, 일조각, 2007, p.387.
3) 같은 논문, p.388.

지어 어떤 때는 부당하게까지 보이지만 정작 자신들은 그러한 상황에 대해 어색해하지 않는다는 것이다. 반면 신경증적 장애는 "인격의 일부분만 관여되며 대인관계의 양상에서 인격장애4)와 같은 독특하고 일관적인 성질이 없으며 일과성인 경우가 많다."5) 인격장애와 신경증6)은 대부분의 경우 약물치료에 의존하지 않고 분석치료에 들어갈 수 있다는 유사점을 가지고 있으나 인격장애자들이 자신들의 편향된 행동을 적합한 것으로 본다는 점에서 자아-동조적(ego-syntonic)인 반면에 신경증자는 자신에게 이상하고 불편한 점이 있음을 느끼기에 자아-이질적(ego-dystonic)이 되는 결정적인 차이가 있는 것이다. 게다가 전자는 자신에게 문제가 발생할 경우 타인이나 사회 상황에 책임을 전가시키며 그래서 자기반성이나 자기변화는 생각지도 않은 채 타자의 변화만을 고집하는 환경수식적(alloplastic) 태도를 지니는 반면, 후자인 신경증자는 스스로를 괴롭히면서 환경에 자신을 맞추려는 자기수식적(autoplastic) 태도를 보인다는 점에서 상당한 거리가 있는 것이다.

---

4) 인격장애(personality disorders)는 인격의 패턴이 완고하고 비적응적으로 되어 개인의 사회적, 직업적 기능에 중요한 장애가 생기는 증상을 말하는데 크게 세 가지 그룹으로 나눌 수 있다. A집단은 편집성(paranoid), 분열성(schizoid), 분열형(schizotypal) 인격장애로서 이상야릇하고(odd), 엉뚱하다가(eccentric), 냉담한(aloof) 성향까지 보인다. B집단은 반사회성(anti social), 경계성(borderline), 히스테리성(histrionic), 자기애적(narcissistic) 인격장애로서 감정적이고(emotional), 극적이며(dramatic), 충동적이고(impulsive), 변덕스러운(erratic) 것을 그 특징으로 하고 있다. C집단은 회피성(avoidant), 의존성(dependent), 강박성(anankastic) 인격장애로 불안하고(anxious), 두려워하는(fearful) 경향을 보인다. 같은 논문, pp.387-388 참조.

5) 같은 논문, p.388.

6) 신경증(neurosis)은 불안장애(anxiety disorders), 해리장애(dissociative disorders), 신체형 장애(somatoform disorder), 충동조절장애(disorders of impulse control), 적응장애(adjustment disorders) 등으로 나눌 수 있다.

그렇다면 정신증7)과 인격장애의 관계는 어떠한가? 환자 자신이 자기 증상을 자각하지 못한다는 점에서 두 경우 모두 자아-동질적이나 전자가 정상적인 사회생활이 불가능한 반면 후자는 타자와의 분쟁이나 불화의 원인을 외향화(externalizing)함으로써 자신의 행동을 정당화하는 삶을 산다. 나아가 정신증 환자는 대부분 입원하는 경향이 있으나 인격장애자들은 의료기관과는 멀리 있다고 봐야 한다. 그런데 이들 사이의 더욱 중요한 차이는 정신증이 거의 약물투약에 의존한다면 인격장애는 아예 투약이 불가능하다는 사실이다. 차라리 인격장애자들은 그들의 인지구조를 전환시키는 인지치료를 필요로 하고 있지만, 그 생물학적 요인과 정신적 요인 및 사회문화적 요인을 간파하는 자체도 불가능하리만치 어려울 뿐만 아니라 통원이나 입원으로 이러한 소프트웨어 변환에 참여할 사람이 드물다는 현실도 문제이다.

이렇게 볼 때 정신의학에는 일반적으로 두 종류의 치료유형이 지배적 경향이라 하겠다. 첫 번째 유형인 약물치료의 발전은 정신질환자들의 삶에 혁신적 변화를 가져오게 되었으나, 두 번째 유형으로서 정신분석적 방법은 오로지 내담자 개인의 무의식의 변화에만 호소하는 상징적 치료에 외곬으로 환자들을 인도하고 있었다. 그런데 정신의학자들은 두 번째 유형과 관련하여 진정한 정신질환이란 상징적 심리요법만으로는 처리되지 않는다는 사실에 주목하게 되었다. 그 결과 사람들은 병원의 평온을 유지시키고 환자를 온순하게 만들어버

---

7) 정신증(psychosis)에는 대표적 유형인 정신분열병(schizophrenia)을 필두로 기분장애(mood disorders), 망상장애(delusional disorder) 등이 있는데 우리에게 편집증(paranoia)이라고 통상적으로 알려진 것이 바로 망상장애의 다른 이름인 것이다. 이러한 정신증은 뇌기능과 같은 일종의 하드웨어 재구축을 요하고 있으며, 정신분석이 도저히 적용될 수 없는 영역이어서 전적으로 약물투여에 의존하고 있다고 봐야 한다.

리는 약제 일람표에 호소하게 된 것이다. 하지만 뇌기능 회복에 관계되는 약물치료가 모든 것을 다 해결해 줄 수 있는 것은 아니라는 점이 경험적으로 입증되고 있는 실정이다. 그래서 비교적 가벼운 신경증 환자를 위해 정신분석은 종종 약전의 불필요성을 주장하거나 좀더 무거운 정신증의 상황에서만 처방전을 낼 수 있는 엄밀한 의미의 정신과 전문의에게 환자를 의뢰하고 있다.

요컨대 정신치료에 있어 우리가 찾으려 하는 제3의 길은 심리적이거나 물리적인 두 가지 치료양식의 제휴가 되든지 아니면 이제껏 만나지 못했던 전혀 새로운 처치방법이 등장하든지의 문제로 정리된다. 이러한 맥락에서 종래의 정신치료의 취약성을 보완하려는 현존재 분석적 치료방법이 빈스방거와 보스를 통해 실존 심리학의 이름으로 정신의학사에 나타난 것이다. 여기서 우리는 정신의학의 새로운 역사를 쓴 이들의 세계 이해를 우선 소개하면서 다음 목적지를 기다려야 할 것이다.

현상학적 정신의학자 진영이 치료를 위해 대체로 공감하는 세계 개념은 세 가지 양태를 동시에 구축한 복합적 통일성인데, 이는 세 종류의 세계가 있다는 뜻이 아니라 오직 하나의 세계가 동시에 세 차원을 구비하고 있다는 말이다. 그리고 이 세 양태는 세계내존재인 우리 각자의 실존에 나름의 특징을 제각기 부여하고 있는데 그것을 다음과 같이 세 차원으로 나누어 볼 수 있겠다.[8]

첫째, 무엇보다 인간에게는 환경세계(Umwelt)가 있는데 이 독일어의 문자적 의미는 우리 인간을 둘러싼 세계(world around)로서 생

---

8) 이러한 구분은 Rollo May, "Contributions of Existential Psychotherapy", in *Existence, a new dimension in psychiatry and psychology*, edited by Rollo May, Ernest Angel, Henri F. Ellenberger, New York, Basic Books, 1958, pp.61-63 참조.

물학적 세계이며, 우리는 통상 이를 생명 울타리(vital environment)라 해석하고 있다.

둘째, 저러한 배경에서 우리는 우리와 같은 존재들을 만나고 있으니 공동세계(Mitwelt)가 바로 그것이다. 이 독일어의 문맥상 의미란 '세상 사람들과 더불어(With World)'가 되는데, 여기서 세계란 인간 세상 곧 세속인을 가리키는 것이다. 자기 자신과 동종의 존재들과 함께 구성된 세계, 즉 동료들과 '더불어 사는' 세계인 것이다.

셋째, 자기 자신과의 관계(rapport à soi-même)를 위한 세계로서 자기세계(Eigenwelt)[9])를 말하고 있다. 이것은 실존의 근본 성격인 '고유성'을 함축한 세계-내-존재(In-der-Welt-Sein)를 위한 제일 초석이라 하겠다. 즉 끊임없이 자기(自己)가 박탈당하는 실존(實存)의 특성을 함의하는 자기세계는 메를로-퐁티가 말하는 '세계로 열린 존재(être au monde)' 속으로 흡수될 준비를 한다.

4. 메를로-퐁티의 세계의 살과 프로이트의 보편 육화

우리가 분석한 이러한 세계의 세 양태는 항상 이미 서로 연루되어 있어서 각 양태가 서로를 규정하고 있는데, 이렇게 교착되는 세계에서 우리는 메를로-퐁티의 살의 청사진을 그려볼 수 있을 것이다. 인간이 일거에 체험하는 세 양태의 세계란 서로 다른 차원이 아니라 '세계내존재'가 동시에 겹쳐 누리는 실존 차원이라 하겠는데 빈스방거는 "고전적 정신분석학은 오로지 '환경세계'만을 다루고 있다."고

---

9) 자기세계에서 자기(soi)는 자아(moi)와 구별된다. 전자는 자신의 고유성과 그의 타자성의 가능성을 동시에 열어놓은 자기성(ipséité)을 함의하며 후자는 경험적으로 구축된 폐쇄적, 배타적 동일성(identité)을 의미하게 된다. 그러므로 자기세계란 환경세계와 공동세계로 개방된 체계이며, 필경 메를로-퐁티의 현상학적 전초기지인 '세계로 열린 존재'를 예비하고 있다.

비판하면서 "프로이트 업적의 탁월성은 본능, 충동, 우연성 및 생물학적 결정론의 양태인 환경세계 내의 인간을 드러낸 데 있지만 전통적 정신분석학은 인간주체의 상호관계적 차원인 '공동세계'에 대해서는 거의 무지의 상태에 있다."[10]고 결론짓는다. "프로이트주의는 공동세계를 환경세계로부터 분리시키는 결과를 초래하고, 기껏해야 환경세계의 부수현상 정도로 여길 것인데"[11] 이럴 경우, 프로이트의 심층심리학은 공동세계를 실질적으로 구축하는 데 실패하고 아마도 "또 다른 유형의 환경세계"[12]를 구성하고 만다는 것이다. 두 세계 사이의 단절이라는 일견 일리가 있어 보이는 빈스방거의 이러한 시각은 그러나 연속성의 상징인 리비도의 범람으로 자연스레 구획되는 세 양태의 세계를 오히려 단절하는 결과를 초래하고 있다. "자기세계가 환경세계와 공동세계를 열어주는 기반이 되며, 그 결과 자기세계가 없는 사랑이란 자체 생식력을 상실한 사랑이 되고 동시에 환경세계의 적실한 개입이 없는 사랑 역시 생명성이 결핍된다면"[13] 오히려 우리는 메를로-퐁티가 변호하는 프로이트주의의 보편적 체현 과정과 육화된 개체 이념을 통해 살의 세계가 지닌 역동성을 유비적으로 감지할 수가 있는 것이다.

메를로-퐁티는 보편적 체현 과정을 통해 개별자 자신과 타자 양쪽에 유효하게 적용된 프로이트주의의 '육화된 개체' 이념이 자신의 논리구조와 흡사하다고 판단한다. 본래, 육화된 개체란 당연히 서로가 비교될 수 없는 개별적 존재임에도 불구하고, 19세기 실증주의 세계관의 등장으로 말미암아 합리주의 차원의 '생득적 비밀'이 추출

---

10) Rollo May, 앞의 논문, p.63.

11) 같은 논문, pp.63-64.

12) 같은 논문, 같은 곳.

13) 같은 논문, p.65.

되어서야 비로소 저 육화 개체와 유사한 타인들과 마주한 존재가 된다. 그런데 여기서 말하고 있는 생득적 비밀(secret congénital)이란 근대 주체의 독아론적 분위기에서 나온 것으로, 개별적으로 된다는 사실은 자신만의 비밀을 함축하는 것이며 타자와 소통 불가능한 무언가를 가진다는 것이다. 17세기 이래 고전적 철학은 독아론 차원의 특징인 저 생득적 비밀로써 참된 개별자 곧 '육화된 개체'를 거세해 버리고 이들에게 필수적이고 고유한 '타자와의 관계'를 은폐시켜 버렸다. 그러나 프로이트의 개체는 그 육화의 본질상 타자들로부터 분리되어 있는 동시에 그들과의 상관적 통일을 이룬다. 이 개체는 자기 신체의 감지성(sensorialité)이 현저히 미완성적이고 개방적인 한에서 육화될 뿐 아니라 상호-육화되고(inter-incarné) 상관적으로 정신화되기도 한다.

빈스방거가 프로이트주의에서 결정론적 경향을 읽어내고 그 기계론적 적용에 대해서 비판적인 반면, 메를로-퐁티는 자신의 살의 이념과 관련하여 프로이트의 정신분석을 긍정적으로 재해석하고자 한다. 그는 미학적, 역사적 현상에 대한 관심만큼이나 심리학적 현상을 이해하기 위하여 자신의 '감각 공동체' 곧 살의 세계의 발견이 지닌 혁명적 성격과 상호신체성의 능동적 가능성을 프로이트의 관점과 더불어 발전적으로 이해하였던 것이다. 예컨대 자신의 논문 「인간과 역경」에서 메를로-퐁티는 프로이트가 수수께끼 같은 신체의 성격을 얼마나 강조했는지를 회상하고 있다. "신체는 당연히 세계의 일부분이다. 그러나 이 신체는 타자에 접근하고 타자의 신체 속에서 타자를 만나는 절대 욕망에게 그 자생지로서 괴상하게 제공되고 있다."14) 게다가 공격성과 크게 엮인 성욕(sexualité)의 수수께끼도 여기 유입

---

14) Maurice Merleau-Ponty, *Signes*. Paris, Gallimard, 1960, p.290.

되고 있는바, 이 성욕이란 다른 몸과의 관계만이 아니라 타인과의 관계이고, "나와 타인 사이에 외부투사(projections) 및 내부투사(introjections)의 순환적 체계를 들이대고 있다. 즉 나는 타자이고 타자는 나 자신이라고 하는 반사된 반사와 반사하는 반사의 무한 연속되는 불이 지펴지고 있는 것이다."15) 결국 성욕이야말로 상호신체성을 위한 제대로 된 증인이 되고 있다. 실제로 타자의 문제를 상호신체성으로 논증하고자 하는 전략은 메를로-퐁티가 『지각의 현상학』에서 욕망을 분석하는 가운데 이미 전개된 바 있다.

『지각의 현상학』에서의 저러한 분석은 이 욕망이 상호신체성(intercorporéité)을 탁월하고 명시적으로 증명해 주면서, 자아의 차원이나 의식의 층에서 타인과의 관계를 이해할 수 없음을 보여주는 데 집중되어 있다. 욕망함이란 타자의 신체에 쾌락의 개념을 배합하면서 타자의 성 기관과 더불어 그의 신체를 상상하는 것이 아니다. 그것은 표상(représentation)만으로 규정하기가 충분치 않은 직접적인 관계이다. 그래서 욕망은 타인을 탐나는 것으로 만드는 동시에, 나 혼자에게라기보다는 세계 일반에 영향을 미치는 음험한 유혹의 환경과 엉큼한 분위기 속에서 내 신체가 타자의 신체를 '겨냥함'이다. 요컨대, 욕망은 순수한 인식도 아니고 자극-반응 또는 원인-결과 사이의 관계와 같은 단순한 객관적 관계도 아닌 자기로부터 벗어난 느낌, 타자에 의해 빼앗긴 느낌, 그리고 타자를 소유하도록 익명적으로 '부추겨진' 느낌(impression)인 것이다.

요컨대 우리는 사랑과 비극의 주역이라는 본래적 의미의 실존으로 내담자를 되돌려놓아야 한다는 것이다. 이는 끊임없이 세계와 감각-존재론적으로 연루되면서 필경 이념적 차원에서도 소통하게 되는 이

---

15) 같은 책, p.292.

른바 세계-내-존재를 통해 가능한 것이며, 이런 맥락에서 메를로-퐁 티의 살16)의 세계17)라는 의미와 이것이 형성하는 공동체 다시 말해 세계를 횡단하면서 서로의 행동이 실질적으로 교착 규정되는 자아와 타자의 상호신체적 공동체야말로 실존분석가들의 요구에 부합하는 치료근거가 될 것으로 보인다. 메를로-퐁티는 감성론적 영역에서의 자아와 타자 및 자아와 세계 사이의 교착적 연루18)에 대한 필증적 명료화를 집요히 추구하면서 정신과 물질의 구분19) 이전의 존재 장

---

16) 정신과 물질 이전에 존재의 공통재질이 되는 살의 운동성에 의해 자아, 타 자 그리고 세계는 역동적으로 상호교착되면서 다양한 존재형태를 주조하게 된다. 세계의 현존을 가능케 하는 메를로-퐁티의 대문자 존재(Être)가 바로 살이요, 이 살은 존재자 일반의 배열 및 그 관계성을 위한 역동적 선험구조 라 할 수 있겠다. 우리가 굳이 실존분석가들의 세 가지 양태의 세계와 메를 로-퐁티의 키아즘을 비교하고자 한다면, (1) 자아는 자기세계에, (2) 타자는 공동세계에 그리고 (3) 세계는 환경세계에 상응한다고 볼 수도 있지만 분명 히 할 것은 자기세계와 환경세계가 그것의 극단에서 이해되지 않는 조건으 로 (2)의 공동세계를 활성화시키는 한에서 가능한 설정이다. 실존심리학자 들의 세 가지 세계가 세 종류의 세계가 아니라 유일 세계의 세 양태라 하 듯, 메를로-퐁티에게도 자아, 타자, 세계는 역동적으로 상관하여 시나브로 하나의 온전한 살의 세계로 구조화되는 것이다.

17) 지각하는 존재와 그의 세계 사이에 정합성(cohérence)과 유사성(parenté)이 존재하고 있는 한, 세계의 살은 지각하고-지각되는 존재를 위한 세계를 형 성해 나가고 있다고 보아 우리는 이것을 살의 세계로 지칭할 수 있으리라.

18) 교착적 연루를 굳이 프랑스말로 쓰자면 'intrication entrelacée'라 하겠다. 우리나라에서 이러한 연루를 교직(交織)이나 교차(交叉)로 번역하기도 하는 데 필자가 교착으로 번역한 것은 그 밀도 높은 상관성과 복합성을 두드러 지게 표현하기 위함이다. 어떤 독자에게는 '교착상태에 빠져 있다'라는 통 상의 표현이 주는 부정성 때문에 오해의 여지가 있을 수 있으나 이 한자어 는 '膠着'이고 필자가 표기한 '交着'이란 '복잡하게 얽혀서 뒤섞임'이라는 중립, 중성적인 뜻이다. 후자야말로 존재론적 연루의 전형적 표현인 키아즘 (chiasme)에 상당하는 것이라 하겠다.

19) 언어에 의한 실체적 구분을 말하는데 이것이 유럽 형이상학의 아킬레스건 이라 하겠다.

르인 살의 차원을 제시한다. 그런데 이러한 철학사적 변혁의 상황이 도래하기까지는 오랜 시간이 필요했다. 이제 실존으로서 내담자는 메를로-퐁티의 현상학을 통해 투명한 정신현상도, 둔탁한 육체 덩어리도 아닌 살(chair)이라는 제3의 존재 장르에서 역동적이고도 상관적인 신체주관으로 상담자 앞에 연출된다.

소위 이러한 탈근대적 만남에서 예상되는 치료 프레임은 다음과 같다. 첫째, 살 차원과 더불어 우리는 대번에 상호신체적 골조 즉 타인과의 필연적이고도 생동적인 소통관계에 사는 것이다. 게다가 살의 세계에서의 인간은 단순히 성적 존재만으로 환원되지 않기에 자아와 타아의 관계는 오히려 원천적 동질성으로 분유된 다형주의로 해석되어야 할 것이다. 둘째, 살과 더불어 우리는 과거만큼이나 중요한 현재라는 시간 속에 존재하고 있으며 살의 미래 역시 신체와 타인 그리고 세계 사이의 상호침투로 끊임없이 열리고 있다. 셋째, 살과 더불어 우리는 세계라는 실존적 공간성을 체험하게 된다. 거기서 사물의 살은 우리 자신의 살과 타인들의 살을 실질적으로 섞고 실천적으로 엮어주고 있다. 이렇듯 살이란 정신치료를 위한 새로운 지평이 되는데, 메를로-퐁티에 따르자면, 정신분석학이 말하는 무의식도 하나의 축(軸, pivot)과 같이 기능하는 실존적인 것으로, 대자존재와 대타존재의 합류지라는 차원에서 저 살의 다른 표현이 되고 있다. 본래 지각이란 표현의 장을 개방하는 것이며, 바로 그런 의미에서 무의식적이 되고, 이 지각을 통해 자아와 타아는 만나고 있는 것이다.

세계와의 관계가 타인과의 관계만큼이나 중요한 감성론적 영역, 그래서 상호신체적이고 역사적인 존재 장르인 세계의 살에서 출발하는 정신분석 방법은 이제 '생명의 실재' 다시 말해 물질적이고 시간적인 '살의 관계'를 더 이상 은폐할 수 없는 새로운 차원으로 등장시키고 있다. 이는 다름 아닌 살과 그 자신 사이의 밀도 있는 두께를 암시하는 것이며 궁극적으로는 실존분석적 정신치료의 존재론적 토대를 제시하는 길이 된다. 그러므로 상상계로서 꿈의 위상도 의식이 생기를 부여한 불합리한 것으로 해명되어서는 아니 되고 반드시 신체에 근거한 무의식 차원으로 이해되어야 한다. 이렇게 세계의 살은 실존분석가들이 앞서 언급한 세 양태의 세계를 선험적 차원에서 분비해 주는 존재론적 원천이므로 이제 우리는 본론에서 이 지각의 철학자를 따라 비록 그의 현상학이 곧바로 임상적 기제를 제시할 수는 없을지라도, 적어도 어찌하여 인간은 세계 및 타인과 분리될 수 없으며 궁극적으로 이 타자들이야말로 세계로 열린 존재인 인간실존의 구성적 조건이 되는가를 증시할 것이다. 그래서 종래의 약물치료나 정신분석으로 진행되어 온 심리치료의 한계를 밝히고 더 적극적으로 나아가 살의 공동체를 지탱시키는 상호신체론적 토대와 그 유기체적 관계 속에서 진일보한 치료 프레임을 예상할 수 있으리라 본다.

5. 타인과의 공존을 지탱시키는 상호신체적 관계골조

1) 공동육화를 통한 유비론적 의식의 극복

인간의 공동체적 성격에 대하여 후설 현상학은 유비추론에 의한 상호주관적 프레임이라는 기초를 놓았고 이것을 좀더 실질적으로 구축하기 위해 메를로-퐁티는 상호신체성(intercorporéité)이라는 독창적 패러다임을 마련하게 된다. 결국 신체란 현상학과 더불어 인간의 상호관계뿐 아니라 동물과의 관계에 있어서도 선명한 판별식을 세운 것으로 보인다. 후설 철학에서도 해부학의 대상인 단순히 물리적인 상태로서의 육체(Körper)와는 구별되면서 살아 있는 신체(Leib)로 이미 그 개념이 구체화되었듯, 이제는 체험적 신체(corps vécu)를 가능케 하는 살20)의 몸(corps de chair)이 화두로 되고 있다. 사실, 동물의 살에 대한 우리의 관계는 사물들에 대한 관계와는 완전히 다르다고 할 수 있다. 하지만 인간의 시점에서 보자면 그 자신, 더 근원적 차원인 '세계의 살'과의 연루 속에서 규정되고 있기에 여기서 새롭게 회자되는 살이란 동물성에만 만족할 수가 없게 되면서 우리는 '사물의 살'의 존재 역시 부정할 수 없으며 또 인간성(humanité) 및 동물성(animalité)이라는 공통의 한 편과 사물성(choséité)이라는 다른 편 사이에 구축된 불연속성 가운데서 적어도 중요하고 근본적인 한 차원의 연속성만큼은 흐르고 있다고 말할 수 있겠다.

게다가 메를로-퐁티는 이 사물들을 거의 반려자(presque compagnons)로까지 간주하면서 우리를 응시하고 우리 삶의 의미심장한 분위기에 참여하는 '의미 있는 존재'들로 규정하고 있지 않은가? 그러나 좀더 엄격한 의미에서의 상호신체성이란, 인간실존을 위해 타자성(altérité)을 구성하는 상호성의 우선권을 표현히는 동시에 가장 정화되고 사변적인 사유에 이르기까지 세계로 열린 존재(être au monde)의 철저히 육화된 살의 성격을 드러내는 우리들 인간존재의 타인에 대한 관계를 특징짓고 있는 것이다. 이를테면 그것은 신체의 문제와 타아의 질문을 동시에 해결하는 새로운 가능성 이른바 상호육화(entr'incarnation)를 일컬음이리라.

주지하다시피 이러한 테마의 발단은 17세기로까지 거슬러 올라가

---

20) 메를로-퐁티가 사용하고 있는 용어 'Chair'는 후설이 쓰고 있는 'Leib'와는 전혀 다른 차원의 개념이다. 'Chair'는 살아 있는 육체를 말하는 단순한 몸의 상태에 대한 표현이 아니다. 그것은 물질과 정신이라는 실체적 언어 구별 이전의 실질적인 존재론적 조직단위(tissu)이며, 세계는 이것으로 횡단 및 조직되어 자아와 타자를 연결시키는 공통의 선험입자이자 차원기획자라 보아 무방하겠다.

는데 이 단계에서의 주체는 자기 자신에게 부여된 나(Je)가 되고 그래서 자신에 대한 제일 명증이 된다. 그러나 그렇게 됨으로써 데카르트주의는 독아론(solipsisme)이라는 위험을 무릅쓰게 되는데, 이 독단성은 17세기 이후 여태까지 제대로 된 아무런 해결책도 찾을 수 없었다. 후설만 하더라도 타자의 이타성(異他性)이 주는 특수함을 그 스스로 발견했음에도 지향성 속에 의식을 폐쇄시킨 채 의식들이 서로에게 열리게 하기 위해 '새로운 독아론'인 유비론적 의식(conscience analogique)에 조회하고 말았던 것이다. 요컨대 근대성이 낳은 상징적 독아론 곧 데카르트의 영혼과 육체 그리고 후설의 의식과 신체의 문제는 지각의 현상학이 도래하기까지 별다른 해법을 제시하지 못했다고 볼 수 있다. 어쨌든 여기서 상호육화를 생각한다는 것, 그것은 타자에 대한 개방이 순수인식의 차원도 아니요, 객관적 관계도 아니라 온전한 의미의 상호신체적 차원이라는 것이 문제 해결의 열쇠가 된다고 하겠다. 자기(soi) 밖에 있는 실존, 자기가 끊임없이 박탈당하는 실존, 타자와의 그리고 타자로의 상호현전(inter-présence), 그래서 결국 상호성이라는 능동적 가능태가 관건이 된다고 하겠다.

2) 지각적 위상 공간에서 해명되는 타인의 존재론적 좌표

이러한 맥락에서 타인의 존재는 메를로-퐁티 현상학의 골조를 구축하는 결정적 계기로 등장하게 된다. 상호주관성 주제는 대상이 언제나 개방적이고 그래서 미완성적인 지각 원근법주의(perspectivisme)[21]에 속해 있는데, 말하자면 지각하는 주체와 지각되는 사물

---

21) 지각 원근법주의는 모든 인식이란 인식하는 존재의 지각적 삶의 문제와 상관된다는 철학적 입장을 가리킨다.

사이의 비분리성에, 정신세계와 사물세계 사이의 불투명한 접점에 자리 매김하고 있는 것이다. 요컨대, 타자 문제의 근원적 해명은 바로 존재론적 미분할 지대를 그 본거지로 한다는 것이다.

메를로-퐁티에 따르자면 결국 의식이란 그 일차적 대상으로 무생물 고체를 겨냥하는 것이 아니라 "다른 인간주체들의 행동"[22]을 지향하고 있는 것이다. 이때 타인은 나에 대하여 동일자이자 타자요, 내 안에 있는 동시에 나의 밖에 존재한다. 의식이 몸을 입고, 사물 가운데 던져져 있으며, 외재성으로 존재함에 따라 스스로가 타인에 의해 보이게끔 다시 말해 낯선 시선 아래 놓이도록 운명지어져 있는 것이다. 그러나 이 타자의 봄(視)을 의식 또한 볼 수 있으며, 타자의 시선 아래서 그것을 파악하고 있는 것이다. 이렇듯 타인의 시선은 의식이 벗어날 수 없는 시각구조 속에 자리를 차지하고 있다.

물론 이런 존재론적 현황에서 우리는 타인에 대한 그리움과 필요성을 느낄 수도 있으나 동시에 타자 안에서 마냥 우리의 안식처를 찾을 수는 없으며 결국 우리의 실존이란 "대자존재(être pour soi)와 대타존재(être pour autrui)가 교차되는 동안 성립되는 것이다."[23] 타인의 경험이야말로 지성주의적 문제점과 실재론적 문제점을 지양할 수 있게 하는 것이기 때문에 현상학적 환원은 궁극적으로 신체를 매개로 타인의 사유가 가능한 조건들을 수정하게 된다. 그리고 이것이 메를로-퐁티의 지각의 현상학이 해명되는 중심 무대인 것이다. 그리고 이러한 여건 조성이야말로 그가 신체성 및 상호신체성에 부여한 지위이기도 하고, 그로 하여금 후설의 의사 독아론 및 진정한 타자 경험에 불충한 사르트르식 이원론에 다시 떨어지지 않게 하는 안전

---

22) Maurice Merleau-Ponty, *La structure du comportement*, Paris, P.U.F., 1942, p.179.
23) Maurice Merleau-Ponty, *Signes*, p.293.

장치이기도 하다. 게다가 살아 있는 몸(Leib)24)이라는 후설식 용어가 신체의 철학으로 의식의 철학을 대체하는 '경계지대'가 되면서, 그것은 이제 메를로-퐁티로부터 전대미문의 특별한 의미를 부여받게 된다.

반면, 후설의 살아 있는 몸은 '비신체적' 의식의 지향성을 통해 활기를 띠게 되는 한에서만 자아와 세계 사이의 중재 역할을 완수하게 되는 것이었다. 비록 후설의 의식이 세계에 참여되며, 그곳으로 운명지어져 있을지라도 그 어떤 순간에도 감각이 탈개인화(dépersonnalisation)25)를 표현하는 것으로 이해되지는 않는다는 점이 여전히 미해결 문제로 남아 있는 것이다. 그런데 바로 여기에 메를로-퐁티의 지각 개념의 착상이라는 핵심 테마가 놓이게 된다. 후설의 신체(Leib)와는 전혀 다른 차원에 속한 살이라는 미증유의 개념은 인간과 자연이 함께 살아 있어 언제나 이미 서로에게 열리는 공모상태이고 따라서 이것은 그 현상학적 표현은 어떠할지 몰라도 적어도 대상에 직면한 정신이라는 이원론에 대한 저항은 되는 것이다. 신체란 나와 세계의 비개인적인 그래서 익명적인 공모(connivence)를 시사하는데 이는 이론적이 아니라 실천적인 차원에서 이루어지고 있다. 말하자면 신체는 세계를 소유하지도, 인식하지도 않은 채 이 세계에 이르는 것이다.

이렇게 보면 메를로-퐁티의 지각에 대한 연구란 후설과는 완전히 상반되는 신체주관의 분석에 그 기반을 두고 있다. 왜냐하면, 만약 신체가 세계에 대한 원초적 개방이고 의식 전방에 위치한 대상이 아

---

24) 살아 있는 신체(corps vivant)를 지칭하는 독일어 'Leib'를 'res cogitans'와 'res extensa'의 중간적 차원의 의미로 해석하는 것이 후설의 현상학적 맥락에 어울리는 것으로 보인다. 물론 이것은 메를로-퐁티의 살의 신체(corps de chair)라는 개념과는 그다지 상관이 없는 것이다.

25) 타자와의 감각적 연루인 존재론적 연속성을 탈개인화로 표현하고 있다.

니라면 이러한 개방은 노에마(noème)의 취득에 불과한 하나의 '인식'으로 기술될 수가 없기 때문이다. 신체는 세계로 열린 존재의 유동적 벡터(vecteur)[26] 곧 실질적이고 역동적인 매개체이기 때문에 이러한 신체에 대하여 세계는 인식되는 것이 아니라 전자의 동력적 가능성의 극(pôle)[27]으로 현전할 뿐이다. 이 결론은 욕망(désir)의 분석을 통해 곧바로 확인되는데, 어떤 신체에 의한 다른 신체의 맹목적 이해인 욕망은 결코 지적 이해작용으로 환원될 수 없는 바이다.

메를로-퐁티의 첫 저술 이후 이미 타자경험에 대한 관점에서부터 주지주의와 실재론이라는 객관적 사유에 대한 균형 잡힌 비판이 가해지고 있었다. 객관적 세계에 대해 현상학적 관점을 소유하고 또 '현상적인 것'을 이해할 수 있으려면 타자경험을 패러다임으로 삼는 경험유형을 중재시킴으로써 가능하다. 이 경험은 이제 살아 있는 것에 대한 단순한 지각 즉 세계의 사물을 유기체로 파악할 때부터 서서히 개입되기 시작한다. 실재론의 형태로 있는 객관적 사유에 대한 근원적 비판을 타자경험이 요구한다는 점에서 이 후자는 다른 어떤 경험보다 더 집요히 현상학적 환원을 필요로 하고 있으며 그 결과는 이 작업의 실패이다. 즉 완전한 환원의 불가능성이야말로 저 유기체들이 살아 있음을 자증하는 것이다. 실재론의 형식은 주지주의 형식보다 더 직접적인 사유형태이기 때문에 전자는 우리에게 후자보다 우선적인 접근 순위에 있다. 그런데 타인지각의 직접적 성격을 정당화하는 것은 실재론적 관점에서는 필수적이라 할 유비추론적 해석에

---

26) Maurice Merleau-Ponty, *Phénoménologie de la perception*, Paris, Gallimard, 1945, p.158. 세계 "기획자(projecteur)로서 전방위(全方位)로 움직이는 벡터인 신체는 그 자신을 통해 우리가 우리 안과 밖에서 아무것으로나 정향할 수 있게 해주며 그것과 관계하여 행동을 취할 수 있게 한다."
27) 우리는 후설 인식론이 말하는 자아극 및 대상극과는 변별적인 의미에서 동력적 가능성의 극이라는 메타포를 사용하고자 한다.

대한 비판을 함축하고 있는 것이다. 실재론적 관점이란 모자와 망토로 대변되는 데카르트적 주지주의 속에만 있는 것이 아니라 후설의 현상학에도 잔존하고 있다. 비록 그것이 후설에 의해 체험 및 명증에 부합되는 우월성을 지닐지라도 말이다. 막스 셸러(Max Scheler)를 인용하면서, 메를로-퐁티는 유비에 의한 추론은 그것이 마땅히 설명하여야 할 것을 이미 전제하고 있다고 한다.

> 타의식은 타자의 감정적 표현들과 나의 그것들이 비교되고 동일시될 때에만 그리고 나의 몸짓과 나의 정신적 사태 사이에서 정확한 상관관계가 인정될 경우에만 추론될 수 있는 것이다. 그런데 타자지각은 그러한 확인사항들에 선행하며 오히려 그것들을 가능하게 하는 것이다. 즉, 그들 확인사항들이 타자지각을 구성하는 것이 아닌 것이다. 15개월 된 유아는 그의 손가락 중 하나를 장난삼아 내 치아 사이에 두고 무는 시늉을 하면 그의 입을 벌리게 된다. 그런데도 영아는 거울 속의 자기 얼굴을 거의 쳐다보지 않았으며 그의 치아도 내 것과 닮지 않았다. 이는, 그의 입과 치아란 그가 자신의 내부로부터 그것들을 느낀 대로 대번에 나와 동일한 의도가 가능한 것들이라는 것이다. 이 물어뜯기가 그로서는 즉각적으로 상호주관적 의미형성(signification intersubjective)인 것이다. 아기는 자기 몸으로 자기 의도들을 지각하고, 그의 몸으로써 나의 몸을 지각하며, 바로 거기서 자기 몸으로 내 의도들을 지각하는 것이다.[28]

타인이란 실제로 "내가 나 자신에 대해 그러한 의미에서의 자아가 결코 아니다."[29] 내가 나 자신의 몸짓들과 타인의 그것들 사이에서 관찰할 수 있는 유비적 상관관계란 나에게 진정한 의미의 타자경험을 가르치지 않는다. 그것은 기껏해야 "직접적 지각에 실패했을 경

---

28) Maurice Merleau-Ponty, *Phénoménologie de la perception*, p.404.
29) 같은 책, 같은 곳.

우, 타자에 대한 방법론적 인식 속에 실마리"[30]를 공급할 수 있을 뿐이다. 아마도 나 자신의 의도와 내 고유의 몸짓 사이의 상관관계에 대해서도 같은 것을 말할 수 있을 것이다. 왜냐하면 "내가 체험한 그대로의 내 의식과 내 신체 사이에 그리고 이 현상적 신체와 내가 밖으로부터 보는 대로의 타자의 신체 사이에는 내적 관계가 존재하고" 있기 때문이다. 그리고 인식체계의 완성으로서의 타자를 출현케 하는 것도 바로 이 내적 관계이다. 그런데 여기서 메를로-퐁티가 말하고자 하는 바란, 만약 나에 대한 타인의 명증성이 있다면 즉 다른 무엇이 아니라 타인의 지각이 문제가 되는 직접적 확실성이 있다면 그것은 내가 나 자신에 대하여 투명하지 않기 때문이라는 것이다. 곧,

나의 주관성은 자신 뒤에 그의 신체를 끌고 있는 것이다.[31]

한편, 이와 상관적으로 의식이란 후설에서와 같이 절대적으로 구성적인 존재 또는 사르트르에서와 같이 순수 대자존재로서 이해될 수가 없는 것이다. 오히려 의식은 이제

지각적 의식이요, 행동의 주체요, … '세계로 열린 존재'요, 이른 바 실존[32]

이 된다. 이와 동시에 신체도 객관적 세계로부터 철수하기에 이르는데 이것은 저 신체를 통해 주관과 객관 사이에 제3의 존재 장르가 형성되고 있다는 방증이다. 당연히 "주관은 그 순수성을 잃고 자신

---

30) 같은 책, 같은 곳.
31) 같은 책, p.405.
32) 같은 책, p.404.

의 투명성을 상실케 되는 것이다."[33]

　신체와 정신, 육체와 영혼이라는 대립구도에서 인간 현실이 정체되어 버린 고전 형이상학에 비해 실존 현상학은 신체객관과 신체주관을 선명히 구별하게 된다. 전자(corps-objet)는 자체 내의 부분들 사이 또는 그 자신과 다른 대상들 사이에서 외부적이고 기계적인 관계만을 받아들이게 되면서 생리학과 의학의 연구대상으로서의 육체가 된다. 후자, 신체주관(corps-sujet)[34]으로서의 나의 신체는 주체의 자격으로 세계 속에 끼어들어 지각하고 행동하는 능력인 실존의 중심이 된다.

　　현상학적 철학이란 본래영역으로서의 고유양식(mode d'appartenance ou d'appropriation)을 지칭하는 신체주관(corps propre)에 한층 더 집착하게 될 것이며, 그 부속성이나 고유성은 너무도 본질적이고 내재적이어서 소유하고 소유되는 것의 불가분리성에다가 그러한 관계를 '소유'라는 단순하고 순진한 단어로 사유할 수 없음이 가중된다. … 근본적 원천 또는 내 지각의 원점으로서 신체주관은 어떤 의미에서 나의 유한성을 규정하게 되며 세계로 열린 나의 존재(mon être-au-monde)와 연결(articulation)된다.[35]

　나아가 표현(expression)이나 의미(sens)라는 개념들조차도 실존영역으로서의 '공간' 및 살로서의 '몸'과 맥락이 닿는 위의 신체 개념을 통해 특별한 위상을 누리게 될 것이다. 게다가 이 모든 이념들은

---

33) 같은 책, p.402.

34) 메를로-퐁티는 'corps-sujet'와 'corps propre'를 동일한 의미로 사용하고 있다. 고유의 자기신체(corps propre)란 다름 아닌 주체로서의 신체(corps-sujet)이기 때문이다.

35) P. Fontaine, Article, "Corps", in *Encyclopedie philosophique universelle, Les Notions philosophiques*, P.U.F., tome I, p.490.

타인과의 관계로서 상호신체성이라는 양식을 만들기 위해 서로 연결되고 있다. 그러므로 후설의 이율배반 곧 자신이 드러내야 할 것을 항상 전제하고야 마는 유비추론을 통해 타자가 간접현시(apprésentation)될 필요가 없게 된다. 모름지기 현상학적 환원은 스스로의 미완성을 자증하고 있으며 이는 결국 의식이 상황을 구성할 능력이 없다는 것을 폭로하는 것이다. 왜냐하면 의식은 너무도 당연히 상황에 고유한 것이요, 본성상 이 상황과 불가분리적이기 때문이다. 환원의 의미란 궁극적으로 의식이 다른 주관성들에 대해 가지는 본질적이고도 필연적인 상황인 구성적(constitutif) 관계를 드러내는 것이다. 따라서 타인이란 나중에 가서 세계의 객관성을 보증하는 것이 아니라, 정반대로 객관세계의 가능성 속에서 자신의 주소를 찾게 된다. 다시 말해 타인은 객관적 세계의 계기들 중의 하나이고 문화적이고 사회적인 실존 차원으로서 즉각적으로 현전하게 된다.

6. 심리치료의 실존적 토대로서 세계의 살 해명

1) 살36)의 역동적 생명력으로 이미 조율되고 있는 타자관계

여기서 우리는 앞서 기술한 실존분석가들의 세 양태의 세계를 분비하는 토대로서 세계의 살을 제시하고자 한다. 이를 위해 메를로-퐁

---

36) 물론 살 'Chair'이란 형식상으로는 후설식 독일어 'Leib'를 번역한 것이다. 원래 메를로-퐁티의 '살' 신체(corps de chair)는 후설의 'Leib Körper' 곧 살아 있는 신체(corps vivant)에 상응하는 번역어라 할 수 있으나 그 의미는 후설과는 전혀 다를 뿐만 아니라 그 어떤 철학자에게도 존재하지 않던 새로운 차원으로 재생된다. 이제 살의 신체는 해부학의 대상인 객관적 신체와 변별될 뿐만이 아니라 도대체 저 'chair'가 무엇을 말하는지에 대한 궁금증이 유발되고 있는 실정이다.

티는 종래의 초월론적 주관과 경험적 자아 사이의 대립을 거부하게 된다. 바로 여기에 문제의 핵이 있다고 볼 수 있는데 이 때문에 그는 의식들 사이의 대립구도로써 타자관계를 사고하는 것을 엄격히 금하고 있다. 후설이 유비론적 간접현시를 통해 세계 속 타자의 현전화(présentation)를 인정하였을 때, 자신이 추구한 선험적 구성의 이론적 틀과 메를로-퐁티가 말하는 타자에 대한 직접적인 신체관계의 인정 사이에는 긴장과 간극(hiatus)이 남게 된다. 이 틈을 줄이기 위하

주지하듯이 살이란 물질도 관념도 아닌 그래서 그러한 언어적 구분 자체 이전의 반(反)형이상학적 근원자(élément)를 가리킨다. 이를테면 라이프니츠의 모나드와도 같은 선험 재질로서 세계와의 소통 및 타자와의 교제를 위한 개방 입자이자 조직 골조를 지칭한다고 볼 수 있겠다. 따라서 당연히 세계로 열린 존재(être au monde)란 이러한 살의 몸(corps de chair)이 아닐 수 없다. 이럴 경우, 우리는 실체(substance)로서의 주체가 아니라 매체(médiation)로서의 주체를 지금 만나고 있는 것이다. 살의 몸이란 세계로의 원초적 개방(ouverture originaire au monde)으로 타자로의 전이와 타자의 유입을 매개하기 때문이다. 이렇듯 메를로-퐁티에게 와서 고전적 의미의 주체철학은 붕괴된다. 이것은 의식과 신체의 긴장관계를 여전히 붙들고 있는 후설로서는 불가능한 개진이다. 어떤 의미에서 후설의 학술적 직계인 메를로-퐁티가 어느 시점부터는 전자와는 아무런 상관도 없는 논리를 세우는 상황이 온 것이다. 이제 신체주관은 세계의 현존에 속하는 동시에 이 세계는 저 신체주관이 나타나게 한다. 그럼에도 불구하고 실상 신체주관의 본질이란 세계의 독창적 구조를 계시하고 이 구조에 대한 일종의 존재론적 증인이 되고 있다. 의식과 대상이라는 이원성이 자신 안에 뒤섞여 있는 신체를 내가 지닌다는 것은 이 신체가 소속된 세계가 이미 독특한 양식으로 스스로 존재한다는 것을 의미하고 메를로-퐁티는 이 양식을 '살'이라 분명하게 지칭한다. 신체 자신도 포함된 모든 나타남의 근거이기에 '살'은 자신을 의미(sens)에 앞세우는 '실재성'의 차원을 가져온다. 그러나 객관성 속에서 전개된 것이 아닌 한, 또 신체적 삶의 상관자요 상대자로 머무는 한, 살이라는 근본은 순수 사실성의 차원을 초월하면서 의미를 제시하게 된다. 요컨대, 가시적인 것이 의미의 실증성 위에 자신의 근거를 두지 않으면서 비가시성의 구성 부분을 함축하는 한, 이 '살'은 '가시적인 것'의 존재 그 자체를 가리키게 된다. Renaud Barbaras, *Merleau-Ponty*, p.52 일부 인용.

여 메를로-퐁티는 유비론적 간접현시의 참된 조건들을 명시하고 그 초석을 마련하는 데 몰두하게 된다. 주지하듯 후설이 간접현시를 관념론적 퍼스펙티브로 해석하기 때문에 메를로-퐁티는 전자의 살아 있는 신체라는 정도의 'Leib' 개념을 혁명적으로 변환하게 된다.

이렇게 거듭난 새로운 살(Chair)의 이념이란 신체주관이 더 이상 관념론적 이념의 덫에 빠지지 않게 해주고 있다. 자아와 타자 사이의 차이에서 출발하는 대신, 또 두 가지 유형의 인식 사이의 대립을 보기 위한 저 구별의 헛된 단순성에 이끌리는 대신, 살의 이념을 자아와 타자 사이의 유기적인 결합 현장으로 이해해야 한다. 살로 이루어진 자아(moi charnel)는 세계라는 구성적 밀도로 가득 채워진 채 그리고 타자가 됨으로써만 자신인 채 이 세계의 빽빽한 두께를 횡단하여 자신이 아닌 것으로 열려 있다. 타자 역시도 세계라는 농밀한 깊이로부터 자기동일성을 끄집어낸다. 그는 세계에 선행하지 않고 세계 속에서 나타난다. 타인이 이타성(altérité)으로서의 자기동일성과 '스스로에게 다름'이라는 자신의 고유한 실존양식을 끄집어내는 것도 세계라는 이 고밀도 심층으로부터요, 그와 세계 사이의 공동의 살로부터이다. 그래서 타인은 하나의 의식으로서의 다른 자아가 아니라 내 자아처럼 세계의 분절이 된다. 이것이 메를로-퐁티의 연속성 존재론이 드러내고자 하는 바이며, 여기서 "가시성의 신비"37)가 다음과 같이 해명되고 있다. "우리들의 신체는 두 겹으로 이루어진 존재이다. 한쪽은 사물들 사이의 사물이고 다른 한쪽은 그 사물들을 보고 만지는 자이다."38) 그러나 이러한 사실은 단순히 우연적인 사태가 될 수는 없다. 만일 우리의 신체가 사물들 가운데 사물이라면,

---

37) Maurice Merleau-Ponty, *Le visible et L'invisible*, Paris, Gallimard, 1964, p.180.
38) 같은 책, 같은 곳.

120

이것은 내가 나의 등을 볼 수 없기 때문에 신체가 실제로 보인 사물로서가 아니라, "저 사물들에서 비롯되고 그것들로부터 떼어내졌기에 권리 상으로 가시적이라는 것이고, 필경 저 신체는 불가피한 동시에 지연된 시선 아래 놓이게 된다."[39] 만약 우리의 신체가 만지고 본다면,

> 그것은 이 신체가 가시적인 것들을 자기 앞의 대상들로 소유해서가 아니라 그것들이 이 신체를 둘러싸고 있고 이 신체 안에 있으며 따라서 가시적인 것들이 안팎으로부터 이 신체의 시선들과 손들을 도배하기 때문이다. … 가시적인 것과 같은 계열이기 때문에, 만져지고 보이는 것 자체로서의 이 신체는 가시적인 것들에 참여하기 위한 수단을 사용하듯 자기 존재를 이용한다. … 세계가 보편적 살인 것과 마찬가지로 신체는 사물들의 차원에 참여한다.[40]

그래서 우리는 시각활동(vision)을 능동적으로 수행하기도 하지만 동시에 그것을 겪게 된다고 말할 수도 있다. 왜냐하면 이 시각작용도 후설 이후 메를로-퐁티가 살이라고 새롭게 명명한 저 공통조직(tissu)에서 비롯되기 때문이다. 신체는 그러므로 그것이 보편적이고 근원적인 유형성(corporalité)에 미리 연결되어 있는 한에서 체험되며 감각된다. 이런 맥락에서 살이란 존재자들을 형성하기 위하여 지속적으로 부가되는 존재 미립자라는 의미의 물질이 아니라 감각되거나 감각할 수 있는 자아 자신의 '감각적 익명성'인 것이다. 자아 자신은 세계의 살에 참여됨으로써 익명적 그 무엇을 지니게 된다는 말이다. 요컨대, 살이란 보편적 가시성이자 감각성 일반이며, 감각성 자체[41]

---

39) 같은 책, p.181.
40) 같은 책, 같은 곳.
41) 같은 책, p.182. 메를로-퐁티는 여기서 특별한 감각성을 말하기 위해 '*le*

로서 자아 자신의 생득적 익명성이 된다고 하겠다. 살이 물질도 정신도 게다가 실체도 아니기 때문에 메를로-퐁티는 이것을 지칭하기 위해 존재 근원자(élément)라는 소크라테스 이전 그리스의 자연철학적 용어를 제안하는데 이는,

> 시-공간적 개체와 사고의 중도(mi-chemin)로서 보편자의 의미로 제시된 것이다. 즉 도처에 그 파편들이 산재하는 존재양식을 받아들이는 육화 원리의 일종이라 할 수 있겠다.[42]

만약 가시적인 것이 가시적인 것에 되감기어 궁극적으로 가시적인 것과 비가시적인 것이 종합적으로 상관되는 '세계의 살' 곧 존재의 자기감응적 기운이 돌고 있다면, 그리고 만약 이 살이 두 실체의 연합이 아니라 스스로 사유 가능한 최후의 개념이기에 "나를 가로지르고 나를 보면서 나를 구성하는 가시적인 것의 자신에 대한 관계가 있다면" 이러한 존재 회로야말로 결국 "나를 만들게 되고 내가 그것을 만들지는 않게 되어 급기야 이 순환관계는 나의 신체뿐만 아니라 다른 신체들까지도 관통하여 거기에 생기를 부여할 수 있는 것이다."[43] 또 만일 내가 나로부터 멀리 있는 저 가시적인 것이 어떻게 내 것인가를 이해한다면, 다시 말해, 만일 내가 어떻게 내 안에서 이러한 파동이 발생하는지를, 어떻게 저기 있는 가시적인 것이 동시에 나의 전경(paysage)이 되는지를 이해할 수 있다면 당연히 나는 이 가시적인 것이 타인들을 위해서도 가시적으로 된다는 것을 '즉각적으로' 이해하게 되는데, 결국

Sensible'이라고 대문자 S를 사용하고 있으며 또 'en soi(자체)'라는 상징성까지 부가하여 어떤 선험적 가능성을 열고 있다.

42) 같은 책, p.184.

43) 같은 책, p.185.

내 안과 다른 데(타인)서도 이 가시적인 것은 스스로 닫히게 되는
데44) 그 결과 나의 전경뿐만이 아니라 다른 전경들도 존재한다는
사실을 어찌 내가 이해할 수 없겠느냐는 것이다.45)

감각적 전경, 가시적인 것 자체, 만질 수 있는 것 자체는 나를 위
해서만 비축된 경관이 될 수 없다. 그것은 전경이자, 환경이며, 본질
적으로 상호주관적인 그리고 다른 자아 자신들46)에게도 제공된 세계
이다. 바야흐로 존재의 세계란 다른 나르시스(Narcisse)들을 위해서
도 열려 있으며 따라서 그것은 일언지하, 상호신체성을 위해 개방되
는 것이다.

만약 나의 왼손이 가촉적인 것을 만지고 있는 나의 오른손을 만
질 수 있다면, 다시 말해 내 왼손이 무언가를 만지고 있는 내 오른
손을 만질 수 있다면 또 이 왼손의 만짐을 역으로 그 자신에게 되돌
릴 수 있다면 어찌하여 타인의 손을 만질 때 내가 내 손에서 만져보
았던 능력, 즉 사물들을 만나고 있는 '동일한 능력'을 나는 그의 손
안에서도 만지지 않을 것인가?47)

---

44) 가시적인 것이 내 안과 다른 데서도 스스로를 닫는다는 말은 세계가 나에
게 전부이듯 타자에게도 전부가 된다는 말이다. 세계는 항상 이미 상당한
정도의 질서와 다양한 구조를 나와 타인을 위해 보유하고 있는 것이다.

45) Maurice Merleau-Ponty, *Le visible et L'invisible*, p.185.

46) 다른 자아 자신들이란 'D'autres voyants(他시각자)'들이자, 'D'autres tou-
chants(他촉각자)'들과 같은 *'D'autres sentants(他감각자)'*이라 할 수 있는데
이들은 본질적이고도 필연적으로 'Sentants-Sentis', 'Voyants-Vus', 'Tou-
chants-Touchés'이라는 중첩된 능-수동적 존재자 구조를 이루어 시각현장
(vision)의 온전하고 생동적인 게슈탈트(Gestalt)를 구성하는 것이다.

47) Maurice Merleau-Ponty, *Le visible et L'invisible*, p.185.

2) 상호신체성과 개인 상호간의 구체적 관계

이렇듯 상호신체 철학자 메를로-퐁티는 후설의 만지면서 만져지는 손의 지각 경험에 일종의 철학적 생기를 불어넣으면서 재해석하게 된다. 즉 손과 손 사이에서 벌어지는 가역적 순환성(réversibilité)이 저 철학자를 통해 근원적으로 '존재론적인' 중요성을 지닌 개념으로 변한다는 말이다. 우선 신체주관의 경험이란 개인적 통일성의 체험이므로 '살의 몸'48)이자 '체험 신체'로서의 각자의 신체는 거대한 동물의 부속기관과 같은 것이 아니다. 즉, 상호신체성을 이야기한다고 해서 우리의 각 신체주관이 어떤 전체의 부분이 되는 것은 아니다. "마치 손들과 눈들이 우리 각자의 신체를 위해 그러한 것처럼 우리들의 신체가 그러한 기관(organe)이 되는 거대한 동물은 존재하지 않는다."49) 오히려 우리들 각자는 자신들 고유의 신체만을 경험한다.

> 나의 손 중 하나가 나의 다른 손을 만질 때 각 손의 세계는 다른 손의 세계로 개방된다. 왜냐하면 그 작동이 수시로 또 원 없이(à vo-lonté) 가역적50)이기 때문이며, 두 손 다 하나의 의식공간에 속하기 때문이기도 하다.51)

그런데 내가 다른 사람의 손을 만질 때 나는 그 사람의 손에서, 조금 전 만져지던 내 다른 손이 사물들을 만지는 것과 동일한 능력을

---

48) 살의 몸(corps de chair)이란 일종의 선험적 입자이자 파동을 의미하는 살이 구성하고 유도하는 '흐르는 신체'라 하겠다. 이렇게 춤추는 '살'결로 형성되는 몸은 원천적으로 새로운 차원의 실증 현상학의 신체이다.

49) Maurice Merleau-Ponty, *Le visible et L'invisible*, p.187.

50) 가역성(réversibilité)이란 순환성(circularité)이라 해도 무방하다.

51) Maurice Merleau-Ponty, *Le visible et L'invisible*, p.185.

만나게 된다. 말하자면 여기서 나의 만져진 손과 타인의 손이 대체되었을 뿐이다. 이러한 순환성이란 메를로-퐁티가 살이라고 지칭한 바를 이해하기 위해 주목할 만한 지각적 메커니즘이 된다. 즉, 나의 두 손이 하나의 세계로 열리기 위해서는 하나의 유일 의식에 주어지는 것만으로는 충분하지 않다. 만약 그것으로 충분하다면 아무런 문제도 없이 다른 신체들도 내 신체와 마찬가지로 나에게 알려질 것이고 그들과 나는 동일한 세계를 상대할 것이다. 하지만 실상은 그러하지 않다는 것이다. 나의 두 손은 그들이 동일 신체의 두 손인 한에서만 같은 사물들을 만지는 것이다. 신체는 하나의 단순 객체가 아니고 자신의 통일성을 향한 공조적(synergique) 존재이므로 지각에 의해 스스로 종합되고 있는 것이다. 말하자면 각각의 신체는 그 자신의 고유한 종합을 시도하며 자기 자신의 자체 공조작용을 지닌다는 것이다. 그래서 각자는 서로가 다른 방식으로 세계를 지각한다. 그런데 내 신체의 통일성이 존재하기 위해서는 다른 신체들이 동반되어야 할 뿐만 아니라 이 후자들은 다른 의식들로서 주어지는 것이다. 그러므로 당연히 다른 신체와도 순환되는 체험적 통일성이 구성적 여건이지만 자기 신체의 종합을 위해 부분적으로는 비순환적으로 되고 있다. 결국 우리는 세계의 통일성 및 내 신체와 그 지각적 다양성에 의한 지각적 게슈탈트를 동시에 경험하게 된다. 따라서 감각함(sentir)이란 이제 더 이상 동일한 의식에 속하는 것만으로 한정되지 않고 가시성 자체의 뒤얽힘(entrelacs)과 되감김(enroulement) 그리고

　이 가시적인 것의 스스로에게로 귀환, 느끼는 것에서 느껴진 것으로 및 느껴진 것에서 느끼는 것으로 움직이는 살의 유착(adhérence charnelle)으로 이해된다.[52]

---

52) 같은 책, p.187.

내 신체의 통일성을 가져다주는 위와 같은 실질적 보편성은 궁극적으로 나의 신체를 타인의 신체로 개방하게 된다. 나와 타인 사이의 상호신체적인 관계는 유일하고 미분화적인 '거대 동물' 속 우리의 통일성은 아니지만, 실제로 이 관계는 상호성의 관계이자 타자들의 관계이며, 구별되나 닮은 개체들의 관계이며, 인격 상호간의 만남과 연대라는 의미에서 더 이상 유비가 아닌 타아(他我)들의 직접적 관계이다. 각 유기체 내부에서 가능한 자체 공조작용은 이제 상이한 유기체들 사이에서도 존속할 수 있고 존속해야만 한다. 그들 각각의 시야인 자체 전경(前景, paysages)은 이미 서로 얽혀 있고 그들의 행동과 그들의 정열은 빈틈없이 서로 맞아떨어지고 있다. 순환적 지각 행위인 악수를 통해서도 나는 내가 나를 만지는 자인 동시에 만져지는 것으로 느낄 수 있는 것이다. 이제 인지적이든 감각적이든 어떤 유비에도 호소하지 않고 타자의 문제를 가능케 하는 것이 여기 우리에게 존재하고 있다. 감각하는 것에서 감각된 것으로, 감각된 것에서 감각하는 것으로의 살의 유착이라 파악된 자체 상호작용 곧 신체주관들에 내재적인 공조작용은 궁극적으로 "나의 살만이 아니라 모든 살을 비추는 자연의 빛의 방사를 파생케 한다."53) 우리는 이제 더 이상 '타인'이라는 촉각적 부조들과 시각적 색상들이 나로서는 침투하기가 전혀 불가능한 '절대 신비'가 된다고 말할 수가 없다. 그래서 메를로-퐁티는 다음과 같이 말한다.

관념이나 이미지 또는 표상이 아니라 '절박한 경험' 같은 것을 얻기 위해서는 나의 전경을 바라다보는 것, 어느 누군가와 이야기하는 것만으로 충분하다. 따라서 나의 신체와 그의 신체의 상호조율되는 작용에 따라, 내가 보고 있는 것은 그에게로 통하고, 내 시야 아래

---

53) 같은 책, 같은 곳.

평원의 저 나의 개별적 녹색지대는 내 시야를 떠나지 않은 채 그의 시야를 침투한다. 나는 나의 녹음 속에서 그의 녹색을 식별하는 것이다.54)

익명적이면서도 개체화하는 지각의 특징을 지적하고 지각양식의 파급을 가리키기 위해서 또 모든 지각행위에는 익명적 가시성이 집요하게 따라다닌다는 사실을 지적하기 위해서 메를로-퐁티는 절박성(imminence) 개념을 언급한다. 보고 있는 주체란 자아도 타아도 아니라 바야흐로 "익명의 가시성이 우리에게 거주하기" 때문에 다른 자아의 문제란 제기되지 않는 것이다. 모든 것이 "지금, 여기에 존재하는 살의 근원적 속성인 익명의 가시성과 더불어 시작된다. 이 속성은 도처에 그리고 영원히 사방으로 퍼지고, 개체인 한에서 차원(dimension)과 보편(universel)으로 된다."55) 내 신체의 기관들은 키아즈믹 연루, 말하자면 교착-횡단적으로 소통되는 상호감각적 침투를 하고 있는 것이다. 즉 만지는 자에서 보이는 것으로, 보는 자에서 만질 수 있는 것으로의 이질 융합되는 소통이자, 상이한 능동에서 상이한 수동 즉 나선형으로 엮이는 결속이라 하겠다. 느끼는 자와 느껴지는 것의 본원적 차이 때문에 하나의 신체에서 다른 신체로의 전이성(transitivité)이 발생하며 내가 보고 만지는 동일한 유형과 양태의 다른 모든 신체와의 교환56)이 전파되고 그 파급은 필연적으로 요동치게 된다. 이러한 존재론적 진동이야말로 신체 사이의 전이성으로서의 상호신체성을 구축하는 것이요, 차원57)이나 차원성같이 지

---

54) 같은 책, 같은 곳.
55) 같은 책, p.88.
56) 만지는 자에서 보이는 것으로, 보는 자에서 만질 수 있는 것으로의 전도되는 순환을 일컫고 있다.
57) 하이데거적 공간의 의미를 조회하여야 할 이 차원개념은 내 앞에 어느 정

각되는 바의 잠재적(potentiel), 가능적(puissanciel) 성격인 절박성58)
을 구축하는 것이다. 존재의 원질로 메아리치는 차원이란 용어는 메
를로-퐁티에게 와서야 그 온전한 의미를 구비할 수 있는 것이다. 이
것은 그의 저술의 미학적-존재론적 분야에서도 반향을 불러일으킬
것임에 틀림없다.

도 거리를 둔 경계 표면으로서 바로 여기서 나와 타자 및 타자와 나의 선
회(virement)가 이루어지는데 이것은 상호교류로서의 가역성을 말하는 것이
다. 이 개념은 감각적 현상(apparaître sensible)을 특징짓기 위해 사용되기
때문에 메를로-퐁티 후기 저작 속에서 중요한 위치를 차지하면서 표상과
이념 같은 개념들을 대체하게 된다. 차원은 나에게 주어지는 실재(réalité)가
아니라 그것을 따라(selon) 현실이 나에게 주어지는 바이다. 다시 말해, 차
원이란 내용이라기보다 그것을 통해 내용물들이 정돈되는 기준이나 축(axe)
이 됨에 따라 일련의 내용물들의 파악을 가능하게 하는 것이다. 따라서 차
원은 종합(synthèse) 없는 통일양식이요, 개념(concept) 없는 일관성의 원리
요, 필경 이 원리가 분절하는 것에 절대적으로 내재한다. 형식과 내용의 양
자택일을 피하기 때문에 이 차원은 객관적인 것과 주관적인 것이라는 극성
(polarité)을 통해서는 도달될 수 없는 것이다. 주관 쪽에서 볼 때 차원은 사
물 자체 쪽으로 침범하고, 세계 쪽에서 볼 때 차원은 주관 쪽으로 침투한
다. 이제 차원개념은 다음과 같이 지각의 특수성을 설명하도록 허락하고 있
다. 지각하는 것, 그것은 의미를 이해하는 것도, 수동적으로 내용을 받아들
이는 것도 아니다. 지각함이란 하나의 차원을 개방하는 것이고 그것에 따라
사물이 스스로 구현(具現)될 수 있음이다. Renaud Barbaras, *Merleau-Ponty*,
pp.54-55.

58) 메를로-퐁티가 지각을 리얼하게 묘사하기 위해 시간적 개념을 공간적 이미
지로 바꾸어 입방체의 지각을 설명할 때 생기는 새로운 이미지가 바로 절
박성(*imminence*)이다. 내 왼손이 오른손을 막 만지려 하지만 두 손은 절대
로 동시에 주관이자 대상이 되지는 않는다. 왼손에 주체가 형성되는 순간
그 대상성은 막 사라지므로 이 왼손은 '거의 대상'이 되는 동시에 또 '거의
주관'이 된다. 나는 두 차원을 동시에 소유하지 않는다. 바로 여기에 절박
성이 존재하는 것이다. 내 신체 안에서도 이러할진대, 하물며 내 신체주관
과 타 신체주관 '사이에서'랴. 말하자면 이 차원에서도 마찬가지로 나는
거의 나 즉 '절박한 자아(自我)'이고 너는 거의 너 곧 '절박한 타아(他我)'
이다. 우리는 온전하게 절대적으로 분리된 동일자나 타자가 될 수가 없는
것이다.

지각된 바가 사실(fait)과 본질(essence)의 대립을 피하는 한 또 그
것이 살 속에 끼워져 있는 한, 이 지각된 것을 성격 규정하는 것이[59)]

궁극적 문제가 되고 있다. 지각이란 즉자적 외재성이라는 위상을 지
닌 객관적 사물과의 건조한 접촉이라 할 수가 없다. 그래서 지각은
후설이 이미 입방체 분석에서 제기한 대로 구성적 기대(attente con-
stitutive)[60)]를 함축한다. 왜냐하면 입방체란 절대로 온전히 주어지지
않기 때문이다. 그 대신 그것은 비한정적 지평을 두르게 된다. 나는
사물 자체를 지각한다고 하기보다는 사물을 따라(selon) 사물을 통하
여(par) 지각한다. 차원성(dimensionalité) 개방이라는 살의 관계를
새로운 환경이나 어떤 세계 속으로의 입장으로 설명하려는 전략적
계기가 바로 '따라서'와 '통하여'이다. 세계에 대한 연구 메모에서
메를로-퐁티가 "관념, 이념, 정신, 표상 등의 철학적 개념들을 차원,
분절, 수준, 매듭, 축, 윤곽 등의 용어로 대치하려고"[61)] 제안하였을
때 이러한 구체적 용어들의 선택이란 존재 무대로의 '등장' 개념과
세계의 국면 및 주요 경험과의 '결정적 만남'의 이념을 설명하려는
것이다.

　　최초의 시선과 최초의 만짐 그리고 최초의 쾌락과 더불어 (세계
　　가) 열리기 시작된다. 말하자면 내용물의 즉자적 배치가 아니라 더
　　이상 폐쇄되지 아니할 차원의 개방과 계층의 확립인데 이 후자와 관
　　련하여 이제부터 다른 모든 경험들이 조율될 것이다.[62)]

---

59) Renaud Barbaras, *De l'être du phénomène*, Grenoble, Millon, 1991, p.203.
　　좀더 상세한 설명은 chapitre 2, "La dimensionnalité : la chose et le
　　monde" 참조.
60) '필연적 예기(必然的 豫期)'라 해도 무방하다.
61) Maurice Merleau-Ponty, *Le visible et L'invisible*, p.277.
62) 같은 책, p.198.

가시적인 것의 본질은 고갈되지 않을 심층의 '표면'이라는 것이고 따라서 이것은 우리와 다른 시각장으로도 개방되기 때문에 "우리가 다른 응시자들을 보자마자 모든 것은 변하고 만다. 말하자면 우리는 우리 전방에 사물들의 눈동자 없는 시선이나 박(箔) 없는 거울만을 가지지 않는다는 것이다."63) 우리는 우리를 보고 있는 다른 눈들을 통해 비로소 우리 자신에 대해 가시적으로 된다. 이러한 구성을 통해 볼 때 타자들의 시선은 모든 초월이란 스스로에 의한 초월이라 믿는 독아론적 환상의 무모함을 폭로하게 된다. 타자를 만남으로써 나는 내 눈 앞에서 완전히 전도된다. 마치 내 눈을 통해 내가 나를 보고 있듯이 말이다. 다시 말해 나는 나를 보고 있는 타인 앞에서 보이는 것으로 전도되어 있다는 말인데 그 결과 나는 수동적으로 된다. 세계의 살과 짝을 이룬 타자의 신체는 새로운 밖과 새로운 안을 이 세계에 첨가하면서 이제 그것들을 나의 생으로 가져온다. 메를로-퐁티는 "아이가 태어나는 집에서는 모든 사물들의 의미가 달라진다." 고 쓰면서 다음과 같이 부연 설명하고 있다.

사물들은 그 아기에게 아직은 결정되지 않은 취급을 기대하기 시작하며, 덤으로 다른 사람들도 그곳에 대기하게 된다. 그래서 이제 짧거나 긴 새로운 역사가 막 세워지고 있다. 이른바 새로운 차원 (registre)이 열리고 있는 것이다.64)

그렇다면 이제 '나'란 과연 무엇인가? 단적으로 우리는 하나의 장 (場, champ)이요, 하나의 경험(經驗)이라고 그 실루엣을 그려낼 수밖에 없을 것이다. 나(Je)라는 개념은 그러므로

---

63) 같은 책, p.188.
64) Maurice Merleau-Ponty, *Phénoménologie de la perception*, p.466.

나 자신의 고유한 경험과 나의 상호주관적 경험 사이의 부합 속에 드러나는 '존재 윤곽'이자, 비한정적 지평들을 통하여 그 잠재적 완성을 측정하는 '존재 스케치'를 지칭하는 것이다. 이것은 나의 현상들이 하나의 사태 곧 '나'로 응결되어 모인다는 사실과 그들이 전개되는 가운데 어떤 항구적인 양식을 준수한다는 독특한 사실로 가능해진다.[65]

그러나 좀더 정확하게 말하자면, 나는 언제나 이미 하나의 타자(他者)인 것이다.

7. 역동적 개방 공동체의 자기치료: 타인은 타자가 아닌 '우리'

실존적 개체들이 상호침투하고 순환되는 살아 있는 공동체로서의 '우리'는 바야흐로 서양철학사를 통해 아주 새로운 학술적 가치를 소유하게 되는데 메를로-퐁티는 이 개념의 통일성을 상당히 역동적으로 이해하고 있다. 즉 그의 공동체 '우리'란 집요하고도 항구적으로 추구되지만 언제나 미완성적으로 개방되어 있기 때문에 그 자체로서는 유약하면서도 언제나 유연한 통일성이라는 것이다. 왜냐하면 이 공동체를 형성하는 각 구성원들 사이의 상호존재(être-inter)는 공동현전(co-présence)을 통해 본질적이고 내재적으로 이미 저 기묘한 일체감을 갈망해 왔기 때문이다. '우리'란 그 본성상 지속적인 것이 아니라는 이유 때문에 더욱 심층적으로 철저히 요구되면서 상호신체적인 동시에 정신적인 차원에서도 특별한 견고성을 구축하게 된다. 그런데 이러한 집중력은 확실히 메를로-퐁티 이전의 그 어떤 사상가[66]에게도 존재하지 않던 새로운 것이다. 그래서 이제 우리가 메를

---

65) 같은 책, p.465.
66) 메를로-퐁티는 이미 1930년대, 반(反)자연주의자로서 현상학적 정신의학자

로-퐁티의 살의 공동체를 생동적으로 이해한다면 편집증자와 우울증 환자란 공동현전 즉 서로가 서로에게 나타나는 상호규정적 '우리'를 현저히 벗어나 있는 사람들이 된다. 정신질환자들에게 타아(alter ego)란 그야말로 에트랑제요, 낯선 존재(alius)에 다름 아니다. 이런 현상은 그들에게 공동체의 붕괴요, 관계성의 단절이요, 타자와의 소통이 불가능해진 세속적 파문(excommunication)이라 하겠다.

여기서 이러한 부정성 타자화 및 소외의 진원지를 분쇄시킬 공동체 '우리'가 파괴된다면 이는 또 다른 차원의 파손현상을 야기하게 되는데 그것은 바로 시간성 다시 말해 역사성의 소실이며, 이것은 본디 지각적 상호신체성과 연관되어서만 제대로 이해될 수 있는 바의 성질이다. 뒤집어 말하자면, 역사라는 고밀도 두께 속에서라야만

인 빈스방거(L. Binswanger)의 정신치료 저술 *Über Psychotherapie*(Nervenarzt, 1935) 등을 인용했으나, 1945년 출판된 *Phénoménologie de la perception*에서는 후자의 실존 공동체를 위한 현상학적 결론인 '사랑'의 테마, *Grundformen und Erkenntnis menschlichen Daseins*(Münich-Basel, Ernst Reinhardt, 1941)를 참조하지 못한 채 또 그 어떤 간접적 영향도 없이 현존재 분석의 오등성(吾等性, Wirheit)과 유사한 독창적 개념 '우리(nostrité)'를 주조하게 된다. 게다가 메를로-퐁티의 '우리'는 인지적, 관념적 차원만이 아니라 신체적 특히 상호신체적 차원까지 구비하고 있어 하이데거식 현존재를 상속한 빈스방거의 'Wirheit' 개념보다 더 구체적이고 실증적이다. 그럼에도 불구하고, 한편으로 우리는 빈스방거의 정신치료적 공헌을 부인할 수가 없는데, 사르트르에 반대하여 그는 하이데거의 현존재(Dasein)를 현전(Présence)으로 이해하면서 사르트르식 부조적 관념인 의식(*conscience*)보다 호소력 있는 환조적 언어, 간청(*instance*)을 도출해 낸다. 이것은 빈스방거가 자신의 모든 임상진단의 근거를 인간학적 규준에 둔 까닭이다. 즉, 인간존재의 온전한 구조라는 준거틀 위에서 임상차원의 진단을 수행하는데 여기서 실존적 사랑이 치료에 결정적인 궁극 목표가 되는 것이다. 이는 '나와 너'라는 개별자들의 공동체이자, 아예 그러한 이원성을 넘어 '우리'라는 상호부합적 존재(être-en-concordance)의 양식을 설명해 주는 바이다. 빈스방거의 이러한 해명은 메를로-퐁티가 말하는 공동의 살의 관계(rapport à la chair commune)를 연상시키는 치료논리로 보아야 할 것이다.

상호신체적 공동체는 제대로 유지, 파악될 수 있으며 그 결과 공시적, 통시적으로 농밀한 '우리'는 나와 세계 사이의 구성적 상호침투를 설명하게 되고 마침내 이 세계는 필연적으로 타자와 더불어 사는 나의 존재를 구축하게 되는데 이것이 역동적으로 상관되는 만유의 '교착 존재론'을 지칭하는 키아즘(chiasma)이다. 이 밀접한 상호-존재의 교접관계를 통해 문화의 산물인 제도(institution)[67]가 잉태되고 이 제도가 통시적으로 유전되는 한, 인간의 역사는 부단히 그 밀도를 농축시켜 가는 것이다. 말하자면 제도란 개별적 존재자들의 상관적 통일성에 주어진 견고한 공시적 좌표축이며 이것이 시간화되는 경우 상호주관적 공동체의 통시성은 스스로 구비되는 것이다. 동일한 맥락에서 환자에게 시간성이 소멸할 경우 그의 문화세계는 불가능해지고 결국 개인의 역사는 사라지게 된다. 환자의 역사부재는 그의 인격부재로 이어진다.

횡적인 사회구성과 동시에 종적으로 역사를 확립시키는 생동적 문화 공동체, 그래서 실존분석가들의 환경세계, 공동세계, 자기세계를

---

67) 후설에서도 이미 언급된 이 개념은 메를로-퐁티를 통해 차용, 강화되어 '구성주체(sujet de constitution)'라는 후설 선험현상학의 상징적 이념에 대립되는 '제도주체(sujet d'institution)'로 변형된다. '제도주체'의 본질은 실존의 애매성(ambiguïté)에 있는데 이것은 의식의 불완전함을 뜻하는 부정적 개념이 아니요, 사유주체인 동시에 역사와 세계 속에 등장 가능한 상호신체적 자아가 되는 한에서의 실존의 성격 그 자체이다. 메를로-퐁티는 이 심리학적이고도 존재론적인 실존개념에다 그 통시적 두께를 덧입힘으로써 제도주체의 지평을 확장하고 있다. 구성적 작용이 아닌 제도적 활동은 생활세계의 차원들에 대한 연속체험을 가능케 하는데 이 지속되는 차원들에 관계하여 새로운 경험들이 또다시 의미를 잉태하게 된다. 이것이 바로 역사의 심층이요, 그 두께이다. 제도는 세계의 의미를 분비하면서 실제적인 동시에 상징적인 새 차원을 여는 인간 사건의 능력이 되는 동시에 장차 수많은 세속 결과와 돌출 사건을 예비하게도 된다. 그래서 우리는 구성주체를 대체한 제도주체야말로 상호주관적 통시성이자 공시성이라 감히 규정하고자 한다.

동시에 구조화하는 메를로-퐁티의 살의 공동체야말로 타자와의 소통이 가능한 '교제'와 개인적 비밀을 소유한 '고독'이라는 양 차원을 배려할 수 있게 만든다. 바로 이러한 차원에서 감각의 다중적 연속성을 통한 주체의 개별적 다양성이 가능하게 된다. 그런데 메를로-퐁티는 프로이트주의에서도 이러한 '개별적'이고 '관계적'인 이중의 차원은 존재한다고 한다. 따라서 우리가 이 프랑스 철학자를 따라 여기 새로이 이식한 휴머니스트 공동체란 집단적이거나 대중적인 문제에 지나지 않는 것이 아니라 언제나 개별자 상호관계(*interrelation singulière*)이거나 개체 상관적 소관에 놓이게 된다. 이렇게 살의 역동적 지평작용을 통해 관념적 차원에서 교통되는 동시에 감각적 차원에서도 상호침투되는 진정한 의미의 상호주관성, 그것은 바로 메를로-퐁티가 철학사에서 독창적으로 구축한 상호신체성이라는 새로운 이념이다. 이 골조가 유지되는 한 인간실존은 교제의 회로에서 떨어져 나가지 않게 되며 자신의 세계와 호흡하게 되고 그의 이웃과 사랑의 끈이 풀리지 않게 된다. 이것이 건강한 '신체정신'을 유지하는 실존의 '세계회로'인 것이다. 요컨대 임상 정신치료에서의 문제해결의 관건이란 내담자의 참된 선험세계 곧 살의 공동체를 복구하는 것이며 그 절단된 매듭인 타자의 살의 흐름을 다시 유출시키는 길뿐이다.

참고문헌

김영필, 「에드문트 후설의 상호주관성 이론의 정신치료적 함의」, 『철학논총』 제48집, 2007.

안석균, 「인격장애」, 『최신 정신의학』, 일조각, 2007.

Barbaras, Renaud, *De l'être du phénomène*, Grenoble, Millon, 1991.

May, Rollo, "Contributions of Existential Psychotherapy", in *Existence, a new dimension in psychiatry and psychology*, edited by Rollo May, Ernest Angel, Henri F. Ellenberger, New York, Basic Books, 1958.

Merleau-Ponty, Maurice, *Signes*. Paris, Gallimard, 1960.

_____, *La structure du comportement*, Paris, P.U.F., 1942.

_____, *Phénoménologie de la perception*, Paris, Gallimard, 1945.

_____, *Le visible et L'invisible*, Paris, Gallimard, 1964.

정신치료의 심리철학적 근거

이 종 왕

1. 머리말

이 글의 목표는 현대 심리철학적 관점에서 최근 자주 거론되고 있는 '철학적 정신치료'가 어떻게 가능한지에 관한 이론적 근거를 제공하는 것이다. 우리는 '철학적 정신치료(philosophical mental therapy)'를 줄여서 그 개념 대신 '정신치료(mental therapy)'라는 용어를 사용할 수 있을 것이다. 즉 어떻게 이런 정신치료가 가능한가에 대한 질문에 철학적으로 적절한 대답을 제공하는 것이 주된 목표이다. 이렇게 하기 위해서 필자는 이 글에서 정신치료의 개념을 명료하게 정립하려고 시도하고, 이 위에서 정신치료가 가능하기 위해서 발생하는 다양한 철학적 문제들을 논의하면서 그 의문을 풀어가려고 시도하겠다.

2.

　정신치료의 본성은 과연 무엇인가? 철학사에서 우리에게 잘 알려진 한 전형적인 상황은 이런 질문에 대한 우리의 이해를 잘 이끌어 주리라 생각된다. 그것은 아마 플라톤의 대화록을 통해서 짐작해 볼 수 있는 소크라테스의 행동과 관련되어 있으리라 생각된다. 아이러니(irony)로 대표되는 대화술로 대부분 소피스트인 상대방의 무지를 깨닫게 한 후 진리에 대한 탐구를 시작하게 하는 그의 철학적 방법이 바로 그 용어의 고전적 의미가 될 수 있을 것이다: 실제로 자신이 무지함에도 불구하고 진리를 안다고 잘못 생각하고 행동하는 교만한 정신상태에서 진리를 추구하는 신실한 정신상태로의 전환을 지칭한다는 것이다. 그래서 이런 치료는 심리 또는 정신 치료— 심리적 상태의 변화를 통한 행동의 변화— 라고 불려야 할 것이다. 우리는 또한 일상생활에서 철학적인 말이나 철학적 사고에 기초한 명료하고 논리적인 대화나 토론을 통해서 그 토론 참석자들의 생각을 바꾸게 함으로써 궁극적으로 행동을 바꾸게 하는 철학의 역할을 어렵지 않게 접하게 된다. 그래서 정신치료란 철학적 토론이나 대화를 통해서 문제가 있는 상대방의 심리상태를 바꾸게 함으로써 행동을 바꾸게 하는 행위로 정의할 수 있을 것이다.

　그렇다면 심리상태가 바뀌면 행동은 변하는가? 이 질문에 대답하기 위해서 우리는 먼저 행동이론(theory of action)과 관련된 문제들을 명료화해야 할 필요가 있다.1) 행동에 관한 문제들을 어떻게 철학

─────────────

1) 행동철학에 관한 중요한 논문들을 모은 책으로서 Alfred R. Mele(ed.), *The Philosophy of Action*(Oxford University Press, 1997)을 보라. 그리고 행동에 관한 기초적 이해를 위해서 Lawrence H. Davis와 Alvin V. Goldman의 "Action(1)"과 "Action(2)" in Samuel Guttenplan(ed.), *A Companion to the Philosophy of Mind*(Cambridge: Blackwell Publishers Ltd, 1995), pp.111-

적으로 통제해서 한 이론으로 확립할 수가 있을까? 먼저 행동은 우리에게 단순하게 일어나는 것들과는 대조적인 우리가 하는 어떤 것이다. 내 손가락의 운동은 단순한 그 손가락의 움직임과는 구별되어야 하는 행동이다. 이와 같이 나의 코곪은 내가 잠자는 동안 일어나는 나의 의도가 포함되지 않은 단순한 해프닝일 뿐이다. 내 손가락의 운동은 나에 의해서 야기되었지만 내 코곪과 관련해서 나는 책임이 없다. 인과주의자에 따르면 행위자에게 일어나는 단순한 해프닝 (mere happening) — 재채기와 코곪 등 — 과 그녀의 행동을 구별하는 것은 행동의 인과이론에게 호소하는 것이다.[2] 참 행동은 욕구, 믿

121을 보라. 그리고 필자의 논문「프랑크푸르트의 수동적 행동과 인과주의의 행동사건」(『철학적 분석 4호』, 한국분석철학회, 2002)을 보라. 여기에 소개되는 부분은 필자의 이 논문에서 대부분 인용되었다.

2) 행동의 문제들과 관계해서 인과주의라는 용어를 처음으로 쓴 사람은 윌슨 (George M. Wilson)이며 그의 책 *The Intentionality of Human Action* (Stanford, Calif.: Stanford University Press, 1989)에서 이 개념을 처음 사용했다. 그는 인과주의자가 아니다. 데이빗슨은 그의 기념비적인 논문들에서 인과주의의 행동이론을 선보인다. Donald Davidson, "Actions, Reasons, and Causes", *Journal of Philosophy* 60(1963), pp.685-700; "Mental Events", in Lawrence Foster and J. W. Swanson(eds.), *Experience and Theory*(The University of Massachusettes Press and Duckworth, 1970); 이 두 논문들은 그의 책 *Essays on Actions and Events*(Oxford: Clarendon Press, 1980), pp.3-19와 pp.207-225에서 차례로 다시 수록되었다. 해리 프랑크푸르트(Harry G. Frankfurt), 칼 지네(Carl Ginet), 그리고 라이트(G. H. von Wright) 등이 행동에 대한 비인과주의적 경향을 가진 철학자들 중에서 가장 잘 알려진 철학자들이다. 프랑크푸르트의 짤막한 논문 "The Problem of Action", *American Philosophical Quarterly* 15(1978), pp.157-162을 보라. 또 지네의 논문 "Reasons Explanation of Action: An Incompatibilist Account", *Philosophical Perspectives* 3(1989), pp.17-46을 보라. 이 두 논문들은 *The Philosophy of Action*에 다시 수록되었다. 그리고 지네의 책 *On Action*(Cambridge: Cambridge University Press, 1990)도 참고하라. 그리고 라이트의 *Explanation and Understanding*(Ithaca: Cornell University Press, 1971)을 보라. 이와는 대조적으로 데이빗슨, 골드먼, 김재권(Jaegwon Kim),

음, 의지 등과 같은 특유의 내적인 원인을 가진 또는 그러한 내적인 원인에 의해서 야기된 사건들이라는 것이다. 재채기와 코곪, 그리고 빙판 위에서 실수로 넘어지는 것들은 적절한 욕구들이나 의지들에 의해서 야기된 것이 아니기 때문에 인과적 사건(causal events)으로서의 행동이 아니라는 것이다. 그래서 우리에게 또는 우리들에게 단순히 일어나는 것과 대조해서 행동은 우리가 하는 어떤 것이다. 내 손가락을 내가 움직이는 것은 그 손가락의 단순한 움직임과 구별되는 어떤 행동이다. 이와 같이 나의 코곪은 의지적 의미에서, 비록 그것이 넓은 의미에서는 내가 잠자는 동안 하는 어떤 것이라 하더라도, 내가 하는 어떤 것이라 보기 힘들다.

여기서 행동사건(action events) 개념에 대해서 설명할 필요가 있다. 정신적 속성들의 원인이 없이 단순히 일어나는 해프닝도 한 물리적 사건으로 불릴 수 있을지 모른다. 만약 비인과주의자가 욕구나 믿음 같은 선행조건이 어떤 신체의 움직임에 대한 구별 — 단순한 해프닝인지 행동인지를 구별 — 을 하는 데 있어서 결정적 역할을 하지 않는다고 주장한다면 단순한 해프닝은 그냥 한 의지에 의해서 목표되지 않은 어떤 물리적 사건일 수는 있지만 정신인과(mental causation)의 기초 위에서 설명될 수 없는 사건이다. 즉 행동사건은 지적된 한 물리적 사건을 야기하는 목표를 가진 바로 그 정신적 사건이 야기한 그 물리적 사건을 말한다. 행동사건의 개념은 일반적 사건 개념의 부분집합(subclass) 정도로 생각된다. 그리고 행동사건은 보통 그 사건의 주체와 그것의 성질 그리고 구체적 시간의 구성이 그

아우디(Robert Audi) 등은 인과주의적 캠프에 속해 있는 철학자들이다. 아우디의 "Acting for Reasons", *Philosophical Review* 95(1986), pp.511-546 은 인과주의의 입장에서 욕구와 믿음의 복합체를 의지로 환원시키려는 합리적 시도를 한다. 이 논문도 *The Philosophy of Action*에 재수록되어 있다.

것의 존재조건이 될 것이다. 이런 인과주의의 기준 위에서도 모든 행동사건이 정신적 속성의 원인을 가지지만 모든 물리적 사건 — 단순한 해프닝이든 행동이든 — 은 정신적 속성의 원인을 가지는지 아닌지는 명확하지 않다. 그들 사이의 명확한 기준의 차이나 개념적 유사성에 관한 의문은 아직도 크게 명확하게 밝혀진 것 같지는 않은 것 같다.

그래서 우리의 욕구들과 믿음들 또는 의지들이 우리들의 행동들을 이끌어낸다는 결론이 도출된다. 우리는 왜 우리가 하는 것을 하는가 (why we do what we do)라는 이유를 설명하게 될 때 우리가 호소하게 되는 대상은 정신적 속성에 다름 아니다. 그래서 행동의 설명 가능성과 관련하여서 행동들은 어떤 종류의 정신적 설명들을 가져야 하는 함들(doings)이라는 결론이 도출된다. 이러한 이유에서 인과주의자들은 다음과 같은 행동의 인과적 원리를 근본적으로 받아들일 것이다.

[행동의 정신적 인과원리(MCA)] 만약 S가 어떤 것을 욕구하고 X를 하는 것이 그것을 보장한다고 믿는다면(또는 S가 X를 할 의지를 가진다면) S는 X를 한다.3)

---

3) 김재권은 정신인과의 주제를 행동과 관련하여 논하면서 이러한 원리를 제시한다. *Philosophy of Mind*(Boulder, Co: Westview, 1996), p126을 보라. 필자는 아우디 같은 인과주의자들이 받아들이고 있듯이 욕구와 믿음의 복합체는 의지로 환원될 수가 있다고 믿는 데 동의한다. 그의 "Acting for Reasons"를 보라. 그리고 위의 p.126에 나와 있는 것처럼 이 원리는 일반적으로 '욕구-믿음-행동원리(the belief-desire-action principle)'로 불리고 있지만 필자는 이것이 인과주의자들에 의해서 행동의 정신적 인과원리로 확대시켜 부를 수 있다고 생각한다.

그렇다면 S가 X를 할 때마다 그녀는 어떤 것에 대한 욕구가 있었고 X를 하는 것이 그것을 보장한다는 그녀의 믿음이 있었거나 S가 X를 할 의지가 있었다. 그러나 MCA가 행동에 대한 욕구와 믿음의 복합체와 결과적 행동 사이의 필연적 관계를 전제하기 때문에 너무 강한 것처럼 보인다. 내가 여름휴가로 제주도로 가고자 한다 하더라도 그곳에 가는 것이 너무 많은 비용을 필요로 한다면 포항으로 휴가를 떠날 수 있을 것이다. 우리의 욕구나 믿음이 바뀌는 경우를 우리는 많이 경험한다. 인과적 빗나감의 문제도 결국은 이러한 어려움과 연장선상에 있다고 볼 수 있다. 만약 비인과주의자들이 이러한 논점을 제기한다 하더라도 MCA의 옹호자들은 큰 어려움과 직면하지 않는다. 그들에겐 두 가지 합리적 대응들이 있을 수 있다. 먼저 MCA를 구하기 위해서 인과주의자들은 MCA의 전건(the antecedent)에 또 다른 조건을 주는 것이다. 즉 S에게 상충되는 요구나 믿음이 없다는 조건을 주는 것이다. 그리고 MCA의 후건(the consequent)을 약화시키는 방법이다. 즉 후건을 확률이나 경향성 또는 '조건이 같으면(ceteris paribus)'의 원칙을 가진 것으로 간주하는 방법이다. 두 번째의 대응은 전건에 또 다른 조건을 부가하는 방법과 관련되어 있다. MCA의 요지는 이미 욕구와 믿음의 복합체나 의지가 경우에 따라서 바뀔 수 있다는 가능성을 포함하고 있다는 대응이다. 그래서 MCA는 행위자의 의지가 어떻게 바뀌었든 간에 마지막으로 욕구된 행동과 관련된 정신적 인과원리를 주장한다는 것이다. 이러한 대응에 비인과주의자들의 선택지는 그렇게 많아 보이지 않는다.

누군가는 MCA가 비인과주의자들에 의해서도 받아들여질 수 있는 원리라고 말하면서 MCA는 단지 욕구와 믿음 그리고 그것에 대응하는 행동 사이의 밀접한 관계만 보여주는 것임에 다름 아니라고 주장할 수 있을 것이다. 먼저 비인과주의자들이 이 원리를 받아들이는지는 명확하지 않다. 만약 이 원리가 주장하는 것이 결과적으로 실행된 행동의 정신적 원인이 그 행동을 야기하는 데에 전적으로 영향을 주지 않는다는 것이라면 그들도 MCA를 받아들일 수 있을지 모른다. 그러나 필자는 MCA 그 자체는 논쟁의 소지 없이 정신적 항목들이 그들과 대응하는 행동을 야기하는 전적인 원인이었다는 것을 주장하기 때문에 그들이 받아들이지 않을 것이라 생각한다. 더 나아가서 이러한 원리는 인과주의자들에 의해서 쉽게 행동의 정신적 인과원리로 간주될 수가 있다고 생각한다. 왜냐하면 이들은 정신적 항목들이 대응하는 행동을 야기하는 현상을 인과적으로 해석하기 때문이다. 비인과주의자들은 야기했다(caused)라는 인과적 표현은 쓰지 않는다는 것을 주목하라. 그들은 인과주의자들이 주장하는 의미에서 인과적이라는 개념을 사용하지 않는다. 그저 인과적 역사(causal history) 같은 어떤 것이라고만 한다.

데이빗슨은 이러한 인과주의를 변호하면서 한 가지 중요한 논점을 포함시키는데 이것은 비인과주의자들의 주장을 결정적으로 논박할 수 있는 것으로 생각된다. 즉 MCA에서의 정신적 항목들이 그 행동을 위한 한 '이유(reason)'로 불릴 수 있다는 '이유설명(reason-expla-nation)'의 논점을 전개했다. 우리는 일상생활에서 MCA에서의 욕구/믿음이나 의지가 하나의 주어진 행동과 관계되는 경우가 있다는 것을 아는 데 이런 이유를 설명할 필요가 있다. 예를 들어 당신이 점심시간이 되어서 식사를 하고 싶어 식당으로 차를 몰고 가다가 차 안의 라디오에서 식당 바로 옆에 위치해 있는 이마트가 지금 파격적인 세일을 하고 있다는 사실을 듣고 이마트로 가기 위해서 차를 그 건물들 앞에 세웠다고 하자. 왜 당신은 그렇게 했는가? 무엇이 그것을 설명할 수 있는가? 당신은 이마트로 가기 위해서 그곳에 차를 세웠지 식당으로 가기 위해서 그런 것은 아니다. 그는 이 상황을 다음과 같이 설명한다. 식당에 가기 위한 욕구와 이마트에 가기 위한 욕구 둘 다 그곳에 차를 세운 데 대한 이유들(*reasons for*)일 것이다. 그러나 식당에 가기 위한 욕구가 아닌 오직 이마트에 가기 위한 욕구만이 당신이 그렇게 한 데 대한 바로 그 이유(*reason for which*)이다. 그래서 그 관련된 행동을 설명하는 것은 'reason for which'의 그 이유이지 'reason for'의 이유가 아니다. 그에 따르면 이러한 차이는 그 이유가 그 행동을 야기했는가 하는 차이에서 비롯된다. 그래서 전자의 이유가 바로 그 행동의 원인이 되는 이유이다. 이러한 방법으로 그는 이유설명을 인과적 설명(causal explanation)의 한 종류로 간주한다.

사실 이러한 설명은 이유설명이 비인과적 설명이라고 보는 철학자들의 생각과는 상충된다. 즉 이러한 철학자들은 인과적 설명은 법칙과 같은(law-like) 어떤 설명인 데 반해 이유설명은 그렇지 않기 때문에 이유설명은 법칙과 같은 것이 아니라고 한다. 그러나 데이빗슨은 그의 무법칙적 일원론을 통해서 그렇지 않음을 밝힌다. 이 글에서 이 논점은 논의하지 않는다. 필자는 데이빗슨의 이러한 설명은 바로 인과적 설명의 한 유형이라고 생각하는데 그것은 본질적으로 설명은 설명된 사건들의 세계에서 일어나는 인과를 반영하는 것이기 때문이다.

3.

한 사람이 한 의지 — 그것이 믿음과 욕구의 복합체이든 — 에 의해서 그녀의 행동을 한다는 것은 이제 논증되었다. 그렇다면 심리상태에 의해서 행동은 변할 수 있다. 왜냐하면 행동은 정신적 속성에 의해서 촉발되기 때문이다. 철학적 논의나 토론이 상대방의 심리를

144

바꿀 수가 있다면 그 정신적 속성은 그에게 어떤 행동을 유발할 것이다. 이제 정신이 행동에 영향을 준다는 인과주의적 근거는 찾은 셈이다.

그러나 지금까지의 논의도 정신이 행동을 유발하거나 영향을 줄 수 있다는 것이었지, 정신적 속성들이 어떻게 물리적 속성들에 인과적 작용을 할 수 있는가 하는 좀더 근본적인 질문에 답한 것은 아니었다. 철학적 심리치료가 행동을 변화시켜서 가능하다는 좀 단순한 논의는 어떻게 그것이 가능한가라는 철학적 의문을 접하게 될 때 우리는 또 다른 상당한 어려움에 빠지게 되기 때문이다: 단순한 심리적 상태가 행동의 토대인 물리적 상태의 변화를 어떻게 일어나게 하는가 하는 근원적인 의문이 작용하기 때문이다. 이런 형이상학적 의문에 대한 적극적 검토는 상대적으로 단순한 믿음에 탄탄한 철학적 기초를 보강하고, 결국 정신치료의 개념을 확립시켜 주는 결과를 제공한다고 믿어진다. 좀더 명료화되고 탄탄한 기초를 가지기 위해서 우리는 형이상학적 의문에 대한 적극적 검토를 해야 하며 다음과 같은 설명을 시작해야 한다: 정신적인 것은 물리적인 것과는 다르게 존재한다. 하지만 정신적인 것과 물리적인 것 간에 인과관계가 성립한다면, 그 두 영역 간에 존재론적인 차별성을 둘 수는 없다. 그렇다고 둘 간의 존재론적인 동일성을 인정한다면 물리적인 것과는 구별되는 정신적인 것의 존재를 설명하기가 어렵다. 동시에 함께 성립하기 어려워 보이는 이러한 두 가지 논제 — 물리적인 것과 다르게 존재하는 정신적인 것의 존재, 그리고 존재론적인 무차별성 — 를 조화시키려는 문제가 바로 심리철학의 근본 문제인 심신 문제(mind-body problem)이다. 심신 문제는 최근에는 '정신인과(mental causation)'의 문제라고 흔히 불린다. 위의 두 논제에서 보이듯이 심신 문제는 결국 물리세계에서 인간정신이 어떻게 인과적으로 개입하느냐의 문제로 환원되기 때문이다.

　이제 본 논제로 돌아가서 정신치료의 개념을 다시 간략하게 정리해 보고 이 문제가 어떻게 근본적으로 심리철학적인 기초를 가질 수 있는지에 관한 문제제기를 최종 확립해 보자. 자 이제 정신치료라는 용어의 정의는 무엇이며, 우리는 이것을 과연 철학에 적용시킬 수 있는가? 이미 살펴본 것처럼 일반적으로 말해서 치료란 그것이 물리적인 것이든 정신적인 것이든 정상적이지 못한 상태를 정상적인 그것으로 바꾸는 행위를 의미하는 것이다. 치료라는 현상 자체는 물리적이든 정신적이든 한 주체의 두 상태들 사이에서 일어난 어떤 현상으로 기술될 수 있을 것이다. 그렇다면 철학적 행위를 통해서 그 두 상태들 사이에 그런 현상이 일어나게 한다면 우리는 그것을 정신치료라고 부를 수 있을 것이다. 이런 치료의 특징은 소크라테스에서 보았듯이 대화를 통한 심리적 상태의 변화를 유도하고 궁극적으로 행동의 변화를 발생시키는 것이다.

　말하는 행위는 상대의 정신적인 인지상태에 영향을 준 후 행동에 변화를 초래한다. 즉 입에서 발화되는 물리적 음파에서 정신적 인지상태로 다시 물리적 몸의 움직임으로의 세 단계들 사이에 어떤 현상이 생긴다는 말이다. 그 상태들 사이에 무엇이 일어났으며 어떻게 그런 사건이 생기게 되었는가를 더욱 더 알고 싶다. 전혀 다른 차원의 궁극적 의문이 일어나는 대목이다. 어떻게 이런 정신치료가 가능한 것인가? 다시 말해서 어떻게 단순한 대화가 심리상태의 변화를 초래했고 더 나아가 행동의 변화까지 초래할 수 있는가? 상대적으로 단순한 행동이론으로 설명될 수 없는 좀더 근원적인 부분이 이 '어떻게' 부분을 담당해야 할 것이다.

　이 글의 목적상 이런 질문들은 다음의 한 의문으로 환원될 수 있을 것 같다: 어떻게 정신적 사건이 물리적 사건에 인과적으로 영향

을 줄 수 있는가? 단순한 대화를 통해서 치료를 가능하게 하는 정신
치료의 본성은 정신인과문제(the problem of mental causation)의 본
성과 밀접한 관련을 가지고 있다고 생각된다. 정신인과의 가능성이
밝혀지지 않는다면 정신치료의 가능성도 허구에 불과한 것으로 전락
하게 될 것이다. 그렇다면 더 나아가 정신인과의 가능성에 대한 적
절한 해결책은 정신치료의 성공에 어떤 영향을 미칠 수 있는가? 필
자는 다음 절에서 지금까지 제기된 문제들에 대한 적절한 해답들을
추구하면서 정신치료의 가능성에 관한 좀더 근원적인 문제의 이론적
근거를 현대 심리철학적 견해로부터 마련하려고 시도하겠다.

4.

이런 이론적 근거를 마련하기 위해서 우리는 먼저 존재론적인 단
위를 제한할 필요가 있다. 어떤 것들 사이에 인과가 존재한다면 그
것의 영향을 받는 근본적인 인과항들(causal relata)의 존재론적 단위
는 무엇으로 한정해야 하는가? 그 근본 존재론적 단위는 바로 사건
(events)이다. 사건이론을 논의할 때 흔히 우리는 두 가지의 이론들
을 접하게 된다. 김재권의 속성예화이론(the property-instantiation
account of events)과 데이빗슨의 사건이론이 그것이다. 전자는 섬세
한 견해(a fine-grained view) 그리고 후자는 거친 견해(a course-
grained view)라고 흔히 불린다. 그러나 이 두 이론을 검토할 때 많
은 철학자들은 조금의 문제에도 불구하고 김재권의 이론을 받아들인
다고 생각된다. 이런 이유로 여기서는 김재권의 이론을 근거로 논의
가 진행된다.[4] 주지하다시피 김재권에 의하면 사건은 속성의 예화이

---

4) 흔히 김재권의 이론은 Kim-Goldman's view of events라고 불리기도 한다.
골드먼의 *A Theory of Human Action*과 "The Individuation of Action",

다. 즉 한 주체가 한 시간에 가지는 한 속성을 예화시킴으로써 일어
나는 것이다. 사건존재와 관련하여 몇 가지 논점들을 짚고 갈 필요
가 있다.

사건존재론의 문제를 다룰 때 생각해 볼 수 있는 근본적 질문들
중 하나는 다음과 같다: 속성은 보편자인가? 그렇다면 무엇이 문제
인가? 김재권은 먼저 두 종류의 속성을 구별한다:5) 하나는 개별 사
건들(token events)을 구성하는 '속의 사건들(generic events)'이 있
고, 다른 하나는 사건들 스스로가 예화하는 속성들이 있다. 이 둘의
존재론적 지위는 같다고 이야기할 수 없다. 다음 두 가지 김재권의
논의를 주목해 보자. 먼저 그는 개별자 물리주의(token physicalism)
와 유형 물리주의(type-physicalism)의 필함관계와 관련하여 "사건의
속성예화이론에서 한 개별 정신사건과 한 개별 물리사건 사이의 동
일성은 하나의 정신속성과 하나의 물리속성 사이의 동일성을 필한
다. 일반적으로 사건의 본성에 관한 속성예화의 접근에서 흥미 있는
개별자 물리주의와 유형 물리주의의 차이는 없다."6)라고 주장한다.

Journal of Philosophy LXVIII(1971), pp.761-774을 보라. 김재권과 골드먼
의 사건이론의 내용은 같지만 그들은 그들의 이론에 독립적으로 도달했다
는 것이 비록 의견 개진은 있었겠지만 정설이다. 데이빗슨의 "The Logical
Form of Action Sentences", in *Essays on Actions and Events*, pp.105-122
그리고 "The Individuation of Ecents", in *Essays on Actions and Events*,
pp.163-180을 보라. Kim, "Events as Property Exemplifications", in Myles
Brand and Douglas Walton(eds.), *Action Theory*(Dordrecht, Holland: D.
Reidel Publishing Co., 1976), pp.159-177. 이 논문은 *Supervenience and
Mind*에 재수록되었다. Kim, "Events and Their Descriptions: Some Con-
siderations", in Rescher et al.(eds.), *Essays in Honor of Carl G. Hempel*
(Dordrecht: D. Reidel, 1969), pp.199-203.

5) Kim, "Causation, Nomic Subsumption, and the Concept of Event", p.12;
"Events as Property Exemplifications", pp.42-46을 보라.

6) 그의 *Philosophy of Mind*의 p.60을 보라.

또 다른 곳에서 김재권은 데이빗슨의 불평, 즉 비판자들이 말하기를 자신(데이빗슨)의 인과이론이 한 사건 c qua F가 한 사건 e qua G를 야기한다고 주장함으로써 인과관계를 다수용어들 사이의 관계로 보기 때문에 자신을 잘못 이해하고 있으며 자신은 두 사건들 c와 e 사이의 외연적 관계가 인과라고 말함에 다름이 아니다라고 주장하는 것과 관련하여 자신은 결코 사건에서의 속성들의 인과적 관계를 이야기하면서 그들을 기술의존적으로 해석한 것도 아니며 또는 qua를 전치사로 해석한 것이 아니라 단지 문법적 연결사로 해석한다고 주장한다.[7] 이것으로 미루어 볼 때 김재권이 속성이라고 말할 때 이미 그러한 고전적 의미의 속성의 존재를 말하고 있지 않을 뿐만 아니라 설명의 기술의존성 그리고 인과의 외연성 사이의 차이에 대해서도 전혀 다른 의견을 가지고 있거나 아예 관심을 가지고 있지 않을 수 있다는 것이 어느 정도 명확한 것 같다. 속성의 존재에 관한 아주 오래된 그리고 그것에 따라 달라지는 근본적 해석 등과 같은 너무 고전적인 형이상학적 논변들은 현대 심리철학이나 물리주의의 발전에 큰 도움이 되지 않는다. 이것은 우리가 과학의 발전에 귀를 기울여야 하고 과학이 속성의 탐구를 하고 있는 요즈음 더욱 더 도움이 되지 않는 논변일지도 모른다. 그리고 데이빗슨이 속성의 개념을 그의 존재론에서 받아들이지 않는다는 일반적 생각은 그의 언어철학에서나 통할지 모른다. 그러나 그가 심리철학적 영역에서의 진술을 할 때에는 김재권이 전통적 개념과 다른 속성의 개념을 받아들일 가능성이 있듯이 그도 속성의 분명한 그러나 어떤 개념을 가지고 이야기하는데 그것은 변화하는 어떤 것을 지시하고 있는 듯하다.[8]

---

7) Kim, "Can Supervenience and 'Non-Strict Laws' save Anomalous Monism?", in John Heil and Alfred Mele(eds.), *Mental Causation*(Oxford: Clarendon Press, 1993), pp.19-26을 보라. 특히 3장을 보라.

사건존재론의 존재론적 범주 문제와 관련해서 제기된 이런 문제들은 김재권의 속성예화론의 적절성을 손상시키기는 힘들 것 같다.

5.

정신인과가 가능하다면 정신치료는 가능하다. 정신인과의 문제는 사건들 사이에 일어나는 것이었고 속성예화론은 이런 주장을 뒷받침하는 근본적인 존재론적 문제를 잘 확립시킬 수 있었다. 그리고 이 문제는 다음과 같이 의문을 제기한다. 어떻게 정신적 사건들이 물리적 사건들에 인과적으로 영향을 미칠 수 있는가? 이 문제에 대한 해답은 환원주의와 비환원주의의 두 가지 본질적으로 다른 이론적 범주에서 발전 진행 중이다. 환원주의자들은 정신적 속성들이 물리적으로 환원 가능하며 그래서 모든 정신적 속성들은 궁극적으로 물리적 속성들— 기초적 물리학에서 승인되는 속성들— 로 판명된다고 주장한다. 이런 환원은 그 두 영역들 사이의 동일성을 인정하는 것이 된다. 김재권이 환원주의의 대표적인 철학자이며 다양한 환원 가능성 중에서 기능적 환원이라는 다소 새로운 개념을 제시하고 있다.9) 반면에 비환원주의자들은 정신적 속성들을 법칙적으로 자율적인 영역으로 구성돼 있으며 물리적 영역으로 환원을 거부하는 영역이라고 주장한다. 이 이론의 대표적 지지자들은 데이빗슨, 퍼트남, 포돌, 호건(Horgan), 드레츠키, 그리고 블록(Block) 등이다.10) 이런

---

8) Kim, "Davidson, Donald", in Samuel Guttenplan(ed.), *A Companion to the Philosophy of Mind*, pp.231-236을 보라.

9) Kim, "The Mind/Body Problem: Taking Stock after 40 Years", *Philosophical Perspectives* 11(1997), pp.185-207; *Mind in a Physical World* (Cambridge: MIT Press, 1998), pp.97-103을 보라.

10) Hilary Putnam, "Psychological Predicates", in *Collected Papers* II(Cam-

비환원주의적 견해는 다음의 다섯 가지의 주장들로 구성돼 있다: (1) 정신적 속성들은 그들 자신 특유의 성질 속에서 보존된다(비환원주의). (2) 정신적인 것들은 그럼에도 불구하고 과학적 세계관과 일치한다(물리주의). (3) 모든 정신적 속성들은 일반적으로 물리적 속성들에 환원 가능하지 않다(반환원주의). (4) 정신적 속성들은 대상과 사건들의 실재적 속성들이다(정신실재론). (5) 모든 구체적 개별자들은 물리적이다(물리적 일원론). 여기에 부가해서 비환원주의자들은 물리실현논제(physical realization thesis)에 전념한다.[11] 그래서 그들은 자연스럽게 기능주의가 비환원주의를 필한다고 주장한다. 김재권도 인정하고 있는 것처럼 최근에 대부분의 심리철학자들은 비환원주의에 공통적으로 공감과 동의를 보내고 있다. 그러나 김재권의 기능주의가 간이론적(inter-theoretic)인 개념적 환원을 넘어서 속성환원을 동반한다는 주장은 상당한 파장과 집중적 연구의 필요성을 이끌어내기에 충분한데 그 이유는 이 주장이 그가 탄생시킨 심리철학에서 아주 중요한 개념인 몇 가지 원리들에 기초해 있기 때문이다. 이 문제의 복잡성을 벗어나서 요즈음(1997년경부터)의 연구동향은 과연 기

---

bridge: Cambridge University Press, 1975), pp.429-440을 보라. 이 논문은 "The Nature of Mental States"란 새로운 이름으로 다시 출간되었다; Jerry Fodor, "Special Sciences: or the Disunity of Sciences as a Working Hypothesis", *Synthese* 28(1974), pp.97-115를 보라. 이 논문은 Ned Block (ed.), *Readings in Philosophy of Psychology*(Harvard University Press: Cambridge, 1974), pp.120-133에서 재출간되었다; Kim, "Multiple Realization and the Metaphysics of Reduction", in *Superveniecne and Mind* (Cambridge: Cambridge University Press, 1993), pp.309-335를 보라.

11) Kim, "Multiple Realization and the Metaphysics of Reduction", in *Superveniecne and Mind*, pp.309-335, 특별히 pp.312-316을 보라; "The Nonre- ductivist's Troubles with Mental Causation", in *Superveniecnce and Mind*, pp.336-357; *Mind in a Physical World*, 특별히 pp.93-101을 보라.

능주의가 어떤 형태이건 환원주의를 동반하는지 아닌지에 대한 것이라고 해도 과언이 아니며, 그래서 다시 환원주의에 대한 논의도 활발히 진행돼 가고 있는 실정이다.12)

환원주의든 비환원주의든 그들의 주장은 정신인과가 가능하다는 것이다. 정신치료의 문제는 충분히 가능하다는 것이다. 그러나 여기서 필자는 특히 김재권의 기능적 환원주의를 간략하게 비판하며 ― 왜 그 환원주의가 정신치료 가능성의 기초를 약하게 만드는가를 보이는 비판― 필자의 입장을 정리함으로써 정신치료의 가능성에 관한 기초를 튼튼히 다지겠다.

김재권식 기능주의의 핵심은 교량법칙(the Bridge Law)에 기초된 쌍조건문을 그의 기능주의적 개념 위에서 동일성 명제 'M = P'(M은 정신속성이며 P는 물리적 속성을 나타낸다)로 발전시키는 것이다.13) 그는 그의 기능적 환원주의의 근본 개념을 다음과 같이 설명한다.

기능적 환원을 위해서 우리는 M을 그것의 인과적 역할에 의해서 정의된 어떤 이차적 질서의 속성(a second-order property)으로 ― 즉, 그것의 원인과 결과들을 기술하는 어떤 인과적 열거 H에 의해서 ― 해석한다. 그래서 M은 이제 그러그러한 인과적 잠재성들을 가진 어떤 속성을 가짐의 속성이고 속성 P는 정확히 그 인과적 열거에 들어맞는 그 속성으로 판명된다. 그리고 이것이 M과 P의 동일화에 초석이 된다. M은 열거 H를 만족시키는 어떤 속성을 가짐의 그 속성이고 P는 H를 만족시키는 그 속성이다. 그래서 M은 P를 가짐의 그

12) 예를 들어 *Philosophical Perspectives* 11(1997)을 보라. 그리고 Jeffrey Poland, *Physicalism: The Philosophical Foundation*(Oxford: Clarendon Press, 1994)도 참조하라.

13) Kim, "The Mind/Body Problem: Taking Stock after 40 Years", *Philosophical Perspectives* 11(1997), pp.185-207; *Mind in a Physical World*, pp.97-103을 보라.

속성이다. 그러나 일반적으로 속성 Q를 가짐의 속성은 속성 Q와 동일하다. 그래서 'M은 P이다'가 도출된다.14)

김은 여기서 'M = P'는 법칙적으로(nomologically) 필연적이라고 주장한다. 그 이유는 P가 기능적 속성인 M의 유일한 실현자인지 아닌지는 전적으로 그 주어진 세계의 지배적 법칙에 의해서 결정되기 때문이다. 어떤 동일한 법칙이 지배하는 세계에서라도 실현관계는 동일하게 유지된다. 실현관계는 모든 법칙적으로 가능한 세계들 통해서 불변하게 유지되므로, 'M = P'는 모든 법칙적으로 가능한 세계 속에서 유지된다.

여기서 우리는 명백하게 스마트류의 유형동일론 — 한 정신적 속성, 즉 한 정신적 유형과 한 물리적 속성, 즉 물리적 유형 간의 동일성을 주장하는 동일론 — 의 문제를 넘어서 새로운 것을 시도하는 것을 보았지만 결국 유형동일론과 유사한 결론에 다시 도달하게 되는 결과를 보게 된다. 전통적 유형동일론과 다른 것이 있다면 기능주의적 참 주장들을 충분히 반영하면서 신중하게 주어진 선택지들을 차례로 분석한 후 적절한 대처를 통해서 속성동일을 주장하는 것이다. 그런 결과 중 하나가 국지적 환원(local reduction)이다.

여기서 정신인과의 가능성을 가장 적절하게 설명해 내기 위해서 피해야 하는 가장 중요한 하나의 원리를 제시하려고 한다. 그것은 정신적인 한에서의 정신적 속성들의 인과적 효력(causal efficacy of mental properties qua mental: CEMM)의 문제이다. 이것은 정신적 속성들이 정신적이거나 물리적인 것들을 막론하고 다른 사건들을 일으키거나 그들에 의해서 일으켜질 수 있는 힘을 가져야 한다는 것이다. 왜냐하면 정신실재론자들에 있어서 정신적 속성들은 정신적 사

---

14) Kim, *Mind in a Physical World*, pp.98-99.

건들이 인과관계들에 참여할 수 있는 인과적 속성들이기 때문이다. 정신이 실재해야 한다는 정신실재론(mental realism)이 왜 중요한가? 그것은 이미 이야기했듯이 정신치료의 가능성은 철학적인 논의나 토론이 상대방의 **심리상태의 변화**를 통해서 행동을 바꾸는 과정을 통해서 성립되기 때문이다. 즉 심리상태의 변화는 그 상태의 존재를 그대로 인정해야 하기 때문에 정신실재론을 그대로 유지시키는 것은 가장 중요한 요소이다.

이것은 정신의 실재성은 정신인과의 가능성과 밀접히 연관되어 있다는 말이다. 그러므로 CEMM은 정신인과의 문제를 정의함에 있어서나 어떤 단언된 정신인과이론을 평가함에 있어서도 아주 중심적인 역할을 해야 한다. 만약 어떤 정신인과론이 CEMM을 수용하지 못하게 된다면 그것은 부수현상주의(epiphenomenalism)로 전락하게 된다. 부수현상주의의 정신인과의 모델은 CEMM를 수용하지 못하기 때문에 참된 정신인과이론일 수 없다. 정신적 속성이 인과적 힘을 가지게 될 때 정신적 속성으로서 인과적 힘을 가져야지 정신과 동일화한 후에 물리적 속성으로서 인과적 힘을 가져서는 정신실재론을 구할 수 없다는 것이다.

필자는 지금까지 여러 곳에서 이러한 기능주의적 동일론의 주장이 두 가지 종류의 제거주의로 이끌어지게 된다는 주장을 한 바 있다. 먼저 위에서 설명한 다수실현 가능성의 논변에 의해서 구조제한적 또는 종제약적 상관관계 논제에 의존한 국지적 환원의 전략은 일반적으로 총체적인 정신적 속성들(general global mental properties)의 존재에 대한 설명을 제공하기가 힘들다. 고통의 한 정신적 현상은 실질적으로 수를 헤아릴 수 없이 다양한 유기체들─ 예를 들어, 인간, 개, 호랑이, 문어, 화성인 등─ 속에서의 다양한 물리/신경적 또는 신경학적 속성들에 의존해 있기 때문에 환원의 조건이 성립되지 못한다. 따라서 총체적 정신적 속성들은 제거된다. 이것은 이론의 여지가 없다. 그러나 둘째로 종제약적 정신적 속성에 문제가 있다. 필자가 주장해 왔듯이 이 정신적 속성마저도 제거되는 경향이 있다. 간략하게 말해서 그가 지금까지 주장해 온 사건이론, 즉 속성예화이론에 따르면 그가 기능적 환원주의에서 주장하는 속성동일론을 논리적으로 뒷받침할 수 없다는 것이다. 그의 따르면 모든 사건은 오직 하나의 구성적 속성을 가지고 있기 때문에 한 사건의 정신적 속성과 물리적 속성이 동일화될 수도 없을 뿐만 아니라 두 사건의 두 개의 다른 속성들도 동일화될 수도 없다. 그의 속성예화론의 근거 위에서 어떻게 2차적-기능적-정신적 속성들이 물리적 속성이 될 수 있는가. 불가능해 보인다.

김재권의 근거는 인과적 배제와 폐쇄의 원리들이다. 정신적 속성들과 물리적 속성들을 동일화시키는 길만이 이 원리들이 제기하는 함정들을 피해서 정신인과의 가능성을 적절하게 설명해 낼 수 있다는 논지이다. 그러나 그의 기능주의는 너무 강해서 정신적 속성들을 제거시켜 버린다. 이런 제거주의의 위험을 무릅쓰고 너무 강하고 보장받기 어려우며 아마 만족스럽지 못한 기능적 환원주의를 지지해야 할 만한 이유가 없다고 생각된다. 제거주의도 역시 부수현상론과 같이 아마 더 심각하게 CEMM을 만족시키지 못한다. 정신적 속성이 제거된다면 더 이상 그것은 정신적인 것으로서의 인과적 효력을 가진 것이 아니라 물리적인 것으로서의 인과적 효력이 된다. 이런 설명적 모델은 비록 인과적 폐쇄와 배제의 문제들은 피할 수 있다 하더라도 CEMM의 원리를 침해한다. 그러므로 정신실재론은 유지되지 못하며 차례로 참된 정신인과의 가능성을 설명해 내는 예로 간주될 수는 없다.

6. 맺음말

정신치료는 과연 가능한가라는 질문은 일차적으로 인과주의적 행동이론에 관한 논의를 촉발시켰다. 그리고 말하는 행위가 상대의 정신적인 인지상태에 영향을 준 후 행동에 변화를 초래한다는 것이 그 결과였다. 즉 입에서 발화되는 물리적 음파에서 정신적 인지상태로 다시 물리적 몸의 움직임으로의 세 단계들 사이에 어떤 현상이 생긴다는 말이다. 그리고 이런 단계들— 인과항들— 은 가장 기초존재론적 항목인 사건존재론의 확립을 불러일으켰다. 그래서 우리는 우리의 기초존재론으로 속성예화론을 선택했고 이 이론이 조금의 문제는 있었지만 그 문제들은 충분히 극복할 수 있는 어떤 것이었다는 결론을 내렸다. 그리고 마지막으로 어떻게 정신인과가 가능한가 하는 의문에 대답하는 두 가지 인과이론들— 환원주의와 비환원주의 — 중에서 CEMM을 이용해 김재권식의 기능적 환원주의를 비판하고 결과적으로 비환원주의적 접근방법을 변호했다.

참고문헌

Achinstein, Peter, "The Identity of Properties", *American Philosophical Quarterly* 11(1974), 257-275.

Audi, Robert, "Acting for Reasons", *Philosophical Review* 95(1986), 511-546.

_____, "Mental Causation: Sustaining and Dynamics", in Hohn Heil and Alfred Mele(eds.), *Mental Causation*, Oxford: Oxford University Press, 1995, 53-74.

Bennett, L. R., *Events and Their Names*, Indianapolis: Hackett Publishing

Company, 1988.

Block, Ned, "What Is Functionalism?", in Ned Block(ed.), *Readings in Philosophy of Psychology*, vol. 1, Cambridge: Harvard University Press, 1980, 171-184.

_____, "Troubles with Functionalism", in Ned Block(ed.), *Readings in Philosophy of Psychology*, vol. 1, Cambridge: Harvard University Press, 1980, 268-305.

_____, "Can the Mind Change the World?", in George Boolos(ed.), *Meaning and Method: Essays in Honor of Hilary Putnam*, Cambridge: Cambridge University Press. Reprinted in Cynthia Macdonald and Graham Macdonald(eds.), *Philosophy of Psychology*, Basil Blackwell: Cambridge, Mass., 1990, 29-59.

_____, "Anti-Reductionism Slaps Back", *Philosophical Perspectives* 11 (1997), 107-132.

_____, "Do Causal Powers Drain away", Forthcoming. *Philosophy and Phenomenological Research*, 2003.

Davidson, Donald, "Causal Relations", *Journal of Philosophy* 64(1967), 691-703. Reprinted in *Essays on Actions and Events*, 149-162.

_____, "The Logical Form of Action Sentences", in N. Rescher(ed.), *The Logic of Decision and Action*, Pittsburgh: University of Pittsburgh Press, 1967, 81-95. Reprinted in *Essays on Actions and Events*, 105-162.

_____, "The Individuation of Events", in N. Rescher(ed.), *Essays in Honor of Carl G. Hempel*, Dordrecht: Reidel, 1969, 216-234. Reprinted in *Essays on Actions and Events*, 163-180.

_____, "Events as Particulars", *Nous* 4(1970), 25-32. Reprinted in *Essays on Actions and Events*, 181-187.

_____, *Essays on Actions and Events*, Oxford: Oxford University Press, 1980.

_____, "Thinking Causes", in John Heil and Alfred Mele(eds.), *Mental Causation*, Oxford: Clarendon Press, 1993, 3-17.

Davidson, Donald and Robert Stalnaker, "Conceptual Analysis, Dualism, and the Explanatory Gap", *Philosophical Review* 108(1999), 1-46.

Fodor, Jerry, *Psychosemantics*, Cambridge: MIT Press, 1987.

_____, "Making Mind Matter More", *Philosophical Topics* 17(1989), 59-79.

_____, "Special Sciences: Still Autonomous After All These Years", *Philosophical Perspectives* 11(1997), 148-163.

Frankfurt, Harry, "The Problem of Action", *American Philosophical Quarterly* 15(1978): 157-162. Reprinted in *The Philosophy of Action*.

Ginet, Carl, "Reasons Explanation and Action: An Incompatibilist Account", *Philosophical Perspectives* 3(1989), 17-46. Reprinted in *The Philosophy of Action*.

_____, *On Action*, Cambridge: Cambridge University Press, 1990.

Goldman, A., *A Theory of Human Action*, Princeton University Press: Princeton, 1970.

Heil, John and Alfred Mele(ed.), *Mental Causation*, Oxford; Clarendon Press, 1993.

Horgan, T., "The Case against Events", *Philosophical Review* 87(1978), 28-47.

_____, "Mental Quausation", *Philosophical Perspectives* 3(1989), 47-76.

_____, "Kim on Mental Causation and Causal Exclusion", *Philosophical Perspectives* 11(1997), 165-184.

Kim, Jaegwon, "Events as Property Exemplifications", in Brand and Walton(eds.), *Action Theory*, Dordrecht: D. Reidel, 1976, 159-177. Reprinted in *Supervenience and Mind*, 33-52.

_____, "The Myth of Nonreductive Materialism", *Proceedings and Addresses of the American Philosophical Association* 63(1989), 31-

47. Reprinted in *Supervenience and Mind*, 265-284.

_____, "Multiple Realization and the Metaphysics of Reduction", *Philosophy and Phenomenological Research* 52(1992), 1-26. Reprinted in *Supervenience and Mind*, 309-335.

_____, "The Nonreductivist's Troubles with Mental Causation", in John Heil and Alfred Mele(eds.), *Mental Causation*, Oxford: Clarendon Press, 1993, 189-210. Reprinted in *Supervenience and Mind*, 336-357.

_____, "Can Supervenience and 'Non-Strict Laws' Save Anomalous Monism", in John Heil and Alfred Mele(eds.), *Mental Causation*, Oxford: Clarendon Press, 1993, 19-26.

_____, *Supervenience and Mind*, Cambridge: Cambridge University Press, 1993.

_____, *Philosophy of Mind*, Boulder, Co: Westview, 1996.

_____, "Mind-Body problem: Taking Stock after 40 Years", *Philosophical Perspectives* 11(1997), 185-207.

_____, *Mind in a Physical World*, Cambridge: MIT Press, 1998.

_____, "Blocking Causal Drainage, and Other Chores with Mental Causation", Forthcoming. *Philosophy and Phenomenological Research*, 2003.

Lombard, L. B., *Events: a Metaphysical Study*, Routledge and Kegan Paul: London, 1986.

Poland, Jeffrey, *Physicalism*, Oxford: Clarendon Press, 1994.

Right, G. H., *Explanation and Understanding*, Ithaca: Cornell University Press, 1971.

Rosenberg, Alexander, "On Kim's Account of Events and Event-identity", *Journal of Philosophy* 71(1974), 327-336.

Shoemaker, Sydney, "Some Varieties of Functionalism", *Philosophical Topics* 12(1981), 93-119. Reprinted in his *Identity, Cause, and Mind*.

Cambridge: Cambridge University Press.

Thomson, Judith Jarvis, "Individuating Actions", *Journal of Philosophy* 68(1971), 774-781.

Von Eckardt, Barbara, *What Is Cognitive Science?*, Cambridge: MIT Press, 1993.

_____, *A Companion to the Philosophy of Mind*, Blackwell, 1995, 244-248.

_____, "The Empirical Naivete of the Current Philosophical Conception of Folk Psychology", in Martin Carrier and Peter K. Machamer (eds.), *Mindscapes: Philosophy, Science, and the Mind*, University of Pittsburgh Press, 1997, 23-51.

_____, *Philosophy of Cognitive Science*, Boulder, Co.(Dimensions of Philosophy Series), 2007.

정신치료의 시네마테라피적 접근

담론 분석을 통한 영화치료의 가능성

1. 머리말

우리의 일상에서 영화는 무엇을 의미하는 것일까? 비디오테이프,
DVD 등을 통해서 영화적 이미지들을 이전보다 더 쉽고도 값싸게
얻을 수 있고, 여러 차례 중복 재현이 가능함에도 불구하고 사람들
은 왜 영화를 보기 위해 영화관을 찾을까? 여기에는 여러 가지 설명
들이 있을 수 있다. 우선, 영화를 '오락적 기제'로 봄으로써 일상의
단조로움으로부터 벗어나려는 도구적 차원에서의 설명인데 이것은
관객들의 스트레스 양상과 그에 비례하는 욕구의 반영으로서 영화의
잠재적인 효과에 중점을 두는 이론이라고 볼 수 있다.[1] 또 전통적인
가족구조가 해체됨에 따라 예전에는 가족, 교회 그리고 고급 문화적
영역이었던 삶에 대한 해석을 영화를 비롯한 대중매체가 제공함으로

---

1) Stephen Prince, *Movies and Meaning: An Introduction to Film*, New
   York: Allyn and Bacon, 1997, p.47 참조.

써 대중들이 이러한 매체를 즐겨 찾는 것이다.2) 이외에도 집단적 관람을 통한 긴밀한 심리적 통일성의 요청, 이를 통한 사교적인 접촉의 욕망으로도 설명될 수 있을 것이다.3)

영화 제작자들 역시 매체 특유의 표현 방식을 통해서 관객들이 이미지와 일체감을 느끼도록 지속적으로 유도함으로써 관객들은 제작자가 의도한 대로 자신들의 정서와 이미지가 상호작용을 일으키면서 심리적 집중과 긴장감을 일으키는 것을 경험하게 된다. 이처럼 특유의 선유경향(predisposions)을 통해서 영화에서의 감정적 호소는 매우 과장되어 표현되면서 관객들은 화면과 현실의 분리라는 거리감을 뛰어넘어, 상상을 통해 화면의 세계로 들어가 영화 속에서 일어나는 사건들을 대리로 경험하게 되는 것이다.4)

영화에서의 대리적 경험은 두 가지 과정을 통해서 진행되는데, 첫째는 '주의력의 전이'를 통한 등장인물, 이야기 그리고 상황과의 '동일시'이고, 둘째는 편집을 통한 재구성이라는 영화 특유의 메커니즘으로 인한 '봉합'이라는 심리적 현상이다. 이때 전자에서는 자기 자신이 바라는 인물과의 유사성을 체험하게 되고, 후자에서는 이를 가능케 하는 영화 특유의 기술적 장치가 제공된다. 이런 차원에서 대리적 경험이라는 심리적 반응은 매우 중요한데 그 이유는 영화에 대

---

2) G. 조엘·J. 린튼, 김훈순 옮김, 『영화 커뮤니케이션』, 나남출판, 1994, p.116 참조.

3) 같은 책, 같은 곳 참조.

4) 초보적인 친숙함이 거의 없을 때 결정적이고 익숙한 방식으로 묘사하는 것은 규범이 되어 버리기 때문에, 영화는 고정관념을 창조하고 강화하는 데 효과적이다. 이것이 영화가 지닌 내용과 영향에 대해 그렇게 많은 관심이 주어졌던 까닭이고, 특히 할리우드 영화에서 끊임없이 고정관념의 희생자가 되어 있던 인종적 혹은 민족적인 소수인들에 의해 관심이 기울어져 온 까닭이다. Herbert Blumer, "Moulding of mass behavior through motion picture", *American Social Society Publication* 29, 3(August, 1935), p.125.

한 정신분석학적 혹은 상담치료적 논의가 이 두 가지의 심리적 요소에서 출발하기 때문이다.5)

한편, 근래에 전통적인 정신의학적 치료나 심리치료 방법에 대한 비판이 여러 면에서 제기되는데 이것은 다음과 같은 몇 가지 이유에서이다. 우선, 정신치료에 대한 전통적인 접근방법이 특정한 자연과학적 규준을 설정해 놓고 그것에 의존하여 질병을 진단, 치료함으로써 정신질환과 육체적 질환의 차별성을 무시한다는 것이다.6) 둘째, 이 과정에서 사용되는 과도한 약물치료나 신체적, 물리적, 억압적 방식은 자아를 강화시켜 건강한 현실 적응력을 스스로 가지도록 도와준다는 정신분석치료의 원래의 목적과도 배치된다는 것이다.7)

이처럼 정신질환이 기계론적 모델로 접근할 수 없는 개인의 문화적, 정서적 혹은 실존적 개별성에서 비롯되는 것이라면, 이에 대한 새로운 접근이 필요할 것이며, 이 같은 차원에서 제시된 것 중의 하나가 예술을 통한 심리치료이다.8) 그런데 예술을 매개로 한 치료방법에 관한 연구에서 밝혀진 중요한 사실 중 하나는 이 치료가 단순히 매체에 대한 치료자와 내담자의 이해능력과 감상능력에만 의존해

---

5) '영화 관객의 심리에 중심요인'으로 작용하는 이른바 '스타 숭배' 현상 역시 이러한 동일시의 진행과정의 하나이다. 특정 배우와의 심리적 동일성이라는 심층적인 욕구는 전쟁영화, 서부영화, 뮤지컬, 또는 연애영화와 같은 특정 장르들에 대해 더 일반화한 선호를 가져오고, 각 개인들은 이런 타입의 영화와 강한 친밀감을 이룰 수 있다. 여기서 중요한 것은 관객들의 '시점(point of view)'인데, 왜냐하면 "그것은 관객이 극중 인물과 동일시를 경험하게 하는 메커니즘"이기 때문이다. Andrew Tudor, *Image and Inflation*, London: George Allen & Unwin, 1974, p.87 참조.

6) 로빈 히긴스, 김진아 옮김, 『예술 심리 치료 임상 사례연구 방법론』, 학지사, 2003, p.34 참조.

7) 같은 책, 같은 곳 참조.

8) E. Kramer, *Childhood and art therapy*, Chicago: Magnolia Street Publisher, 1998, p.56 참조.

서는 그 효과를 기대할 수 없으며, 매체 자체에 대한 보편적인 이해와 친화적 태도 이상으로, 매체 즉 텍스트에 대한 접근방식과 해석 태도와 관련된 이데올로기적인 분석이 요구된다는 것이다.9)

이데올로기 분석은 흔히 담론 분석으로도 불린다. 다소 부정확하고도 모호한 개념인 '언어(language)'를 대체하면서 오늘날 철학, 문학, 사회과학, 정신분석학 등 여러 학문 영역에서 주목받고 있는 '담론(discours)'이란 쉽게 말해서 텍스트가 언술되는 방식을 의미하며,10) 담론 분석은 특정 텍스트가 이를 둘러싸고 있는 콘텍스트와 어떤 관련을 맺고 있으며, 동시에 콘텍스트 역시 텍스트에 어떻게 영향을 주며, 어떻게 반영되어 있는가에 주로 관심을 보이고 있다. 그리고 여기서 중요한 문제는 텍스트에서의 권력과 이데올로기, 이와 관련된 주체 문제이다. 이렇게 볼 때 감상 위주의 매체인 음악과 미술과는 달리, 영화 분석 과정에서 담론적 접근은 서사적인 시나리오라는 문학적 장르를 통해서 서술된다는 차원에서 그 유용성을 쉽게 확인할 수 있다.

2. 담론적 구성물로서의 예술 텍스트

이데올로기라는 용어는 마르크스주의로부터 나왔다. 마르크스에게 있어서 이데올로기는 한 국가나 사회에 의미를 부여하는 이념적 장치이며, 지배구조를 통해서 이러한 의미를 반영하고 설명한다는 차원에서 이념적 체계라 볼 수 있다. 그러므로 그것을 '의미 있게 하는 것'은 지배계급들의 영역이다. 지배계급들은 한 국가를 지배만 하는

---

9) R. J. Robin, *Using bibliotherapy: A guide to theory and practice*, Phinix: Oryx Press, 1978, p.105 참조.
10) 수잔 헤이워드, 이영기 옮김, 『영화 사전』, 한나래, 1997, p.65.

것이 아니라, 사상과 이념의 생산자로서 그들의 지배양식을 매우 자연스러운 것으로 인식시키려고 한다. 종속적 계급 역시 이러한 지배적 이념의 질서에 기꺼이 포함함으로써 자신들의 종속을 의미 있는 것으로 만드는 이데올로기를 수용하고 자신들의 위치를 자연스러운 것으로 인정하게 된다.

이데올로기 속에서의 상상적 관계가 개인으로 하여금 특정 방식으로 삶을 영위하게 하고, 실제로 주어진 사회질서 속에서 자신들의 구체적인 현실성을 구성한다는 점에서 이데올로기는 실재적 관계와 상상적 관계의 통일이며 이들 존재의 실제 조건들이다. 또 일상생활 곳곳에 스며들어 지배계급에 봉사한다는 점에서, 일종의 공모적 장치라고 할 수 있다.11)

그러나 지배 이데올로기는 항상 정적인 것이 아니며 변화할 수 없는 것도 아니기에, 달리 말해서 지배 이데올로기는 다양한 제도들과 제도적 실천으로 구성돼 있기 때문에 그 '자연스러움'에도 불구하고, 내부에는 특정 이데올로기 자체의 파편적이며 비균질적이고 비정합적인 모순이 있기 마련이다. 지배 이데올로기는 이 상황에서 피지배계급에 의해서 끊임없이 도전받게 된다. 영화의 경우에도 예외가 아닐 것이다.

무엇보다도 영화는 특유의 사회적 영향력으로 인해서 단순히 문화적 담론에 그치지 않고 그 이상으로 사회적, 정치적 담론으로 존재

---

11) 이처럼 "그것들을 형성하는 제도와 사회적 행위에 따라 달라지고, 그것을 말하는 사람의 위치와 시간에 따라 달라진다."는 점에서 담론은 흔히, 지배 담론과 주변 담론으로 구분되며, 또 역사로부터 분리될 수도 없는 것이다. 그리고 학교, 가족, 미디어는 이러한 이데올로기를 대표하는 장치들이며, 자본주의가 생산하는 이른바 '허위의식'은 이러한 이데올로기적 장치들이 만들어낸 '잘못된 재현(miserepresentation)'을 대표한다. 다이안 맥도넬, 임상훈 옮김, 『담론이란 무엇인가』, 한울, 1992, pp.38-39 참조.

함을 인식해야 한다.12) 할리우드의 지배 영화가 잘 보여주듯이 특정 이데올로기 — 예를 들어 보편적 가치를 위장한 미국적 혹은 미국을 지배하는 특정 인종의 가치의 강요 — 를 스크린에 정교하게 담음으로써 현 체제를 재생산할 수 있도록 기능한다. 이들 장르들은 마지막 부분에서 대부분 상투적인 해피 엔딩이라는 해결을 제시함으로써 매우 복잡한 삶의 갈등에 대해 단순하고도 상식적 해답을 제공한다.13)

특히 중요한 것은 이러한 이데올로기적 주장이나 특정 가치의 유포가 이른바 '이음매 없음'14)이라는 영화의 기술적 속성에 의해 하나의 심리적 장치로 기능한다는 것이다. 봉합 개념을 통해 상세하게 설명될 이 기술적 속성이 중요한 것은 이러한 장치가 만들어주는 현실 효과 때문이다. 즉 관객은 이 장치에 의해서 영화적 내러티브 속으로 쉽사리 얽혀 들어가고, 인지와 동일시라는 심리적 과정도 쉽게 진행되는 것이다.15) 이런 차원에서 비평가들은 '징후적 해독(symp-

---

12) 다른 유형의 담론 – 제도화된 담론(법, 의학, 과학), 미디어 담론(텔레비전, 신문), 대중적 담론(팝 음악, 랩, 만화, 속어) – 과 마찬가지로 영화를 둘러싼 담론들도 비록 의미를 고정하긴 하더라도 자신들을 어떤 것으로 고정시키지는 않는다. 따라서 영화에 대한 이론적 담론에서부터 영화평, 대중잡지, 팬진의 기사 등 더 대중적인 담론까지 다양하다. 수잔 헤이워드, 앞의 책, p.65.

13) 예를 들어 할리우드 최대의 주제인 이성 간의 사랑은 주로 여성 영화, 멜로드라마 장르에서 구체적으로 나타나는데 여기에서 일상의 여러 문제의 어려움들은 표출되지 않고 억압된다. 따라서 영화가 종종 낭만적인 사랑, 가족과 모성이라는 이데올로기를 가진 무해한 영화처럼 보이지만, 이들 영화에 대한 페미니즘적인 독해는 영화가 은폐하고 있는 가부장적인 이데올로기를 쉽게 드러나게 한다. 이들 영화는 표면적인 내러티브에 내재하는 이데올로기적 모순들을 이런 방식으로 키우고 은폐하는 것이다. 같은 책, pp.86-87 참조.

14) 같은 책, p.270 참조.

15) 관객이 시선으로서의 자신과 동일화할 때 그는 또한 카메라와 동일화하는

166

tomatic reading)'16)을 영화 해석에도 적용해야 한다고 주장한다. 이리하여 영화적 편집이라는 특유의 "은폐하는 이음매를 찢어 영화를 갈라놓는 내적인 비판"을 시도함으로써 영화 텍스트의 기만적 속성을 밝힐 수 있다는 것이다.17)

그럼에도 불구하고 영화 역시, 장르의 타성적인 관습이 스스로 이데올로기적인 모순을 노출시키기 때문에, 관객들은 특정 장르가 사회 현상을 지지하는 의미들을 끊임없이 생산함에도 불구하고 그것이 반영하고자 하는 사회적 현실과는 다르다는 것을 알게 된다. 다시 말해서 사회적 현실은 영화처럼 원만한 해결책을 제시하지 않으며, 일상의 삶은 영화적 내러티브가 보여주는 것처럼 '질서/무질서/질서

수밖에 없는데, 이때 카메라는 관객 자신이 지금 바라보고 있으며 그의 위치(프레임화)에 따라 그 소실점이 결정되는 것 바로 그것이다. 물론 영사하는 동안 이 카메라는 부재한다. 그러나 이 카메라는 바로 '영사기'라고 불리는 또 다른 장치로 하나의 대리물을 갖고 있다. 그럼에도 관객들은 그의 뒤에, 그의 머리 뒤쪽에, 즉 환상이 모든 시각적 전망에 '초점'을 맞추는 곳에 있는 하나의 기구를 망각하고 있다. 이런 일련의 작업들이 이른바 '영화적 장치(cinema apparauts)'이다. Jean-Louis Baudry, "Ideological Effects of the Basic Cinematographic apparatus", Philip Rosen(ed.), *Narrative, Apparatus, Ideology*, New York: Columbia University Press, 1986, p.67.

16) 이는 알튀세르가 프로이트 정신분석에서 차용한 방법 중의 하나로서 정신분석에서 환자의 행위와 발언을 심층에 있는 병리적 조건을 표현하는 징후로 검토하는 진단 과정을 서술하기 위해서 사용된 용어이다. R. J. 앤더슨 외, 양성만 옮김, 『철학과 인문과학』, 문예출판사, 1988, pp.64-65 참조.

17) 이들 가운데 J.-L. 코몰리와 J. 나로비가 즉 "징후들을 살펴봄으로써 영화를 간접적으로 해독한다면, 다시 말해서 영화 외면상의 형식적 정합성의 배후를 들여다본다면, 우리는 그 영화가 갈라진 금들을 지니고 있는 것을 볼 수 있다. 즉, 그 영화는 이데올로기적으로 무해한 영화에는 존재하지 않는 내적인 긴장으로 분열되어 있다." Jean-Louis Comolia & Jean Narobi, "Cinema/Ideology/Critism", Susan Bennett(tr.), Nick Brown(ed.), *Cahier Du Cinema, 1969-1972: The Politics of Representation*, Cambridge: Harvard University Press, p.46 참조.

의 회복'이라는 방식으로 끝나지 않음을 잘 알고 있는 것이다. 결국
내러티브 구조가 내포하고 있는 이러한 이데올로기적 모순 때문에
영화 역시 이른바 '이데올로기적 관계에서의 혼란들'을 보여줄 수밖
에 없는 것이다.18)

이때 영화비평가는 이러한 이데올로기가 의식적이고 구체적이 아
닌, 무의식적 방식으로 표현된다는 점을 관객들에게 인식시켜야 한
다. 영화비평가가 정신분석가처럼 텍스트의 무의식성을 주목해야 하
고 이를 분석해야 한다는 것은 영화를 통한 심리치료의 역할을 잘
설명한다고 볼 수 있다. 즉 치료사는 비평가의 작업처럼 무의식을
통해서 제시되는 영화 텍스트에서의 이데올로기의 모순과 틈을 과감
하게 드러내어 내담자에게 제시함으로써 동일시나 감정이입을 통한
내담자의 비생산적인 환상을 제거할 수 있어야 하는 것이다.19)

이처럼 영화를 통한 심리치료의 경우, 심리치료사는 무엇보다도
텍스트의 무의식성을 주목하면서 이를 통해서 내담자에게 부정적인
영향을 끼치는 지배문화를 드러낼 수 있고 이데올로기의 상대성을
강조할 수 있다는 점에서 정신분석학을 중심으로 하는 탈구조주의적
방식이 내담자의 억압된 욕망을 해소해 줄 수 있는 효과적인 접근방
식이라고 볼 수 있다.20)

---

18) 이것을 '구조화하는 부재(structuring obsence)'라고 부른다. 같은 논문, 같은
   곳.
19) 이렇게 볼 때 상담 과정에서 치료자가 해야 할 중요한 작업은 내담자로 하
   여금 자신들이 확실한 인식 주체로서의 존재하는 것이 아니라 사회와 이데
   올로기가 만들어놓은 담론적 주체로 구성되어 있음을 인식시키는 일이다.
   이런 차원에서 탈구조주의적 접근은 인간의 본능적 욕구를 억압하는 이데
   올로기의 상대성을 인식시켜 내담자로 하여금 자신의 주체적이고, 대체적인
   삶을 살 수 있도록 도와주는 방식이라고 할 수 있다. 다이안 맥도넬, 앞의
   책, pp.134-135 참조.
20) 여기에서 중요한 원칙은 치료자가 특정한 진리를 주입하거나 자기의 생각

168

3. 텍스트 분석에서의 무의식과 이데올로기의 의미

영화와 정신분석학은 19세기 말 같은 시기에 탄생했음에도 불구하고 영화와 영화 관람성에 대한 정신분석학적 연구는 1970년대에 와서야 본격적으로 시작되었다. 이런 지연에는 여러 가지 이유들이 있지만 "대중오락인 영화에 대한 지적, 계급적 불신"21)이 가장 커다란 이유 중 하나이다. 영화는 지나치게 풍요로운 시청각적 감각을 동반한 '현실 효과'를 발휘함으로써 대중들을 천박한 환상과 시각적 쾌락 속에 머물게 하고 그 결과, 현실에 대한 도피적 기능을 지속적으로 조장한다는 것이었다.

그러나 앞에서 지적했듯이 영화에 관한 다양한 실험과 관찰을 통한 조사연구는 이 매체에서 작용하는 상호소통, 즉 매스커뮤니케이션의 요인들이 매우 복잡하고 다양하며, 생산자의 의도에 대한 관객의 수용 역시 단순히 수동적으로 그리고 일률적으로만 이루어지는 것이 아님이 밝혀졌다. 따라서 영화의 영향력과 그 수용과정을 이해하기 위해서는 메시지 수용에 있어서의 관객의 능동적 해석과 자기화의 과정이 반드시 전제되어야 하는 것이다. 이것은 달리 말해서 영화적 메시지의 수용과정을 객관적으로 이해하기 위해서는 관객 개인의 사회적 경험과 정서적 성향, 메시지의 맥락, 윤리적 규범, 역사

을 강요해서는 안 된다는 것이다. 흔한 예가 선과 악, 정상과 비정상, 남성과 여성 등과 같은 대립 쌍 들에서 전자를 우위에 두고 동질성과 획일성을 강요하는 인본주의적 접근이다. 이러한 방법은 치료과정에서는 역효과를 가져올 수밖에 없는데 그 이유는 신경증 환자를 비롯한 대부분의 내담자는 일차적 단계에서 자아와 상황을 구별하지 못하고 소외되어 있기 때문이다. 즉 그는 대상과 자신을 일치시키고 타자의 욕망과 자신의 욕망을 구별하지 못하는 오인 혹은 환상의 단계에서 빠져나오지 못하기에 타자의식이 전혀 없다. 같은 책, p.139 참조

21) Jean-Louis Comolia & Jean Narobi, 앞의 논문, p.54 참조.

성 등의 다양한 요소들이 고려되어야 함을 의미하는 것이다.22)

　이후 영화 텍스트와 영화 관객에 관한 연구가 이론적으로나 실천적 차원에서 진행된 것은 알튀세르의 영향력 아래 있던 영국의 『스크린』 학파들에 의해서였다. 이들은 관객의 주체성이 항상 언어를 통해서 확립된다는 것을 전제하면서 영화를 보는 관객이 영화 텍스트와의 만남을 통해서 어떻게 어떤 주체로 구성되는가를 분석하였다. 그러나 영화비평이론에 수용자의 주체구성 과정을 논의의 중심으로 끌어들인 『스크린』 학파의 긍정적인 역할에도 불구하고, 이들 연구자들이 텍스트 결정론적 시각을 토대로 텍스트 속의 수용자 구성 방식에만 주목함으로써 수용자의 내면적 심리에 대한 관심이 결여되었고 텍스트와의 만남을 경험하는 사회적 주체로서의 관객이 보여주는 수용자 권력에 관한 논의 역시 부족할 수밖에 없었다.23)

　이것이 일군의 프랑스 영화이론가들이 정신분석학에 집중적인 관심을 표명하게 된 주된 이유이다. 물론 또 다른 이유로는 당시 영향력을 발휘하고 있었던 구조주의적 방법의 한계를 인식하였다는 점도 있지만, 어쨌든 이런 이론적 틀을 확대하기 위해 시작된 프로이트와 라캉에 대한 관심은 영화가 무의식의 차원에서 어떻게 작용하는지에

22) 이러한 요소들을 해석학적 관점에서 수용자의 기대지평이라고 부른다면, 수용자의 사회계층과 사회적 규범에서부터 매체에 대한 기존의 경험에 이르는 수많은 요소로 이루어진 이러한 기대지평은 관객에 의한 '선택적 수용'의 주요 원인이 된다. 예를 들어 '수용미학'에 의하면 한 독자에게 있어서 텍스트의 의미와 미적 특질을 구성하는 독자의 반응은 그 자신의 언어적 미적 예상의 지평선과 그 예상이 텍스트 자체의 좌절에게서 도전을 받았을 때의 반응과의 공동산물이다. 그리고 독자의 지평선은 시간의 흐름과 함께 변화하는 까닭에 주어진 문학작품에 대한 비평적 해석이나 평가의 역사적 전통이 발전해 나가는 것이다. M. H. 아브람스, 최익규 옮김, 『문학용어사전』, 보성출판사, 1989, pp.241-242 참조.

23) 로버트 랩슬리 · 마이클 웨스트레이크, 이영재 · 김소원 옮김, 『현대 영화이론의 이해』, 시각과언어, p.26 참조.

대한 매우 생산적인 결론을 보여주었다.24) 즉 이들은 영화에서의 동일시 현상과 프로이트의 나르시시즘을 유사한 심리적 과정으로, 스크린과 거울이 유사한 심리적 기제로 설정할 수 있다면 영화 관람 시 관객에게 일어나는, 상상계의 질서로부터 상징적 질서로의 이동이라는 주체성의 획득을 수반하는, 무의식 과정을 설명할 수 있다는 것이다. 결국 이들에게 영화 관람이란 거울 단계와 오이디푸스 단계를 반복하는 것을 의미하는 것이었다.

실제로 초기의 프로이트를 사로잡았던 것이 주체의 과정, 즉 주체 구성의 과정이며, 이들이 프로이트에 기대어 스크린과 관객의 위치라는 조건들을 도입하도록 이끈 것 역시 의식의 단순한 통합성으로부터의 주체의 전치이다. 프로이트 이론에서 정신적 과정들은 우선 무의식적 단계에 존재하며, 이후 "마치 사진이 음화로 시작하여 양화로 바뀐 뒤에야 한 장의 사진이 되듯이"25) 그 단계를 거쳐야만 의식적 단계로 넘어갈 수 있는 것이다.

그러나 『정신분석학 강의』에서 사진적인 비유가 확립되자 프로이트는 의식적인 '이미지들'을 다른 이미지인 공간적인 그림과 선별하는 문제에 직면한다. 이럴 경우, 프로이트가 보기에 주체는 더 이상 이데올로기의 스크린 앞에 주어져 있는 것이 아니라, 그러한 '스크린과의' 대면을 위해 스스로를 구성하는 과정 속에서 분열되어 있는 것이다. 이때 프로이트에게 카메라 옵스큐라는 음화와 양화, 운동과 퇴행이 이루어지는, 의식의 눈을 위한, 그리고 의식의 눈이 지켜보는 상영이 이루어지는 일련의 방들이 된다.26)

한편, 자크 라캉은 프로이트에 대한 후기의 재서술에서 분리된 자

---

24) 같은 책, pp.97-98 참조.
25) 스티븐 히스, 김소연 옮김, 『영화에 관한 질문들』, 울력, 2003, p.15.
26) 같은 책, 같은 곳.

아, 즉 '성의 분화를 달성한 주체'라는 프로이트의 생각을 거울 단계에서의 주체성의 형성이라는 자신의 이론의 토대로 삼았다. 라캉의 주체는 거세되었기 때문에[27] 이때 자아는 "나는 생각하므로 존재한다."라는 충족적 주체가 아니라, "나는 내가 생각하지 않은 곳에서 존재한다."라는 분열적 주체가 된다.[28] 이때 내가 보기만 한다고 믿는 단계는 상상계이고, 보임을 아는 단계가 상징계이고, 바라봄과 보임이 연결된 것이 실제계이다. 따라서 주체가 대상의 응시를 알아채거나 자신의 욕망을 대상의 욕망과 일치시킬 때 환상은 깨어지고 도착증이 나타난다.[29]

바로 이 지점에서 라캉이 이러한 심리적 과정을 언어라는 관점에서 다시 고찰했다는 점이 중요하며, 무의식과 언어의 상관관계를 규명하고자 했던 그의 정신분석학은 이후 대중문화, 특히 서사적 구조가 명확한 영화를 이해하는 데 유용한 이론적 틀을 제공해 준다. 이리하여 영화의 정신분석학적 접근은 영화와 관음증, 영화와 페티시즘, 영화가 상상계 및 상징계의 질서와 맺는 관계를 밝혀줌으로써 영화이론을 진전시키는 데 크게 기여하였다. 이 결과, 영화는 정신의

---

27) 라캉의 저작에서 중요한 용어 중의 하나인 남근(phallus)은 이런 성적 구별의 의미작용을 뜻한다. 로버트 랩슬리·마이클 웨스트레이크, 앞의 책, p.105.

28) 예를 들어 "나는 거짓말을 한다."라는 말이 있다. 이 말은 거짓말을 하는 나와 그것을 보고 있는 나를 암시하는데, 이것은 달리 말해서 거짓말을 하는 내가 나에게 보이고 있는 것이다. 이것이 보는 것(eye)과 보이는 것(gaze)의 변증법이다.

29) 이런 측면에서 포르노 영화는 매우 전체주의적이다. 주체의 욕망이 대상의 욕망과 일치하여, 시선과 응시의 교차가 없고 보임이 없이 바로 봄만 있는 주체이다. 그래서 주체의 욕망은 곧 객체의 욕망이 되고 이것은 환상을 억압한다. 환상이 없는 곳, 욕망이 없는 세계가 전체주의이다. 주체는 대상의 응시에 압도되어 환상을 갖지 못하게 되는 것이다. 동시에 주체는 대상의 응시를 모를 때만 그 대상에게 매혹되는데, 포르노 화면은 관객을 유혹하려는 욕망을 적나라하게 드러내는 것이다.

욕망을 체현하는 대상으로, 스크린은 우리가 가진 판타지와 욕망들, 즉 우리의 무의식을 투사하는 장소가 되었다. 이리하여 영화는 관객을 욕망하는 주체, 장치 — 관객이 자신의 눈과 동일시하는 카메라를 비롯한 여러 영화적 장치들 — 의 주체로서 위치 지어진다고 간주되었던 것이다.30)

변증법적 유물론과 정신분석학의 이러한 결합은 영화 텍스트를 통한 정신치료의 효용성을 비교적 정확하게 규명하였고 이제 영화는 이데올로기 이론과 무의식 이론에 의해서 우리 시대에 하나의 어떤 이미지적인 힘을 가지게 된다.31) 바로 이 과정에서 밝혀진 심리적 기제가 '수용자(audience)' 이론과 '봉합(suture)' 이론이다.

---

30) 이런 관점에서 페미니즘 영화이론가들은 정신분석학이 여성을 억압하는 담론이라는 점을 인정하면서도 바로 그렇기 때문에 정신분석학을 진지하게 탐구하는 것이 중요하다고 강조한다. 정신분석학을 이해하기 위해서 뿐만 아니라 정신분석학이 주체성을 남성우월적인 관점에서 구성하고 있다는 점 ―프로이트의 페니스 선망 개념을 비롯해서 주체성이 언어와 언어의 기표인 팔루스와의 관계에 의해 결정된다고 보는 라캉의 주장―을 폭로하기 위해서도 그것을 진지하게 다루어 볼 필요가 있다는 것이다. 이것은 필름 누아르에서 잘 드러난다. 이 장르에서 여성은 흔히 그들이 가부장제의 의미화 체계에 순응하기를 거부한다는 이유 때문에 처벌받는다. 그들은 처음엔 자신들의 섹슈얼리티를 스스로 통제하는 것으로 구축되지만, 뒤에는 바로 그 때문에 벌을 받는다. 이처럼 하나의 장르로서의 필름 누아르는 '말할 수 없는 것', 즉 여성의 희열을 스크린에 옮겨놓음으로써 그것은 재현할 수 없는 것―'실재계의 질서'―을 재현한다. 수잔 헤이워드, 앞의 책, p.332 참조.

31) 이는 마르크스와 프로이트가 사용하는 비유들에서 잘 나타나는데, 예를 들어 카메라 옵스큐라, 사진 프린팅, 의식의 눈에 띄도록 소재를 여과하는 어두운 방 등에서 이미지는 그가 그려내는 환영과는 관계가 없기 때문에 필요한 동시에 위험하며 따라서 명시적인 동시에 공모적 성격을 띠고 있는 것이다. 이처럼 이미지들의 공모성에 근거한 영화와 이데올로기에 대한 고찰이 시작되는 순간부터 영화에 대한 이러한 분석은 필연적으로 역사유물론과 정신분석학을 결합시키는 것이다. 스티븐 히스, 앞의 책, p.17 참조.

4. 수용자 이론

'수용자'[32)]란 대중문화 수신자를 '익명의 상호격리된 대단위 집단'
으로 파악하면서 송신자의 입장에서 언제든지 설득 가능하고 조종
가능한, 지배이데올로기의 재생산 기능을 묵묵히 수행하는 나약한
집단적 존재를 의미한다. 균질화, 균등화 그리고 수동성과 피동성으
로 특징지어진 '대중(mass)'으로서의 이 집단은 영화의 경우에 생산
자(제작자)의 의도에 따라 수동적으로 반응하는 관객을 의미한다고
할 수 있다. 문화비평가들에 의해서 제기된 대중문화 수용자에 대한
부정적인 이미지를 반영하고 있는 이 용어는 이전의 '직접효과(direct
effect) 이론'[33)]의 연장선에서 발전된 개념이다.[34)]

---

32) 매스미디어의 '수용자'라는 용어는 본래 연극이나 음악 등의 공연예술에서
유래된 것으로 단순히 '청중' 혹은 '관객'이라는 뜻으로도 해석할 수 있으
나 언론학에서는 송신자(source, communicator)의 상대 개념으로 커뮤니케
이션의 종류나 규모와 관계없이 전 영역에서 일반적으로 사용하고 있다. 즉
커뮤니케이션의 수용자란 송신자와 메시지를 통하여 상호작용하는 모든 사
람을 의미하고 있다. 강상현 · 채백 편, 『대중매체의 이해와 활용』, 한나래,
1993, pp.381-382 참조.

33) 같은 책, p.144 참조.

34) 실제로 이러한 관점은 역설적으로 사회의 새로운 매체세력으로 부상하는
대중매체에 대한 두려움을 보여주는 것이기도 하다. 따라서 이러한 전통적
인 수용자상에는 몇 가지 문제점이 있다. 첫째, 수용자와 매체 간의 힘의
관계에 있어 매체에 절대적 권력을 부여함으로써 수용자는 상대적으로 무
기력한 존재로 전락하게 된다. 둘째, 수용자와 매체의 관계 이해에 있어 커
뮤니케이션 모델은 전달적 모델에 토대를 둠으로써 메시지의 의미는 고정
되어 있고 또 확정되어 있다. 셋째, 수용자에 관한 논의가 매체의 이미지에
대한 심리적 반응이라는 미시적 차원에 한정됨으로써 정치 경제 제도와 분
리될 수 없는 사회구성체로서의 수용자라는 거시적 관점을 취할 수 없게
된다. 마지막으로, 따라서 수용자의 모습은 언제나 취향이 천박하고 지적으
로 열등한 제3자로서 묘사된다. 정재철 편, 『문화연구이론』, 한나래, 1998,
pp.115-116 참조.

그러나 이미 살펴보았듯이 '직접효과 이론'은 이후의 여러 실험이나 관찰 등을 통한 조사연구를 통해서 일련의 다른 가정들에 의해서 대치되었으며, 이 과정에서 적용된 정신분석학적 방법은 영화 메시지 수용과정에서의 수용자의 심리적 과정을 밝히는 데 크게 기여하였다. 이리하여 "영화는 꿈과 같다."라는 영화에 대한 일반적 통념에도 불구하고, 영화 텍스트 수용자는 선택성과 적극성에 입각한 이성적 존재이며, 매체성의 본질적 기능도 이러한 수용자의 능동성을 전제로 논의되기 시작하였다.35)

특히 알튀세르가 정식화한 이데올로기에 관한 테제들은 관람성에 관한 전통적 인식에 머물지 않고, 관람성이 어떻게 현존 질서의 재생산에 기여하며, 그 과정에서 관객은 어떻게 상상적/상징적 주체가 되는지를 적절하게 해명하고 있다. 이것을 영화에 적용할 경우, 어두운 영화관에서 관객들이 스크린을 응시하는 동안 무슨 일이 일어나는가를 설명하기 위해서는 영화 이미지의 일방적인 전달이나 수동적인 수용이라는 전통적인 커뮤니케이션 이론으로 불충분하고, 대신 영화 관람이라는 상황성을 전제로 관객과 영화 이미지와 상호 텍스트성이 필요한 것이다. 이리하여 이제 관객은 단순히 수동적인 스크린의 호명된 주체가 아니라, 권력자의 위치에서 이미지와 사운드를 이해하는 존재이며, 시나리오의 주체로서 위치도 점할 수 있게 된 것이다.36)

---

35) 물론 이러한 능동적 수용자 개념은 기본적으로 고전적 자유민주주의의 핵심을 이루는 시민사회를 구성하는 이성적, 주체적 존재라는 이념으로부터 도출되었음은 재론할 필요는 없을 것이다. 같은 책, 같은 곳 참조.

36) 나중에 페미니즘 진영에서 제기된 '관객성 이론(Spectatorship Theory)'은 수용성 이론이 어떤 식으로 발전되었는가를 잘 보여주는 대표적인 이론이라고 볼 수 있다. 이 이론에 의하면, 영화 속의 캐릭터들이 관객들에게 많은 지식을 전달하지만 관객이 이 캐릭터에 대해서 단일한 위치만을 차지하

5. 봉합 이론

봉합이라는 용어는 1960년대 라캉이 어린아이의 정신분석에 관한 일련의 세미나와 글에서 사용한 용어 중 하나로서 자크-알랭 밀레에 의해 담론 사슬에 대한 주체의 관계를 설명하는 개념으로 차용되었고,37) 이것을 영화적 기표의 논리를 설명하기 위해 최초로 전유한 사람은 우다르였다.38) 베이거나 찢어진 상처를 꿰맨다는 의학용어에서 비롯된 이 봉합이라는 용어가 영화이론에서 가지는 의미는 단순하게 말해서 관객을 영화의 텍스트 속으로 꿰매어 밀어 넣는다는 것이다.39) 그러나 영화관에서의 영화 관람 경험을 나름대로 설명하고 영화 내러티브와 관객 사이의 관계를 기술할 필요성 때문에 이 개념이 영화이론에 적극적으로 도입되었음에도 불구하고 이 개념을 영화에 적용시키는 문제는 많은 논쟁을 불러왔다.

봉합을 둘러싼 가장 오래되고도 주된 논쟁은 관객과 스크린의 관계에 대한 정신분석학적 유비이론이다. 즉 영화가 관객의 내면에서 유년기 때의 상상적인 통일이라는 환영을 재구축할 때 이때 체험하는 관객들이 경험한 쾌락의 본질적 기능에 대해서이다. 일반적으로 유년기 시절의 동일시 과정에 수반하는 것은 어머니와의 분리이며 그 분리가 초래하는 잠재적인 성적 충동이다. 이런 면에서 영화 역

고 있는 것이 아니라 모순된 위치에 점할 수도 있는 것이다. 예를 들어서 「위험한 정사」에서 관객이 정부, 남편 그리고 아내의 위치를 점하는 것이 내러티브상 다른 시간에 가능하다. 즉 관객은 때로는 정부의 입장에, 아내의 입장에 서게 됨으로써 상황에 따라서 각각 상이한 반응을 보이게 된다는 것이다. 수잔 헤이워드, 앞의 책, p.43 참조.

37) Jacque-Alain Miller, "La suture", *Cahier pour l'analyse*, no.1(1966).
38) 로버트 랩슬리 · 마이클 웨스트레이크, 앞의 책, p.120.
39) 수잔 헤이워드, 앞의 책, p.130.

시 이러한 욕망의 미장센이 되는데, 왜냐하면 영화 역시 관객을 주체로 구성하면서 시각적 쾌락이 내포하는 모든 것들과 더불어 관객에게 보고자 하는 욕망을 형성시키기 때문이다.40)

이를 구체적으로 설명하자면, 처음에 하나의 영화적 이미지를 만나는 관객은 동일시에 의해서 아이가 거울 단계에서 느꼈던 희열과 거의 똑같은 환희를 맛본다. 이 이미지는 거울 단계에서 아이에게 특별한 이미지로 나타났듯이 완전하고 통일돼 있는 것처럼 관객에게 보인다. 관객은 처음에는 그 이미지와의 상상적인 관계 속에서 편안함을 느낀다. 그러나 이 이미지는 이상화된 이미지이며 따라서 관객은 사실 실재하지 않는 속임수에 매혹되어 있는 것이다.

그러나 영상 이미지와의 안락한 상상적인 관계는 관객이 이미지의 프레임을 깨닫게 되면서, 즉 스크린 밖 공간과 부재, 부재하는 공간으로서의 스크린 밖 등을 인식하게 되면서 위태로워진다.41) 이 간극, 관객이 느끼는 시점의 부재 혹은 결핍은 라캉이 주목했던, 주체의 정체성 안에서 벌어지는 틈, 즉 같으면서 다르고 부재하면서 존재하는 그런 틈과 비슷하다. 이때 관객은 그것이 누구의 시점인지, 누가 그 이미지를 구성하는지 의문을 갖기 시작한다. 그러나 영화 이미지는 자신이 인공적 산물, 환영이라는 것을 보여주기를 거부하면서 영화가 기호와 약호들의 체계라는 것을 지속적으로 은폐하려고 한다. 이런 차원에서 영화 이미지는 처음부터 "비극적이며 불안정한 속성"을 지니고 있는 것이다.42)

---

40) 이후 페미니즘 영화이론가들이 이 논의에 참여하면서 여성의 재현과 관객성뿐만 아니라 남성의 에로틱한 욕망과 남성의 페티시화하는 응시까지 분석의 대상에 포함시켰다. 로버트 랩슬리 · 마이클 웨스트레이크, 앞의 책, p.136 참조.

41) 같은 책, 같은 곳 참조.

42) 메츠, 멀비와 비교해서 우다르의 두드러진 차이는 관람성을 구성하는 두 측

그렇지만 영화 특유의 심도에 의한 3차원적 환영을 고려한다고 하더라도, 영화적 이미지는 스크린이라는 한계 영역에 국한되어 있기에 항상 반대편 영역, 즉 카메라가 있었던 영역을 포함하지 못하게 됨으로써 부재와 결여를 내포한다.[43] 그러나 부재하는 영역에 누군가 혹은 무엇인가가 있는 것으로 확인되는 순간 영화적 이미지의 그런 속성은 파괴되고 만다. 이는 하나의 숏에 대응하는 역 숏을 통해 부재자를 특정한 현존으로 변환시키는 과정을 통해서 나타난다.

그러나 영화가 스스로를 어떻게 의미화하는지를 알려줄 수 있는 그 절차가 폭로되는 것을 막고 관객을 환영 속으로 다시 봉합시키는 것은, 즉 이미지와의 상상적인 통일을 느꼈던 것은 앞의 장면으로 되돌려 놓는 것은 바로 역앵글 숏(두 번째 시점 숏)이다. 이제 관객은 첫 번째 숏이 그 숏에 분명히 존재하고 있던 등장인물(A)의 시점이었다는 것을 깨닫는다. 이처럼 영화의 책략은 계속되고, 내러티브는 안전하며, 관객은 편안하게 영화의 담론 속으로 다시 들어가는 것이다. 그리고 우다르의 이러한 논의는 봉합이 영화가 이데올로기적으로 기능할 수 있게끔 하는 핵심적 기제임을 함축하고 있다.[44]

이처럼 봉합에 대한 다양한 재정식화는 영화-장치 논의의 정교한 근거를 제공했다는 점에서 매우 생산적인 결과를 가져왔음에도 불구하고, 몇몇 이론가들은 봉합 체계의 언술이 관객들을 영화에 접근시

면인 동일시와 욕망에서 욕망을 더 일차적인 것으로 본다는 데 있다. 메츠와 멀비 역시 관람에서 욕망을 인정하지만 그것은 장치의 일차적 기능이자 거의 확고한 동일시에 비해 이차적이자 부산물로서의 지위를 갖기 때문이다. 하지만 우다르에게 영화적 이미지는 의미로 충만하기보다는 그 본성상 "구조적으로 대립하며 서로가 막아버리는 요소들로 구성된 공시적으로 포착하기 어려운(elusive) 총체"이다. 스티븐 히스, 앞의 책, p.153 참조.

43) 그 영역을 우다르는 '부재자(Absent One)'라 지칭한다. 같은 책, p.144.
44) 우다르는 이 속임수를 영화 담론에만 있는 비극이라 불렀다. 같은 책, p.145 참조.

키는 방법과, 이것이 이데올로기와 맺는 관계라는 측면을 고려할 때 우다르의 이러한 해석이 지나치게 제한적임을 주장한다.45)

첫째, 많은 이론가들이 봉합 개념을 일반화했지만 그 일반화의 범위는 어디까지인가를 밝히지 못했고, 둘째, 이것은 이데올로기적 장치로서의 영화의 관람성 일반에 적용되는 개념인가 아니면 영화적 관람성 전체에 적용되는 개념인가가 역시 논쟁거리였다. 이 물음에 대한 답은 봉합이 고정적 관람 위치 설정을 전제하면서 부재와 현존, 부정성과 부정, 흐름과 묶음의 동적인 과정으로 규정하는가, 아니면 관객의 위치가 이동하는 상황에서 스크린 상에서 진행되는 동적인 통합성을 연결하는 속임수, 다시 말해서 관람성을 봉쇄하는 영화-장치인가, 이 두 가지 질문 중에 어느 것을 선택하느냐에 달린 것이다.46) 이것은 결국 영화이론으로서의 봉합 이론이 긍정적인 역할 이

---

45) 다니엘 데이언은 우다르의 봉합 개념을 정치적으로 해석한다. 그가 보기에 봉합 체계는 영화의 이데올로기적인 효과를 관객이 눈치 채지 못하고 일방적으로 흡수하도록 한다는 것이다. 그 결과 "코드는 효과적으로 사라지고 상상적, 이데올로기적 효과를 산출하는 코드가 메시지에 의해 감추어짐으로써 영화의 이데올로기적 효과는 보호된다는 것이다." 실버만은 봉합이 고전 내러티브뿐만 아니라 편집과 조명을 포함하는 가장 폭넓은 의미에서의 영화적인 담론 작용과 유사하다는 것을 입증함으로써 관객에게 주체의 위치를 부여하기 위해서 필수 불가결한 요소임을 보여준다. 한편, 히스와 로스만은 두 개의 숏의 교차적 진행을 관객은 이미 알고 있으며 따라서 그것은 현혹 혹은 속임수의 문제가 아니며, 이데올로기적인 기능이라고도 볼 수도 없다는 것이다. 따라서 봉합은 동일시 - 욕망의 이율배반적 긴장으로부터 동일시를 회복시키는 영화 - 장치의 이데올로기적 관람성 일반을 기술하는 용어라는 것이다. 로버트 랩슬리 · 마이클 웨스트레이크, 앞의 책, pp.121-124 참조.

46) 이것은 궁극적으로 영화 관객과 영화 텍스트와의 동일시가 관람 내내 지속적으로 유지될 수 있는가라는 문제와 관련된다. 다시 말해서 관객은 어떤 방해도 받지 않고 관객-주체의 이상적 자아를 안정적으로 확보해 줄 수 있을까라는 문제인데 이에 대해서는 아직도 결정적으로 답할 수 없다. 따라서 영화가 근본적으로 숏들과 시퀀스들의 연결로 구성된다는 점에서 교란의

상으로 해결하기 어려운 문제도 남겼음을 의미하는 것이다.

6. 맺음말: 영화치료의 기능과 한계로서의 담론 분석

이상으로 치료적 텍스트로서의 영화의 기능적 차원을 설명하기 위해서 정신분석학적 이론을 중심으로 담론 분석의 의미와 타당성을 규명해 왔으며, 이를 통해서 영화 텍스트를 통한 상담 가능성에 대해서도 충분히 그 타당성이 확인되었다고 볼 수 있다. 그러나 이러한 가능성에 대한 인정에도 불구하고 치료적 목적을 위한 영화 텍스트 분석이라는 차원에서 담론 분석 이론에 대해서 여러 비판이 제기되었다.47)

첫째, 이 이론은 지나치게 몰역사적이라는 주장이다. 예를 들어 오이디푸스 콤플렉스라든지 거세공포 같은 이 이론의 토대인 정신분석학의 '거대 내러티브(the grand narrative)'가 역사적인 문제를 희생시킨다는 것이다. 따라서 비판자들은 문화적 갈등을 통해 지배문화의 약점을 드러내는 '마이크로 내러티브(micro-narrative)'의 중요성을 강조한다. 결국 영화는 담론 과정에서의 무의식 및 주체성 문제 이상으로 역사 및 사회와의 관련성 속에서 연구되어야 한다는 것이다.48)

둘째, 이 이론이 지나치게 관객중심주의 이론에 치중함으로써 실제 감상자가 아닌 '이상적인 관객(the ideal spectator)'을 상정한다고

가능성을 원칙적으로 인정해야 하며, 그런 점에서 몇몇 이론가들은 스크린 상에서의 완벽한 대리 경험이나 동일시에 대해서 회의적일 수밖에 없음을 강조한다. 같은 책, 같은 곳.

47) Barbara Creed, "Film and Psychoanalysis", *The Oxford Guide to Film Studies*, Oxford University Press, 1998, pp.77-90 참조.

48) Stephen Prince, 앞의 책, p.366.

비판한다. 극장에 놓여 있는 무수한 의자들에 누구라도 앉을 수 있는 것처럼 주체의 자리는 '텅 비어' 있으며, 이것은 바로 스크린의 감상이 상호교환 가능하다는 것을 의미한다. 따라서 관객 각자의 체험은 모두 동일할 수밖에 없다. 왜냐하면 주체로서의 관객의 위치(자리)가 '영화 기구'에 의해 구성되기 때문이다. 결국 이 이론이 인종, 계급, 성차 등과 같은 여타의 요소들을 제대로 설명할 수 없다는 한계가 여기에서 비롯되는 것이다.

셋째, 무엇보다도 담론 이론의 토대를 형성하는 정신분석학이 전혀 과학이 아니라는 비판이다. 특히 담론 이론이 근거하는 정신분석학은 믿을 만한 데이터에 근거하지 않으며, 근본적으로 과학적으로 측정될 수 없다는 것이다.39) 물론 이에 대해서 정신분석학 측에서는 그 본래적인 이론적 추상화 때문에 결코 증명에 의해 입증될 수 없다고 대답한다.

이처럼 아직도 영화치료적 목적을 위한 영화 텍스트 분석에서 담론 이론의 적용은 그 유용성만큼이나 결함도 많다고 볼 수 있다. 그럼에도 불구하고 앞에서 이미 지적했듯이 정신질환이 기계론적 모델로 접근할 수 없는 개인의 문화적, 정서적 혹은 실존적 개별성에서 비롯되는 것이라면, 그리고 이를 위한 치료적 기제로서 영화에 내담자가 좀더 다양하게 접근하고 포괄적으로 이해하기 위해서는 담론 이론은 필수적이라고 할 수 있다. 왜냐하면 영화라는 텍스트를 이해하려는 관객들의 무의식은 심연과 다름없이 깊고 넓으며, 이들 관객들이 처해 있는 콘텍스트 역시 바다같이 넓고 무한하기 때문에 심연과 다름없는 이 미궁으로 치료자를 인도해 줄 통로는 담론적 우회로 뿐이기 때문이다.

참고문헌

강상현·채백 편, 『대중매체의 이해와 활용』, 한나래, 1993.

권택영, 『영화와 소설 속의 욕망이론』, 민음사, 1995.

김상준, 『신화로 영화읽기, 영화로 인간읽기』, 세종서적, 1999.

김소영, 『시네마, 테크노 문화의 푸른 꽃』, 열화당, 1996.

다이안 맥도넬, 임상훈 옮김, 『담론이란 무엇인가』, 한울, 1992.

로버트 랩슬리·마이클 웨스트레이크, 이영재·김소연 옮김, 『현대 영화
    이론의 이해』, 시각과언어. 1995.

로빈 히긴스, 김진아 옮김, 『예술 심리 치료 임상 사례연구 방법론』, 학지
    사, 2003.

로빈 우드, 이순진 옮김, 『베트남에서 레이건까지』, 시각과언어, 1994.

리처드 볼하임, 이종인 옮김, 『프로이트』, 시공사, 1999.

마단 사럽, 김해우 옮김, 『알기 쉬운 라캉』, 도서출판 백의, 1996.

배재선, 「영화로 마음의 병 고친다」, 『국민일보』, 1999년 7월 29일.

비르그트 볼츠, 심영섭 외 옮김, 『시네마테라피』, 을유문화사, 2001.

수잔 헤이워드, 이영기 옮김, 『영화 사전』, 한나래, 1997.

수잔나 D. 월터스, 김현미 외 옮김, 『이미지와 현실 사이의 여성들』, 또
    하나의 문화, 1999.

스티븐 히스, 김소연 옮김, 『영화에 관한 질문들』, 울력, 2003.

슬라보예 지젝, 김소연·유재희 옮김, 『삐딱하게 보기』, 시각과언어, 1995.

M. H. 아브람스, 최익규 옮김, 『문학용어사전』, 보성출판사, 1989.

안소니 스토어, 이종인 옮김, 『융』, 시공사, 1999.

알랭 바니에, 김연권 옮김, 『정신분석의 기본원리』, 솔 출판사, 1999.

오남석, 「美병원서 정신질환자에 영화치료법 성행」, 『문화일보』, 2000년
    1월 13일.

오창민, 「상처받은 젊은 영혼 영화가 때론 약이 된다」, 『경향신문』, 2001
    년 1월 11일.

유지나·변재란 편, 『페미니즘/영화/여성』, 여성사, 1993.

정재철 편, 『문화연구이론』, 한나래, 1998.

조안 흘로우즈 · 마크 얀코비치 편, 문재철 옮김, 『왜 대중영화인가』, 한울, 1999.

G. 조엘 · J. 린튼, 김훈순 옮김, 『영화 커뮤니케이션』, 나남출판, 1994.

주디스 메인, 『사적 소설, 공적 영화』, 시각과언어, 1994.

테리 이글턴, 김명환 · 정남영 · 장남수 옮김, 『문학이론입문』, 창작과비평사, 1992.

Baudry, Jean-Louis, "Ideological Effects of the Basic Cinematographic apparatus", Philip Rosen(ed.), *Narrative, Apparatus, Ideology*, New York: Columbia University Press, 1986.

Blumer, Herbert, "Moulding of mass behavior through motion picture", *American Social Society Publication*, 29, 3(August, 1935).

Branigan, Edward, "Formal Permutations of the Point-of-View Shot", *Screen*, 163, 3(1975).

Creed, Barbara, "Film and Psychoanalysis", *The Oxford Guide to Film Studies*, Oxford University Press, 1998.

Comolia, Jean-Louis & Narobi, Jean, "Cinema/Ideology/Critism", Susan Bennett(tr.), Nick Brown(ed.), *Cahier Du Cinema, 1969-1972: The Politics of Representation*, Cambridge: Harvard University Press.

Feinstein, David and Kripper, *Stanley, The Mythic Path*, New York: Tarcher, 1988.

Gabbard, Glenn and Gabbard, *Krin Psychiatry and the Cinema*, London: American Psyc Press, 1999.

Hesley, John W. and Jan G. Hesley, *Rent Two Films and Let's Talk in the Morning Using Popular Movies in Psychotherapy*, New York: John Wiley & Sons Ins., 1998.

Hill, John & Gibson, Pamela Church(eds.), *The Oxford Guide to Film Studies*, Oxford: Oxford University Press, 1998.

Iaccino, James F., *Jungian Reflections Within the Cinema a Psychological*

Analysis of Sci-fi and Fantasy Archetypes, Westpor: Praeger, 1998.

Iaccino, James F., *Psychological Reflections on Cinematic Terror Jungian Archetypes in Horror Films*, Westpor: Praeger, 1994.

Jarvie, Ian, *Movie and Society*, New York: Basic Book, 1970.

Kramer, E., *Childhood and art therapy*, Chicago: Magnolia Street Publisher, 1998.

Maccoby, Eleanor, E., "Effect of the Mass Media", in Larsen(ed.), *Violence and the Mass Media*, New York: Harper & Row, 1968.

Maltby, Richard, *Hollywood Cinema: An Introduction*, Blackwell Publishers, 1995.

Martin, Joel W., & Conrad E. Ostwalt, Jr.(eds.), *Screening the Sacred Religion, Myth, and Ideology in Popular American Film*, Boulder: Cow Press, 1995.

Monaco, James, *How to Read a Film*, London: Oxford University, 1981.

Munsterberg, Hugo, *The Photoplay A Psychological Study*, New York: Dover Publication, 1970.

Peske, Nancy and West, Beverly, *Cinematherapy The Girl's Guide to Movies For Every Mood*, New York: Dell, 1999.

Prince, Stephen, *Movies and Meaning An Introduction to Film*, London: Allyn and Bacon, 1997.

Tudor, Andrew, *Image and Inflation*, London: George Allen & Unwin, 1974.

Tuder, Andrew, "Film and Measurement of Its Effect", *Screen*, 10 4, 5, 1969(Trafford, 2003).

정신치료에 대한 탈구조주의적 접근

황 순 향

1. 머리말

최근 상담심리학이나 정신의학에서 다양한 예술매체를 이용한 치료요법들이 나타나고 있다. 또한 활발하게 진행되고 있지는 않지만 과학주의적 가설에 토대하고 있는 전통적 치료나 정신의학이 태생적으로 가질 수밖에 없는 한계를 지적하면서, 이를 보완할 수 있는 대안으로서의 철학치료에 대한 학문적 토대를 구축하려는 시도도 이루어지고 있다.

이 글의 목적은 전통적 정신치료가 지닌 한계를 지적하면서 예술치료나 철학치료와 같은 정신치료 과정에서 적용하는 임상철학의 메타과학적인 토대를 탈구조주의에서 확인하는 것이다. 이 글이 지향하는 바는 예술매체를 이용한 예술치료와 철학치료의 임상적 실천과정으로서의 상담과 치료매체의 해석에 적용할 수 있는 학문적 토대로서 탈구조주의가 타당성이 있는가를 검토함으로써 탈구조주의를 이용한 철학치료의 가능성을 모색하고자 하는 것이다. 이와 같은 작업을 거쳐 기존의 정신치료 접근방식에 대한 대안으로서 탈구조주의적인 접근방식이 가지는 의의는 무엇인가를 살펴보고자 한다. 이를 위하여 두 분야의 카테고리로 나누어서 첫째, 치료매체를 해석하고 내담자에게 적용하는 방법으로서, 둘째, 치료자가 내담자와 상담하는 하나의 방법으로서 탈구조주의적인 접근이 타당성이 있는가를 논증할 것이다.

2. 치료매체 해석과 탈구조주의

문학치료, 영화치료, 미술치료, 그리고 음악치료 등과 같은 예술을 매개로 한 치료방법들은 치료매체에 대한 내담자들의 이해능력과 감상에만 그 치료효과를 의존할 수 없다. 치료매체에 대한 이해를 돕기 위하여 치료자의 개입이 필요하고 치료매체를 어떠한 방식으로 접근해서 내담자가 정신적으로 치료될 수 있는 방식으로 예술 텍스트를 해석할 것인가는 정신치료에서 아주 중요한 문제로 부각된다. 이 글에서는 감상위주의 매체인 음악과 미술, 그리고 영화를 제외한 문학 텍스트 해석에 대한 탈구조주의적 접근의 유용성에 국한시켜 논할 것이다. 문학 텍스트 해석에 있어서 탈구조주의적 접근이 정신치료에 유용한 방법으로서의 타당성이 인정된다면 영화도 시나리오로 이루어진 문학으로서 문학 텍스트 해석과 같은 방법으로 치료효과를 기대할 수 있을 것이다.

문학 텍스트에 대해 인본주의적 비평의 관점을 취하는 비평가들은 언어에 대한 관념론적인 인식을 갖고 있다. 언어에 대한 관념론적 인식은 자족적이고 통합적인 주체를 상정한다. 따라서 변함없는 인간본질과 문학 텍스트에서 변함없는 의미를 가정하게 된다. 반면 언어에 대한 유물론적 인식은 문학 텍스트가 시공을 초월하는 보편적 진리와 절대적 의미를 담고 있다는 인본주의적인 관점을 부정한다. 이들은 주체가 언어 속에서 어떻게 구성되고 각인되는가에 관심을 가지면서 담론에 각인된 이데올로기의 작용을 주시한다. 언어에 대한 유물론적 관점을 택할 때, 언어의 실천, 변형, 의미화 과정이 집중적으로 조명된다. 탈구조주의자들은 의미를 안전하고도 만족한 상태로 잡아둘 수 있는 숨겨진 구조가 있다는 생각을 거부한다. 그들에게 의미는 항상 변화하며, 의미라고 하는 것은 해석의 해석인 끊임없는 흐름의 순간적 정지일 따름이다.1)

탈구조주의자들은 주체 또한 특정사회의 지배적인 물적 생산 양식에 의해 조건지어지는 것으로 인식한다. 최근의 탈구조주의적 경향은 주체를 분산시키고 해체하려는 다양한 사회적, 정치적, 문화적 힘을 인정하고 주체를 불안정한 존재로 인식한다. 특히 담론, 권력, 그리고 주체에 관한 미셸 푸코(Michel Foucault)와 루이 알튀세르(Louis Althusser)의 논의에서 이데올로기가 주체에 대한 효과를 발휘하는 것은 담론의 구성을 통해서이며, 개인은 사회에서 담론 작용에 의한 문화의 의미 체계 속에서 주체로서 형성된다. 푸코에게 담론이란 언제나 권력과 분리될 수 없다. 왜냐하면 담론은 모든 제도권이 지배하고 질서를 부여할 때 사용하는 매체이기 때문이다.2) 자크 라캉(Jaques Lacan) 또한 상징계 속에서 주체가 담론을 통해 재현된다고 말한다. 라캉은 자신으로부터 점점 멀어지는 주체는 길을 잃어버리고 다른 사람의 시선을 따라 자신을 형성하며 언어와 사회

---

1) John Story, *An Introductory Guide to Cultural Theory and Popular Culture*, New York: Harvester Wheatsheaf, 1993, p.126.

2) Raman Selden, et al., *A Reader's Guide to Contemporary Literary Theory*, 4th ed., New York: Harvester Wheatsheaf, 1997, p.189.

적인 법은 각각의 특성에 따라 주체를 결정하고 형성한다고 주장한다.3) 이러한 주체나 언어에 대한 탈구조주의자들의 유물론적 인식을 받아들인다면 시공을 초월할 수 있는 주체와 문학 텍스트란 존재하지 않는다.

오늘날 담론 분석은 언어학자뿐 아니라 철학자, 정신분석학자, 문학비평가 등의 공동의 관심사가 되었다. 담론의 정치성과 텍스트의 자율성을 강조하는 최근의 비평경향은 문학적 담론 양식이 텍스트를 둘러싸고 있는 콘텍스트와 어떤 관련을 맺고 있는가에 관심을 가지며 콘텍스트 즉 정치적, 역사적, 문화적 담론들이 텍스트에 어떻게 반영되어 있는가를 주시한다. 이 과정에서 관심을 갖게 되는 것은 권력과 이데올로기가 어떻게 주체를 형성해 나가는가 하는 문제이다.

예술과 이데올로기에 관한 알튀세르의 논의를 확장시킨 피에르 마슈레이(Pierre Macherey)는 작품은 하나의 무의식이라고 규정한다. 문학비평가는 정신분석가처럼 텍스트의 무의식에 주목해야 한다. 이데올로기적 담론에 형식적 실체를 부여함으로써 작품은 그것이 사용하는 이데올로기 속에 존재하는 허점과 모순을 드러내 보여준다. 작가가 이 효과를 의도하는 것은 아니다. 왜냐하면 이 효과는 텍스트에 의해 무의식적으로 생산되는 것이기 때문이다.4) 우리가 이데올로기라고 부르는 의식의 상태가 작품 안으로 들어갈 때 작품은 다른 형태를 띠게 된다. 이데올로기는 마치 자연스러운 것처럼 마치 현실에 대한 완전하고 통일된 설명을 하고 있는 것처럼 체험된다. 이데올로기가 일단 텍스트 속으로 들어가게 되면 그것의 모든 모순과 틈들이 드러나게 된다.5) 예술은 우리로 하여금 특정한 거리를 두고 이

---

3) 아니카 르메르, 『자크 라깡』, 문예출판사, 1996, p.263.
4) Raman Selden, et al., 앞의 책, pp.132-133.
5) 같은 책, p.132.

데올로기를 보게 한다고 주장하는 알튀세르는 "예술은 이데올로기로부터 태어나고 이데올로기에 깊이 침윤되어 있으며, 예술이 됨으로써 그 스스로를 이데올로기로부터 분리시키고, 이데올로기를 암시한다."[6]라고 지적한다. 알튀세르는 이데올로기를 "사회 질서를 재생산하는 인식적 틀"[7] 혹은 "개인들이 그들의 진정한 존재조건과 맺고 있는 상상적 관계의 재현"[8]이라 규정하는데, 이는 이데올로기가 사회의 재현과 현실의 실천에 산재해 있고, 모든 정치적, 문화적 담론에서 작용하고 있으며 문학적 담론 역시 예외가 아님을 시사한다. 또한 알튀세르가 말하는 이 상상적 의식은 우리가 자신의 세계를 인식하는 데 도움을 주는 '인식적 틀'이 되지만, 한편으로는 우리가 사회와 맺고 있는 진정한 관계를 은폐하거나 억압한다.[9] 알튀세르와 마찬가지로 비평은 이데올로기 이전의 역사로부터 분리되어 과학이 되어야 한다고 주장하는 테리 이글턴(Terry Eagleton) 역시 "독서 행위는 이데올로기적 산물에 대한 이데올로기적 해석(an ideological decipherment of an ideological product)"이라 정의한다.[10] 그의 견해에 따르면 작품은 역사적 현실을 반영하는 것이 아니라, 현실에 어떤 효과를 발생시키기 위해 이데올로기에 작용하는 것이다. 이는 작가도 독자, 비평가도 결코 이데올로기로부터 자유로울 수 없음을 시사하는 것이다. 이글턴은 진정한 독서행위는 각 작가의 이데올로

---

6) 같은 책, p.131.

7) Louis Althusser, *For Marx*, trans. Ben Brewster, New York: Random House, 1969, p.1.

8) Louis Althusser, "Ideology and Ideological State Apparatuses", *Lenin and Philosophy and Other Essays*, trans. Ben Brewster, New York: Monthly Review Press, 1971, p.162.

9) Raman Selden, et al., 앞의 책, p.131.

10) Terry Eagleton, *Criticism and Ideology: A Study in Marxist Literary Theory*, London: Verso, 1979, p.62.

기적 상황을 살펴보고 그들의 사고 속에서 발전되고 있는 모순과 그러한 모순의 대결이 그들의 작품에서 어떻게 시도되고 있는가를 분석하는 것으로 본다.[11]

지금까지 살펴본 바와 같이 서구 인본주의에서 말하는 이성적 주체, 합리적 주체라는 형이상학적 가정과 사유의 표상적인 모델에 도전하면서 동일성과 합리성의 확실성을 차이의 철학으로 논박하고 또한 주체성을 규제하는 무인격적 구조들의 인식론적 지위를 의문시하면서 구조 개념을 탈중심화하는 탈구조주의는 치료 매체의 해석에서 다양성과 차이를 강조하면서 지배문화가 강요하는 숨겨진 역사를 드러내고 이데올로기의 상대성을 강조하게 된다. 탈구조주의자들의 이러한 유물론적 비평은 문학작품을 이데올로기적 담론의 각축장으로 이해하며 지배담론에 치우친 편향적 독서태도를 지양한다. 그리고 이제까지 사회의 주변부에서 소외되어 광기, 비정상성으로 억제되어 있던 담론을 드러내며, 주변화되거나 의도적으로 무시되고 타자화된 담론을 재구성하고자 한다. 이와 같은 유물론적 비평은 내담자에게 행해지는 문학치료에 전용할 수 있는 의미 있는 전략을 수립할 수 있도록 해준다. 치료자는 문학 텍스트에서 중심담론에 치우치지 않고 주요담론으로 통합할 수 없는 다양한 담론들에서 억압의 힘과 저항의 힘을 동시에 찾을 수 있는 변증법적 시각을 확보해 텍스트의 다성적 목소리를 고려할 수 있을 때만이 내담자가 지니고 있는 사회적인 스트레스와 긴장감을 해소해 줄 수 있고 해방감을 줄 수 있을 것이다. 즉, 치료자는 문학 텍스트에서 전개되는 지배세력과 이에 반하는 세력, 남자와 여자, 정상과 비정상, 선과 악, 문명과 야만 등과 같은 이분법적인 개념들을 구현하는 인물들 중에서 주변화된 인물들

---

11) Raman Selden, et al., 앞의 책, p.136.

이 담론 분석을 통해서 비평적 관점에 따라 극단적으로 대조적인 평가를 받을 수 있다는 것을 보여주어야 한다. 또한 치료자는 앞서 논의된 유물론적 비평가의 작업처럼 치료매체에 드러나는 이데올로기의 모순과 허점을 드러내어 내담자에게 보여줄 수 있어야 한다. 치료자가 인본주의적 관점을 취하여 시공을 초월하는 진리나 특정한 절대적 진리가 존재하는 것처럼 주입한다든지, 자기의 생각을 강요해서는 안 된다는 것은 상담의 아주 중요한 원칙이다. 치료매체에 대한 인본주의적 해석, 즉 교육적이고 윤리적인 차원에서 진리를 설정한다든지, 합목적적인 의지라든지 이러한 의미들을 예술 텍스트를 통해 보여준다면 오이디푸스적 구조가 만들어놓은 초자아에 억압되어 있는 내담자들에게 오히려 더 정신적인 고통을 가중시킬 것이다.

따라서 선과 악, 정상과 비정상, 남성과 여성 등과 같은 대립 쌍들에서 전자를 우위에 두고 동질성과 획일성을 강요하는 인본주의적 접근으로 치료매체를 해석한다면 오히려 치료과정에서 역효과를 가져온다. 왜냐하면 정신적 질환자들은 대개가 지배문화 속에서 배제되고 소외된 계층이 많기 때문이다. 소위 서구 합리주의의 전통의 관점에서 그들을 본다면 그들은 헤겔의 변증법에서 비합리적인 타자12)로서 치부되고 격리되어 더 이상의 교화 가능성이 없는 것으로 간주되어 약물치료나 감금의 방식으로 사회에서 격리되는 극단적인 치료방법만이 모색될 것이다.

그러나 탈구조주의적 접근방식은 내담자의 억압된 무의식적 욕망을 해소해 줄 수 있는 방법론으로 아주 유용하다고 생각한다. 이것은 들뢰즈(Gilles Deleuze)와 가타리(Felix Guattari)가 논의하는 주체의 욕망을 억압하는 약호나 규칙으로부터 탈주를 실현할 수 있도록

---

12) Ronald Bogue, *Deleuze and Guattari*, London and New York: Routledge, 1989, 서문, p.13.

이끌어주는 촉매로서의 치료자의 역할을 기대할 수 있는 방법론이 될 수 있을 것이다. 치료자는 문학 텍스트에 각인된 담론 속에서 앞서 살펴본 이데올로기와 주체에 관한 탈구조주의적 인식을 적용해 이데올로기가 담론을 통해 어떻게 주체에 대한 효과를 발휘하는가, 그리고 개인은 사회 작용에 의한 문화의 의미화 체계 속에서 어떻게 주체로서 구성되는가를 분석하여 내담자에게 보여줄 수 있어야 한다. 이러한 분석을 통해서 문학 텍스트에서 지배 이데올로기가 내세우는 진실이 어떤 과정을 거쳐 만들어지고, 이데올로기가 주체와 어떤 상호관련을 맺고 주체의 무의식을 지배하고 주체의 욕망을 억압하는가를 내담자에게 보여줄 수 있을 것이다. 따라서 억압된 욕망으로 인해 정신적 질병이 생겨난 환자들에게 탈구조주의적 시각으로 문학 텍스트를 해석할 때 이데올로기와 욕망의 역학관계를 더욱 효과적으로 보여줄 수 있으며 이를 통해 환자의 억압된 욕망을 해방시켜 주고 정신적 해방감과 카타르시스를 느끼게 할 수 있을 것이다.

3. 상담과 탈구조주의

예술치료나 철학치료와 같은 정신치료에서 어떠한 학문적 접근방법을 상담에 적용할 것인가 하는 문제는 매우 중요한 문제이다. 왜냐하면 치료자가 내담자의 스트레스와 긴장, 그리고 욕망의 억압을 유발하는 동인을 어떠한 태도로 이해하는가는 상담의 효과에 중요한 영향을 미치기 때문이다. 정신치료라는 것은 치료자의 입장에서는 인간과 사회에 대한 이해가 필수적으로 선행되어야 하는 작업이다. 신경증이나 정신분열증은 모두 삶의 체험이나 경험의 장애로부터 온 것이다. 그러므로 그런 장애를 현재의 시점에서 재정리하는 것이 바로 치료의 핵심이다. 정신증이나 신경증에서 중요한 개념인 사건이란 결국 이야기이며 문학이다.[13] 내담자와 대화를 통해서 이야기가 함의하고 있는 것을 제대로 해석하고 거기에서 올바른 진단을 해내지 못한다면 치료 또한 성공할 수 없을 것이다. 치료자는 내담자의 하소연 또는 말이나 행동을 통하여 내담자가 느끼고 있는 중요한 감정, 태도, 신념, 가치기준 등을 정확하게 포착하는 것이 중요하다. 치료과정에서 치료자가 자신의 가치 준거를 치료에 적용하는 일은 삼가야 하며 내담자가 죄의식과 강박관념에 사로잡혀 숨겨놓았던 문제를 솔직하고 기탄없이 털어놓을 수 있도록 다의적인 해석을 내놓고 욕망의 공간을 열어놓는 열린 태도를 갖는 것이 중요하다. 치료자가 인본주의적 치료방법이나 전통적 심리치료방식처럼 일정한 이데올로기로나 — 이를테면 종교도 마찬가지이다 — 특정한 신념을 전수하여 치료자가 원하는 방식으로 현실감각을 심어주어 자아를 강화하려고 한다면 일방적인 교정이 되기가 쉽고 오히려 심리적인 스트레스를 더 심하게 유발할 수 있을 것이다.

따라서 치료자가 상담에 임할 때는 내담자의 생각을 바꾸기 위한 전략이 필요하다. 정신병리학적 전제하에서 진단-치료모델로서 마치 내담자를 교화시켜야 할 비정상인으로 취급하는 인본주의적 접근보다는 기표에 대한 기의의 일대일 대응이 아니라 내담자에게 고정된 의미로 받아들여지는 기표에 대한 다의적 해석으로 욕망을 억압하는 이데올로기의 정체를 드러낼 때 내담자의 인식론적인 전환을 가져와 그들의 억압된 욕망을 해방시켜 줄 수 있다.

내담자의 이야기나 글쓰기는 내담자가 세계를 어떻게 인식하는가, 무엇을 간과하는가, 무엇을 왜곡하는가, 그리고 사건이나 세계를 어떤 맥락으로 이해하는가를 들여다보는 통로가 된다.[14] 피분석자들은

---

13) 변학수, 『문학치료』, 학지사, 2005, p.28.
14) 같은 책, p.81.

자신에게 떠오르는 생각을 따라 이야기하도록 요청된다. 그들은 이때 누구보다 더 언어의 영향을 뚜렷이 경험한다.

정신분석치료의 기본 원칙은 내담자가 생각하는 것을 모두 다 표현하는 것이다. 라캉은 한마디로 이것을 "그것이 말한다."라고 간단 명료하게 표현한다.15) 여기서 라캉이 말하는 그것이란 또 다른 그의 명제 "주체의 무의식은 언어처럼 구조화되어 있다."16)와 "무의식은 타자의 담론이다."에서 알 수 있듯이 주체의 사유와 욕망을 가능하게 하는 상징계, 즉 언어구조인 것이다. 무의식이 언어처럼 구조되었다는 말은 주체가 무의식적이라는 암시이고 데카르트의 "나는 생각한다, 고로 존재한다."는 이성중심주의에 대한 전복이다. 그래서 라캉은 "나는 내가 생각하지 않는 곳에서 생각한다."라고 말한다.17) 이것은 "나는 생각한다."라는 것은 우리의 착각이며 우리를 우리 자신이 생각한다고 착각하게 만드는 무엇인가가 있다는 것이고 그것이 바로 라캉에게는 아버지의 법(팰러스), 즉 사회적 법이라는 것이다. 라캉은 무의식적 일차과정이 언어로 형성되어 있으며, 이차과정인 합리적이고 목표지향적인 사고 또한 본질적으로 무의식적이라고 간주한다.

라캉의 언어와 주체에 대한 이와 같은 인식을 받아들인다면, 내담자도 치료자도 언어에 의해 구조화된 주체이기 때문에 그 언어는 주체에 의해 통제될 수 있는 것이 아니다. 이것은 치료자 또한 자신을 구성하고 있는 오이디푸스 구조에 의해 지배되고 있다는 것이고 푸코가 말하는 문화의 '적극적인 무의식' 즉 문화의 '공문서 보관소'에 의해서 생각하거나 말을 한다는 것과 맥을 같이한다. 푸코에게 '공문

---

15) 페터 비트머, 『욕망의 전복』, 한울아카데미, 2003, p.55.
16) 같은 책, p.90.
17) 권택영, 『프로이트의 성과 권력』, 문예출판사, 1998, p.66.

서 보관소'는 글쓰기와 생각하기를 지배하는 법칙이며, 담론적 실행 내에서 작업하는 개인들은 말로 표현되지 않는 규칙이나 제한들의 '공문서 보관소'에 반드시 순종해야만 생각하거나 말할 수 있다는 것이다. 푸코는 그렇지 않으면 그들은 광기로 여겨지고 "침묵의 저주를 받을 위험에 처하게 된다."라고 진단한다. 푸코는 지식의 다양한 장을 알려주는 일련의 구조적인 법칙들은 어떤 개인적인 의식을 훨씬 초월하며 우리는 우리 자신의 시대의 공문서 보관소를 결코 알 수 없다고 말하는데, 그 원인을 우리가 말하는 것이 무의식에서 나오기 때문이라고 주장한다.[18]

지금까지 살펴본 바에 의하면 라캉과 푸코와 같은 탈구조주의자들은 주체를 자신도 의식하지 못하는 무의식적인 힘에 의해 지배받는 존재로 인식하고 있다. 주체에 대한 이러한 탈구조주의자들의 인식은 나를 지배하고 있는 구조를 들여다보게 함으로써 사회가 우리에게 부여한 오이디푸스 구조를 벗어나 다양한 상대성 속에서 자신이 원하는 삶의 방식을 취사선택할 수도 있다는 것을 역설적으로 보여주는 것이다. 또한 우리를 지배하는 사회적 법에 대해 비판적으로 사고할 수 있는 힘을 주며, 스트레스와 긴장감을 완화해 주고 욕망을 해소할 수 있는 방식으로 변화와 저항 가능한 길을 모색할 수 있게 해준다. 탈구조주의자들의 인식은 지배 권력이 타자를 악마화하는 과정과 타자의 욕망을 통제하고 감시하고 처벌하는 방식을 인식시킴으로써 자신에게 강제된 주체의 위치를 거부하는 주체뿐만 아니라, 새로운 위치를 생산해 내는 주체의 가능성을 열어준다는 데 의의가 있는 것이다.

이와 같은 탈구조주의자들의 언어와 주체에 관한 인식을 상담에

---

18) Raman Selden, et al., 앞의 책, pp.228-229.

적용하면, 내담자는 말할 것도 없고 치료자 또한 자신의 무의식을 구성하고 있는 언어로 상담에 임할 수밖에 없다는 것이다. 내담자에 대한 분석은 두 주체, 즉 환자와 치료자 사이의 대화와 전이에 의해 이루어지는 과정의 산물이다. 여기서 전이가 일어난다는 것은 치료자의 오이디푸스적 구조가 분석을 가로막는 것으로 분석가의 분석이 자신의 언어적 구조, 즉 무의식에서 완전히 벗어날 수 없다는 것을 의미한다. 들뢰즈와 가타리는 정신분석이 비난받는 이유를 치료자가 오이디푸스적 언어를 사용하기 때문이라고 지적한다. 그들은 치료자가 환자에게 개인적이고 개별적인 언어들을 갖게 될 것이고, 마침내는 자기 이름으로 말하게 될 것이라는 믿음을 심어주기 위해 오이디푸스적 언어를 사용하는 것이 치료의 함정이라고 지적한다.19) 따라서 정신치료의 핵심은 치료자가 상담의 과정에서 담론 밖에서 객관적이고 초월적인 입장을 취할 수 있는지, 치료자가 내담자의 무의식을 현재의 시점에서 해석해 낼 수 있는지 하는 것이 치료로 연결되는가의 문제와 긴밀한 연관을 가진다. 라캉은 전이를 일으키는 두 주체가 공을 던지듯 자기 입장에서 말을 주고받는 것을 변증법적 도치의 형식으로 보여준다. 라캉은 전이는 피할 수 없는 것일 뿐 아니라 '역전이'조차 피할 수 없다고 말한다. 라캉의 역전이에 따르면 '도라분석'에서 당신은 무엇을 원하는가라고 묻는 것은 프로이트의 자신은 무엇을 원하는가라는 물음으로 볼 수 있다. 이것은 대상에 대한 분석이 자신의 입장을 벗어나 객관적인 시각을 확보하는 것이 얼마나 어려운 일인가를 보여주는 것이다. 닐 허츠(Neil Hertz)는 도라분석에서 프로이트가 실패한 원인을 전이뿐 아니라, 역전이, 즉 프

---

19) Gilles Deleuze and Felix Guattari, *A Thousand Plateaus: Capitalism and Schizophrenia*, trans. Brian Massumi, Minneapolis: University of Minnesota Press, 1987, p.38.

196

로이트 자신이 도라와 동일시한 것을 모른 것에 있다고 말한다. 그는 또한 프로이트의 파편적인 서술도 도라의 히스테리와 닮았고 도라의 틈새로 가득 찬 이야기처럼 그의 분석도 틈새로 가득 차 있다고 지적한다. 프로이트는 총체성을 구현하려는 남성적 욕망에도 불구하고 틈새를 드러낸다.[20] 이것은 아무리 혁명적인 프로이트였지만 성의 문제에서는 남성의 입장을 벗어날 수 없었던 치료자의 한계를 보여주는 좋은 실례가 된다.

라캉의 언어를 매개로 하는 정신분석은 상흔을 어딘가 깊숙한 곳에서 찾아내는 것이 아니라, 두 욕망하는 주체 사이의 대화와 전이에 의해 이루어지는 과정의 산물이다.[21] 라캉이 프로이트의 도라분석에서 실패의 원인을 '역전이'라고 진단하듯이, 상담 과정에서 치료자의 '역전이' 발생을 최대한 일어나지 않을 수 있도록 하는 방식으로 분석이 이루어지려면 치료자가 자신의 입장에서 벗어나 객관적인 시각을 확보하는 것이 무엇보다 중요하다. 이렇게 볼 때 주체와 사회에 대한 탈구조주의적인 인식이 치료자가 내담자의 욕망의 억압을 유발하는 동인을 이해하고 치료자 또한 상담에서 자신의 입장에서 벗어나 객관적인 시각을 확보하기 위해서 인간과 사회에 대해 취해야 할 철학적 관점으로서 타당한 접근법이 될 수 있을 것이다.

지금까지 치료자가 상담에 임할 때 왜 인간과 사회에 대한 탈구조주의적 인식에 대한 이해가 선행되어야 하는지를 살펴보았다. 이제 내담자의 정신적 갈등과 질병이 발생하는 원인에 대한 이해와 환자의 무의식을 읽어내는 방법론으로서의 탈구조주의적 접근의 유용성을 살펴보겠다.

내담자의 정신적 갈등과 질병이 발생하는 원인에 대해 라캉은 정

---

20) 권택영, 『프로이트의 성과 권력』, pp.62-63.
21) 같은 책, p.60.

신병의 구조와 상징계와의 상관관계를 강조한다. 정신병의 구조의 내부를 살피는 것은 물론 오직 정신병이 아닌 사람의 입장에서만 가능하다. 라캉의 이것을 위한 출발점은 주체와 상징계와의 관계이다.[22] 정신병은 인간관계의 장에서 발생하는 것이라는 점을 의심하는 사람은 없지만, 대개의 경우 아버지와의 갈등보다는 어머니와 아이 사이의 초기 관계에 중점을 두었다. 그러나 라캉이 말하고자 했던 것은 어머니-유아 관계 자체를 무시할 수 있는 것이라기보다는 상징계로부터 출발하는 구조적 고찰 방법에 우선권이 주어져야 한다는 것, 그리고 전체를 커버하는 구조 없는 발생론적 고찰은 생각할 수도 없다는 것이다.

인간의 성장은 상징계가 앞서 지시하는 구조들을 따를 때 정상적으로 이루어진다. 그러나 정신병자들에게 상황은 현저히 다르다. 어머니와 아이의 이중관계가 제3자를 향해 개방되지 않는 것이 정신병자들의 특징이다. 정신병의 발병의 원인인 요소가 무엇인지 항상 밝혀질 수 있는 것은 아니지만 라캉은 대체로 어머니가 아이를 자기의 팰러스, 자기의 소유물로 소유하고자 할 때 이러한 일이 발생한다고 지적한다. 또한 라캉은 아버지가 아이의 사랑을 차지하기 위해 애쓰는 것도 정신병 발병을 야기하는 원인으로 강조한다. 어머니의 욕망과 부모들의 경쟁이 정신병 발병의 원인이 될 수 있듯이, 아버지가 아이에 대해서 받아들여질 수 없는 것이 또한 그 원인이 될 수 있다고 진단한다. 만약 아버지가 진실하지 못하고 소유욕이 많으며 폭력적이라면, 그가 상징계의 기능에 상응하는 역할을 하지 못한다면, 그는 어린아이를 상징계로 이끄는 통로를 막게 된다.[23] 상징계가 실재와 구분되고 또 이때 상상계의 영역이 열리기 위해서는 라캉에 의해

---

22) 페터 비트머, 앞의 책, p.168.
23) 같은 책, pp.166-167.

아버지의 이름이라고 불리는 하나의 심급이 필요하다. 라캉은 이것은 타자 속에 존재한다고 본다. 타자는 상징계에서 자신의 일관성을 부여한다. 이 팰러스, 즉 상징계의 기능은 상징계, 상상계, 그리고 실재계의 세 질서가 하나로 합쳐지는 것을 막는 차이, 빈 곳이다. 아이에 대해서 아버지의 이름은 아이의 구조지어지지 않은 욕망을 방해하는 심급이다. 그것은 어린아이가 어머니의 유체와 하나가 되고자 하는 소망을 좌절시킨다. 제3자의 대표자로서 아버지는 오이디푸스적 갈등 상황에서 아이의 미움을 산다. 어린아이는 우선 아버지의 이름이 자기를 문화의 세계 속으로 이끌어가며 그것이 자기의, 아직 방향성 갖추지 못한 성을 통제하고 그것에 팰러스적-성기적 구조를 부여한다는 것을 배워야 한다. 그러나 라캉은 정신병자들은 아버지의 이름을 배척한다고 말한다. '배척'은 '아버지의 이름을 알려고 하지 않음', '모든 판단에 앞서 일단 아버지의 이름을 거부함'을 뜻한다. 이로써 인간에게 인간의 고유한 차원을 부여하는 상징계의 차원이 상당히 축소된다.24) 들뢰즈와 가타리는 오이디푸스와 사회적 질서를 거부할 때 당면할 수 있는 위험을 지적하면서 오이디푸스를 거부한 욕망이 현실적인 장에 투여되지 못하고 끊임없이 공전하거나, 정신적으로 인정되는 것과는 다른 인위적 영토에 고착되거나 혹은 좌절하여 현실세계로부터 완전히 철수할 때 정신병이 발생하는 것으로 설명한다.25) 라캉과 들뢰즈와 가타리의 이와 같은 인식은 프로이트와 더불어 왜 인간에게는 대상과 욕구가 직접적으로 연결되지 않는지 그 이유를 우리에게 보여주는 것이다. 상징계의 중재 없이 상상계만으로 출발한다는 것은 대상을 자연적으로 주어진, 본능과 관

---

24) 같은 책, pp.168-169.
25) Gilles Deluze and Felix Guattari, *A Thousand Plateaus: Capitalism and Schizophrenia*, p.186.

련된, 즉 요구의 대상으로만 파악하는 것을 의미한다.26) 라캉의 상상계라고 명명되는 거울 단계는 비활동성 혹은 고착이라는 특성을 갖는다. 상상계는 주체가 대상을 실재라고 믿고 다가서는 과정이다.27) 상상계가 새로운 언어질서 즉 상징계에 의해 덧쓰일 때 비로소 아이의 실존이 가능하게 된다. 하지만 정신병의 경우는 이 덧쓰기가 일어나지 않는다. 즉 아버지의 은유가 작동하지 않고 거세 콤플렉스가 시작되지 않는다. 상상계만이 계속 지배권을 행사한다. 그래서 정신병자에게는 은유가 없다. 은유는 아버지의 이름(아버지의 금지)이 욕망으로서의 엄마를 삭제하거나 대체하면서 생기는 것인데, 상징계로 진입하지 못한 정신병자는 은유를 만들어내지 못하는 것이다. 정신병 환자는 모두 이 단계에 머물러 자아와 상황을 구별하지 못하고 소외된다. 그는 대상과 자신을 일치시키고 타자의 욕망과 자신의 욕망을 구별하지 못하는 오인 혹은 환상의 단계에서 빠져나오지 못하기에 타자의식이 전혀 없다. 또한 정신병에는 부권적 은유가 없으므로 기표와 기의를 연결하는 고리가 없어 말과 의미, 즉 기표와 기의는 표류할 수밖에 없다.28)

정신병과는 대조적으로 신경증 환자는 상징계로 진입하여 부권기능이 자리매김되어 있다.29) 그러나 신경증 환자의 문제는 주체가 자신의 콤플렉스 구조에서 중심부를 형성하고 있는 기표들의 상징적 지시물을 잃어버렸다는 것이다. 예를 들면 신경증 환자는 자신의 증상이 나타내는 기의를 억압한다.30) 충동들이 제한 없이 방출되는 경

---

26) 페터 비트머, 앞의 책, p.88.
27) 권택영, 『욕망이론』, 문예출판사, 2000, p.19.
28) 변학수, 앞의 책, pp.44-45.
29) 같은 책, p.49.
30) 아니카 르메르, 앞의 책, p.321.

우가 정신병이라면, 신경증은 충동이 상당 부분 금지된 경우로서 직접적인 성적 접촉보다는 환상을 통해 쾌감에 도달하려는 성향이 강하다. 정신병의 폐제와는 달리 억압의 구조를 갖고 있기 때문에 억압된 것이 말실수, 실수 행위, 증상의 형태로 되돌아온다.31) 신경증 환자에게 중요한 것은 억압의 대상이 되는 경험이 이미 구조화되었다는 점이다. 즉, 그 경험이 거부되기 전에 이미 담론의 순환 속에 들어가서 발화되었거나 적어도 성립되었다는 것을 의미한다. 신경증 환자는 존재에 대한 판단을 억압된 의미에 부여한다. 그래서 그 의미는 항상 분석에 의해 재촉발될 수 있으며 담론의 흐름 속으로 재통합될 수 있다.32) 정신병이 처음부터 현실을 폐제시키는 경우라면, 신경증은 그 현실을 이미 긍정한 상태에서 의식으로부터 밀어내는, 즉 억압하는 경우이다. 라캉은 억압된 것은 감각이나 감정이 아니라 그 감각이나 감정에 부착된 관념이라고 했다. 그래서 무의식은 감정이 아닌 관념들로 구성된다. 이러한 이유로 내담자들이 원인도 모른 채 불안에 떨거나 우울증, 죄의식에 빠진다. 생각을 망각하고도 감정이 그대로 잔존하는 경우를 히스테리라 하고, 반대로 의식이 생각을 허용하지만 감정을 불러내지 못하는 경우를 강박증이라 한다. 강박증자는 사건을 회상하지만 감정 상태는 떠올리지 못한다. 억압이 관념과 결부된 감정의 고리를 끊어버린 것이다. 따라서 치료는 관념과의 고리가 끊어진 감정을 되살려내는 것이다.33)

프로이트가 발견한 것을 재발견한 라캉 접근의 이점은 그것이 생물학적인 결정론을 능가하고 프로이트 정신분석학을 사회체계와 언어를 통해서 접촉하게 한다는 점이다.34) 즉 정신병에 대한 구조적

---

31) 변학수, 앞의 책, p.49.
32) 아니카 르메르, 앞의 책, p.321.
33) 변학수, 앞의 책, pp.49-50.

이해이다. 정신병의 구조를 라캉은 발생론적으로가 아니라 구조적으로 파악하였다.35) 라캉은 주체가 언어체계에 진입함으로써 에고를 형성하는 의식의 담론과 무의식의 담론 두 부분으로 분열된다고 본다.36) 라캉의 개념에 의하면 무의식은 인칭을 통해, 특히 1인칭으로 표현되는 담론이다. 무의식은 억압을 통해, 의식으로 되돌아가는 동안에 겪는 검열 작업을 통해 변형된다. 즉, 무의식은 의식의 차원에서 다른 사람들에 의해서 억압되고 전치된 기표들로 이루어져 있다. 또한 무의식은 실제 분석 속으로 흘러나온다. 그러나 정신분석은 계획된 듣기와 산만한 듣기를 통해 이루어지며 담론 중 어떤 부분만이 중요한 것으로 간주된다. 이 부분들은 '매듭점'으로서 매우 촘촘하게 조직되어 있을 수도 있다. 반면에 이 매듭점에는 틈새가 매우 많을 수도 있다(예를 들어 이름 짓기, 말실수, 수수께끼 같은 기표들). 이런 특별한 요소들을 중심으로 전개되는 자유연상에 의해서 매듭점을 보충해 주는 무의식의 텍스트가 회복된다. 그러므로 라캉에 의하면 무의식은 매듭점을 토대로 환자의 담론 속에 끼어든다. 무의식은 담론의 단편들로 이루어져 있으며 이 단편들에 의해서 의식의 담론 속에 일관성 있는 연속체가 확립된다.37)

그러므로 라캉주의 분석가는 분석 중에 이루어지는 환자의 담론에 따라 분석한다. 환자의 담론이 진실을 나타내는 단 하나의 중개자이기 때문이다. 그러나 분석가가 주의를 기울이는 것은 담론의 내용이 아니라 담론 속에 나 있는 틈새이다. 틈새란 '무의식의 형성물'을 가리킨다. 이 '무의식의 형성물'에 의해서 새로운 내용물이 만들어진

---

34) Raman Selden, et al., 앞의 책, p.173.
35) 페터 비트머, 앞의 책, p.165.
36) 아니카 르메르, 앞의 책, p.306.
37) 같은 책, p.206.

다. 이 내용물에는 무의식의 동기가 들어 있다. 담론을 잘 가려 읽음으로써 분석가는 자체 법칙을 지니고 있는 무의식의 언어를 접하게 된다. 분석가는 이 담론 속에서 진실이 뚫고 나오는 접합점을 찾아내야 한다.38) 라캉주의자들에게 분석을 통한 치료는 기표들의 연속을 거꾸로 거슬러 올라가면서 보여주는 것이다. 이 기표들의 연속 속에서 주체의 욕망은 점점 소외되어 있다. 분석치료는 먼저 환자의 기표들을 찾아 질문하고 그것들을 문자 그대로, 나타나는 순서대로 받아들인다. 이때 기표들은 항상 더 최근의 것에서 오래된 것으로 거슬러 올라가는 형태로 나타난다. 분석에 의해서 환자의 기표들이 생겨난 기원이나 그것들이 나타난 순서가 다시 추적된다.39) 라캉주의 분석가는 환자가 이야기한 사건을 순서대로 정확하게 재구성하는 것에 그다지 많은 관심을 기울일 필요가 없다. 사건의 시간적 실체는 별로 중요하지 않다. 환자의 담론은 상상계의 차원에서 전개된다. 환자는 자신의 전기(biography)를 변형시키거나 만들어낸다. 환자는 담론 속에 자신이 원하는 모습으로, 혹은 다른 사람에게 보이고 싶은 모습으로 자신을 나타낸다.40) 분석가는 담론의 흐름에서 중요한 요소들을 규정하면서 환자의 담론을 잘 가려서 읽어내야 한다. 중요한 요소들은 매우 다양한 형태로 나타난다. 중요하지 않은 어떤 단어에 매우 개인적인 의미를 부여하는 것, 무의식적인 말실수, 강박적인 반복, 말더듬 등이 이에 속한다. 여기서 중요하지 않게 여겨졌던 것이 가장 중요한 의미를 띠게 된다. 일반적인 사람들보다 공개적인 대화의 효과에 훨씬 민감해지고, 자신의 말이 지속적인 침묵 속에서 주의 깊게 청취되고 있다는 것에 마비된 환자는 말을 통해 자신을

---

38) 같은 책, p.308.
39) 같은 책, p.248.
40) 같은 책, p.307.

드러낸다. 상징에는 환자의 욕망이 소외되어 있다. 그러나 환자는 이 상징의 의미를 알지 못한다. 그는 상징이 나타내고 있는 상징적 지시물을 잃어버렸다. 분석에 나타나는 모든 상징은 중층 결정되어 있다. 하나의 상징은 여러 개의 기표와 동시에 연관된다. 이 기표들은 복잡하고 다양한 연상에 의해 상호연관되어 있다. 그러므로 분석에서 해석은 자유연상을 토대로 한다. 시간이 지남에 따라 무의식적 의미의 비밀스러운 조직이 완결된다. 그리고 분석 중에 중요하게 작용하는 각 기표가 연상의 연쇄 고리 속에서 자신이 떨어져 나왔던 원래의 자리를 되찾게 된다. 그리고 무의식적 사상들로 구성된 통일된 조직망이 조금씩 드러나게 된다. 해석하기, 비밀스러운 매듭 풀어주기, 말로 의미를 밝혀주는 것 등은 치료에 필수불가결한 행위들이다. 말로 표출하는 것이 바로 억압의 반대이기 때문이다. 명칭이 없었던 것에 이름을 부여함으로써 해석에 의해 주체와 자신의 존재를 지배하는 단어들 사이에 새로운 관계가 수립된다. 이것에 의해서 상징계로 진입할 수 있는 길이 열린다. 요약하면 해석과 치료의 과정이란 상징화되지 않은 상상계로부터 상징적 차원을 회복한 상징화된 상상계로 옮겨가는 것이다.41) 라캉주의 분석가 중 한 사람인 파이돈은 분석가의 역할을 다음과 같이 제시한다.

> 분석가는 혼자서는 아무것도 할 수 없다. 분석가의 진정한 자리는 듣는 사람의 자리이다. 분석가는 환자가 자신을 통해 타자에게 말할 수 있도록 도와준다. 진실은 담론의 암호문 속에 숨겨져 있다. 해석가로서 분석가의 능력은 무의식의 내재되어 있는 언어구조에 의해서 생겨난다. 오이디푸스 콤플렉스에 의해 분석가와 환자 사이에 제3의 용어인 사회가 개입됨으로써 삼각관계가 성립된다. 해석은 이 제3의

---

41) 같은 책, pp.317-318.

용어로부터 나온다. 치료의 힘은 언어체계에 속한다.[42]

지금까지 서술된 라캉식의 정신분석에서 정신분석가는 한 문명에 억압되어 있는 것과 다른 문명에 억압되어 있는 것, 같은 문명에 속해 있는 개인들에게 억압되어 있는 것, 억압된 것 중에서 개인적인 것과 집단적인 것이 구분되어야 한다는 사실을 인식해야 된다.[43] 정신분석가에게 담론은 명백하게 발화된 것만을 의미하진 않는다. 사고 자체와 행동과 마찬가지로 담론에는 우리의 '타자'가 들어 있다. 우리는 이 타자를 의식하지 못하거나 적당히 거부해 버린다.[44] 무의식은 명백히 의식적이고 투명한 자아-성향 아래 숨겨져 있는 구조이다. 여기에 라캉은 무의식이 언어와 같은 구조로 이루어져 있다고 말한다. 억압된 것은 기표의 체계로 이루어져 있으며 무의식의 기표들은 은유적이고 환유적인 연상 작용에 따라 의식과 무의식 사이에 기표들의 복잡한 조직망이 형성된다. 꿈, 증상, 이름 잊어버리기 등 무의식의 형성물들이 분석될 때 바로 이런 점이 드러난다.[45] 프로이트가 환자들의 꿈을 분석할 때, 그는 사실상 꿈에 대한 환자들의 해석을 해석하는 것이었다. 무의식은 꿈의 의미를 보장하는 것이 아니라 오히려 해석을 할 수 있게 해주는 은유적 장치, 즉 구조인 것이다.[46] 구조주의자들이 언어나 이와 유사한 체계들이 어떻게 언어적, 문화적 표현의 본질을 결정하는가에 초점을 맞추었다면 탈구조주의자들은 언어가 어떻게 사용되고 언어의 사용이 다른 문화적, 사회적 행위들과 어떻게 관련되는가에 초점을 맞추고 있다.

---

42) 같은 책, p.309.
43) 같은 책, p.109.
44) 같은 책, p.76.
45) 같은 책, pp.32-33.
46) John Story, 앞의 책, p.126.

라캉에게 있어서 팰러스 중심주의의 문제는 기호의 구조와 불가분의 관계를 지닌다. 왜냐하면 그 기표, 즉 팰러스는 획득될 수 없는 것이기 때문에 그 기표는 남성과 여성 모두를 '거세 콤플렉스'로 위협하는 온전한 존재와 권력의 보증을 쥐고 있다.47) 주체의 욕망을 억압하는 팰러스, 즉 상징계가 언어의 구조와 불가분의 관계를 가지고 있다는 것을 치료자가 인식하여 환자의 말해진 언어로부터 무의식적 구조를 분석해 내는 것이 핵심적인 치료 작업이 된다.

지금까지 치료자가 상담에 임할 때 왜 탈구조주의적인 접근이 필요한가와 내담자의 정신적 갈등과 질병이 발생하는 원인에 대한 접근법과 환자의 무의식을 읽어내는 방법론으로서 탈구조주의적 접근의 유용성을 논증해 보았다. 지금까지 살펴본 바에 근거해 볼 때 환자의 담론은 환자가 세계를 어떻게 보는가, 무엇을 간과하는가, 무엇을 왜곡하는가, 그리고 사건이나 세계를 어떤 맥락으로 이해하는가를 들여다보는 통로가 된다. 그것이 곧 환자가 일상에서 만나는 세계이다.48) 따라서 치료자는 내담자의 이야기에서 그들의 삶을 구성하는 원칙을 찾아 탈구조주의의 인식과 해체의 전략을 적용해 내담자의 무의식적 억압의 단초를 파악하여 그것의 허구성을 지적해 주면 치료로 연결될 수 있을 것이다. 이처럼 내담자의 무의식을 억압하고 있는 도덕과 진리와 같은 준거들이 절대적이 아니라 상대적임을 인식시키는 것은 탈구조주의적인 접근을 통해서 가능해진다. 강박증이나 죄의식을 가진 사람들의 무의식 속은 상징체계가 설정해 놓은 허용과 금지에 강하게 고정되어 있기 때문에 이러한 내담자들이 갖고 있는 편견이나 고정관념들을 깨기 위한 전략으로 상담에서 탈구조주의적인 접근이 의미가 있다고 생각한다. 오이디푸스적 구조

---

47) Raman Selden, et al., p.172.
48) 변학수, 앞의 책, p.81.

가 강요한 주체가 되지 못했다는 죄의식이 무의식을 지배하고 있어 오이디푸스적 욕망과 앙띠오이디푸스적 욕망 사이에서 분열되어 불안과 갈등 사이에서 일그러진 주체들의 억압된 욕망을 분석하기 위해서는 주체의 무의식이 표현되며 동시에 숨겨지는 언어의 통로를 따라가야만 한다. 상담에 탈구조주의적인 접근을 시도함으로써 치료자는 내담자의 무의식적 갈등의 성질에 대한 전반적인 윤곽을 이해하게 되며 이와 같은 치료과정을 통해 내담자는 허구적 이미지에 사로잡힌 자신을 발견하고 고착에서 빠져나와 자신의 존재의 본질과 갈등의 본질에 대해 통찰을 얻게 되는 것이다. 이러한 과정을 통하여 내담자로 하여금 오이디푸스적 구조로부터 거리를 유지시킴으로써 그들의 탈주에 대한 가능성을 열어줄 수 있다.

정신치료는 환자가 하는 말을 듣고 상담자가 증상의 원인을 알아내려는 것이기 때문에 문학 텍스트에 대한 비평의 작업과 유사성이 있는 것이다. 따라서 내담자의 말은 텍스트이고, 상담자는 비평가로 볼 수 있다.49) 문학 텍스트에 각인된 담론 속에서 앞서 살펴본 욕망, 이데올로기와 주체에 관한 탈구조주의적 인식을 적용해 이데올로기가 담론을 통해 어떻게 주체에 대한 효과를 발휘하는가, 그리고 개인은 사회 작용에 의한 문화의 의미화 체계 속에서 어떻게 주체로서 구성되는가를 분석하여 내담자에게 보여주듯이 치료자도 환자의 이야기에 대한 이러한 분석을 통해서 어떠한 무의식적 구조, 즉 이데올로기가 주체와 상호관련을 맺고 주체의 무의식을 지배하고 주체의 욕망을 억압하는가를 내담자에게 보여줄 수 있을 것이다.

---

49) 권택영, 『욕망이론』, p.14.

4. 주체, 욕망, 이데올로기의 역학관계

주체와 주체의 욕망을 어떻게 규정하느냐에 따라 사회가 금기하는 주체의 욕망을 처리하는 방식에서 야기된 정신적 문제에 대한 진단과 그것을 치료하는 방식이 달라진다. 데카르트식 사유체계에서 주체는 환상이 조금도 개입될 수 없는 완벽한 에고이다. 이처럼 통합된 이성을 강조하는 인본주의적 사고에서는 정신질환자들을 교화해야 할 대상으로, 치료자의 치료방법은 일방적인 진리나 규율을 주입하는 방식으로 이루어져 왔다. 그 결과 인본주의적 치료방법은 욕망을 조절하고 통제하는 방법인 도덕의 설정과 소위 혼란스럽고 위험한 욕망행위의 조절에 집중되었다. 그러나 심리학 분야에서 코페르니쿠스의 지동설만큼이나 혁명적인 발견을 이룩한 프로이트(Sigmund Freud)는 욕망을 당당한 인간표현의 하나로 간주하기 위하여 욕망을 도덕가치의 차원에서 분리시켜, 각 개인의 정신생활에서 무의식을 측정하는 학문으로 만들고자 하였다. 오랫동안 의식의 이성으로만 집중되었던 인간본성에 대한 생각은 이렇게 해서 코페르니쿠스적 전환을 시작하게 된 것이다.50) 프로이트는 인간이 비합리적인 힘들, 무의식적인 동기들, 생리적 본능적 욕구와 필요 등과 같은 정신과 성적 체험들에 의해 결정된다고 주장한다. 정신분석에서 인간의 심리를 좌우하는 중요한 역동적인 힘의 근본은 무의식에 있으며 특히 신경증적 장애 같은 정신질환이 생기는 이유는 오이디푸스 콤플렉스가 해결되지 못한 상태에 기인한 무의식적 갈등 때문이라고 본다. 프로이트주의자들에게 정신분석치료의 궁극적 목표는 무의식의 갈등을 의식화시키고 본능 충동의 요구에 따르지 않도록 자아를 더욱 강화

---

50) 마르틴 콜랭, 『인간과 욕망』, 도서출판 예하, 1989, p.11.

시켜 건강한 현실 적응력을 스스로 가지도록 도와주는 것이다. 그들은 본능적 욕구를 통제할 힘이 약해질 때 증상이 나타나는 것으로 보고 자아가 리비도를 통제할 수 있는 힘을 초자아로부터 부여받게 되면 그것이 곧 치료가 된다고 보았다. 그들에게 자아란 리비도를 다스리고 통제하며 조절하는 인격구조의 집행자인 것이다. 또한 초자아란 유아가 부모를 통해 습득하는 사회의 법과 질서, 그리고 규칙 등을 의미한다. 이렇게 볼 때 치료의 행위로서 인격구조의 집행자인 자아가 리비도를 통제할 능력을 초자아로부터 부여받을 수 있도록 도와주는 것은 자아를 초자아에 재배치시키는 것, 즉 오이디푸스의 구조에 다시 편입시키는 것으로 볼 수 있다.

이와 같이 프로이트주의자들은 인간의 욕망에 대해서는 인본주의적 관점과 다른 입장을 취하면서도 인간의 욕망과 초자아의 갈등으로 인해 생겨난 정신질환의 치료방법에 있어서는 인본주의적 태도와 크게 구별되지 않는 방식으로 접근하고 있음을 알 수 있다. 프로이트주의자들의 치료방법은 내담자로 하여금 수동적 상태, 즉 타율적인 상태로 존재하도록 하여 치료하는 순간에는 일시적으로 효과가 있지만, 더 심각한 주체의 욕망에 대한 억압을 가져오고 치료사와의 관계가 소원해지면 다시 전 상태로 되돌아가는 결점이 있다. 이와 같이 정신분석학적 접근이 갖고 있는 인간관은 비관적으로 결정론적이며 기계적이다. 프로이트 이후의 정신분석학자들은 지나치게 과학적인 환상에 매혹되었고 상징화된 것들에 매달렸다. 이와 같은 경향에 대해 대표적 탈구조주의자인 라캉은 프로이트가 발견한 무의식이나 성본능을 억압하고 자아의 자율성만을 강조한 모던시대 정신분석학이 보수적인 엘리트주의로 흐르고 있다고 비판한다.[51]

---

51) 권택영, 『욕망이론』, pp.16-17.

푸코 또한 정신과 의사들이 광기의 치료가 아닌 길들이는 자로서의 방법을 알고 있는 기능자였으며, 궁극적으로는 단지 부르주아적 질서를 강화하는 데 일익을 담당했을 뿐이라고 지적한다.[52] 인류역사에 있어서 이성이 어떻게 광기를 제외시키고 침묵시켰는가에 대한 푸코의 성찰은 지식이 어떻게 권력과 결탁하여 지배적 담론을 만들어내고 규율이라는 미명 하에 타자에 대한 억압을 정당화시켜 왔는가를 보여준다. 푸코와 라캉의 이론과 실천은 욕망의 편에 서서 싸우는 것이다. 본능을 억압하여 광기를 증상으로 드러내는 이성, 육체의 성을 억압하여 힘의 우위를 과시하는 정신, 억압된 무의식의 세계를 표상하는 의식, 자유로운 사고를 억압하는 언어 등으로 인간을 이해하는 탈구조주의의 이면에는 이항대립의 개념의 위치를 전복시켜 이 흐름의 중심에 바로 본능, 육체, 무의식, 성, 욕망이 다원적 중심을 이루며 20세기 담론을 지배하고 있다.

그동안 서구 형이상학에서는 이성적인 질서에 대해 위협적이고 논쟁적인 언어로 이야기하는 욕망을 이성의 올가미 속에 잡아넣으려는 시도를 해왔다. 이러한 욕망에 대한 태도는 욕망을 사고하는 것이 아니라 욕망이 향해야 하는 대상들을 사고하는 것이다.[53] 데리다의 지적처럼, 이성의 가장 뚜렷한 전리품인 언어로 광기 그 자체를 재현하려는 것은 이율배반적이지만, 그의 의도는 이성에 의해 희생된 비이성, 즉 광기의 참된 뜻을 헤아려보려는 것이다.[54] 또한 광기와 범죄와 일탈행위를 둘러싼 지식과 권력의 관계를 연구한 푸코는 정신

52) 신현주, 「미셸 푸코의 세계관적 전망」, 『탈구조주의의 이해』, 민음사, 1990, p.97.
53) 마르틴 콜랭, 앞의 책, p.9.
54) 김번, 「미셸 푸코의 세계관적 전망」, 『탈구조주의의 이해』, 민음사, 1990, p.104.

의학(psychiatry)이나 범죄학(criminology)에서 대상을 정신병자나 죄인으로 규정 내리는 데에는 그 시대의 권력의 언술행위를 잘 반영하는 지식이 이용됨을 지적한다. 정신과 의사는 광인에 대해, 법관은 죄인에 대해 절대적인 권력을 지닌 자로 비친다. 그들은 그 힘을 이용하여 그들을 치료하든지 선도하는데, 그것은 그들을 부르주아적 사회규범에 강제적으로 적응시키고 굴복시키는 것에 지나지 않음을 푸코는 날카롭게 간파한다. 광기를 외형적인 표현 형태로만 심판하며 사회규범에 비추어서 일탈행위로 규정짓고, 그들을 치료하여 정상화시키는 것은 바로 권력이 이성이라는 논리로 억압을 가하는 것이기 때문이다.[55]

지금까지 살펴본 바에 의하면 인본주의적 치료방법과 프로이트주의적 치료방법은 인간의 본능적 욕망을 통제하는 방식으로 이루어진 데 반해, 탈구조주의자들은 오히려 정신질병 유발의 원인을 인간의 욕망을 억압하는 이데올로기의 폭력성과 획일성으로 보고 있기 때문에 환자에게 이데올로기의 상대성을 인식시켜 강박증적이고 편집증적인 정신질병을 치료하는 방법을 제시해 줄 수 있을 것이다. 이러한 분석은 정신질환을 치료하는 방식에 있어서의 정신적 문제의 원인 분석에 대한 획기적인 인식전환이 요구된다는 것을 의미한다. 탈구조주의는 '차이'를 인식하고 '불확실성'과 '불안'을 있는 그대로 포용하며, 지배문화로부터 제외된 타자를 인정한다. 그것은 또한 지배체제나, 지배구조에 의해 억압받는 주체의 해방을 외치며 경직된 사고의 틀에서 벗어나 열린사회를 지향한다.

알튀세르의 이데올로기 이론도 담론과 분리된 주체는 없으며 동시에 '주체와 분리된 담론' 역시 없다는 점을 강조한다. 그의 주장에

---

55) 심정보, 「미셸 푸코의 세계관적 전망」, 『탈구조주의의 이해』, 민음사, 1990, p.146.

따르면, 우리는 우리로 하여금 모두 사회구조 속에서 일정한 입장을 취하도록 소환되는 이념의 주체들이다. 그는 주체에 대한 이러한 소환이 종교적, 법적 국가기구들과 물적으로 연계된 담론 형성들을 통해 작동한다고 지적한다. 이념이 유도하는 상상적 의식은 개인들이 자신들의 진정한 존재 상태와 관련시키는 방식을 우리에게 제공해 준다. 그러나 그것은 단지 분열되지 않은 조화로운 이미지일 뿐이므로 개인들과 사회구조 사이의 실제적인 관계들을 억압한다. 이처럼 근대 서구사상을 지배해 온 절대적 자아의 일반적인 개념은 이제 주체의 정신분석적 개념으로 해체되어 의식과 무의식 사이에 분리된 채 위태롭게 놓여 있는 것이다. 알튀세르가 말하는 상상적 의식이란 개념은 에고란 것이 단지 이 세상에서 우리가 동일시할 수 있는 어떤 것을 찾아 한 개인의 허구적 의식을 고양시키는 나르시스적 과정이라고 보는 라캉의 주체 개념과도 일맥상통한다. 라캉은 그의 전 작업을 통해 에고와 자아가 동일시되는 일반적인 환상을 계속 공격한다. 그리고 그는 그 환상이 존재체계의 실체라고 생각한다. 주체를 사로잡는 외부적인 영상의 힘에 의해서 주체는 다른 사람의 시선에, 다른 사람의 형태에 종속된다. 물론 라캉은 인간에게 고유하며 인간에게 위엄을 부여하는 이런 다양한 제도의 가치를 공격하려는 것은 아니다. 라캉은 단지 인간이 다른 사람에게 다른 사람에 의해서 지배된다는 사실을 인식시키고자 한다. 가장 이타적인 행동까지 포함된 인간의 모든 행동은 궁극적으로 다른 사람의 인정을 받고자 하는 요구로부터, 어떤 형태로든 자신을 인정받고자 하는 소원으로부터 생겨난다는 것이다.[56)]

이것은 주체의 욕망이 사회적으로 약호화된다고 주장하는 들뢰즈

---

56) 아니카 르메르, 앞의 책, pp.264-265.

와 가타리의 인식과도 맥을 같이한다. 규칙과 공리들의 체계가 욕망의 순수한 흐름을 구속한다고 진단하는 들뢰즈와 가타리는 인간의 자유로운 욕망을 파괴하는 가장 강력한 힘을 오이디푸스적 구조로 보고 이를 편집증적인 상징이라고 비판한다. 오이디푸스는 모든 무의식적 과정을 지배하는 초월기표로서 욕망을 사회적 기제의 요구에 부합하도록 만든다.

들뢰즈와 가타리는 자신들의 공저인 『천 개의 고원: 자본주의와 정신분열증』에서 자본주의와 프로이트의 정신분석에 대한 공격을 하고 있다. 이들이 가장 먼저 공격하는 것은 계통수(arborescence)라고 불리는 나무 모양의 위계질서이다. "계통 분류는 그것들을 이루고 있는 구성요소들 사이에 있는 제한적이고 통제되는 관계를 부과하는 수직적으로 계층화되어 있는 통합체이다."[57] 이 같은 계통수는 가부장제로 대표되는 오이디푸스 콤플렉스의 다른 이름일 뿐이다. 이것이 바로 들뢰즈와 가타리가 반(反)오이디푸스를 주장하는 가장 중요한 이유이기도 하다. 이들이 이러한 계통수에 반발하는 더 중요한 이유는 계통수적 권력체계가 욕망과 무의식을 원천적으로 억압하는 권력체계라는 점이다. 들뢰즈-가타리가 비판하는 것은 바로 이 같은 계통수로 대표되는 서양의 수직적인 철학체계의 폭압성이다. 서양의 수직적인 철학체계는 사실은 정통성을 우선하는 제도적인 장치이기 때문에 이 같은 계통수의 정통성에 편입되지 않는 요소들은 비정통적이라는 명분 하에 제거되거나 소외된다. 프로이트의 정신분석에서도 이 같은 이분법적인 분류가 통용되고 있다.

프로이트는 무의식을 욕망의 오이디푸스적인 억압의 침전물로 구성되어 있다고 보고, 이 같은 억압의 침전물로서의 욕망을 아무 여

---

57) Ronald Bogue, 앞의 책, p.107.

과 없이 노출시키는 것은 사회적으로 위험하다고 주장한다. 이같이 주체의 무의식 속에 감추어진 욕망을 그는 정신분석에 의해 사회적으로 받아들여질 수 있도록 세탁하여 무해한 것으로 만들어 주체가 아버지의 법이 지배하는 상징계로 들어갈 수 있도록 하는 것이 정신분석의 역할이라고 생각한 것이다. 따라서 프로이트에게 있어 정신분석은 이 같은 무의식의 영역에까지 침투하여 억압된 욕망을 통제하는 검열 장치일 뿐이다.58) 들뢰즈와 가타리는 정신분석에서 몸을 정신에 종속한 것으로 보아 몸에 나타나는 정신신체적인 증상(psychosomatic symptoms)을 치료하기 위하여 무의식 속에 담겨 있는 억압된 욕망을 정신분석을 통해 분석하고 무력화하는 정신분석적인 접근 자체가 잘못된 것이라는 이론을 주장한다.59) 이들에 따르면 주체의 욕망은 오이디푸스적인 사회체제에 의한 억압의 대상이다. 따라서 프로이트식 정신분석학은 이 같은 인간의 억압된 욕망이 축적된 무의식을 오이디푸스화함으로써 이를 억압하는 기제로 작용한다.60) 들뢰즈와 가타리가 주창하는 정신분열증61) 분석은 욕망을 억

---

58) 이정호, 「휘트먼의 근경적 글쓰기」, 『들뢰즈 철학과 영미 문학 읽기』, 도서 출판 동인, 2003, pp.233-236.

59) 같은 논문, p.239.

60) 같은 논문, p.243.

61) 들뢰즈와 가타리는 정신분열증이라는 용어를 편집증이라는 용어와는 정반대의 자리에 위치시킨다(같은 논문, p.245). 이 두 증상은 임상적인 질병이기보다는 심리적 과정으로서 무의식적 욕망과 그것이 사회로 투하되는 것이 겉으로 드러나는 경계를 가리킨다(빈센트 B. 라이치, 『해체비평이란 무엇인가』, 문예출판사, 1990, pp.288-289). 편집증은 체계 도는 집합에 독특한 내재성의 영역을 채우게 될 이미지를 생산하는 방식으로 흐름을 정지시키고 억제하며 그 체계에 내재하는 한계에 따라 다시 흐름을 차단하는 통합과 영토화에 의해 정의되는 반면, 정신분열증은 약호와 영토에서 벗어나 흐름을 쫓는 탈영토화로 정의될 수 있다. 결국 이 모드를 요약한다면, 편집증은 종속된 집단에 의해 정의되며 정신분열증은 저항적이고 능동적인 주

압하는 오이디푸스 구조, 즉 아버지의 법을 억압적인 것으로 보고 오이디푸스 구조에 갇혀 있는 무의식적 욕망에 의해 정신병이 생긴 피분석자를 치료하기 위해서는 경직되고 영토화되어 있는 주체가 탈주할 수 있는 길을 열어주고자 하는 것이다. 라캉 또한 인간을 조건 짓는 기제와 경로에 대해 아는 것이 인간이 진보할 수 있는 전제조건이 된다는 것을 인식하고 인간을 오이디푸스화시키는 구조의 억압성과 폭력성을 비난하는 동시에 그 기제를 더 면밀히 포착하려 한다. 프로이트는 오이디푸스 콤플렉스의 '형태'에 내재된 상대적인 성질을 인식하지 못했다. 그러나 라캉의 분석은 개인의 사회-발생에 대한 일반적인 원리에 도달하여 무의식의 내용이 현존하는 사회적 금지들뿐만 아니라 모든 인류에 내재해 있는 심리적-지적 작용에 긴밀하게 연관되어 있음을 밝힌 것이다.62)

이처럼 탈구조주의자들이 발견한 것은 오인의 구조를 바탕에 깔고 있지 않은 흠집 없는 이성, 혹은 현실원칙에만 굳건히 서 있는 의식의 체계가 허구적이라는 것이다. 이것은 푸코가 주장하는 주체의 개념과 상통한다. 푸코는 주체의 의미는 양심 또는 자기 자신에 의해 자신의 고유한 신분성에 묶이는 것으로 본다. 푸코에 따르면 주체는

체 집단에 의해 정의된다고 말할 수 있다. 이들은 정신분열증을 다양성, 증식, 흐름, 경계 허물기 등을 의미하는 긍정적인 용어로 전환시킨다(Elizabeth Wright, *Psychoanalytic Criticism: Theory in Practice*, London and New York: Routledge, 1989, p.164). 따라서 편집증적 주체는 오이디푸스적 구조에 집착하는 수동적인 욕망의 주체인 반면, 분열증적 주체는 유랑하는 주체로서 그 중심은 욕망하는 기계가 차지하고 있으며, 주체는 고정된 정체성을 갖고 있지 않고 영원히 탈중심화되어 있으며 오이디푸스적 구조에서 벗어나는 능동적인 욕망의 주체이다(Gilles Deluze and Felix Guattari, *Anti-Oedipus: Capitalism and Schizohprenia*, trans. Robert Hurley, Mark Seem, and Helene R. Lane, London: The Athlone Press, 1984, p.20).

62) 아니카 르메르, 앞의 책, p.102.

죄의식이나, 강박관념 등을 느끼도록 조절하는 양심의 실체가 무엇인지 모르고 사회의 통제가 감정의 영역까지 깊숙이 스며들어가 사적 영역이 도덕원리의 침해를 받아 획일화, 동일화되어 감에 따라 내적 세계를 찬탈당하고 있다. 이처럼 탈구조주의자들이 인식하는 주체는 한 특정사회의 권력관계가 만들어낸 대단히 자유롭지 못한 이데올로기적 산물인 것이다. 우리는 프로이트가 사용한 신경증(neurosis)과 편집증(paranoia)이라는 두 가지 정신병의 특성을 살펴볼 필요가 있다. 이 두 가지 정신병을 가지고 있는 주체들의 공통점은 통합성(unity)과 질서(order)를 추구하며, 유사성과 전일성(wholeness) 그리고 주어진 틀과 규제 속에서 정체성을 찾으려는 노력을 보인다는 점이다. 이러한 경향은 주체가 구심적이고 수직적인 상징체계는 곧 중심에 의한 주변의 억압이며, 로고스에 의한 비(非)로고스의 억압일 뿐만 아니라, 아버지의 법에 의한 욕망의 억압이기도 하다. 따라서 욕망은 억압의 대상이 되어 규제에 의해 통제될 수밖에 없다.

이처럼 오이디푸스에 의해 수직적인 위계질서를 가진 경직된 상징체계를 타파하기 위하여 들뢰즈/가타리는 욕망의 해방을 부르짖는다. 이들의 무의식은 프로이트가 주장하는 바와는 달리 억압된 욕망으로 구성된 것도 아니고, 또한 라캉이 주장하는 것과는 달리 언어처럼 구조된 것도 아니며, 리비도(libido)로 구성돼 있다고 주장한다.63) 그러나 지금까지 우리는 리비도를 프로이트 방식으로 이해하여 에로스적 성격을 띤 성적 충동으로 익히 알아왔다. 프로이트는 이 성적인 힘을 의식과 상반되는 무의식에 속한 것으로 간주하였고 흔히 반사회적이며 반도덕적인, 따라서 수치스러운 억눌러야 할 존재로 생각

---

63) 이정호, 앞의 논문, p.245.

한다. 그러나 리비도에 대한 프로이트식의 발상은 들뢰즈와 가타리의 해체철학의 관점에서 본다면, 기본적 전제부터 오류이다. 이들에게 욕망이란 어떤 결여된 것을 충족시키려는 본능이며 충족이 성취되지 않았을 때의 좌절감을 유발할망정 반사회적이며 수치스러운 것으로 억눌러야 할 것은 아니다. 이들에게 리비도는 길들여지지 않은 에너지이며 리얼리티 창출에 있어 주도적인 역할을 하는 동인으로 간주된다.[64)

지금까지 살펴보았듯이, 탈구조주의자들의 주체, 욕망, 그리고 이데올로기에 대한 관점에 의하면 인간의 정신적 질병의 원인은 유아기적 성경험에서 오이디푸스 콤플렉스로 인해 해결되지 못한 본능적 욕구 때문에 유발되는 것이 아니라, 오히려 인간의 본능적 욕구를 억압하는 문명의 욕망, 즉 이데올로기의 욕망 때문인 것이다. 그러므로 치료자는 알튀세르가 "이데올로기의 종착지는 주체이다."라고 하였듯이, 자신들의 실체에는 자아가 남아 있는 것이 아니라 오히려 사회와 이데올로기가 남아 그들의 무의식을 억압하고 있음을 내담자에게 인식시켜야 한다. 내담자에게 그들이 믿고 있는 객관적인 지식이라는 허울 뒤에 끊임없는 권력의지를 숨기고 있는 제도, 규율이 있다는 것과 그러한 것들의 허구성을 인식시키는 것이 치료의 한 방법이 될 수 있다.

주체, 이데올로기, 욕망에 대한 라캉, 푸코, 알튀세르, 그리고 들뢰즈, 가타리 등과 같은 탈구조주의자들의 인식은 고정되고 절대적이고 일원적인 종래의 사고체제를 버리고 유동적이고 상대적이고 다원적인 열린 태도를 갖는 것을 의미한다. 또한 자아를 해체함으로써 주체를 대상에 대한 왜곡된 집착에서 벗어나게 할 뿐 아니라 스스로

---

64) 전은경, 「『피네건의 경야』와 들뢰즈의 해체주의」, 『들뢰즈 철학과 영미 문학 읽기』, 도서출판 동인, 2003, pp.322-323.

도 어쩔 수 없는 오인의 구조를 지니고 있다는 것을 깨닫게 하여 '타자의식'을 갖게 한다.65) 이러한 치료방법은 자신이 갖고 있는 죄의식이나 양심의 가책, 그리고 강박관념이 어떤 억압에 의해 발생된 것인지, 무엇에 대한 적대감인지, 무엇에 대한 의존관계였는지 등을 차례로 찾아가게 하고 그런 과정에서 하나씩 자신을 억누르고 있는 감정을 해소하고 고착에서 벗어나 다른 대체적인 삶을 모색할 수 있을 것이다. 바로 이러한 탈구조주의 철학자들의 인식을 정신치료 과정에서 적용하는 임상철학의 메타과학적인 토대로서, 혹은 치료자의 상담이나 치료매체의 해석에 적용시킨다면 이러한 방법이 더 적극적인 치료방법이 될 수 있을 것이다.

5. 맺음말

인간과 사회의 관계를 어떻게 진단하느냐에 따라 거기에서 발생하는 문제해결에 대한 실마리와 방법은 현저하게 달라지는 것이다. 지금까지 살펴본 바에 의하면, 정신치료에 대한 인본주의적 접근과 프로이트의 전통적 심리치료의 접근은 둘 다 인간의 욕망을 이성의 올가미에 잡아넣으려는 방식으로 이루어져 왔다는 것을 부인할 수 없다. 이 두 접근법은 주체에 대한 인식은 현저하게 달랐지만 결과적으로 볼 때 치료의 방법에 있어서는 본능적 욕구를 억압하고 도덕, 신념, 가치관 등을 강화시키는 방식으로 치료가 이루어져 왔다. 그러나 이 글이 시도하는 정신치료에 대한 탈구조주의적 접근은 오히려 인간의 본능적 욕구를 억압하는 이데올로기의 상대성을 인식시켜 내담자가 자신의 정신적인 억압에서 벗어나 다른 대체적인 삶을 실현

---

65) 권택영, 『욕망이론』, p.21.

할 수 있도록 도와주는 방식으로서 의미가 있다고 생각한다. 정신치료에 대한 이와 같은 접근방식은 인간의 본능적인 욕망을 마음껏 발산하라는 것이 아니다. 이러한 접근법이 정신치료에서 가지는 의의는 내담자에게 이데올로기의 폭력성과 획일성을 주지시키고 이데올로기의 상대성을 인식시킴으로써 이데올로기의 힘을 초월할 수 있는 더 강한 자의식을 가지게 하는 데 효과적인 방법이 될 수 있다는 것이다.

참고문헌

Althusser, Louis, *For Marx*, trans. Ben Brewster, New York: Random House, 1969.

_____, "Ideology and Ideological State Apparatuses", *Lenin and Philosophy and Other Essays*, trans. Ben Brewster, New York: Monthly Review Press, 1971.

Bogue, Ronald, *Deleuse and Guattari*, London and New York: Routledge, 1989.

Eagleton, Terry, *Criticism and Ideology: A Study in Marxist Literary Theory*, London: Verso, 1979.

Deluze, Gilles and Guattari, Felix, *Anti-Oedipus: Capitalism and Schizohprenia*, trans. Robert Hurley, Mark Seem, and Helene R. Lane, London: The Athlone Press, 1984.

_____, *A Thousand Plateaus: Capitalism and Schizophrenia*, trans. Brian Massumi, Minneapolis: University of Minnesota Press, 1987.

Selden, Raman, et al., *A Reader's Guide to Contemporary Literary Theory*, 4th ed., New York: Harvester Wheatsheaf, 1997.

Story, John, *An Introductory Guide to Cultural Theory and Popular*

Culture, New York: Harvester Wheatsheaf, 1993.

Wright, Elizabeth, *Psychoanalytic Criticism: Theory in Practice*, London and New York: Routledge, 1989.

권택영, 『욕망이론』, 문예출판사, 2000.

＿＿＿, 『프로이트의 성과 권력』, 문예출판사, 1998.

김번, 「미셸 푸코의 세계관적 전망」, 『탈구조주의의 이해』, 민음사, 1990.

마르틴 콜랭, 『인간과 욕망』, 도서출판 예하, 1989.

변학수, 『문학치료』, 학지사, 2005.

빈센트 B. 라이치, 『해체비평이란 무엇인가』, 문예출판사, 1990.

신현주, 「미셸 푸코의 세계관적 전망」, 『탈구조주의의 이해』, 민음사, 1990.

심정보, 「미셸 푸코의 세계관적 전망」, 『탈구조주의의 이해』, 민음사, 1990.

아니카 르메르, 『자크 라깡』, 문예출판사, 1996.

이정호, 「휘트먼의 근경적 글쓰기」, 『들뢰즈 철학과 영미 문학 읽기』, 도서출판 동인, 2003.

전은경, 「『피네건의 경야』와 들뢰즈의 해체주의」, 『들뢰즈 철학과 영미 문학 읽기』, 도서출판 동인, 2003.

페터 비트머, 『욕망의 전복』, 한울아카데미, 2003.

한기욱, 「미셸 푸코의 세계관적 전망」, 『탈구조주의의 이해』, 민음사, 1990.

임상철학의 현상학적 정초
E. 후설과 D. 데이빗슨을 중심으로

김영필 · 박정희

1. 머리말

'치료로서의 철학'이란 용어가 낯설지 않다. 물론 이 용어가 아직
은 다소의 애매성을 가지긴 하지만, 우리 사회에서 이제 더 이상 '철
학상담'이나 '철학치료' 혹은 '임상철학'이란 용어가 낯설지는 않다.
왜냐하면 철학은 어느 면에서는 그 시작부터 (정신)치료와 무관하지
않았기 때문이다. 소크라테스의 『변명』은 바로 그 시대의 사회적 질
환에 대한 치료적 선언이었고, 그의 철학적 실천은 죽음에 대한 두
려움을 치료하는 임상적 실천이었다. 『니코마코스 윤리학』도 『논어』
도 그토록 오랫동안 잊혀졌던 임상철학의 다른 이름이었다. 철학하
는 사람으로서 우리는 이론철학이나 순수철학의 가면을 벗고 구체적
현실에 임상적으로 다가가는 철학적 실천이 요구되는 시대에 살고
있다.[1)]

그러나 근대 이후 과도하게 발전한 과학주의적 세계관은 철학의

옛 이름을 망각하고 말았다. 과학적 패권주의는 철학적 진단과 처방이 필요한 영역마저 과학적 분석의 대상으로 물화(物化)시키고 말았다. 하지만 이후 임상과학의 한계를 인식함으로써 임상철학을 복권하려는 움직임이 일기 시작한다. 이 글은 이러한 움직임의 시작을 현상학에서 찾는다. 임상철학의 가능성을 임상현상학(clinical phenomenology)에서 찾는다. 특히 이 글은 임상철학의 외연을 정신치료 영역에 한정하여 다루고, 전통적인 임상과학적 정신치료의 한계를 검토하고, 이에 대한 임상철학적 대안을 현상학을 통해 확인하고자 한다.

2. 임상과학의 한계를 넘어

이 글은 임상적 작업을 더욱 깊이 있게 하기 위한 철학의 실천적, 치료적 혁명을 이해하고 확대시키는 데 현상학이 필요하다는 전제에서 출발한다.2) 임상철학의 이론적 토대를 현상학에서 확인하려는 이 글은 우선 왜 임상적 실천에서 방법으로서의 현상학이 필요한가에 대한 간략한 논의부터 시작한다.

---

1) 이러한 요구에 귀를 기울이고 있는 한 철학자의 참회가 의미 있다. 강단철학의 틀을 벗고 우리 한국적 현실이 겪고 있는 정신적 문제들에 대한 임상적 진단과 치료의 필요성을 강조하고 있다. 우리 사회에 만연되어 있는 정신적 혹은 이념적 질병에 대한 진단은 철학적으로 접근하지 않으면 안 된다. 예를 들어 잘못된 가치판단이나 논리적 오류 혹은 이데올로기적 광신병에 의해 야기된 정신적 질병은 철학자가 임상적으로 다루어야 한다. 우리 사회에 만연되어 있지만 눈에 띄지 않는 심각한 철학적 질병은 오직 철학자들에 의해 임상적으로 진단-처방 치유되어야 한다(김영진, 「임상철학을 위하여」, 『철학과 현실』 16권, 1993).

2) P. Koestenbaum, *The New Image of the Person: The Theory and Practice of Clinical Philosophy*, London, 1978.

무엇보다 현상학의 이념은 개념적 사유에 의해 옷 입혀지기 이전의 생생한 경험으로 돌아가기를 요구한다. 정서적 장애나 정신적 질환에 대한 임상과학적 접근의 한계는 바로 개념과 원리들로 생생한 경험의 장을 은폐하는 데 있다. 그러므로 정신적 질환이나 문제를 치료하기 위해 우선 '문제 자체'로 돌아가기를 요구한다.3) 문제 자체를 둘러싸고 있는 온갖 형이상학적 주장들이나 선입견으로부터 벗어나서 문제 그 자체로부터 탐구의 추진력이 시작되어야 한다.4) 인간의 본질에 대한 전통적인 임상과학적 접근은 인간의 본질에 대한 직관을 결여하고 있다. 후설에 있어서 이 생생한 경험은 의식적 경험이다. 이 의식적 경험으로 돌아가려는 요구를 전통적인 주관주의나 유아론으로 해석하기보다 모든 정신적-정서적 장애에 대해 객관적 증상에 앞서 환자의 내적 경험과의 관련성 속에서 새롭게 시작하자는 요구이다. 우리는 이러한 현상학적 요구에 함축되어 있는 정신치료적 의미에 관심을 갖는다. 이러한 요구는 후설의 '무전제의 철학' 이념과 '기술(Deskription)'의 방법론을 요청하지 않을 수 없다. 환자의 정신적 문제 자체로 돌아가기 위해 환자의 문제에 대한 성급한 판단을 유보하고, 사태 자체를 사태 자체에 맞게 충실하게 기술하는 것이 필요하다. 이를 위한 '현상학적 환원'이 요구된다. 의식적 경험의 생생함을 덮고 있는 모든 개념적 원리나 장치들을 일단 괄호쳐두고 환자의 문제를 그 원본성 속에서 드러내기 위한 방법적 절차로서

---

3) 현상학의 임상성을 확인하기 위해, 현상학의 슬로건을 다시 기억하지 않을 수 없다.
  모든 원칙 중의 원칙: 원본적으로 부여하는 모든 직관이 인식의 권리원천이다. 직관 속에서 원본적으로 (말하자면 그 생생한 현실성 속에서) 우리에게 제시되는 모든 것을, 그것이 주어져 있는 바대로, 하지만 그것이 주어져 있는 한계 내에서만 단적으로 받아들여야 한다(『이념들 I』, p.51).

4) *Logos*, pp.340-341.

의 환원은 인식론적 기점을 연역적으로 도출하는 인식론적 절차가 아니라, 문제 자체를 해명하고 치료하기 위한 실천이다. 따라서 현상학적 환원에는 이미 임상적 실천성이 담보되어 있다. 말하자면 근대 자연과학의 주도면밀한 프로젝트에 의해 배제당한 정신성을 회복함으로써 전통적 정신치료의 한계를 극복하려는 임상적 실천이 담보되어 있다. 후설은 근대학문의 위기에 대한 정확한 진단을 하고 그 극복방안을 선험적 차원에서 마련하는 것을 그의 철학함의 화두로 들고 있다.

고대부터 철학은 그 자체가 치료적 실천이었다. 에피쿠로스는 철학의 치료적 함의를 "마음의 병에 대해서는 철학이 그 치료약을 제공한다. 이렇게 볼 때 철학은 마음의 치료제라고 할 수 있다."5)라고 표현한다. 하지만 그 임상적 실천이 엄밀한 방법론을 통해 철저하게 논의될 수 있는 것은 현상학, 즉 임상현상학에 의해서이다. 물론 전통적인 임상심리학 역시 정서적 장애를 치료하기 위해 환자의 내면으로 들어가는 치료방법을 취한다. 하지만 그 접근방법은 어디까지나 과학적 전제나 가설로부터 자유롭지 못하다. 원인-결과라는 오래된 과학적 가설에 묶여 있고, 문제 자체를 이분법적으로 재단하는데 익숙하다. 경험심리학은 이전의 관습적 방법이나 편견을 철저히 보류하고 순수한 경험 자체로 돌아가기 위한 현상학적 환원의 실천을 결여한다. '심리학(psychology)'이나 '심리치료(psychiatry)'란 용어는 그 그리스적 어원에 의하면, 이미 의식과 의식의 건강에 대한 연구이다. 하지만 선험적 의식에 대한 연구는 전통적인 방법으로는 이루어지지 않는다. 의식의 건강과 진정성(authenticity)의 존재와 구조에 대한 물음은 선험현상학에서만 다루어질 수 있다. 정신치료는

5) 루 매리노프, 이종인 옮김, 『철학으로 마음의 병을 치료한다』, 해냄, 2000, p.17에서 재인용.

바로 자아에 대한 반성에서 출발한다. 즉 철학적 반성 혹은 현상학적 환원의 원리를 지속적으로 적용하는 것이다.6) 따라서 경험심리학이 정신치료를 위한 경험적 자료를 제공해 줄 수는 있지만, 그 자료에 대한 분석은 철학적 분석의 도움을 받아야 한다. 철학은 바로 경험적 자료에 대한 반성과 평가에 그 역할이 있다. 이러한 반성과 평가는 환자로 하여금 자신의 존재의 선험적 차원을 이해하도록 해준다. 열린 순수의식의 차원에서 이해하고 사는 것 그 자체가 근본적으로 중요한 치료적 경험이다.7)

이 글은 임상과학의 한계를 넘어서는 대안을 인문학적, 특히 철학적으로 마련하는 것을 목적으로 하고 있다. 특히 임상현상학의 이념이나 방법을 통해 그 철학적 대안을 모색하는 데 있다. 정신적 혹은 정서적 장애에 대한 전통적인 임상적 접근은 주로 전통과학의 기본적 가설에 의존하고 있다. 질병에 대한 전통적인 분류나 정의 역시 과학의 인과적-기계론적 모델에 의존하고 있다. 정신적 문제를 특정한 원인을 진단하여 치료하려는 전통적 접근방식은 정신적 장애나 문제가 하나의 원인으로 단순화될 수 있으리라는 가설에 의존하고 있다. 하지만 모든 질병, 특히 정신적 질병은 하나의 원인으로 환원할 수 없는 복합적 상황에서 기인하는 것이다. 모든 질병은 그 자체가 사회문화적 질병이다. 예를 들어 간경변 환자의 질환은 알코올중독이 주 원인이기도 하지만, 만약 그가 알코올 음료를 손쉽게 구할 수 없는 문화 속에 살았거나 술을 금기시하는 이슬람 문화 속에 살았다면 알코올 중독 환자가 되지 않았을 수도 있다.8) 특히 대표적

---

6) P. Koestenbaum, 앞의 책, p.70.

7) 같은 책, p.71.

8) 헨릭 울프 · 스티그 페데르센 · 라벤 로젠베르그, 이호영 · 이종찬 옮김, 『의학철학』, 아르케, 1999, p.103.

인 정신질환인 우울증 역시 사회문화적 코드를 떠나 이해할 수 없다. 왜냐하면 질병, 특히 정서장애나 정신적 문제는 그 자체가 기계론적 모델로 일반화하여 분류된 객관적 준거에 의해서만 해명될 수 없는 과학 이전의 의식적 삶이나 주체적 삶의 양식에서 비롯되는 사회문화적 생활세계적 경험이기 때문이다.

3. 임상현상학의 배경

현상학은 임상철학을 가능하게 한다. 철학을 인간문제를 해결하는 데 사용하려는 노력은 끊임없이 이루어져 왔고, 인간조건에 대한 현상학적 분석은 전문적이고 체계적인 임상철학을 위해 사용할 수 있는 가장 신뢰할 만한 이론적 토대를 제공한다. 심리치료에서 철학이 공헌할 수 있는 분야가 바로 현상학이다. 과학으로서의 임상학을 넘어 설 수 있는 철학적 대안은 현상학의 이념적 토대에서 확인할 수 있다.

임상현상학의 이념적 토대를 브렌타노(Franz Brentano, 1838-1917)에서 찾는 것은 무리가 없을 것이다. 콩트와 분트에 의해 제기된 실증주의적 전통에서 자유로워지기 위해, 그는 정신적 현상의 특성을 '지향성(Intentionalität)'에서 확인한다. 정신적 현상에 대한 법칙정립적 편견으로부터 자유로워지기 위해, 그는 정신적 현상은 물리적 현상과는 근본적으로 달리 개별성 및 주체성을 특성으로 갖는다고 강조한다. 따라서 정신적 질환 역시 인과적 추리에 근거한 객관적인 설명의 대상이기 이전에 기술(記述)되어야 할 주관적 경험 양식이다. 브렌타노는 객관적 설명에 앞서 주어진 의식에 대한 정확한 기술이 앞서야 한다고 주장한다. 심리적 실증주의는 이 생생한 경험을 객관적인 분류를 목적으로 재단한다. 주체적 삶의 양식으로서의 경험의 다발을 물리적 실재로 환원할 수 없다. 그러므로 브렌타노는 물리적 실재와 심적 실재가 서로 양립할 수 없다고 주장한다. 그 이유는 '의식은 항상 그 무엇을 대상으로 지향한다'는 근본적인 특성을 가지고 있기 때문이다. 브렌타노의 제자 후설은 바로 이 지향성 개념을 더 체계적으로 그 두께를 확장해 나간다. 의식과 대상 사이의 근원적 관계성을 지향성으로 읽어내기 위해, 후설은 의식과 대상 사이를 실재적인(real) 관계로 오인하는 편견을 걷어치우기 위한 철저한 방법론적 성찰을 수행한다. 바로 현상학적 환원이다.

의식작용(Akt)은 그것이 현존하든 현존하지 않든 상관없이 항상 그 어떤 것을 지향하는 합목적적인 활동이다. 이를 바로 의식의 '지향성'이라 칭한다. 정신적 혹은 정서적 실재를 단순히 물리적 현상처럼 다루지 말아야 할 이유가 바로 이 의식의 특성 때문이다. 정신적 질환이나 문제 혹은 정서적 장애는 물리적 현상처럼 객관적으로 그 원인을 설명할 수 없는 주체적 동기나 목적연관 속에서 발생하기 때문이다. 그 주체적 동기는 이해의 대상이지 결코 설명의 대상은 아니다. 왜냐하면 모든 정신적 문제는 바로 내담자나 환자 자신의 의도성이나 동기와 무관하지 않기 때문이다. 어떤 동기와 목적으로 그런 문제를 야기했는지를 이해하기 위해 문제 자체로 돌아가 거기에서부터 새롭게 시작하지 않으면 안 될 이유도 바로 여기에 있다. 임상현상학의 근본적 테제는 바로 의식의 '지향성'에서 출발하며, 지향성이라는 근본 사태에 도달하기 위해 의식이나 정신에 대한 기존의 모든 선입견들로부터 자유로워진 상태에서 문제 자체를 직관하고 기술하기 위한 방법적 절차인 현상학적 환원을 요구되지 않으면 안 된다.

현상학적 지평 위에서 모든 질병을 심신상관학적으로, 즉 의식과 세계 사이의 관계성 속에서 이해하기 시작한다. 메다르 보스(Medard Boss)의 심신상관의학(Psychosomatische Medizin)은 바로 임상현상

학의 지평 위에 서 있다.9) 후설의 지향성을 실존적으로 천착해 들어
간 하이데거를 통해 임상현상학은 더욱 구체화된다. 하이데거의 현
존재 분석은 후설의 지향성을 '정상성(Befindlichkeit)'으로 실존적
차원에서 구체화시킨다. 현존재는 근본적으로 세계내존재로서 이미
그리고 항상 세계와의 근원적 관계성 속에 던져져 있다. 하이데거의
실존분석을 정신질환에 적용한 대표적인 사람들이 프랑켈, 보스, 빈
스방거, 민코우스키, 슈트라우스 등이다. 이들은 우리가 정신분석학
자들 중 '임상현상학자'라 부를 수 있는 사람들이다. 특히 빈스방거
는 하이데거야말로 정신질환에 대한 기존의 과학적 방법의 한계를
넘어설 수 있는 새로운 지평을 제시해 준 사람으로 이해한다. 빈스
방거는 정신적으로 병든 인간을 생물학적 부조화 증후를 나타내는
'병든 유기체(sick organism)'로 규정하는 입장에 반대하기 위해 임
상현상학을 구체화한다.10) 빈스방거와 같은 임상현상학자들은 정신
질환에 대한 자연주의적 접근을 넘어서려고 한다. 정신질환을 비정
상적인 생물학적 기능, 부적절한 사회적 행동 등으로 규정하는 입장
을 넘어선다. 정신질환을 무의식의 차원으로 환원하려는 프로이트의
입장 역시 비현상학적이다. 왜냐하면 프로이트는 의식적 경험이 가
지는 중요성을 의도적으로 간과하기 때문이다. 이미 주어져 있는 것,
직접적으로 경험된 것, 직접적으로 주어진 것 등으로 지칭되는 생생
하게 현전하는 것에서부터 다시 시작하려는 현상학자들은 질병의 원
인을 무의식적 욕망에서 찾지 않는다. 모든 것을 무의식적인 성적
욕망으로 환원하는 프로이트적 가설은 의식적 경험의 장(場)에 주어

---

9) 다음을 참조. 진교훈, 「메다르 보스에게서 현존재 분석의 의미」, 『현상학과
   정신분석』, 2000, pp.45-75.
10) D. Fewtrell and K. O'Connor, *Clinical Phenomenology and Cognitive
   Psychology*, London and New York, 1995, p.8.

져 있는 생생한 의미-연관(meaning-matrix)을 간과할 위험성이 있다. 생생한 현전에 호소하려는 현상학자들은 바로 정신질환을 앓고 있는 내담자나 환자의 문제 자체로 돌아가서 그 사태 자체로부터 들려오는 소리를 생생하게 듣기 위해 이전의 모든 방법론적 편견을 괄호쳐 두기를 요구한다. 왜냐하면 내담자의 정신적 문제는 상담자의 자의적 규준에 의해 객관적으로 설명될 수 없는 그만의 주체적 동기와 의미지향과 연관되지 않을 수 없기 때문이다.

로저스의 '내담자 중심의 심리학(client-centered psychology)' 역시 이런 맥락에서 임상현상학의 대표적 사례이다. 내담자 스스로 자신의 문제를 재평가하는 데 도움을 주기 위해, 치료자는 내담자의 '현상학적 장(phenomenological field)'에 대한 구성적(해석적) 탐구를 시도해야 한다.11) 왜냐하면 내담자의 행동이나 비정상적인 사고는 바로 그 자신의 의식적 삶과 무관하게 객관적으로 설명될 수 없는 것이기 때문이다. 모든 객관적 행동이나 의미체는 그것을 구성하는 주체의 지향적 연관과 분리해서 설명될 수 없다. 이런 점에서 내담자 중심의 심리치료는 바로 후설의 지향성에 많은 빚을 지고 있으며, 대화를 통한 상호주관적 의미구성의 중요성이 더욱 강조되지 않을 수 없다. 우리가 '임상현상학자'라 부를 수 있는 사람들은 어떻든 브렌타노의 지향성과 후설의 현상학적 환원의 이념에 빚을 지고 있는 사람들이다. 물론 후설의 지향성이나 환원의 이념에 묻어 있는 주관주의적-관념적 성격을 비판하면서 현존재 분석으로 지향성을 구체화시켜 나간 하이데거나 빈스방거와 같은 사람들 그리고 후설의 상호주관성이론을 상담자 중심의 정신치료 모델로 비판하고 감정이입의 신화적 차원을 넘어, 하이데거의 현존재 분석과는 달리, 정신병

---

11) 같은 책, p.11.

리학적 차원으로 확장해 나간 야스퍼스 등이 얼마나 후설의 현상학에 충실한가 하는 문제는 이미 해묵은 논쟁거리가 되고 있다. 어떻든 우리가 '임상현상학자'란 이름으로 거명하는 사람들 중, 스피겔버그의 말대로, 야스퍼스가 주요한 창시자라고 말할 수 있을 것이다.12) 이 글은 이러한 일련의 임상현상학적 흐름을 주목하면서, 하이데거에 의해 현존재 실존분석으로 구체화되기 이전의, 그리고 야스퍼스에 의해 정신병리학적으로 체계화되기 이전의 후설의 현상학적 사유속에서 정신치료의 임상철학적 토대를 확인할 것이다. 특히 의식의특성을 지향성에서 확인하고, 그 특성에 비추어 정신질환이나 정서적 장애를 치료하는 방법은 인과론적 추론에 근거한 전통적인 치료방법과는 달라야 한다는 임상현상학적 관점을 취하는 대표적인 심리철학자로 데이빗슨(Donald Davidson)을 들 수 있을 것이다

4. 데이빗슨의 임상현상학적 관점

1) 데이빗슨의 심신무법칙론

인간의 고통이나 욕구 등 심리상태는 어떤 행위의 원인이 되고 있으며, 상처나 탈수 등 육체적인 변화도 통증이나 갈증을 일으킨다. 곧 어떤 정신의 상태는 육체적 변화에 의해서 나타나거나 없어지며 또는 다른 상태로 변화될 수도 있다. 육체적 원인은 우리의 감각이나 정서적인 느낌, 그리고 사고에 영향을 끼치는 것과 같이 정신의상태들에 대해서도 영향을 끼친다. 이처럼 육체적 현상들은 정신적현상에 영향을 줄 수 있으며, 반대로 정신적 현상들도 육체적인 것

---

12) 같은 책, p.13.

에 여러 가지로 영향을 줄 수 있다.

이렇게 일상에서 발견되는 정신적 현상과 육체적 현상이 상호작용할 수 있다는 것을 철학은 주로 원인과 결과의 원리로 해명해 왔다. 여기에는 물론 정신과 육체의 상호작용을 사건으로 보는 것이 전제되어 있다. 곧 정신적 사건들은 물리적 과정의 결과로 야기되고 또한 물리적 사건은 정신적 과정의 결과로 야기된다는 것이다.

이렇게 사건들 사이의 결정이나 의존의 연관성을 인과의 관계로 드러낼 때, 인과성은 원인과 결과의 관계에 들어오는 대상을 하나의 관점으로 고정시키게 된다. 이러한 인과의 관점에서는 하나의 사건을 다른 사건과의 연관 속에서 이해함으로써 한 사건이 다른 사건을 일으킨 까닭을 설명할 수 있게 된다. 다시 말해서 한 사건이 다른 사건과의 의존 그리고 결정관계에 서게 함으로써 한 사건의 발생으로 다른 사건을 이해하고 설명할 수 있기 때문이다.

데이빗슨은 그의 논문 「정신적 사건(Mental Events)」과 「철학으로서의 심리학(Psychology as Philosophy)」에서 각각의 정신적 사례는 물리적 사례라고 주장하면서 정신적인 것과 물리적인 것을 연결하는 어떤 엄격한 법칙이 있음을 부정한다. 그는 합당하게 신뢰할 수 있는 심리물리적 일반화들(psychophysical generalizations)이 존재함을 인정하지만, 이 일반화들은 엄격한 법칙들로 다듬어질 수 없다고 주장한다. 따라서 정신적인 것과 물리적인 것, 예컨대 정신적 사건들과 그 행동 결과들 사이를 연결하는 어떤 엄격한 인과법칙들은 없을 뿐만 아니라 또한 정신적인 것과 정신적인 것을 연결하는 법칙들도 없다는 것을 주장한다.

데이빗슨은 그의 논문 「정신적 사건」에서 다음과 같이 주장한다. 첫째, 적어도 어떤 정신적 사건은 물리적 사건과 인과적으로 상호작용을 한다. 둘째, 인과관계가 있으면 거기에는 반드시 어떤 법칙이 있어야 한다. 셋째, 정신적 사건들이 예측되고 설명될 수 있는 엄격한 법칙은 없다. 이 세 가지 원리에서 인과적 상호작용(Causal Interaction)과 법칙적 독립성(무법칙성)이 명백한 사실이라는 가정에서 출발하여, 정신적인 것과 물리적인 것이 어떻게 조화될 수 있는가를 설명하면서 '무법칙적 일원론(Anomalous Monism)'을 도출해 낸다.

데이빗슨의 일원론에 따르면, 모든 사건은 물리적이지만 모든 사건이 정신적인 것은 아니기 때문에 물리적인 것만으로도 하나의 완결된 체계를 이룬다. 그러므로 그의 심신인과법칙은 물리적 기술들 사이의 관계이다. 그가 무법칙적 일원론에서 제시한 것은 정신적 영역은 정합성, 합리성, 일관성과 같은 조건에 의해 규제되는 반면에 물리적 영역은 그렇지 않다는 것이다. 다시 말하면, 정신적 영역은 인간 합리성의 전반적인 설득력에 의해서 규제되는 반면, 물리적 영역은 그렇지 않다는 점에서 엄밀한 심신법칙은 존재하지 않는다.

따라서 데이빗슨은 심신무법칙론 위에서만 심성의 무법칙성, 즉 심성의 자율성을 보존할 수 있다는 것이다. 그러나 심신무법칙론은 심신 사이의 모든 일반적 관계를 부정하는 것은 아니며 단지 엄격한 법칙적 관계가 있을 수 없다는 것을 주장할 뿐이다.

2) 심적인 것의 전체성

데이빗슨은 인간의 사유와 행동을 어떻게 설명해야 하는지에 관한 것을 심적인 것에 대한 전체론(Holism)이라는 이론으로 대체한다. 논리적 행동주의자들은 어떤 사람이 생각하고 행동한 것을 그 사람의 믿음, 욕구, 의도, 희망, 공포 그리고 다른 심적 상태들의 전체 그물망으로부터 추상화해서 설명하는 것이 가능하며, 한 사람의 욕구가 서로서로 독립적으로 특정화될 수 있고 행동의 개별적 사례들의 검토에 의해 홀로 결정할 수 있다고 주장하는 반면에 데이빗슨은 한 사람이 믿고 욕구하는 것에 대한 이해가 한 사람이 행하는 것에 대한 이해의 상호의존적인 요소들이라고 생각한다.13)

이것이 심적인 것의 전체론이다. 왜냐하면 그것은 한 사람의 심적 상태들이 서로서로 폭넓게 결합한다는 가정을 포함하기 때문이다. 데이빗슨에 따르면, 우리가 어떤 사람을 한 인간으로 다룰 때 의미하는 것은 심적 상태의 믿음들, 욕구들, 그리고 다른 태도들이 하나의 합리적 유형을 형성한다. 한 사람이 믿는 것과 한 남자 혹은 한 여자가 언어를 사용할 때 의미하는 것 사이에는 밀접한 대응관계가 있을 수 있다. 사람들이 의미하는 것은 그들이 믿고, 희망하고, 두려워하고, 의도하는 것과 다를 수 없는 것이다. 왜냐하면 이런 심적 태도들은 언어적 내용을 가지고 있기 때문이다. 우리가 어떤 것에 대해서 믿는다는 것과 희망한다는 것은 '그러한 것에 대해서' 믿는 것이고, 희망하는 것이다. 이 경우에 '~라는 것'은 어떤 명제 P가 뒤따르는 것이다. 그래서 한 사람은 P라는 것, 즉 P에 대해서 믿을 수 있고, P라는 것을 원할 수 있고, P라는 것을 후회할 수 있다는 의미이다. 여기에서 P는 문장에 의해 표현되는 것이다. 이와 같은 방식으로 기술된 심적 상태들은 '명제적 태도들(propositional attitudes)'이라 불린다. 왜냐하면 심적 상태들은 명제에 대한 심리적 태도들이거나 어떤 직설법적 문장에 의해 표현되는 것이기 때문이다. 명백하게 다양한 태도들의 내용인 믿고, 희망하고, 원하는 것 등은 한 개인의 여러 가지 태도들을 가로질러서 동일한 것일 수 있다. 데이빗슨은 심적인 것의 전체론에서 이러한 것들을 참작한다. 한 사람이 믿고, 욕구하는 바를 발견할 때마다 그 사람이 언어를 사용하면서 의미하

---

13) 스티븐 프리스트, 박찬수 외 옮김, 『마음의 이론』, 고려원, 1995, p.170.

는 바를 반드시 찾아내야만 한다는 논제를 포함한다. 반면에 어떤 사람의 명제적 태도들의 내용을 발견하지 않고서는 그 사람이 사용하는 언어의 의미를 찾아내는 것은 불가능하다.

데이빗슨의 심적인 것에 대한 전체론적 접근은 언어철학과 밀접하게 연결되어 있다. 그는 어떤 언어 A에 대한 하나의 의미론은 A의 문장들이 우리로 하여금 그 의미를 결정할 수 있게 해준다. 즉 한 사람이 어떤 문장으로 의미하고자 하는 것은 그 문장을 그가 믿을 때 믿는 것과 다를 수 없다는 전제와 한 사람의 믿음의 의미를 이해하는 것은 그 사람의 욕구와 일련의 행동들의 의미를 이해하는 것이라는 전제에서이다. 데이빗슨은 이러한 전제에서 인간의 행위와 사유를 설명하고자 한 것이다. 데이빗슨은 심신무법칙성에 대해서 정신적 영역에 관한 전체론적 견해로부터 나오는 논증에 의해 심신법칙이 존재하지 않음을 다음과 같이 주장한다.

믿음과 욕구들은 또 다른 믿음, 욕구, 태도와 주의 등에 의해서 끝없이 수정되고 조정되어서 행위 안에 나타난다. 정신적 영역에 관한 이런 전체론적 견해는 정신적인 것의 자율성과 무법칙성에 어떤 단서를 제공하는 것이 분명하다.14)

앞에서 제시한 정신적 사건의 정의에 따르면, 정신적인 것은 지향적인 것으로 명제태도들(propositional attitudes), 즉 명제적 내용(propositional content)을 갖는 지향적 심리적 상태들이다. 그러한 심리적 상태의 고유한 특성에 대한 데이빗슨의 주장은 그의 논문 곳곳에서 찾아볼 수 있는데, 다음과 같다.

---

14) Donald Davidson, *Eassays on Actions and Events*, Oxford University Press, Oxford, 1982, p.217.

행위에 관한 이론의 정확성과 힘을 증진시키려는 모든 노력도 우리로 하여금 그 행위자의 믿음과 동기들의 전체 체계를 점점 더 직접적으로 고려할 것을 요구한다. 그러나 증거로부터 이 체계를 추론함에 있어서 우리는 반드시 정합성(coherence)과 합리성(rationality)과 일관성(consistency)의 조건들을 따라야 한다. 이 조건들은 물리이론에는 반영되지 않는데, 이것이 바로 우리가 심리적인 현상과 물리적인 현상들 사이에 대략적인 상관관계들 이상의 것을 요구할 수 없는 이유이다.[15]

어떤 종류의 대상들을 포섭하는 하나의 포괄적인 이론이 없는 한 그 대상에다 길이를 부과하는 것을 이해할 수 없듯이, 우리는 한 행위자의 믿음들, 욕구들, 의도들, 결정들에 관한 자족적인 이론의 틀 없이는 그에게 어떤 명제태도를 부여하는 것도 이해할 수 없을 것이다. 그것이 아무리 명백하게 드러나 있다고 할지라도, 한 사람의 언어적 행동, 그의 선택, 다른 부분적 기호들에 기초해서 그에게 일대일로 믿음들을 부과할 수는 없다. 왜냐하면 우리는 개별적인 믿음들이 다른 믿음들, 선호, 의도, 희망, 공포, 기대 등과 정합적일 경우에만 그 개별적 믿음들에 의미를 부여할 수 있기 때문이다. 그것은 단지 길이의 측정에서처럼 각각의 경우들이 한 이론을 테스트하거나 그것에 의존할 뿐만이 아니라, 한 명제태도의 내용은 그 패턴 안에 위치하는 그것의 자리로부터 도출된다는 것을 말한다.[16]

만일 우리가 유의미하게 태도와 믿음들을 부여하거나 효과적으로 운동을 행위로서 기술하려고 한다면, 그때 우리는 행위, 믿음, 바람의 패턴 안에서 광범위한 정도의 합리성과 일관성을 발견하도록 노력해야 한다.[17]

---

15) Davidson, *Essay* 12, p.231.
16) Davidson, *Essay* 11, p.221.
17) Davidson, *Essay* 12, p.237.

이러한 주장들은 데이빗슨의 '정신적 전체론'을 나타낸다. 즉 어떤 사람에게 하나의 정신적 상태를 부여할 경우에 그 사람에게 귀속되는 믿음, 욕구, 공포, 바람, 후회, 희망들, 그리고 그 외의 모든 것의 전체 체계가 최대로 일관적이고 합리적이도록 해야 한다는 요구에 의해 엄격히 제한받는다는 점에서 정신적인 것은 전체론적이다. 이러한 정합성이나 합리성을 극대화하는 조건은 데이빗슨에 따르면 지향적인 것의 본질적 특성이다. 그리고 합리성 극대화 원리를 구현하는 것처럼 지향적인 것으로서의 정신적인 것에 대한 전체적 특성이다.

예컨대, 믿음과 욕구가 행위로 나타나는 방식을 설명하자면 믿음 A와 욕구 B는 오직 어떤 심리적 배경 아래에서만 행위 C를 일으킴을 알 수 있다. 갑자기 친구가 보고 싶다는 생각에 휴대폰을 꺼내든 순간 욕구가 충족되려면 전화번호를 눌러야 한다고 믿는다. 그런데 만일 그 친구와 다툰 뒤 껄끄러운 감정이 남아 있을 때 그 친구를 보고 싶다는 생각보다는 껄끄러운 감정이 더 강하게 남아 있다면 어떨까? 그렇다면 친구에게 전화를 걸려는 마음을 거둘지도 모른다. 그러나 친구와의 껄끄러운 감정보다는 친구가 보고 싶다는 생각이 더 강하다면 원래의 행동이 다시 나타날지도 모른다. 또, 그 외의 다른 심리적 요인들이 있을 수 있을 것이고 만일 그렇다면 그 상황은 다시 불확정하게 변화될 것이다.

데이빗슨에 따르면 이러한 전체론은 심리 영역에서처럼 순수한 물리 영역에서도 발견되는 것이다. 어떤 기계 속의 장치가 만들어지고 나면 그 나름의 작동 패턴이 있을 것이다. 그러나 이런 장치는 꼭 이런 작동 패턴을 가져야만 한다는 법칙이 없음은 당연하다. 이 장치를 어떤 식으로든 방해하는 규정되지 않은 다른 요소들의 영역이 있을지 모른다. 그는 심리상태를 가정할 때 그 상태를 지니는 사람에게 불가피하게 어느 정도의 정합성, 합리성, 일관성을 귀속시켜야 한다는 것이다.

여기서 정신적 영역에 관한 전체론적 견해로부터 나오는 논증에 의해 심신법칙이 존재하지 않는다는 것을 데이빗슨이 보여주고 있음을 알 수 있다. 데이빗슨은 심리적 특성과 물리적 특성 사이의 법칙적 연결이 있음을 부정하지만 개별적인 정신적 사건과 물리적 사건 간의 어떤 상관관계나 법칙이 있는 것까지 부정하지는 않는다.

3) 욕구, 바람, 믿음 그리고 의도적 행위

데이빗슨은 심성에 대한 해석적 관점을 개념적 진리라고 생각하고, 이것을 기초로 하여 심적인 것과 물리적인 것의 구성 원리들 간의 질적 차이에 근거하여 심신무법칙론을 논증한 것이다. 물리적 구성 원리와 본질적으로 다른 심성의 합리성 원리는 심성에 대한 해석적 관점에 기인한 것이다.

전통적인 실체론적 관점에서 마음은 다양한 심적 상태들의 주체로서 실체이며 심적 상태란 자연적 또는 본질적 심적 속성을 나타낸다. 자연적 속성들은 인과적으로 관련된 속성들로서 경험과학의 탐구의 대상이 될 수 있다. 반면에 삼인칭의 해석적 관점에서는 자연적 심적 속성들은 존재하지 않으며 어떤 심적 속성도 그 자체로 인과적 속성이 아니다. 앞에서 논의되었던 데이빗슨의 무법칙적 일원론은 바로 심성에 대한 해석적 관점을 취하고 있다. 해석적 관점에서 볼 때, 자연 본래적인 속성들은 존재하지 않으며 심적 속성들은 경험적 탐구의 대상이 되는 인과적 속성들이 아니다. 심적 사건에 대한 해석적 관점은 명제적 내용을 갖는 명제태도를 심성의 구성요소로 간주한다. 이것은 지향적 심적 상태의 내용들 간의 정합적 합리성을 요구하는 심성의 본질적 특성으로서 전체성을 중요하게 생각하는 이유라고 할 수 있다.

데이빗슨에 있어서 행위는 외연적이고 구체적 개별적인 사건이다. 행위와 비행위는 외연적으로 구분이 가능하다. 즉 그 구분은 개별적인 사건들 사이에서 이루어지는 구분이다. 그러나 행위의 조건은 '의도적'이라는 내포적 특성에 의존하며, 의도적 행위(intentional action)와 비의도적 행위(unintentional action) 간의 구분은 내포적으로 이루어진다. 데이빗슨에 있어서 행위가 의도적 행위와 비의도적 행위로 분리되고 구별되는 것은 동일한 행위가 각각 어떻게 기술되느냐에 따라 의도적일 수도 있고 비의도적일 수도 있기 때문이다. 비의도적 행위는 다른 적절한 기술에 의하면 의도적 행위일 수도 있고, 모든 행위는 어떤 기술에 있어선 의도적 행위인 것이다. 따라서 데이빗슨에 따르면 어떤 사건은 그것이 의도적인 것으로 기술될 수 있을 때, 그리고 오직 그때에만 행위이다.[18] 그것은 행위가 의도적 행위이게 보이는 방식으로 기술될 때 오직 그때에만 그 행위는 이유에 의해 합리화될 수 있는 것이다. 모든 의도적 행위는 보는 관점에 따라서 여러 가지의 이유들로 합리화될 수 있고, 그러한 많은 이유들이 모두 바람과 믿음의 형태로 재기술될 수 있는 것이다. 여기서 믿음은 긍정적 태도 또는 바람과 행위 간을 연결시켜 주는 역할을 한다. 이러한 믿음은 설명되어야 할 행위가 바람을 충족시키는 행위라는 것을 믿는 것이다.

인간의 행위를 설명하는 데 있어서 기존의 전통적 접근방식과 데이빗슨의 설명방식은 다르다고 할 수 있다. 프로이트의 무의식 이론에 따르면 무의식적 인간의 욕구는 의식되지 않으므로 그것에 따르

---

18) Davidson, *Essays* 12, p.229.

거나 삼가는 행위를 의도적으로 하는 것 자체가 불가능하다. 행위자가 행위의 이유를 갖는 한 그것은 그의 행위에 반영되어야 하고, 그가 자신의 믿음이나 이유를 갖는 한 그것은 그의 행위에 반영되어야 한다. 그러나 그가 자신의 믿음이나 이유를 의식하지 못하는 한 그는 그 믿음이나 행위의 주체가 될 수도 없다. 사실상 프로이트는 비합리적 행위자를 자유와 책임의 주체로 보기보다는 인간의 무의식과 억압의 희생물로서 치유되어야 할 대상으로 간주한다.

그러나 데이빗슨은 의지의 행위 인과론을 거부함에 있어서 의도적 행위에는 항상 일차적 이유(바람과 믿음)가 있어야 하지만, 모든 행위에 공통적으로 존재하는 원인으로서의 의도란 없다는 것이다. 즉 우리가 의도적으로 한 손을 올리려고 하기 위해서는 한 손을 올리려는 것에 대한 긍정적 태도를 가져야 하지만, 한 손을 올리는 것을 행하는 모든 경우에 한 손을 올리려는 의도와 같은 특정한 종류의 심적 태도란 없다는 것이다. 오히려 주어진 상황에서 행위의 원인들에는 많은 종류의 사건들이 있다. 예를 들면 한 사람이 의도적으로 손을 흔드는 모든 경우에 공통적인 특정한 사건을 발견할 수 없다. 마치 비행기가 추락하는 모든 경우 거기에는 공통적인 단일한 원인이 있을 수 없듯이 행위도 마찬가지로 여러 종류의 다양한 원인을 갖는다. 즉 의도적 행위에는 항상 일차적 이유인 바람과 믿음이 있어야 하지만, 모든 행위에 공통적으로 존재하는 원인으로서의 의도란 없다는 것이다.

위의 논의에 따르면 데이빗슨에 있어서 의도는 행위를 수행하기 전에 마음 안에서 일어나는 어떤 신비스러운 작용이나 체험이 아니라 행위를 실천하기 위한 추론의 배경이 되는 지향적 기술체계에 근거한 행위의 술어이다. 이 경우 행위자의 숙고 능력 이외에 다른 불가사의한 능력을 전제하지 않는다. 다시 말하면 의도란 행위를 통하여 나타나는 믿음과 욕구의 표현이다. 의도는 의도하는 행위와 구분되는 것이 아니라 행위를 통한 행위자 자신의 표현이며 또한 자신을 이해하는 방식이다. 곧 지향적 체계 안에서 행위의 의도를 파악하는 것은 행위자인 자신을 행위주체로 보는 것이며 그것은 과학법칙들의 그물망에 걸리지 않는 행위자 자신의 표현인 것이다. 이러한 의도 개념은 행위자와 세계를 이해하는 데 있어서 대상적이고 과학적인 관점이 아니라 주체적이고 지향적인 관점을 반영하고 있다고 할 수 있다. 따라서 임상현상학적 관점에서 본다면 데이빗슨은 치료자가 환자의 마음을 전체론적 시각에서 상황적으로 이해하는 해석적 치료 방법을 취하는, 심성에 대한 해석적 관점에 서 있다고 할 수 있다.

5. 현상학적 환원의 임상철학적 함의

후설의 현상학적 환원의 방법적 타당성에 대한 논의는 여기에 언급할 필요가 없을 정도로 논의의 초점이 되어 왔다. 그러나 이 글이 임상현상학의 학적 가능성을 모색한다는 점에서, 이 문제에 대한 논의는 필요할 것이다.

임상현상학의 관점에서 후설의 환원에 대한 야스퍼스의 지적은 일면 타당성을 갖는다. 상담자와 내담자 혹은 치료자와 환자 사이의 상호 감정이입을 통한 대화적 경험이 근본적으로 불가능하다는 지적이다. 야스퍼스에 있어서 후설의 감정이입을 통한 상호주관적 경험의 구성이란 테제는 신화일 뿐이다. 후설의 상호주관성이론에서 환자는 영원한 타자로 남아 있을 수밖에 없다. 임상치료자와 환자 사이의 감정이입 혹은 유비적 짝짓기라는 후설의 현상학적 테제는 유아론적 가상의 전형적 대변자로 보인다.

그러나 문제는 과연 후설의 선험현상학적 방법이 타자, 즉 환자의 경험을 임상치료자의 의도대로 재단하고 굴절시키는 메커니즘인가? 우리는 주도적인 선험현상학자인 모한티(J. N. Mohanty)의 말에 따라 선험현상학의 방법론적 성찰에 의문을 던지는 선-선험적(pre-tran-scendental) 접근방법을 '의심의 현상학(phenomenology of suspicion)'이라 부를 수 있을 것이다. 즉 선-선험적 접근은 현상학적 환원에 의해 열린 타자의 경험에 의심의 눈초리를 던지는 '의심의 현상학'이다. 필자는 후설의 현상학의 초심으로 돌아가기를 원한다. 후설의 선험현상학의 이념은 결코 타자의 경험을 왜곡시키거나 굴절시키지 않는다. 사태 자체로 돌아가려는 현상학의 환원의 이념은 환자의 경험을 있는 그대로 드러내어 밝히려는 임상적 방법 이외의 다른 것이 아니다. 모한티의 말을 빌려, 우리는 후설의 이러한 입장을 '존중의 현상학(phenomenology of respect)'으로 부를 수 있을 것이다.19) 즉 환자의 경험 자체에 대한 존중이다. 임상치료자의 자의적 구성이나 해석에 의해 환자의 경험 자체가 굴절되기 이전의 사태로 되돌아가 다시 시작하려는 임상치료자의 겸손은 바로 환자에 대한 배려와 존중으로 이어진다. 말하자면 선험현상학자는 정신병리학적 규준에 의해 환자의 경험 자체를 추상화하거나 자의적으로 해석하려는 주체의 거만함에서 타자에 대한 존중으로 옮겨갈 것을 주문한다.

이와 같은 선험현상학적 접근방식은 경험심리학에 의해 객관적 사실로 다루어지기 이전에 그 사실이 의미 있는 것으로 구성되는 의식적 장에 대한 반성을 중요하게 생각한다. 그러므로 임상자료를 전통적인 심층심리학보다 더 깊은 수준에서 다룰 수 있게 한다. 왜냐하면 경험심리학이 비록 심층적으로 영적인 층에 접근한다고 하더라

---

19) 다음을 참조. L. Davidson, "Phenomenology and contemporary clinical practice: introduction to Special Issue", *Journal of Phenomenological Psychology*, September 22, 2004.

도, 그것은 바로 순수의식의 지향작용에 의해 의미 지어진 객관적 사실에 지나지 않는 것이기 때문이다.[20] 현상학적 환원에 의해 열린 (주체-객체라는 낡은 이분법적 사고 이전의) 근원적 경험의 장으로서의 순수의식은 임상현상학의 고유한 영역이다. 현상학적 환원에 의해 열린 순수의식의 영역은 임상적 현상들을 가장 깊은 수준에서 분석하고 기술할 수 있게 하기 위한 임상적 실천의 장(場)이다.

그러므로 선험현상학적 환원의 정신치료적 함의에 대해 고려하지 않을 수 없다. 경험심리학이나 심리치료에 의해 은폐되어 버린 순수의식을 회복한다는 것은 바로 임상과학에 의해 자의적으로 진단된 경험의 원본적(原本的) 의미를 회복한다는 것이다. 현상학적 환원에 의해 회복된 순수의식은 경험심리학적으로 추상된 객관적 원리에 따라 자의적으로 진단-치료된 것들을 더 깊은 차원에서 치료할 수 있는 가능성을 열어주는 임상적 실천의 장이다.

6. 정서적 장애에 대한 임상현상학적 진단

우리가 정신치료의 분야에서 정서적 장애나 문제라고 부르는 정신질환의 경우, 이 '정서(emotion)'란 개념에 대한 이해가 선행되지 않으면 안 된다. 왜냐하면 이 개념에 대한 이해가 없이는 장애나 문제를 치료할 효율적 방법이 모색될 수 없기 때문이다. '정서'란 개념의 외연을 어떻게 규정하는가 하는 문제는 정신치료의 영역에서 매우 중요한 철학적 문제 중 하나이다.

전통적으로 정서나 감정은 이성에 의해 교정을 받아야 할 비합리적 감정 덩어리로 규정되어 왔다. 그러므로 정서적 장애는 이성에

---

20) P. Koestenbaum, 앞의 책, p.34.

의한 합리적 조정이나 통제에 의해 치료되지 않으면 안 된다. 플라톤이나 아리스토텔레스 이후 근대에 이르기까지 열정이나 감정은 신체(soma)의 확장으로서 항상 합리적 이성에 의해 통제되어야 할 대상이다. 특히 스토아학파는 정서를 바로 육체적 병과 유사한 질병으로 규정한다.21) 따라서 철학은 바로 정서적 장애에 대한 합리적 치료 수단이다. 칸트, 베이컨, 프로이트, 스토아학파, 에피쿠로스학파 등 모두 이러한 접근방식을 취한다.22)

그러나 이러한 전통적 접근방식은 환자의 언어나 행동양식 등을 합리적 규준에 따라 진단하는 데 익숙해져 있을 뿐, 환자 자신의 정서적 혹은 정신적 문제 자체를 있는 그대로 들여다보려는 시도는 하지 않는다. 이것은 정서와 이성을 분리하고 이성의 편에서 정서적 장애를 합리적으로 진단-치료하려는 편견, 즉 정서적 장애 자체를 단적으로 들여다보려 하지 않는 데서 가능한 것이다. 만약 정서가 이성과 분리된 그 자체 비합리적 열정 덩어리여서 항상 이성의 합리적 통제를 받아야 할 것이 아니라면 우리는 정서 자체에 대한 접근을 새롭게 하지 않으면 안 된다. 만약 정서 자체가 이미 더 이상 합리적-비합리적 분리 이전의 원초적 감정이라고 한다면, 정서적 장애에 대한 치료적 접근 역시 달라야 한다.

그러므로 '정서나 감정이 풀려야 한다'는 생각이 잘못된 것이다. 불안이나 공포와 같은 정서나 감정을 푸는 것은 효과적 치료가 아니라 오히려 해로운 행동 패턴을 만들어내는 것이다.23) "당신의 정서를 들여다보라", "당신이 진정으로 느끼는 것이 무엇인지 말해 보

---

21) D. Fewtrell and K. O'Connor, 앞의 책, p.45.

22) W. Shibles, *Emotion: the method of philosophical therapy*, The Langue Press, Wisconsin, 1974, p.215.

23) 같은 책, p.218.

라", "당신의 감정에 정직하라" 등으로 환자에게 용기를 주려는 치료자는 환자를 잘못 인도하고 있다. 사실 정서가 무엇인지를 정확히 알 수 없는 것이기 때문이다. 그러므로 환자에게 이렇게 요구하는 것은 오히려 환자를 혼동시키는 것이다.

우리는 이러한 맥락에서 정서적 장애나 정신질환의 문제를 어느 하나의 원인으로 환원하여 치료하려는 오래된 전통을 벗어나야 한다. 열정을 질병으로 보고 그 합리적 근거를 찾으려는 입장이나 무의식의 차원에서 그 원인을 찾으려는 입장은 모두 인간의 근본적 감정인 정서에 대한 근본적 오해에서 비롯된 것이다. 정서는 그 자체가 이성과 분리된 것이 아니다. 정서는 이미 그 자체의 구조 안에 합리적 질서를 갖추고 있다. '의식의 지향'이란 용어를 이성의 지향으로 규정하는 것은 의식적 경험이 가지는 다층적 구조를 간과한 데서 비롯된 것이다. 의식은 넓은 의미에서 모든 종류의 의식적 경험을 총칭한다.

우리는 이러한 의식적 경험의 다층성을 이해하고 정서 자체에 대해 전통과는 다른 시각에서 출발하는 입장을 현상학, 특히 후설의 선험현상학의 이념에서 확인하려고 한다. 이러한 작업은 전통적인 정신 혹은 심리 치료가 근본적으로 정서적 장애를 치료하기 위한 것이고, 만약 그 치료적 측면에서 아직 충분한 효율성을 담보 받지 못한다면, 이 정서적 경험에 대한 새로운 이해에서 출발하지 않으면 안 된다. 이 새로운 이해의 지평은 바로 현상학적 관점에서만 열릴 수 있을 것이다.

정서적 장애를 치료하려면 우선 '정서'가 무엇인지를 알아야 한다. 정서가 무엇인지에 대해 혼란스럽다면, 치료 역시 실패할 것이다. 전통적인 치료가 실패했다면, 그것은 어떤 의미에서 '정서'에 대한 철학적 성찰을 간과했기 때문이다. 그러므로 정서적 장애에 대한 치료는 어차피 철학적 치료의 도움을 받지 않을 수 없다. 예컨대 '정서'는 그 자체 실체가 없는 하나의 허구로 생각하는가 혹은 어떤 종류의 내적 상태나 실재라고 생각하는가에 따라 그 치료적 접근방법 역시 달라야 한다. 그러므로 전통적인 심리치료의 방법론적 한계를 극복하기 위해 '정서'에 대한 철학적 성찰은 필수적이다. 그리고 철학적 성찰이 어떤 관점에서 이루어지는가에 따라 정서에 대한 이해 역시 달라질 수밖에 없다. 전통적으로 정서는 이성이나 사유와 비교하여 그 자체 합리적-합목적적 질서를 갖지 않는 낮은 단계의 인간능력으로 보았다. 하지만 이러한 시각은 정서 자체에 대한 편견에서 비롯된 것이다. 정서는 이성과 분리되어 이성에 의해 합리적으로 통제나 교정을 받아야 할 열등한 감정이 아니다. 오히려 정서는 이성과 분리할 수 없을 정도로 유기적으로 얽혀 있다. 따라서 정서 자체에 대한 편견을 없애고 정서 자체로 돌아가 다시 읽어낸다면, 정서는 이미 이성에게만 할당되어 왔던 합목적적 의도성, 즉 지향성을, 비록 낮은 단계이긴 하지만, 그 특성으로 가지고 있다. 따라서 인간의 본성을 과학적으로 재단해 온 전통적 방법에 의해 정서는 다른 능력과 구분되어 분류될 대상이 아니다. 오히려 내담자나 환자의 정서적 장애는 그가 처한 상황과의 관련 속에서 평가되고 이해되고 해석되어야 할, 따라서 철학적으로 접근해야 할 문제이다. 이러한 접근방식은 임상현상학의 관점에서 준비되어야 한다. 왜냐하면 현상학은 인간의 본성을 유기적으로 읽기 시작한 중대한 관점을 제시하고 있기 때문이다.

만약 정서적 장애가 객관적 규준에 따라 진단-치료될 수 없는 환자나 내담자만의 고유한 동기나 인생관 및 가치관에서 비롯된 것이라고 한다면, 인간본질에 있어서 정서가 가지는 합목적성이나 동기 등에 대한 새로운 이해가 필수적이다. 전통적으로 정서(감정)와 사유는 분리된 것으로 이해해 왔다. 그러나 인간의 본질적 특성에서 본다면, 정서와 사유는 더 이상 분리된 것이 아니다. 서로 유기적으로 연관되어 있다. 즉 아무리 낮은 정서적 차원이라 해도 사유의 그림자가 드리어져 있고, 아무리 높은 차원의 사유라 하더라도 정서의 층이 토대를 이루고 있다. 비록 개념적 차원에서는 구분될 수 있을지라도 정서적 체계와 인식적 체계는 서로 얽혀 있다.

정서에 대한 임상현상학적 접근의 필요성은 바로 이 점에 있다. 정서와 사유를 이원적으로 다룸으로써 심리치료가 필요한 정신질환에 대한 전체론적(holistic) 접근을 방해한다. 이 전체론적 접근의 가능성은 후설에게서 열린다. 그의 초기 현상학은 다소 이원적 접근을 시도하는 인상을 풍긴다. 그 이유는 그의 지향성은 의식의 지향성이고, 특히 작용지향성이기 때문이다. 의식이 대상의 의미를 구성하는 지향작용의 중심이라 생각하기 때문이다. 하지만 발생적 현상학, 특히 의식의 지향성에 앞서 주어져 있는 생활세계의 장에서는 이제 더 이상 정서와 이성 혹은 경험과 판단은 분리될 수 없을 정도로 토대가 되고 그 토대 위에 세워진 발생적 토대관계를 갖는다. 정서와 사유는 인식구성에 있어서 수동성과 능동성이라는 상대적 역할을 할 뿐, 결코 적대적이지 않다.24) 칸트나 헤겔에서까지도 이 두 체계 사이의 지향적 지시관계가 충분히 고려되지 않는다.

전통적인 정신치료의 접근방식이 정서와 이성(사유)을 이분법적으로 분리하고, 이성에 의한 정서나 열정의 통제를 유일한 치료방법이라고 주장한 것에 반해, 임상현상학적 방법은 정서와 이성은 이미 구조적으로 분리할 수 없을 정도로 얽혀 있다는 사실에서 출발한다. 이것은 바로 현상학의 출발점으로서의 지각의 구조에 정서적 체계와

---

24) E. Husserl, *Erfahrund und Urteil: Untersuchungen zur Genealogie der Logik*, hrsg. L. Landgrebe, Felix Meiner Verlag, Hamburg, 1972, S.83.

이성의 체계가 이미 지향적으로 얽혀 있다는 사실에서 출발한다는 의미이다. 전통적 견해와는 반대로, 정서는 비합리적인 것이 아니라, 오히려 대부분 이성에 의해 구성된다. 정서는 이성이다.25) 만약 정서적 장애가 이성에 의해 합리적인 방식으로 치료될 수 없는 의미연관을 가지고 있다면, 주체에 의한 대상의 의미구성이나 파악이라는 낡은 가설은 무너져야 한다. 왜냐하면 내담자나 환자는 전문적인 상담원이나 치료자에 의해 온전히 파악될 수 없는 의미연관을 함축하고 있기 때문이다.

선험적 환원에 의해 열린 순수의식의 기본적 특성은 바로 의식 자체가 지향성이라는 사실이다. 지향성은 의식의 지향성, 즉 대상의 의미를 임의적으로 구성해 내는 단순한 의미지향작용이 아니라, 의식의 지향에 앞서 스스로 기능하면서 의식의 지향을 촉발하는 선-지향적 활동성 자체이다. 현상학적 의식은 고정된 주체로 대상의 의미를 임의적으로 구성하는 정태적인 데카르트적 코기토가 아니라, 끊임없는 대상과의 교류를 통해 대화하려는 상호주관적 신체로서의 의식이다. 임상현상학의 이념은 바로 치료자와 환자 사이의 대화를 통한 상호신체적 경험의 구성에 있다. 임상현상학은 전통적인 정신치료의 방법론적 한계, 즉 '주체에 의한 대상의 의미구성'이라는 근대 주체 중심의 인식론적 패러다임을 넘어 주체와 대상 사이의 상호신체적 경험이 가능한 대화적 패러다임을 회복하려고 한다. 그러므로 임상현상학은 바로 지향성의 대화적 구조를 복권함으로써 전통적 임상치료의 독백적 구조를 극복하려고 한다. 지향성은 '무엇에 관한 지향성(Bewuusstsein von Etwas)'이기 이전에 '무엇으로부터 의식적이게 됨(bewusst-werden)'이라는 이중적 구조를 지닌다.26) 아무리 투명하

---

25) W. Shibles, 앞의 책, p.113.
26) 김영필 지음, 『현상학의 이해』, 울산대 출판부 1998, p.167.

고 맑은 순수의식이라 하더라도 그 의식의 배경에는 그 의식의 경험을 가능하게 하는 타-의식이 이미 그리고 항상 주어져 있다. 주체와 타자의 지향적 지시관계, 즉 근원적 대화구조는 하이데거나 가다머 등에 의해 존재론적으로 구체화되기 이전에 이미 후설의 임상현상학의 근본 테제로서 제시된 것이다.

정서에 대한 이와 같은 현상학적 이해는 정신치료의 분야에 많은 영향을 준다. 특히 '정서'라는 용어를 상황이나 맥락의 의미에서 이해하려는 입장이다. 즉 환자의 정서적 장애는 바로 그와 관련된 상황이나 맥락과 관련짓지 않고서는 이해할 수 없다. 만약 정서나 감정, 감각, 이성 등을 자의적으로 분류할 수 없는 열린 개념들이라 한다면, 정서적 장애는 그것과 관련된 상황이나 맥락을 떠나서 이해할 수 없는 것이다. 즉 모든 정서적 장애는 그와 관련된 상황이나 맥락과의 연관 속에서 평가되어야 한다. 그래서 정서는 열린-맥락이다. (open-context). 모든 환자들이 동일한 원인에 의해 정서적 장애를 앓고 있는 것이 아니기에, 주어진 상황 속에서 평가하고 해석해야 한다. 정서적 장애에 대한 치료는 정서와는 다른 어떤 것을 다룬다. 예를 들어 정서는 그의 목표, 그가 읽은 것, 그의 세계관 등에 의존한다. 그러므로 정서적 장애나 문제는 바로 환자나 내담자의 생활세계적 경험연관을 떠나서 이해할 수 없다. 정신적 질환을 객관적 진단체계에만 의존해서 치료할 수 없는 이유가 바로 이것이다. 임상과학적으로 구성된 객관적 규준에 따라 분류될 수 없는 복합적 상황 속에서 발생한 정서적 장애이기에, 치료자는 항상 환자의 문제 자체로 돌아가 상황적으로 평가하고 이해하는 대화적 경험이 필연적이다.27) 공포나 불안 사랑, 증오 등의 모든 정서나 감정은 바로 그것이

---

27) W. Shibles, 앞의 책, p.108.

무엇에 관한 공포이고 사랑이고 증오인 한에서, 상황적으로 이해하지 않을 수 없다. 인간은 바로 상황적 존재이기에 그렇다.

7. 불안의 현상학

불안은 무엇인가? 전통적인 심리치료나 정신치료에서 말하는 정서적 장애와 다른 것인가? 우리가 심리학적 가설이나 전제에 붙들리지 않고 불안 자체에 대한 기술을 할 경우 불안의 선험적 측면이 드러난다. 현상학적 환원에 의해 열린 순수의식의 지향성은 주체와 대상 사이의 보편적 상관관계를 지칭한다. 그러므로 불안은 항상 의식과 세계 사이의 관계성 속에서 경험되는 생활세계적 경험이다. 불안은 심리학적 원리에 의해 진단된 신경증적인 불안(neurotic anxiety) 이전의 선술어적 경험으로서 존재론적-실존적 불안이다. 이 실존적 불안에서 파생된 기능장애로 나타난 것이 신경증적인 불안이다.[28] 전통적으로 노이로제나 정신분열증 등으로 알려진 것들은 인간실존의 가능성으로서의 불안에 대해 충분히 이해하지 못한 데서 비롯된 것이다. 이와 같이 인간의 존재론적 근본 구조인 불안에 대한 치료는 전통적 치료접근만으로는 불가능하다. 하이데거는 현존재의 존재론적 근본 구조인 이 불안을 '정상성(Befindlichkeit)'으로 표현한다. 현존재의 근본 존재양상인 불안은 전통적인 심리 혹은 정신 치료에서 다루어지지 않았다.

불안의 개념은 심리학에서 거의 한번도 다루어지지 않았다. 따라서 나는 불안이 공포나 그와 유사한 개념들과는 전적으로 구분된다는 것을 지적해야만 했다. 공포나 그와 유사한 개념들과는 달리 불

---

28) P. Koestenbaum, 앞의 책, p.219.

안은 가능성에 대한 가능성으로서의 자유의 현실성이다. 그러므로 동물에게는 불안을 찾아볼 수 없으며 그 이유는 그 본성에서 동물은 정신에 의해 규정되지 않기 때문이다.29)

이와 같은 현존재 분석에 의해 규정된 불안은 인간의 근본적 존재 양식으로서 온갖 심리학적 가설에 의해 개념적으로 추론되기 이전의 생활세계적 경험의 가장 보편적인 양식이다. 이 보편적 양식으로서의 불안에 대한 논의는 하이데거에 앞서 후설의 '기분의 현상학'을 통해 마련되어 있다. 정서적 장애나 정신적 문제로 불리는 모든 문제는 바로 이 근본적인 불안에서 파생된 간접적 경험양태들이다. 환원에 의해 얻어진 순수의식의 장에서 경험하는 선험적 경험으로서의 불안은 이제 더 이상 기능장애나 사회에의 부적응 혹은 부적절한 행동 등으로 진단할 수 없는 인간의 근본적 경험양식이다. 그러므로 불안을 단순히 안정감의 상실이나 정서적 조화의 결여로 진단할 수 없다. 오히려 세계개방성을 상실한 채 세계로부터 닫힌 삶을 살아가는 존재론적 부조화이다. 건강한 사람은 '세계 개방을 위해 태어난 인간'이다.30) 그러므로 인간의 존재론적 범주로서의 불안에 대한 치료적 접근 역시 항불안제를 통한 약물치료와는 근본적으로 달라야 한다. 불안을 자신의 존재의 진정성을 회복하기 위한 가능성으로 스스로 이해하도록 도움을 주는 것이 중요하다.

지금까지 전통적으로 노이로제로 알려진 것은 현존재의 근본적 존재구조인 불안에 대해 무지한 것과 무관하지 않을 수 없다. 즉 노이로제는 불안을 인간실존의 가능성으로 충분히 이해하지 못한 데서

---

29) 헨릭 울프 · 스티그 페데르센 · 라벤 로젠베르그, 앞의 책, p.176에서 재인용.

30) 진교훈, 앞의 논문, p.62.

유래된 것일 수 있다. 정신분열증 역시 의식 자체가 심하게 손상되어 장애를 일으켜 진정성을 상실함으로써 발생하는 것이다. 그러므로 정신분열증은 의식의 장(場) 자체의 근본 구조가 장애를 일으키는 것과 연관된다. 정신치료는 약물에 의해 일어나는 자동적 사건이 아니라, 환자와 존재의 가장 근본적인 구조 사이에서 동시적으로 공조가 되어 가는 것이다.31) 불안은 건강한 상태이다. 자기-개시의 상태에 있는 인간의 자연적 조건이다. 실존적 불안은 개인이 존재의 친숙한 존재론적 구조를 개념적으로 이해하고 경험적으로 실현하는 조건이다. 신경증적인 불안은 병적인 것이고 실존적 불안을 부정한다. 실존적 불안은 창조성으로 이르는 데 반해, 신경증적인 불안은 증상을 형성하는 데로 이른다. 모든 불안을 병리적인 것으로 보는 전통적인 경향에 반해, 실존적 불안은 오히려 인간존재의 본래성을 회복하기 위한 가능성이다. 그렇기에 불안은 저주가 아니라 실존 가능성이고 자유이며 축복이다. 이런 점에서 실존적 불안에 대한 철학적 담론은 그 자체만으로도 치료적 측면을 가질 수 있다. 아마 약물로 인한 부작용이 없는 치료제의 기능을 할 수 있을 것이다. 비록 마지못해 하는 불안의 철학에 대한 강연일지라도 청중들의 불안을 줄여줄 수 있을 것이다. 왜냐하면 불안은 정신치료와 철학적 삶에 있어 모든 의미 깊은 대답들이 발견될 수 있는 선험적 영역이고 절대 자유의 영역을 열어주기 때문이다.32) 그러므로 불안은 단순한 노이로제와 같은 감정의 차원이 아니라, 새로운 삶의 의미를 창조하려는 지향성을 함의하는 선험적 의식이다. 선험적 의식의 경험과 불안 사이에는 공백이 없다. 하나의 경험이다. 불안은 인간실존의 선험적 가능성에 속하는 하나의 경험이고 현상이다.

---

31) P. Koestenbaum, 앞의 책, pp.216-217.
32) 같은 책, p.224.

1) 불안에 대한 전통적 치료의 한계

환자의 불안을 치료하기 위한 방법은 무엇인가? 환자의 불안을 치료하기보다 오히려 불안을 부추기는 치료는 아닌가? 치료자의 불안이 환자의 불안으로 전이되는 경우는 없는가? 하지만 치료자가 자신의 불안을 실존적 불안으로 이해할 경우, 이러한 전이는 일어나지 않는다. 실존적 불안이 신경증적이거나 병리적인 불안으로 왜곡될 경우 치료자는 자신의 불안을 해소시키기 위해 환자를 이용한다. 이러한 경우는 치료자가 철학적 자기의식이나 현상학적 자기의식이 부족한 경우이다. 그리고 대부분의 경우 정서적 불안을 치료하기 위해 약물치료에 의존한다. 하지만 약물치료는 어쩔 수 없이 환자의 사생활과 원래의 성격에 손상을 입힌다. 대부분의 문제는 환자로 하여금 치료자의 치료과정에 참여하도록 함으로써 줄어들 수 있다. 그리고 현상학적 태도를 유지하는 진정한 치료자는 ─ 그가 심리적으로 건강한지 어떤지와는 무관하게 ─ 자연적 태도에서 환자에게 빠져들지 않고 일정한 거리를 유지할 수 있다.33) 그러므로 모든 치료적 관계는 선험적이거나 개인의 이해를 초월한 것(transpersonal)이어야 한다.

전통적 치료는 이 불안이라는 실존적 경험을 객관적인 것, 예컨대 노이로제나 우울증과 같은 것으로 병리학적으로 개념화함으로써 주체-객체의 장으로서의 선험적 장에서 열릴 가능성을 차단하고 말았다. 본래적 의미의 불안은 질병이 아니라 인간의 본래의 삶을 회복하게 하는 가능성이다. 이러한 사실을 부인함으로써 삶의 의미를 상실하는 데로 나아가게 된다. 나아가 실존적 불안을 부정하는 것이 병적 증상, 즉 노이로제나 정신병리학적 불안을 초래하게 한다. 노이

---

33) 같은 책, pp.227-229.

로제와 같은 신경증적인 증상들은 이차적인 불안이다. 즉 공포이다 불안한 것에 대한 불안이다. 이것은 질병이다. 반면에 진정한 의미의 불안은 질병이 아니다. 하나의 실존적 체험이다. 이 실존적 체험은 현존재의 근본적인 존재구조이기에 피할 수 있는 단순한 감정이 아니다. 따라서 불안에 대한 불안은 하나의 공포와 걱정거리에 지나지 않는다. 실존적 불안을 개념화하기 위해 하나의 실재로 대상화함으로써 생겨나는 이차적 불안(second-order anxiety)이다.34) 그러므로 개념적으로 추상된 심리적 의미의 불안은 공포이다. 개념으로서의 공포는 선술어적 경험으로서의 불안과는 다르다. 현상학적 태도로 불안에 접근하는 치료자는 불안을 통해 삶의 의미를 깨우쳐주고, 사랑과 동정의 중요성을 깨우쳐준다. 불안은 자신의 미래의 삶을 설계하는 희망의 경험이다. 끝으로 불안은 무한한 창조를 지향하는 경험이다.35) 치료자는 바로 이러한 불안의 진정한 의미를 환자에게 깨우쳐주어야 한다. 아니 스스로 깨우치도록 도움을 주어야 한다.

실존적 치료나 임상현상학이나 임상철학은 모든 치료는 관계 속에서 이루어진다는 것을 절대적인 근본 원리로 삼는다. 즉 상호주관적(intersubjektive) 의식 속에서 치료는 이루어진다. 상호주관성(Inter-subjektivität) 그 자체가 치료적 경험이다.36) 임상현상학의 관점에서 환자의 정신질환은 세계개방성의 상실, 즉 상호주관성의 상실이다. 상호주관성의 부재가 바로 질병이라고 강조함으로써 환자의 유아론적 가상을 치료해 주는 것이 바로 현상학적 치료자의 태도이다. 예를 들어 이혼이나 부모와의 이별, 직업의 변화 등으로 인해 정신적 문제가 생겨날 경우, 상실된 선험적 상호주관성을 복권하는 것이 중

---

34) 같은 책, p.232.
35) 같은 책, p.236.
36) 같은 책, p.247.

요하다. 선험적 상호주관성이 토대로 주어져 있는 한에서만 실존주의나 현상학적 관점에 구현되어 있는 철학적 통찰력을 사용할 수 있다. 진정한 치료자는 환자의 불안의 원인을 찾아 치료하려고 하기보다 그 불안을 삶을 위해 창조적으로 내면화하고 통합해 가도록 도움을 주는 자이다. 단순한 공포와 달리 인간실존의 근본 기분성으로서의 불안 자체가 극복되지는 않지만 그 불안을 통해 오히려 정신적으로 건강한 상태를 회복하도록 도움을 주는 자이다.37)

2) 불안에 대한 임상현상학적 치료

임상현상학의 관점에서 정신적 질병은 상호주관성의 상실 혹은 부재이다. 남과 더불어 살아갈 수밖에 없는 인간실존의 공동체적 습성의 부재가 바로 질병이다. 따라서 유아론적 가상을 극복하고 상호주관성을 회복하는 것이 치료적 대안이다. 이처럼 후설 현상학의 근본 의도는 상호주관성의 구성을 통해 근대 이후 초래된 정신적 위기를 극복하는 것이다. 필자는 그의 상호주관성 구성이론이 성공했는지 어떤지는 지금까지 많이 논의되어 왔던 문제라는 점에서 새롭게 언급하지 않는다. 다만 후설이 상호주관성의 구성문제를 자신의 철학의 화두로 들고 있다는 점에서, 그의 철학함이 함의하고 있는 정신치료적 의미를 논의하는 것으로 만족하고자 한다.

전통적인 심리치료나 정신분석학은 환자의 정서적 장애를 임상과학적으로만 다룸으로써, 본질적 문제에는 이르지 못한다. 환자의 정서적 장애는 과학적 원리에 의해 객관적으로 설명되기 이전에 환자의 주관성에 호소하여 치료적 대안을 마련해야 한다. 전통적으로 정

---

37) 같은 책, p.257.

서적 장애를 합리성이 결여된 정신적 혼란으로 규정하고 이에 대한 치료적 접근 역시 과학적-객관적 진단규준에 의해 합리적인 처방을 내리는 데 익숙하다. 그러나 만약 환자의 정서적 장애가 객관적으로 설명될 수 없는 주관적 경험이며, 특히 정서의 체계에도 이성의 체계와 마찬가지로, 의도와 동기 그리고 목적 등의 선(先)인과적 계열이 존재한다면, 전통적인 임상과학적 방법은 한계를 갖지 않을 수 없다. 이 점에서 임상과학은 임상현상학의 도움을 요청하지 않을 수 없다. 비록 정서가 낮은 단계의 인식능력이라고 하더라도, 이성에 비해 비록 수동적이긴 하지만, 지향성을 함의하고 있다. 특히 후설의 후기 발생적 현상학에서는 지향성의 외연이 두껍게 확장되면서, 상호주관성의 발생적 구성의 단초를 본능에서 찾고 있다. 즉 인간은 본능적으로 타인과 더불어 살려는 의지를 갖고 있다. 후설이 발생적 현상학에서 본능의 지향성을 다루면서 자신의 정적 현상학에서 언급한 상호주관성의 문제를 천착해 가는 것은 근대 이후 인식론적 지평 위에서 출현한 유아론적 가상에 의해 상실된 상호주관성을 복권하여 인간성의 위기를 치료하기 위한 임상철학적 실천 이외의 다른 것이 아니다.38)

인간성 상실의 위기에 대한 후설의 진단은 의식의 자연화로부터 찾는다. 즉 인간의 정신 혹은 의식을 마치 자연적 사물처럼 다루어 온 근대과학에 대한 임상적 비판에서 출발한다. 우리가 후설의 현상학을 임상과학의 한계를 극복할 수 있는 근본적 대안으로 규정하는 이유는 그가 누구보다도 의식의 자연화를 극복하려고 했다는 사실 때문이다. 정신적 질병을 마치 고장 난 기계의 삐걱거림 정도로 생각하는 근대 이후 기계론적 모델에 대한 철저한 임상적 진단을 수행

---

38) 다음을 참조. 이남인, 「본능적 지향성과 상호주관적 생활세계의 구성」, 한국현상학회 편, 『현상학과 실천철학』, 철학과현실사, 1993, pp.38-63.

한다. 그는 자연과 정신을 구분하기 위해 정신의 고유한 법칙을 자연의 법칙인 인과관계와 구분하여 동기관계(Motivation)로 설명한다. 전통적인 심리치료나 정신분석에서 주제로 하는 마음은 신체와 하나가 되어 인과법칙에 지배받는다. 일정한 자극에 일정한 반응을 나타낸다. 하지만 마음(심적인 것)과 달리 정신의 고유한 법칙은 동기관계이다. 이 동기관계는 일종의 지향관계로서 한 대상에 의미를 부여하는 작용과 그것에 의해 동기지어지는 하나의 다른 의식작용 사이의 관계이다. 이것은 바로 정신질환은 환자가 세계나 대상에 대해 가지는 가치평가와 무관하지 않다는 것이다. 객관적 세계는 누구에게나 동일한 실재이지만, 이것에 대해 의미를 부여하는 작용은 다를 수 있다. 예컨대 삶을 염세적으로 생각하는 사람이 있는가 하면 낙관적으로 보는 사람도 있는 것이다. 어떤 사람에게는 자식의 생산이 기쁨이기도 하지만 다른 사람에게는 우울증을 가져다주는 것이기도 하다. 후설식으로 말하면 정서적 동기관계에 따라 가치판단이 달라진다. 어떻게 평가하는가에 따라 달리 동기지어질 수 있다. 따라서 환자에 대한 치료 역시 어떤 동기에 의해 그의 문제가 발생했는지를 이해하는 것이 중요하다. 원인적 설명에 앞서 그의 내면적 동기를 이해하는 것이 우선이다. 전통적인 정신치료는 환자의 내면적 동기관계보다는 객관적으로 나타나는 인과관계에 더 무게중심을 두었다. 환자의 정신세계는 그가 평가하고 원하고 계획하며 목적을 설정하는 등의 모든 실천적 의식작용에 의해 구성된 것이다.[39] 이것은 바로 환자의 생활세계이다. 따라서 환자의 정신적 질병 역시 생활세계적 경험의 한 양태이다. 선개념적-생활세계적 경험의 양태로 표출되는

---

39) 후설에 있어서 '동기관계'에 대한 설명은 다음을 참조. 이길우, 「정서적 동기관계와 상호주관적 습득성」, 한국현상학회 편, 『현상학과 실천철학』, 철학과현실사, 1993, pp.320-364.

정신적인 문제는 객관적 원리에 의해 개념적으로 추상되기에 앞서 문제 자체가 가지는 선술어적 명증성에 호소하여 해결될 수 있다.

　이 공동적인 정신세계로서의 생활세계의 망각은 바로 정신적 위기를 가져다준다. 그러므로 후설의 상호주관성이론은 나와 타자의 공동세계, 즉 영육적으로 서로 하나가 되어 서로를 위로하고 있는 정신적 세계이론의 구성을 다룬다. 이 상호주관적 공동체로부터의 일탈은 바로 정신적 위기를 초래한다. 우리가 정신적 질병이나 문제들을 임상현상학적 관점에서 접근할 경우, 그것은 다름 아닌 상호주관성으로부터의 일탈이며, 유아론적 가상에의 몰입이다. 우리의 일상적 삶의 보편적 의미지반인 생활세계의 망각으로부터 망각 이전의 근원적 삶의 방식으로 되돌아감이 없이, 단순한 약물치료나 전통적 심리치료에만 의존해서 정신적 문제는 치료될 수 없다. 그러므로 후설의 지향성을 주체의 작용지향성으로 읽기에 앞서, 타자와의 교섭을 통해 상호주관성을 구성해 내려는 본능의 수동적 지향성으로 읽어야 한다. 주체의 개념적-술어적 사유에 앞서 생활세계 속에서 수동적으로 이루어진 타자지향성은 인간의 근원적 존재구조가 공동체에 있음을 말한다. 이 공동체로부터의 일탈은 정신적 고립을 가져오고 이것이 객관적으로 표출된 것이 우울증과 같은 병들이다. 타자와의 부단한 교섭을 통해 상호주관적 세계를 구성하려는 본능의 지향성은 바로 세계로의 개방성이다. 임상현상학적 의미에서 정신적 건강은 바로 세계개방성을 위해 태어난 인간이다. 이런 의미에서 본능은 이성과 분리된 인간의 하부단계의 인식능력이 아니라, 의지와 이성으로 분리되기 이전의 근원적 의지로서 끊임없이 사회화를 이루어내려는 상호주관적 본능이다.40) 이 선험적 본능의 회복 없이 불안은 치료될

---

40) 이남인, 앞의 논문, p.55.

수 없다. 건강한 사람은 바로 세계개방성을 회복하고, 실존적 불안을 견뎌내는 것을 배워 성공적으로 극복하는 사람이다. 왜냐하면 불안은 하나의 정신병리적 조건이 아니라 인간에게는 자연스러운 조건이기 때문이다. 즉 병적 상태가 아니라 건강의 한 형태이기 때문이다. 많은 경우에 바로 이러한 단순한 생각이 치료적 효과를 거둘 수 있게 만든다. 전통적 정신치료는 현상학적 환원에 의해 열린 순수의식의 장을 은폐시키기 때문에, 삶 자체를 굴절시킨다. 전통적인 정신노이로제와 같은 질병은 바로 실존적 불안을 억압하거나 왜곡시킴으로써 비롯된 개념이다. 즉 고전적인 의미의 정신질환은 바로 인간실존의 가능성을 제한시킴으로써 비롯된 것들이다. 하나의 개념에 고정되거나 하나의 형이상학에 고착되어 무한한 경험의 장을 증상별로 인위적으로 구분해 온 전통으로부터 자유로워져야 한다. 그 자유는 바로 후설의 현상학적 이념에서 시작되었다. 그러므로 불안의 치료제는 "페노티아진(phenothiazine)이나 발륨(Valium)이 아니라 철학이다."41)

8. 맺음말

이 글은 임상적 실천으로서의 철학의 정체성을 확인하는 작업이었다. 과학으로서의 임상학의 한계를 극복하기 위한 방법론으로서 현상학을 그 대안으로 삼았다. 근대과학의 제국주의적 근성에 의해 배제된 순수한 정신성을 확보하고 그 정신성에 대한 치료적 접근을 전통적 접근방법과는 다른 차원에서 제시해 보였다. 근대과학에 기생하여 발전해 온(?) 전통적 정신치료방법의 한계를 극복하기 위한 대

---

41) P. Koestenbaum, 앞의 책, p.525.

안으로서 임상현상학의 학문적 가능성을 검토하였다. 특히 현상학의 방법론적 정초자인 후설의 현상학적 이념에 충실하게 논의를 전개했다. 그의 환원이나 지향성 그리고 발생적 현상학의 주제인 생활세계와 상호주관성이론 속에 함의되어 있는 정신치료적 함의를 제시하는 데 초점을 맞추었다. 특히 이 글은 후설 이후 실존주의나 존재론이란 이름으로 전개되기 이전의 후설 사유 속에 함의되어 있는 정신치료적 기능을 강조하였다. 이와 함께 심리철학의 전통에서 지향성이론에 동조하면서 전통적 치료모델을 넘어설 수 있는 하나의 가능성을 제시한 데이빗슨의 마음에 관한 해석학적 관점을 제시하였다. 이런 작업을 통해 임상철학의 학문적 가능성이 마련되고, 이를 토대로 실제적으로 임상적 현상에 적용될 수 있는 실천적 가능성을 제시하는 작업이 지속적으로 이루어져야 할 것이다.

참고문헌

Antonio T. de Nicolás, *Habits of Mind: An Introduction to Clinical Philosophy*(New Edition), Authors Choice Press, 2000.

Arbuckle D. S., *Counselling: Philosophy, Theory and Practice*, Allyn and Bacon, Inc., Boston, 1965.

Davidson, D., *Essays on Actions and Events*, Oxford University Press, 1982.

＿＿＿, *Essay* 11, "Mental Events", in Davidson 1982.

＿＿＿, *Essay* 12, "Psychology as Philosophy", in Davidson 1982.

Davidson, L., "Phenomenology and contemporary clinical practice: introduction to Special Issue", *Journal of Phenomenological Psychology*, September 22, 2004.

Husserl, E., *Philosophie als strenge Wissenschaft*, in *Logos I*, 1911.

_____, *Die Krisis der europäischen Wissenschaften und die transzendentale Phänomenologie*, hrsg. W. Biemel, 1954.

_____, *Phänomenologische Psychologie*. Vorlesungen Sommersemester 1925, hrsg. R. Boehm, 1966.

Koestenbaum, P., *The New Image of the Person: The Therapy and Practice of Clinical Philosophy*, Greenwood Press, Westport, Connecticut/London, England, 1978.

Marinof, L., *Philosophical Practice*, Academic Press, Sandiago, 2002.

Raabe, P. B., *Issues in Philosophical Counseling*, Praeger, Westport, Connecticut/London, 2002.

Schuster, S. C., *Philosophy Practice: An Alternative to Counseling and Psychotherapy*, Praeger, Westport, Connecticut/London, 1999.

Shibles, W., *Emotion: the method of philosophical therapy*, The Language Press, 1974.

Wisnewski, J. J., "Five forms of philosophical therapy", *Philosophy Today*, June 2003,

김영필, 『현상학의 이해』, 울산대 출판부, 1998.

_____, 『유럽학문의 위기와 선험현상학』, 울산대 출판부, 1999.

루 매리노프, 이종인 옮김, 『철학으로 마음의 병을 치료한다』, 해냄, 1999.

스티븐 프리스트, 박찬수 외 옮김, 『마음의 이론』, 고려원, 1995.

진교훈, 「메다르 보스에게서의 현존재 분석의 의미」, 한국현상학회 편, 『현상학과 정신분석』, 철학과현실사, 2000.

_____, 『의학적 인간학』, 서울대 출판부 2002.

한국현상학회 편, 『현상학과 실천철학』, 철학과현실사, 1993.

_____, 『보살핌의 현상학』, 철학과현실사, 2002.

헨릭 울프 · 스티그 페데르센 · 라벤 로젠베르그, 이호영 · 이종찬 옮김, 『의학철학』, 아르케, 1999.

선(禪)수행의 정신치료적 함의

조 수 동

1. 서 론

　과학기술의 급속한 발달은 사회구조의 변화와 가치관의 혼란을 가져왔다. 현실에 적응하지 못한 현대인들은 스트레스나 노이로제 등과 같은 정신적, 신체적 불균형을 겪고 있다. 정신적 갈등과 불균형은 신체적 장애에서 생기는 경우도 있지만 정신혼란에서 비롯된 신경증인 경우가 많다. 현재까지 정신치료는 의학적 관점이나 상담심리 등에서 주로 다루고 있다. 그런데 최근에는 철학치료나 불교 등동양의 여러 정신사상을 중심으로 이러한 문제들을 해결하려는 경향이 나타나고 있다. 특히 유심(唯心)의 종교라 할 수 있는 불교는 서양의 심리치료나 정신분석치료의 한계에 대한 대안으로 제시되고 있다.

　불교에서는 붓다를 대의왕(大醫王)이라 하여 붓다의 가르침을 환자의 병에 따라 처방하는 응병여약(應病與藥)으로 비유한다. 붓다에 의하면 인간은 본래 자유의지를 가진 존재이지만, 인간이 고통에 빠지게 된 것은 자신과 세계에 대한 근본적 무지인 무명(無明)과 그로 인한 욕망과 집착 때문이다. 이 때문에 우리들은 원만구족한 자기 주체인 청정한 마음을 잃고 헛된 욕망의 노예에서 벗어나지 못하고 있는 것이다.

"그 병을 다스리고자 하면 그 마음을 먼저 다스려라(欲治其病 先治其心)"는 붓다의 입장은 물질과 권력, 명예의 유혹에 빠져 있는 현대인들에게 자신을 되돌아보고 인간답게 살 수 있는 길을 제시한다. 세계와 인생에 관한 정확한 인식을 바탕으로 한 불교 수행방법은 근본적으로 자기 자신을 찾는 길이기 때문에 심적인 장애로 인해 발생하는 여러 정신질환의 예방과 치료에 큰 도움이 될 수 있다. 불교의 전통적인 수행방법으로는 원시불교의 37보리분법, 사마타(止)와 위빠사나(觀), 지관(止觀), 선(禪) 등이 있다.

인간 고통의 심리적 근원에 대한 지적인 사유와 그것의 극복이란 점에서 불교는 서양의 정신치료와 그 지향점을 같이하고 있다. 특히 선(禪)은 서양 정신치료의 한계에 대한 대안으로 받아들여지고 있다. 직지인심(直指人心), 견성성불(見性成佛)을 근본 교의로 하는 선은 인간을 속박으로부터 벗어나 자유롭게 하는 길이다. 선은 자신의 본래 모습을 바로 보는 것을 목표로 한다. 그것은 임제 의현스님의 "그대들이 어디를 가나 주인공이 되기만 한다면 선 자리 그대로 모두 참되어서 경계가 다가온다 하여도 그대들을 어지럽히지 못한다."[1]라는 말에서 분명하다. 이같이 선은 진정한 자신을 되찾는 작업이다. 마음을 보거나 찾으라고 선사(禪師)들이 권하는 참뜻은 우리의 삶과 세계가 그 마음의 조화로 빚어진다는 진실을 깨달으라는 것이다.

---

1) 백련선서간행회, 『臨濟祿・法眼祿』, 선림고경총서 12, 장경각, 2003, p.50.

불교와 서양의 심리학, 정신분석의 만남은 1939년에 스즈키 다이세츠(鈴木大拙)의 『선불교입문(*Introduction to Zen Buddhism*)』이 독일어판으로 번역되면서 이루어졌다. 특히 선을 통해 서구의 정신위기를 극복하고자 한 사람은 프롬(Erich Fromm)이다. 프롬은 정신분석과 선이 본질적으로 유사성이 있다고 보고, 선의 초논리적이고 초과학적인 무의식의 면을 토대로 하여 프로이트에서 융으로 연계되는 정신분석학이 인간을 환원주의적으로 분석하는 태도를 비판적으로 수용하고, 서구인들이 겪는 병리현상을 확대된 의미에서의 정신분석학으로 치유하고자 하였다.

프롬은 인간의 의식, 무의식은 프로이트가 말한 것처럼 개별 환자 또는 환자 가족 내의 경험으로 제한되지 않고 사회·문화적으로 조건지어진다고 하였다. 이런 전제하에서 프롬은 프로이트의 개인적 차원이나 가족적 차원의 치유보다 언어, 논리, 타부 등을 모두 포괄하는 사회·문화적으로 조건지어진 의식과 무의식을 치유해야 한다는 입장을 취하였다. 이같이 프롬은 서구 정신분석학의 개인 중심의 치료방법을 인류 차원의 치료에까지 확대하고 있다. 이후 서양의 정신치료는 매슬로를 거쳐 켄 윌버 등의 트랜스퍼스널 심리학으로 발전하는 동안 자아치유, 자아실현의 과정을 거쳐 자아초월의 방향으로 나아가고 있다. 즉 신경증의 치료방법에서 출발한 서구의 정신치료는 현재는 진정한 자기실현, 자기현실화, 자아초월 등으로 발전되어 자신의 본래면목(本來面目) 즉 인격의 완성에 도달하는 것을 목표로 하고 있는 것이다. 이 점은 불교나 선불교가 지향하는 점과 일치한다고 할 수 있다.

우리나라에서도 일부 심리학자와 정신의학자들은 붓다를 최고의 정신치료자로 보고, 불교를 실천 수행을 통해 마음을 밝혀가는 일종의 심리학이라는 관점에서 불교연구를 진행해 왔다. 그렇지만 이러한 연구는 정신분석학적 관점이나 정신의학적 관점 등 특정한 관점에서 불교를 응용하고 그 가능성을 고찰하는 데 그치고 있다.2) 이 글은 선을 통한 정신치료의 가능성을 살펴보는 데 그 의의를 둔다. 먼저 선의 일반적 의의를 간략하게 고찰하고, 선의 치료 가능성과 방법에 대해 살펴보고자 한다.

2. 선과 정신분석

프로이트를 중심으로 하는 정신분석에서는 인간이란 자신의 본능적 욕구를 최대한 만족시키려는 존재라고 본다. 프로이트는 정신병 환자에 대한 관찰을 단서로 하여 의식의 밑바닥에 무의식의 상태가 존재한다는 것을 확인했다. 프로이트에 의하면 인간의 행동은 또한 강력한 무의식적인 동기 특히 성적인 충동이나 공격적인 행동에 의해 결정된다고 한다. 자유의지에 따라 자신의 행동을 선택하는 것이 아니라 무의식적인 욕구에 의해 자신의 행동이 결정된다는 것이다. 무의식은 이른바 잠재의식을 가리키는 것이지만, 같은 잠재적인 것이라 해도 의식되는 것과 억압되어 의식될 수 없는 것으로 구별된다. 프로이트는 전자를 전의식적(前意識的), 후자를 무의식적(無意識的)이라고 불렀다.3) 자아는 전의식뿐만 아니라 무의식의 영역 속에

---

2) 지금까지 우리나라에서 불교와 상담 혹은 정신치료와의 관계에 대한 연구는 몇 갈래에서 진행되어 왔다. 그것을 살펴보면 다음과 같다. 첫째, 불교의 이론과 서양심리학 혹은 정신치료 이론 간의 비교 연구 단계. 둘째, 불교적 기법을 상담에 적용하는 단계. 셋째, 상담사 또는 치료자가 불교적 수행을 직접 체험하는 단계. 넷째, 치료자의 인격 향상과 치료 태도에 변화를 주는 방향으로 연구가 진행되고 있다(박병탁, 「선수행(禪修行)과 정신치료의 비교」 참조).

3) 西谷啓治, 김호귀 옮김, 『현대와 선』, 불교시대사, 1994, p.66.

깊이 뿌리박고 있다. 프로이트의 목표는 이성에 의해서 비합리적이고 무의식적인 정념(情念)을 지배하는 것이다. 즉 인간이 가능한 범위 안에서 인간을 무의식적인 힘으로부터 해방하는 것이었다. 인간이 자기 내부에 존재하는 무의식적인 힘을 지배하고 통제하기 위해서는 그것을 자각하지 않으면 안 된다.4) 프로이트의 정신분석의 치료적 접근은 피치료자 자신 속에 억압되어 있는 무의식적인 욕구나 충동 등을 의식화시켜 이들을 더욱 성숙한 욕구나 충동으로 승화시키고, 유아적이고 비현실적인 방식을 통해서가 아니라 더 합리적이고 현실적인 방법을 통해서 만족시킬 수 있도록 도움을 주는 데 그 목표를 둔다. 이것을 프로이트는 "이드가 있던 곳에 자아가 있도록 한다."라고 말하고 있다.5)

융(Carl Jung)에 의하면 무의식에는 개인적 무의식과 집단적 무의식이 있다고 한다. 집단적 무의식은 개인성만이 아니라 인간에게 공통되는 것이다. 융은 집단적 무의식에 관계되는 것으로서 원형(原型, Archetype)이라는 관념을 제시했다. 그것은 심상(心像)으로 나타나는 것인데, 인류의 조상으로부터 줄곧 이어 받은 것으로 역사와 사회에 공통적인 것이다. 이 중 자기의 관념은 의식, 무의식의 중심에 있으면서 계속 발전하는 것이라 하고 있다. 의식의 내용이 소멸되면 무의식의 영역이 활동을 시작하여 이른바 자기의 본성 또는 본래의 인간이 드러난다. 이것은 곧 선의 깨달음이라고도 할 수 있다. 무의식은 잠재적인 마음의 요소 전체로 오랜 수행 후에 의식의 합리적인 이해가 끊어지면 수행자는 비로소 근본 해답을 얻게 된다. 그 수행 방법으로 심층심리학에서는 적극적 심상(想像, active imagination)

---

4) E. Fromm & D. T. Suzuki & R. de Martino, 김용정 옮김, 『선과 정신분석』, 정음사, 1987, p.20.
5) 같은 책, p.44.

등에 의한 정신요법(精神療法)이 사용되고 있다. 이같이 융은 서양에서도 깨달음의 경험이 일어날 수 있음을 주장한다.6)

　프롬은 프로이트의 입장을 이어받아 무의식을 의식적인 것으로 간주하려는 것을 정신분석의 최대 특징으로 삼았다. 그는 선을 자기 존재의 본성을 보는 것이며 참된 실존(實存)을 깨닫는 것으로 파악하였다. 프롬은 인간을 보편적 인간 개념인 전인(全人)으로 파악하여 의식, 무의식이라는 이분법의 구분을 넘어서 우주에 근거한 무의식을 주장한다. 그는 우주로 통하는 자기, 우주와 하나가 된 인간에로의 길에서 인간은 비로소 진정한 자유를 누릴 수 있다고 본다. 선의 목적이 실재(實在)를 직접 파악하는 것이라면 정신분석은 모든 억압이 제거된 경우 의식에 대립하는 무의식은 사라지게 되고 거기에는 다만 전체 인간에 있어서 직접 경험만이 존재하게 된다고 한다.

　선이 주체의 자유를 추구하는 것이 목적이라면 정신분석학은 자기 자신의 본성에 대한 통찰·자유·행복 내지 사랑의 성취, 에네르기의 해방, 정신이상이나 불구로부터의 구제에 그 목적을 둔다. 정신치료와 선은 똑같이 인간을 고통으로부터 해방시키는 것을 목표로 한다. 그러나 궁극적인 목적은 양자가 다르다. 선은 원래 부처가 되는 것에 목적을 둔다. 그러나 정신분석학적 치료는 우리들의 정신의 치료에 초점을 맞추고 있다. 프롬은 선과 정신분석의 공통점을 다음과 같이 말하고 있다. 첫째, 소유욕이나 명예욕 등의 어떤 형태의 욕망이든 그것을 극복하는 것이다. 둘째, 어떤 형태의 권위로부터도 독립을 주장한다. 즉 반권위주의적인 태도를 취한다. 그러나 수행과 치료에 있어서는 안내자 즉 스승이나 치료자의 도움이 필요하지만 수행이나 치료는 스스로 해야 한다. 셋째, 방법에 있어 수행자나 환자를

---

6) S. Freud, 설영환 옮김, 『프로이트 심리학 해설』, 선영사, 1993, pp.364-365.

한쪽 구석으로 몰아간다. 즉 공안(公案)은 수행자가 지성적인 사고 속으로 도피하려는 것을 불가능하게 만드는 것이며, 정신분석에서는 피치료자가 더 이상 도피할 수 없을 때까지 피치료자의 자기합리화를 하나하나 탈취하여 결국에는 피치료자가 자신의 마음을 채우고 있던 허구를 깨뜨려 실재를 경험할 수 있게 한다.7)

선의 깨달음과 정신분석의 자각을 비교해 보자. 선의 중요한 문제점인 개오(開悟, enlightment)와 정신분석의 중요한 논점인 억압상태의 극복과 무의식을 의식으로 전환시키는 문제에 있어 프롬은 프로이트의 무의식으로부터 의식에 이르는 변혁의 원리를 궁극점까지 추구해 간다면 개오라는 개념에 접근하게 된다고 한다.8) 선에서의 깨달음은 인간의 가장 근본적인 본질의 문제를 해결하며 모든 이원론적인 면을 초월한다. 깨달음에 이르렀다는 것은 실상에 대한 전체적 인격의 완전한 깨어남을 의미한다. 선에 있어서의 깨달음이나 정신치료에 있어서의 자각(自覺)은 자신의 문제를 깨달은 후 진정한 자기 자신을 찾는다는 점에서 매우 유사하다. 또한 억압상태의 극복과 무의식을 의식화시켜 주는 과정이라는 점에서도 서로 일맥상통한다. 그리고 양자 모두 자신의 강한 의지와 노력이 수반될 때 직접 체험된다는 점에서 주체적 노력을 강조한다. 스승이나 치료사는 단지 도움을 주는 역할을 할 뿐이다. 본인 스스로 체험하고 증득하여 자각하고 깨달음을 얻을 수 있어야 한다.

이러한 유사성에도 불구하고 선과 정신분석에는 여러 상이점이 있다. 정신분석은 철저하게 과학적이고 비종교적인 성격을 가지고 있는 반면 선은 종교적 혹은 신비적 경험에 도달하는 이론과 기술이라 할 수 있다. 정신분석학이 정신적 질환을 위한 하나의 요법이라면

---

7) E. Fromm & D. T. Suzuki & R. de Martino, 앞의 책, pp.89-95.

8) 같은 책, p.116.

선은 영적 구원에 이르는 길이다.[9] 서양에 있어 동양의 종교, 도교나 불교, 선불교가 중요성을 갖는 이유는 동양의 종교가 서양의 종교보다 우월한 합리성과 현실주의를 가지고 있고, 모든 사람은 자기 안에 깨달음을 얻을 수 있는 능력을 가지고 있기 때문에 인간이 실제적으로 그리고 객관적으로 인도될 수 있다고 보기 때문이다.[10] 수행이나 치료의 방법에 있어 선은 좌선과 공안에 의해 소외된 인식방법에 정면으로 공격을 가하지만, 정신분석학은 무의식을 의식으로 파악하기 위하여 의식을 훈련시킨다. 그것은 왜곡되어 있는 지각에 관심을 돌려 자신 속에 있는 허구를 인식하도록 유도한다.[11]

정신치료에서 지적인 접근, 정적인 접근이 의식의 내용인 사고와 감정을 변화시키고 통제하는 것이라면 선수행은 의식 자체를 변화시킨다. 의식의 변화라는 것은 사고하는 나와 사고의 대상이 하나가 되고, 다시 일상생활의 이원론적 사고로 돌아오지만 둘 사이에는 어떠한 분별이나 장애가 없다. 선에서는 깨달음을 얻기 위해 언어나 문자가 불필요하며 직접적으로 마음에 파고들어야 한다. 그러나 정신치료에 있어서 피치료자로 하여금 자각을 얻도록 하기 위해서는 무엇보다도 치료자와 피치료자의 공감적인 언어 즉 대화를 필요로 한다. 또한 정신분석의 경우에는 에고(Ego)와 자기(Self)는 올바른 판단자의 속성으로서 존중되고 있는 데 비해 불교에서는 이들을 아집(我執)이라는 관념의 소산으로 본다. 아집은 의식, 무의식, 아라야식 등 그 심층에까지 뿌리박고 있다. 이를 근본적으로 전환하지 못한다면 깨달음에는 도달할 수 없다. 정신분석에서는 자신의 문제점과 갈등이 해결되면 그것으로서 모든 과정이 종결되지만 선에서는

---

9) 같은 책, pp.13-14.
10) 같은 책, p.18.
11) 같은 책, p.116.

자신의 홀로 깨달음에 만족하지 않고 그것을 다시 이타행(利他行)으로 회향해야 한다. 즉 하화중생(下化衆生)을 실천하는 보살행(菩薩行)이 필요하다.

3. 선의 특성

진리의 세계는 언어를 떠나 있고 분별을 떠나 있다. 경전의 언어를 뛰어 넘어 진정한 깨달음의 세계로 발을 내딛는 실천행이 바로 선이다. 선은 문자 이전의 참 생명인 마음의 본래 자리를 바로 보아 해탈을 추구한다. 선은 철저히 상대적 개념의 세계를 떠난 자리에서 모든 것을 보고 말하고 행동한다. 그것은 마음의 길이 끊어지고, 말 길도 끊어져 더듬고 만질 수 없는 것으로 모색할 흔적과 자취조차 없다.[12] 선은 모든 언어나 문자를 떠나 있기 때문에 설명이나 이해의 방법으로가 아닌 단도직입적으로 마음의 실상을 여실히 보는 것이다. 그것은 수행자 자신만이 주체적으로 체득할 수 있는 경지이다. 깨달음을 통해 선적 주체는 일상적인 삶에 구애받지 않고 자유를 획득한다. 임제는 "지금 바로 눈앞에서 호젓이 밝고 역력하게 듣고 있는 이 사람은 어디를 가나 걸림이 없고 시방 법계를 꿰뚫어 3계에 자재하니, 온갖 차별된 경계에 들어가도 휘말리지 않는다."[13]라고 하여 개별적인 대상에 대해 애욕에 물듦이 없고, 지혜의 알음알이 없이 마음으로 정견(正見)을 일으키고 괴로움에 물들지 않는 것을 깨달음이라 하였다. 안팎에 물들지 않고 오고감이 자유롭게 되면 자유인이라 할 수 있다.

깨달음의 경지는 말과 생각이 끊어지고 스스로가 본래 부처임을

---

12) 불학연구소, 『간화선』, 조계종출판사, 2005, p.147.
13) 백련선서간행회, 앞의 책, p.52.

명확히 깨달아 어디에도 구애받지 않는 자유자재한 삶을 살게 되는 경지이다. 깨달음은 본래부터 우리들에게 속해 있는 것으로 수행에 의해 우리가 그것을 드러낸 것일 뿐이다. 이것을 대혜는 다음과 같이 말하고 있다.

여실히 자기 마음이 궁극적으로 본래 성불해 있고, 여실히 자재하고, 여실히 안락하고, 여실히 해탈해 있고, 여실히 청정함을 알기 때문에 일상생활에서도 오직 자기 마음을 쓸 뿐이다. 자기 마음의 변화를 파악해서 사용할지언정 옳고 그름을 묻지 말라. 마음을 헤아려서 사량 분별하는 것은 옳지 않다. 마음을 헤아리지 않으면 하나하나가 천진함이요, 하나하나가 묘하게 밝으며, 하나하나가 연꽃이 물에 젖지 않는 것과 같다. 마음의 청정함은 연꽃보다 뛰어난 것이다. 그러므로 자기 마음을 미혹하기 때문에 중생을 짓고, 자기 마음을 깨닫기 때문에 부처를 이루는 것이다. 바로 중생이 곧 부처요, 부처가 중생이다. 다만 미혹됨과 깨달음의 차이 때문에 피차를 구별하는 것이다.14)

우리들의 마음이 바로 본래 부처임을 깨달으면 대 자유 속에서 모든 것이 안락하다. 선은 이같이 자신의 마음을 바로 보아 깨닫는 것이다. 그래서 중국에 선을 처음 전한 달마 이래 선사들의 가장 중요한 관심사는 우리들의 마음이었고, 그에 따라 마음에 대한 철저한 자기규명이 있어 왔다. 달마는 벽관(壁觀)과 이입사행론(二入四行論)을 실천했는데, 그것은 현상적인 마음 이전의 불성(佛性) 자리를 바로 관해 들어가는 수행으로 반야관과 동일한 것이라 할 수 있다. 혜가는 안심(安心)을 말하고 있다. 혜가가 달마에게 마음이 안정되

---

14) 大慧宗杲, 장순용 옮김, 『대혜보각선사서 참선의 길』, 答陳少卿, 1997, p.78 참조.

지 않았다고 했을 때, 달마는 불편한 마음을 바로 보라고 하였다. 일어나고 있는 마음을 관하면 관(觀)의 특성상 현상 이전의 마음자리로 바로 계합해 들어갈 수 있다는 것이다. 도신(道信)은 안심(安心)의 대도를 깨달을 것을 가르쳤는데 그는 일행삼매(一行三昧), 수일불이(守一不移)를 말하고 있지만, 『능가사자기』를 보면 그는 주로 좌선간심(坐禪看心)에 의한 심성의 적멸(寂滅)을 주장하고 있다. 홍인(弘忍)은 수심(守心), 수진심(守眞心), 수본진심(守本眞心) 등을 주장했다. 수심이란 우리들의 자성은 본래 청정하기 때문에 그 불성을 확인하고 잘 지켜야 된다는 것이다. 즉 본래의 마음을 잘 지키기만 하면 부처와 같아진다는 것이다. 홍인은 "행주좌와(行住坐臥)의 일상에서 본래의 진심(眞心)을 뚜렷이 지키면 망념이 생기지 않는다."15)고 말하기도 하지만 그의 수심(守心)의 방법은 일상관(日想觀)이나 일자관(一字觀)의 좌선간심(坐禪看心)이다.

혜능(慧能)은 이전의 마음을 보고 깨끗함을 본다(看心看淨)는 선법(禪法)을 부정한다. 즉 부동의 자세로 망상(妄想)을 없애고 진성(眞性)을 회복하는 간심간정(看心看淨)하는 좌선간심(坐禪看心)을 일행삼매라고 하는 것은 잘못이라고 하여 부정한다. 혜능에 의하면 망상(妄想)이 곧 진성(眞性)이다. 망상과 진성은 불이(不二)이다. 이 불이의 중도가 바로 견성(見性)이다.

우리가 마음을 본다고 말하면, 마음은 원래 허망한 것이며, 허망한 것은 허깨비와 같은 까닭에 볼 것이 없다. 만약 깨끗함을 본다고 말한다면 사람의 성품은 본래 깨끗하지만 망념이 진여자성을 덮고 있으므로 망념을 물리치면 본성은 깨끗하다. 자성이 본래 깨끗함을 알지 못하고 마음을 일으켜 깨끗함을 본다면 도리어 깨끗하다고 하

---

15) 『修心要論』, 대정 48, p.378.

는 망념이 생기는데, 망념은 실재하는 것이 아니다. 그러므로 본다
는 것은 허망함을 알아야 한다.16)

본래 마음을 알지 못하면 불법을 배워도 이로움이 없다. 마음을
알아 견성하면 곧 진리를 깨친다. 우리가 볼 수 있는 마음은 청정한
진여자성이 아니라 진여자성을 덮고 있는 망념이다. 진여자성은 청
정하여 어떠한 모양도 없으므로 보려고 하여도 볼 수 없다. 본다고
하면 그 보는 것은 모두 모양(相)이 있는 것을 보는 것인데, 모양이
있는 것은 모두 망념이다. 선이 마음을 바로 보아 견성 성불할 것을
말하고 있지만, 그 마음은 달마와 혜가의 문답에서 보이는 것처럼
대상으로서의 마음은 아니다. 마음을 대상화하게 되면 그것은 벌써
본래의 마음이 아니라 분별의 대상으로서의 마음일 뿐이다.

혜능은 중생의 마음이나 부처의 마음이나 모두 반야의 지혜가 갖
추어져 있다고 한다. 단지 중생은 경계만을 쫓아 그것을 진실이라고
여겨 집착하기 때문에 자신에게 있는 청정한 자성을 보지 못한다.
선지식을 만나 한순간에 깨닫게 되면 지혜의 빛 속에서 허공처럼 청
정한 자성과 삼라만상의 모든 것이 밝게 드러난다고 한다. 깨닫지
못하면 곧 중생이고 깨닫게 되면 곧 부처라는 것이다.

선의 깨달음을 말할 때 흔히 인용하는 것이 청원유신(靑原惟信)
의 "산은 산이고 물은 물이다."라는 구절이다. 청원유신 선사는 임제
종(臨濟宗) 황룡파(黃龍派) 회당조심(晦堂祖心) 선사의 제자인데,
『경덕전등록(景德傳燈錄)』 제22권에 실려 있는 상당법어(上堂法
語)에는 다음과 같이 말해지고 있다.

노승이 30년 전 참선을 하지 않았을 때에 산을 보면 산이고 물을

---

16) 『六祖大師法寶壇經』, 대정 48, p.353.

보면 물이었는데, 그후 선지식을 친견하고 깨달은 바가 있은 후에 산을 보면 산이 아니고 물을 봐도 물이 아니었다. 지금 크게 쉬고 쉰 경계에 이르니 전과 같이 산을 보면 단지 산이고 물을 보면 단지 물이다.17)

첫째, "산은 산이고 물은 물이다."는 선사가 수행하기 이전의 단계 즉 일반인이 보는 유(有)의 세계를 말한다. 여기서 청원은 산과 물을 분별하고, 물과 산을 분별하였다. 이 단계에서는 분별과 긍정이 혼재한다. 산과 물을 구별하는 것은 자기 자신으로 산과 물을 별개의 실체로 구분하여 긍정하고 그것들을 객관화한 것이다. 여기에는 주체와 객체의 이원론적 사고가 지배한다. 산이나 물은 산이나 물 그 자체로 이해된 산과 물은 결코 아니다. 주관과 객관이 분리되었기에 산이 무엇인가를 묻고 있는 자기도 객관화된 자기이다. 객관화된 자기는 참된 자기라 할 수 없다.

둘째, "산은 산이 아니고 물은 물이 아니다."라는 것은 선을 공부하고 깨달음에 도달하였을 때의 경지이다. 분별도 긍정도 없고 부정만 있는 무분별의 단계이다. 이 단계에서는 어떠한 분별이나 주관과 객관의 이원화도 없다. 모든 것이 공(空)임을 깨닫는다. 분별과 무분별, 자아와 무아라는 대립적 구도도 초월되며 삼라만상 온 우주와 내가 하나가 되는 경계이다. 그것은 유(有)도 무(無)도 모두 부정하는 완전한 주객일치의 경계이며, 진공(眞空), 무심(無心)의 경계이다. 그러나 이 경계에 만족하여 머무른다면 공(空)에 걸리고 공에 떨어진다. 참된 자기가 공이나 불가득한 것으로 이해되게 되면 그러한 참자기는 객관적으로 개념화된 어떤 것이 된다.

---

17) 『景德傳燈祿』 22, 대정 51, 老僧三十年前 未參禪時 見山是山 見水是水 及至後來親見知識 有箇入處 見山不是山 見水不是水 而今得箇休歇處 依前見山祇是山 見水祇是水.

마지막으로 다시 "산은 산이고 물은 물이다."라는 것은 완전히 깨달음에 도달하였을 때의 경계이다. 여기서는 앞 단계의 무분별의 부정을 통한 분별과 긍정 즉 절대적인 의미에서의 긍정이다. 산은 정말 산으로 긍정되고 물은 정말 물로서 긍정된다. 여기서 산과 물은 그들의 전체성과 특수성에서 스스로를 드러낸다. 그들은 더 이상 우리들의 주관적인 관점에서 바라다 본 객체가 아니다.18) 그것들은 참자기가 실재로서 보고 있는 산이고 물이다. 이 경지에서는 주관과 객관의 이분법은 철저히 극복되어 주관은 그대로 객관이고 객관은 그대로 주관이다. 산과 물에 대한 절대 긍정과 더불어 우리들은 자신의 참자기를 깨닫게 된다. 참자기는 자아-자기에 대한 전적인 부정인 무아에 대한 또 한 번의 전적인 부정을 통해서 실현된다.19) 공한 것, 불가득한 것 그 자체가 참자기라는 것을 깨닫게 되면 그것은 더이상 객관적으로 개념화되지 않는 참자기이다. 이러한 철저한 이중 부정은 자기의 가장 근원적인 근거로의 철저한 회귀를 의미한다. 그것은 자아-자기의 근원적인 근거보다 다 근원적인 근거이다. 청원유신 선사의 말처럼 크게 쉬고 쉬는 경계이며 평상심(平常心)이며 『십우도(十牛圖)』의 마지막 입전수수(入廛垂手)의 경계이다. 청원에 의하면 산은 그 자체에서 정말로 산이고 물은 그 자체에서 정말로 물이다. 현실적으로 존재하는 이들 사물들 사이에는 어떠한 걸림도 없다. 그것은 화엄의 사사무애(事事無碍)의 경지로 모든 것은 상즉 상입(相卽相入)하여 평등하다.

선은 심적 현상으로서의 깨달음에 대한 과정이며 그 지향하는 바는 자기완성이다. 선은 자기 자신을 철저하게 구명함을 근본적인 특

---

18) 아베 마사오 · 히사마쯔 신이치, 변선환 옮김, 『선과 현대철학』, 대원정사, 1996, p.37.
19) 같은 책, 같은 곳.

징으로 한다. 선에서의 자기추구는 추구하는 자기와 추구의 대상으로서의 자기가 하나가 된 자기를 규명하는 것이다. 선에서는 무상감과 자기한계, 그리고 고통에 차 있고, 부조리한 삶을 극복하는 길은 자기 자신을 찾는 데 있다고 한다. 진정한 자신의 모습을 찾게 되면 모든 것으로부터 자유로울 수 있으며, 자신은 물론 주변 세상도 함께 밝힐 수 있다.

4. 선(禪) 치료

1) 선 치료의 의미

선의 궁극적 목표는 깨달음이기 때문에 선 치료도 자신의 문제를 깨달은 후 진정한 자기 자신을 찾는 것에 초점을 두어야 한다. 그것은 무의식을 의식화시켜 주는 과정으로 화두를 참구하는 수행자와 같이 자신의 강한 의지와 노력이 함께 하여야만 직접 체험될 수 있다. 선 치료적 의미에서 볼 때 깨달음은 자신의 심리적 억압을 해방시켜 인간이 가지고 있는 근본적 불안과 고통을 해소해 주는 것이다.

선에서 스승은 제자에게 자신의 본래면목 즉 자신이 본래 구유한 불성을 볼 것을 가르친다. 자신에게 본유한 불성을 볼 수 있는 것은 자기 자신일 뿐이다. 동산은 이것을 "깨달음 그 자리는 어떤 성인도 전할 수 없는 것이니 억지로 깨닫고자 하는 이는 물 속의 달을 잡으려는 원숭이와 같다."[20]라고 말하고 있다. 스승은 그 길을 가르쳐줄 뿐 오직 자기 자신만이 자기를 구제할 수 있다. 선 치료는 상담자에게 자신에게 내재해 있는 인간의 본래면목을 자각하도록 하여 고통

---

20) 『碧巖錄』, 제12則, 洞山麻三斤.

없는 완전한 인간이 되게 인도하는 것이다.

"산은 산이고 물은 물이다."를 말한 청원의 말을 선 치료에 응용해 보자. 심리적 고통과 억압에 사로잡혀 있는 피치료자에게 자신이 하고 싶은 말, 가슴에 묻어두어 억압되어 응어리가 된 것을 말하게 한다. 이 상태는 "산은 산이고 물은 물이다."와 같이 긍정과 부정이 혼재된 상태이고, 자기중심적 사고의 나타남이다. 피치료자는 자신의 관점과 방식으로 자신에게 보이는 대로 대상을 객관화해서 보았던 것이다. 주관과 객관이라는 이분법적 상황에 놓이게 되면 객관을 보는 주관인 자기 자신도 참된 자기가 될 수 없다. 객관화된 상대적인 자기일 뿐이다. 그러한 자기는 참된 자기 즉 진아(眞我)로부터 소외된다.

다음 단계는 억압되고 묻어두고 응어리졌던 감정이 상담을 통해 그것이 자기중심적인 사고와 자신의 욕망과 집착에 의한 것이었음을 알게 된다. 즉 자신이 원인이 되어 상대를 이원적으로 분별하고, 아애(我愛), 아집(我執)에 의해 자신의 욕망대로 보고 행동한 것이라는 것을 알게 되면 자기중심적 사고를 후회하게 되고 부정하게 된다. "산은 산이 아니고 물은 물이 아닌" 경지가 된다. 객관적 대상에 대한 이러한 부정을 통해 부정된 것의 원인을 이해하게 되면 객관화된 것에 대한 가치의 전도가 일어난다. 즉 부정되고 증오되고 한의 대상으로 미움과 원망, 원한이 되었던 것이 긍정적인 이해와 사랑과 자비의 감정으로 바뀌게 된다. 다시 "산은 산이고 물은 물이다." 이 상태가 되면 부정과 긍정의 감정을 완전히 받아들이고, 있는 것을 있는 그대로 받아들이게 된다. 가슴 내면에 있던 적개심이나 원한이 없어지고 그것이 도리어 상대에 대한 깊은 이해와 자비심으로 바뀌게 된다.

2) 선 치료의 방법

(1) 삼학(三學)과 좌선(坐禪)

수행이란 하나의 치료약과 같은 것이어서 자신의 능력과 관심에 맞는 방법을 채택해야 한다. 불교의 실천방법은 응병여약(應病與藥)의 방식에 따라 설해지기 때문에 그에 상응한 수행방법이 제시된다. 그래서 원시불교 이래 37보리분법, 위빠사나, 지관(止觀), 선(禪) 등의 다양한 수행방법이 제시되고 있다. 이러한 수행도에 있어 가장 근본적인 것은 계(戒)·정(定)·혜(慧)의 삼학(三學)이다. 삼학은 응병여약의 가장 총괄적인 것이라 할 수 있으며, 심리적 고통과 헛된 번뇌로부터 벗어나는 근본적인 방법의 제시라고 할 수 있다.

계학(戒學)은 모든 행위에 있어 악을 버리고 선을 키워 몸을 보호하는 것으로 일상생활 속에서 지켜야 할 행동지침이다. 정학(定學)은 마음의 동요를 없애 고요하고 편안한 경계를 나타내는 법이다. 이를 통해 불안정하고 혼란된 마음이 평온해지는 정서적 안정 효과와 주의조절 능력이 향상되며, 내면적 욕망과 헛된 생각에 대한 자각을 확대시키는 효과가 있다. 혜학(慧學)은 모든 번뇌를 없애고 진리를 철견하는 법으로 철저한 자기관찰을 통해 근원적 통찰을 가능토록 한다. 삼학 중 선정에 들어가 지혜를 얻기 위해서는 무엇보다도 계를 철저히 지켜야 한다. 계를 지키지 않으면 아무리 뛰어난 지혜를 갖춘 근기라 하더라도 깨달음의 길에 들어갈 수 없다. 계·정·혜는 순서로 보면 계를 지키고, 마음을 통일하여 깨달음을 얻는 과정으로 설명될 수도 있지만 이 셋은 하나하나 분리해서 설명되는 것이 아니라 모두 유기적인 관계를 가지고 있다.

선을 정신치료의 방법에 응용하였을 때 치료자에 따라 다양한 치료방법 즉 치료 대상자의 마음가짐과 근기, 상태에 따라 지관(止觀),

묵조선(黙照禪), 간화선(看話禪) 등의 방법을 제시할 수 있다. 선수행의 기본으로는 선종사부록(禪宗四部錄) 즉 『신심명(信心銘)』, 『증도가(證道歌)』, 『십우도(十牛圖)』, 『좌선의(坐禪儀)』 등이 말해진다. 이 중 가장 일반적인 것은 좌선이다. 자각선사(慈覺禪師)의 『좌선의』에서는 좌선의 기본 법식으로 서원(誓願), 사연(捨緣), 조식(調食), 조면(調眠), 택처(擇處), 조신(調身), 조식(調息), 조심(調心), 변마(辨魔), 호지(護持) 등의 10가지를 말하고 있다. 그것에 의하면 좌선하는 사람의 마음가짐으로 반야를 배우는 보살은 우선 대비심(大悲心)을 일으켜 큰 서원을 세우고 정교하게 삼매를 닦아 맹세코 중생을 제도하려 할지언정 자기 한 몸만을 위해서 해탈을 구해서는 안 된다고 말하고 있다. 또한 "모든 인연을 끊고 만사를 쉬고 몸과 마음을 하나로 하여 음식을 적게도 많이도 먹지 말며, 잠도 적절하게 취하도록 하였다."[21]라고 하고 있다.

좌선은 선을 수행하는 초심자들에게 심신 안정법의 입문으로 제시된 것이다. 안정좌법(安定坐法)을 하게 되면 심신의 안정을 가져오게 되기 때문에 마음의 안정은 곧 병 치료의 근본이 된다고 할 수 있다. 심신이 안정되면 지혜가 생겨나 사태를 허심탄회하게 관조하고, 초연한 태도로 최적의 감정 상태에서 문제를 해결할 수 있게 한다. 왜냐하면 심신이 안정되면 감각작용, 지각작용, 감정, 사고, 판단, 행동 등 기본적 신경정신 활동에 영향을 미치게 되기 때문이다.

좌선(坐禪)은 앉아서 앉아 있다는 생각마저도 초월하여 모든 대상성에서 떠나 초연하게 되는 것이다. 그뿐만 아니라 깨달음이니 미혹이니 하는 것도 초월한다. 신심일여와 같은 오롯한 단적인 행위 그것이 좌선이다. 혜능은 『금강경』 소리를 듣고 문득 견성하여 만법이

---

21) 현각, 『선학강의 중 좌선의』, 불일출판사, 1998, pp.176-177 참조.

모두 자성 일원일 뿐 없애야 할 망상이 따로 없음을 깨달았다. 혜능은 자신의 견성(見性)에 바탕하여 수행하여 깨달음에 이른다는 이원적 관점은 곧 범부의 사량분별에서 나온 잘못된 견해라고 하고, 깨달은 자의 무분별지에서 보면 수행과 깨달음, 번뇌와 보리는 불이(不二)의 중도라고 하였다.

혜능은 도신이나 홍인의 일행삼매 즉 좌선간심을 비판하고, 일행삼매(一行三昧)란 일상의 행주좌와에 늘 직심(直心)을 행하여 일체법에 집착하지 않는 것이라고 하였다. 혜능이 말하는 좌선은 이전까지의 일반적인 좌선법인 고요한 장소에서 단정히 앉아 마음을 관찰하는 그러한 것은 아니다. 좌선은 정혜불이(定慧不二) 혹은 정혜체일 불이(定慧體一 不二)의 입장에서 지혜에 대한 깨달음을 주장하는 것이다. 이런 의미에서 보면 고요한 장소에 단정히 앉아서 마음을 관찰한다고 하는 의미는 오히려 부정된다. 즉 혜능의 좌선은 좌선관심(坐禪觀心)을 말하는 것이 아니라 어느 곳, 어느 때이든 무념(無念), 무상(無相), 무주(無住)를 본질로 하여 항상 자성을 보고 있는 반야행이다.

이 법문 가운데 어느 것을 좌선이라고 하는가? 이 법문 속에 일체 걸림이 없어서 밖으로 모든 경계 위에 생각이 일어나지 않는 것이 坐이며, 안으로 본성을 보아 어지럽지 않는 것을 禪이라 한다. 어떤 것을 선정이라 하는가? 밖으로 모양을 물리치는 것을 禪이라 하고, 안으로 어지럽지 않는 것을 定이라 한다.[22]

밖으로는 경계에 미혹되지 않고, 자성을 깨달아 흔들림이 없는 것이 좌선이다. 혜능은 좌의 의미를 선에다 부여하고, 선의 의미를 정

---

22) 『六祖大師法寶壇經』, 대정 48, p.339.

에다 부여하여 좌선간심이 아닌 일상의 견문각지(見聞覺知) 속에서 경계를 마주하여 경계에 미혹되지 않고, 항상 청정한 자성에서 벗어나지 않는 무념행(無念行)을 좌선이라 하고 있는 것이다. 이같이 좌선은 지혜에 의한 깨달음이기 때문에 좌선은 그 자체 목적이 되어서는 안 된다. 마조도일(馬祖道一)과 남악회양(南岳懷讓)의 일화는 이것을 잘 말하고 있다.

회양은 마조에게 "대덕은 무엇하려고 좌선하는가?"라고 물었다. 마조는 "부처가 되려고요."라고 대답했다. 그러자 회양은 그 부근에 있던 기왓장 하나를 집어 들고 마조 앞에서 보란 듯이 갈아대기 시작하였다. 마조가 "기왓장은 갈아서 무엇을 하실 겁니까?"라고 물었다. 회양이 말하기를 "거울로 삼을까 한다." 이에 마조가 빈정거리기를 "그런다고 기왓장이 거울이 될 리가 있습니까?"라고 하였다. 이 말이 떨어지기 무섭게 회양이 "기왓장이 거울이 될 수 없듯이 좌선으로는 부처가 될 수 없다."고 일갈했다. 마조가 "어찌해야 합니까?"라고 물었다. 회양이 "소가 수레를 끌고 가는데 만일 수레가 나아가지 않으면 그때는 수레를 다그쳐야 하겠는가, 아니면 소를 다그쳐야 하겠는가?"라고 물었다. 마조는 아무 말도 할 수 없었다. 회양이 다시 말했다. "자네가 지금 좌선을 하고 있는 것인지, 坐佛을 익히고 있는 것인지 도대체 알 수가 없군. 혹시 좌선을 익히고 있는 중이라면 禪이란 결코 앉아 있는 것이 아니며, 혹은 그대가 좌불을 익히고 있는 중이라면 부처는 원래 정해진 모양새가 없다는 사실을 명심하게. 머무르지 않는 법을 놓고 취사선택을 해서는 안 되네. 그대가 혹 좌불을 흉내 내려 한다면 그것은 곧 부처를 죽이는 행위와 다름이 없네. 보잘 것 없는 앉음새에나 휘둘리게 되면 정작 깊은 이치에는 이를 수가 없는 법이라네."[23]

---

23) 이리야 요시타카, 박용길 옮김, 『마조어록』, 고려원, 1989, p.22.

(2) 간화선

중국의 선은 대혜종고(大慧宗杲, 1089-1163)의 간화선(看話禪)과 굉지정각(宏智正覺, 1091-1157)의 묵조선(黙照禪)으로 재편되고 있는데, 공안을 사용하여 의심을 실마리로 하여 깨달음을 고취한 것이 대혜의 간화선이고, 진실한 것에 대한 믿음에 입각하여 오로지 좌선 가운데서 스스로의 깨달음의 완성을 발견한 것이 굉지의 묵조선이다.

묵조선은 실천적이고 윤리적으로 수행자를 인도해 점진적으로 수행하여 깨달음을 얻게 한다. 여기서는 지관타좌(只管打坐)라 하여 아무것도 생각하지 않고 처음부터 끝까지 고요한 마음을 유지할 뿐 어떤 문제를 가질 필요가 없다. 묵조(黙照)는 고요히 앉아서 자기의 마음을 비춰보고 점차로 그 마음을 없애면서 마지막 단계인 삼매의 세계에 머무는 것을 말한다. 처음부터 무아(無我)의 경지로 마음을 텅 비우고 그 비워진 마음에 일체를 비추어 간파(看破)하는 것이다. 부처가 되기 위한 수행이라기보다는 선수행(禪修行) 그 자체가 바로 부처인 것이다. 즉 수행과 깨달음이 따로 있는 것이 아닌 수증불이(修證不二)의 실현이다.

간화선이란 화두(話頭)를 간(看)하여 본래 성품자리를 바로 보는 선법이다. 본래 성품을 보고 깨닫는 것이다. 이 본래 성품자리는 모두가 지닌 자성(自性)이다. 이 성품을 보고 깨닫는다고 해서 견성성불(見性成佛)이라 한다.[24] 간화선에서는 정견(正見)을 중시한다. 정견은 법에 대한 바른 가치관의 수립을 말한다. 정견의 확립은 중도, 무아, 연기, 공에 대한 이해이다. 간화선은 부처와 역대 조사의 한마디 말이나 순간적으로 보인 짧은 행위 끝에 백억 가지 법문을 뛰어

---

24) 불학연구소, 『간화선』, p.51.

넘어 바로 깨달음에 이르는 수행법이다. 이것은 캄캄한 방에 불이 켜지면 한순간에 모든 것을 확 밝히는 이치와도 같다.

간화선이라 할 때 그 간(看)하는 대상으로서의 화두는 대상화해서 객관적으로 보는 어떤 것이 아니다. 그것은 커다란 의심을 일으켜 끝없이 몰입해 들어가는 것이다. 화두는 주관과 객관을 근거로 하는 생각의 길이 끊어진 곳에 있다. 여기에는 단지 커다란 의심만이 남아 있을 뿐이다. 그래서 화두에 깊이 들어간다는 뜻으로 참구(參究)라는 말을 쓰기도 한다. 화두가 수행자에게 커다란 의심으로 다가왔을 때 화두는 비로소 생사심(生死心)을 끊는 취모검(吹毛劍)이 된다. 이때 화두는 더 이상 알음알이(知解)로 분별하는 대상이 아니며 탐구의 대상도 아니다. 온몸을 던져 의심하고 의심하여 의심이 단단히 뭉쳐 오도 가도 못할 때 이 의심 덩어리(疑團)를 깨뜨려 깨달음에 이르는 것이다.25)

화두는 일상적인 분별의식을 불태워 스스로의 본성을 깨닫게 한다. 본래의 면목을 밝히기 위해 화두를 들고 그것과 하나가 되어 간절하고 처절하게 의심해 들어가야 한다. 깨치게 되면 그러한 깨달음이 자신에게 본래 갖추어져 있었던 것임을 확인하게 된다. 새로 얻은 것도 깨달은 것도 없다. 고봉원묘(高峰原妙) 선사는 『선요(禪要)』에서 화두 공부인은 대신심, 대분심, 대의심의 세 가지 요소를 갖추어야 한다고 하였다.

만일 진실로 참선하고자 한다면 반드시 세 가지 중요한 요소를 갖추어야 한다. 첫째, 大信根이 있어야 한다. 이 일은 수미산을 의지한 것과 같이 흔들림이 없어야 함을 알아야 한다. 둘째, 大憤志가 있어야 한다. 마치 부모를 죽인 원수를 만났을 때 그 원수를 당장

---

25) 같은 책, p.54.

한 칼에 두 동강을 내려는 것과 같다. 셋째, 大疑情이 있어야 한다. 마치 어두운 곳에서 한 가지 중요한 일을 하고 곧 드러내고자 하나 드러나지 않은 때와 같이 하는 것이다. 온종일 이 세 가지 요소를 갖출 수 있다면 반드시 하루가 다하기 전에 공을 이루는 것이 독 속에 있는 자라가 달아날까 두려워하지 않겠지만, 만일 이 가운데 하나라도 빠지면 마치 부러진 솥이 결국 사용할 수 없는 그릇이 되는 것과 같다.26)

대신심은 화두를 공부하면 반드시 깨달을 수 있다는 견고한 믿음을 갖고 결코 흔들리지 않고 공부해 나가는 것을 말한다. 그것은 일체 중생에 불성이 있다는 믿음에 근거한다. 대분심은 지금까지 자신의 욕망에 따라 생활해 온 것에 대한 자책감으로 인해서 나오는 것이다. 수행자는 이러한 대분심으로 억겁의 무명을 벗어나 대자유인이 된다. 대의심은 화두를 철두철미 의심한다는 것으로 크게 의심해야 크게 깨닫는다는 것이다. 큰 의심은 의심하는 '내'가 사라진 자리에서 폭발하는 근원적 의심이다.

화두 참구는 주관과 객관, 나와 너라는 모든 이분법적인 경계를 뛰어넘어야 한다. 즉 화두와 수행자가 혼연일체가 되어야 한다. 그렇지 못하면 대립적인 분별의식에서 완전히 벗어날 수 없다. 백척간두 진일보(百尺竿頭 進一步)라 한 것처럼 백 척이나 되는 긴 장대 위에서 한 발짝 더 내디뎌야 한다. 근원에 이르러 근원마저 뛰어넘어야 자유자재할 수 있다.27) 화두 참구를 통해 선 수행자는 현생에서 자신이 본래 부처였음을 자각한다. 자신뿐만 아니라 두두물물 가운데 부처 아닌 것이 없음을 자각한다. 화두 참구에 있어 일체의 대상화된 관법은 옳지 않다. 마음을 대상으로 하게 되면 분별적이고 상

---

26) 『禪要』, 『간화선』, p.223 재인용.
27) 불학연구소, 『간화선』, p.239.

대적인 이분법에 빠지게 된다. 마음을 가지고 마음을 찾는다면 마음을 찾을 수 없다. 마음은 분별의 대상이 아니기 때문이다. 그 찾는 마음 자체가 이미 망상이다.

화두는 행주좌와(行住坐臥) 어디에서든 행해져야 한다. 즉 화두와 생활이 분리되어서는 바른 수행이라 할 수 없다. 일상생활과 화두가 일치해야 하기 때문에 화두는 일상생활 속에서 벌어지는 대상이나 경계에 휘말리지 않아야 한다. 화두는 깨달음의 목적을 달성하려는 하나의 수단일 뿐 그 자체는 목적이 될 수 없다. 청원불안(淸遠佛眼) 선사는 선에 두 가지 병이 있다고 하였다. 첫째는 나귀를 타고서 나귀를 찾는 병이고, 둘째는 나귀를 타고서 내리려고 하지 않는 병이다. 첫 번째 병은 관심을 밖에 두는 데서 오는 병이다. 극락이 본래 마음속에 있는데 우리는 밖에서 그것을 찾아 헤맨다. 번뇌는 모두 여기서 생겨난다. 그래서 마조(馬祖)는 "그대는 그대 집안의 보물이다(自家寶藏)."라고 하였다. 두 번째 병은 자신이 나귀를 타고 있다는 것을 이미 알고 있다. 그것은 내적인 평화를 이미 알고 있지만 그것에 매료되어 그것마저 잃게 되는 것이다. 선정과 그 내용 자체에 집착해서는 안 된다는 것이다. 그래서 청원은 "나귀를 탈 생각을 모두 버려라. 왜냐하면 그대가 곧 나귀요, 전 세계가 또한 나귀이다. 그 나귀를 어떻게 타겠는가? 만일 그대가 탈 생각을 하지 않는다면 전 우주는 그대의 놀이터가 될 것이다."라고 하고 있다.[28]

3) 선 치료로서의 『십우도』

『십우도(十牛圖)』는 곽암선사(廓庵禪師)가 착안한 것으로서 임제

---

28) 吳經熊, 조영록 · 정인재 옮김, 『선의 향연』 하, 현대불교신서 28, 동국대 역경원, 1980, pp.159-161 참조.

선(臨劑禪)의 수행과정을 정리한 것이다. 그것은 선의 수행과정의 기본 절차를 선의 수련과정에서의 경계의 변화에 비유한 것으로 수행을 통해 자기의 본래면목을 증득해 가는 과정을 설명한 것이라 할 수 있다. 즉 잃어버린 소를 찾아 헤매다가 마침내 소를 발견하고 길들여 소를 타고 집으로 돌아오는 과정을 참선 과정에 비유한 것이다. 여기서 소는 진실한 자아 즉 본래면목과 같은 것이다. 『십우도』를 살펴보면 다음과 같다.29)

첫째, 소를 찾아 나선다(尋牛): "소는 한 번도 잃어버린 적이 없다. 거기서 무엇을 찾을 필요가 있겠는가? 다만 자기의 참된 본성과 분리된 까닭에 소를 찾을 수 없는 것이다. 감각이 혼란한 가운데 소의 발자취마저 잃어버렸다. 집은 멀고 수많은 갈림길 앞에 서 있으나 어느 길이 바른 길인지 알 수 없다. 욕망과 공포, 선과 악이 나를 휘감고 있다."30) 소는 본성을 비유한 것으로 "나는 누구인가?"라는 자신의 본성에 대한 물음이다. 우리는 번뇌 망상에 의해 자신의 참된 자아를 자각하지 못하고 있다. 심우(尋牛)는 우리들이 진아(眞我)를 찾아 수행에 들어가는 것으로 좌선에 막 입문한 경계이다.

둘째, 소의 발자국을 본다(見跡): "경전을 읽으며 스승의 가르침을 받아 소 발자국을 찾았다. 하나의 쇠붙이에서 여러 가지 기구가 만들어지듯이 수많은 실재가 자신의 구조로부터 만들어짐을 배운다. 분별하지 않고서야 어떻게 진실과 거짓을 가려낼 수 있을 것인가? 아직 그 문에는 이르지 못하였지만 오직 길만은 알고 있다."31) 의심

---

29) 『십우도』에는 普明國師의 『牧牛圖』, 廓庵禪師의 『十牛圖』, 우리나라 鏡虛 禪師의 『尋牛圖』 등이 있다. 곽암선사는 12세기 후반 北宋 末葉人이다. 『십우도』는 序와 頌으로 되어 있다.

30) 關田一喜, 『坐禪の構造と實踐』, 木耳社, 1980, p.241.

31) 같은 책, p.244.

을 떨쳐버리고 소의 자취를 찾은 단계이다. 소의 발자취를 발견했다는 것은 수행의 단서를 겨우 찾았다는 것을 말한다. 좌선에 든 수행자가 몸을 바르게 하고 앉아 선정(禪定)을 시작하여 의심과 불안한 마음이 다소 진정된 경지라 할 수 있다.

셋째, 소를 본다(見牛): "소의 울음소리를 들을 때 사람들은 그 근원을 느낄 수 있다. 육감(六感)에 몰입하자마자 이미 문에 들어섰다. 어디로 들어가더라도 사람들은 소의 머리를 본다. 이 이치는 물 속의 소금과 같고 물감 속의 색채와 같다. 어떤 미미한 것이라도 자기와 분리된 것은 없다."32) 견성처럼 보이지만 확실성이 없는 단계이다. 겨우 소를 발견했지만 소 전체가 아니라 꼬리 부분만이 보일 뿐이다. 끊임없는 좌선 수행을 통해 가끔 선정과 유사한 경지에 들기도 하지만 아직 확실성이 없는 단계이다.

넷째, 소를 얻는다(得牛): "그는 숲에서 오랫동안 살았지만 오늘에야 소를 잡았다. 풍경에 홀린 것이 그의 방향을 방해한 것이다. 그는 맛 좋은 풀만을 찾아 헤맸던 것이다. 그의 마음은 아직도 고집이 세고 제멋대로이지만 나를 따르려 하지 않는다면 채찍을 휘두를 수밖에 없다."33) 수행 정진의 결과 견성의 확신을 갖게 되는 단계라 할 수 있다. 깊은 선정 가운데 자기를 잊어버리고 보는 것과 듣는 것 모두 하나가 되어 만법의 근원에 이르게 된다. 보고 듣는 것 하나하나가 자기와 어긋나는 것이 없고 행주좌와(行住坐臥) 언제 어디서나 진여법성(眞如法性)이 나타난다. 이 단계에서는 차별의 세계를 평등의 세계로 인식하게 된다.

다섯째, 소를 먹인다(牧牛): "하나의 사념이 떠오르면 또 다른 사념이 따라온다. 첫 번째 사념이 깨달음으로 용솟음칠 때 그 후에 일

---

32) 같은 책, p.244.
33) 같은 책, p.246.

286

어나는 모든 사념들은 진실이다. 미망(迷妄)을 지나오면서 사람은 모든 것이 거짓이 된다. 미망은 객관성에 의해 일어나는 것이 아니라 주관성의 결과이다. 코뚜레를 꽉 붙잡고 어떤 의심도 허락지 말라."34) 갖은 노력 끝에 소가 가까스로 말을 조금씩 듣기 시작하는 단계이다. 깨달음과 미혹의 차이는 자신의 마음으로부터 생긴다. 몸과 마음이 항상 적정한 상태가 되도록 바른 성격을 이어가면서 끈을 꽉 움켜지고 소를 몰고 가듯이 수행을 계속해야 한다.

여섯째, 소를 타고 집으로 돌아간다(騎牛歸家): "투쟁은 끝났다. 잃은 것도 얻은 것도 모두 사라졌다. 산골 나무꾼의 노래를 부르며 어린이의 동요를 연주한다. 소 등에 걸터앉아 하늘의 구름을 바라본다. 뒤에서 누가 아무리 부르더라도 나는 앞으로 앞으로 나아간다."35) 소는 끈을 풀어주고 가만히 있어도 주인을 태우고 집으로 찾아가는 것처럼 사람과 소가 한마음이 된다. 참된 자기와 가아(假我)가 하나가 되고, 번뇌 망상이 모두 사라져 시비가 모두 사라진다. 자신의 육신(肉身)을 자유자재로 다룰 수 있게 되어 마음이 내키는 대로 행해도 그것은 모두 진아(眞我)의 발현으로 심적 갈등이 없는 순수무구(純粹無垢)한 불퇴전(不退轉)의 경지가 된다.

일곱째, 소는 잊어버리고 사람만 남아 있다(忘牛存人): "모든 것은 둘이 아니라 하나의 법칙 아래 있다. 일시적인 주제로 소를 택했을 뿐이다. 그것은 토끼와 덫 또는 물고기와 그물의 관계와 같은 것이다. 그것은 금덩어리와 찌꺼기 또는 구름 속에 가려졌던 달이 나타나는 것과 같다. 한줄기 환한 달빛이 끝없는 시간을 통해 지나가고 있다."36) 소에 비유한 견성(見性)이나 선(禪)이라고 하는 것은 잊

---

34) 같은 책, p.247.
35) 같은 책, p.247.
36) 같은 책, p.247.

혀지고 평상심(平常心)으로 돌아오게 된다. 나와 소가 하나가 되었다는 생각마저 잊고, 공을 깨닫게 되어 집착이 없어진다. 텅 빈 마음에서 유유자적하는 이른바 없음의 충만이며, 다음에서 또 다음으로 하나하나를 방하착(放下着)해 나가는 자유무애(自由無碍)의 경계이다.

여덟째, 사람도 소도 다 잊어버린다(人牛俱忘): "범용한 것은 사라졌다. 마음은 한없이 한없이 열려 있다. 더 이상 깨달음 같은 것은 찾지 않는다. 또한 나에게는 깨닫지 못한 어떤 것도 남아 있지 않다. 어떠한 상태에도 머물지 않아 눈으로는 볼 수 없다. 백 마리의 새가 나의 길에 꽃을 뿌린다 해도 그러한 찬미는 무의미하다."[37] 이 단계는 주관과 객관으로 분리되는 이원적 규정이 완전히 극복되는 불이(不二)의 경지로 그것은 일원상(一圓相)으로 나타낼 수밖에 없다. 대상화하는 사유의 주객분리는 부정과 긍정, 존재와 비존재를 초월하는 절대무에 의하여 완전히 극복된다. 참된 자기를 실현하기 위해서는 지금까지 쌓아온 모든 관념과 믿음을 버려야 한다.

아홉째, 본래면목으로 돌아간다(返本還源): "처음부터 진리는 맑디맑다. 고요한 평정 속에서 완성되고 붕괴되는 형상들을 지켜본다. 형상에 집착하지 않는 자는 어떤 형상도 필요 없다. 물은 녹색, 산은 남색이다. 창조되고 있는 것과 파괴되어 가는 것을 지켜보고 있다."[38] 무차별의 세계에서 차별의 세계로 다시 돌아온다. 절대부정의 세계에서 다시 대긍정으로 돌아오는 반본환원(返本還源)의 경지이다. 깨닫게 되면 우리가 살고 있는 세계가 바로 정토임을 알게 된다. 깨치고 보니 깨치기 전과 같다(悟了同迷悟). 이 단계에서는 존재하는 것을 존재하는 그대로 보기 시작한다. "산은 산이 아니고 물은 물이 아

---

37) 같은 책, p.248.
38) 같은 책, p.250.

니다."라는 부정의 단계를 극복하고 여전히 "산은 산이고 물은 물인" 대긍정의 단계가 된다. 여기서는 나와 우주가 하나가 된다. 보이는 그대로 보고, 무엇을 봐도 아름답고, 무엇을 봐도 진실이다. 이것이 반본환원이다. 지눌에 의하면 외적인 상(相)과 색(色)에 휘둘리지 않고 빛을 돌이켜 비추어(廻光) 자기 자신의 본 마음이 바로 부처의 마음이며 자신의 본 성품이 부처의 성품임을 깨닫는 것이 회광반조(廻光返照)이다. 반본환원은 전 단계의 절대무(絶對無)의 일원상(一圓相)을 다시 초월하여 원래의 현실세계에 돌아온 경지이다. 깨달음과 현실의 세계가 둘이 아님을 알게 된다.

열째, 시중으로 들어가서 중생을 제도한다(入廛垂手): "맨발에 가슴은 벌거숭이, 세상사람들과 함께 어울려 산다. 옷은 누더기, 때가 찌들대로 찌들어도 언제나 지복으로 넘쳐흐른다. 마술 같은 것을 부려 삶을 연장하려 하지 않는다. 지금 내 앞에 있는 나무들이 싱싱하게 뻗어 나가고 있다."[39] 입전수수(入廛垂手)라 할 때 전(廛)은 사회라는 뜻이고, 수수(垂手)는 중생세계로 다시 돌아와 이타행(利他行)을 실천하는 것이다. 깨달음을 얻은 후 다시 이 세간에 나와 사람들을 위해 진력하는 경지이다. 즉 자비에 의한 이타행을 실천하는 단계이다. 잃어버려 찾아 헤매던 소는 잃어버린 것이 아니라 원래 자신에게 구족되어 있던 것이다. 구하는 자기 자신과 구하는 것이 다름이 아닌 것이다.

『십우도』의 이러한 수행과정을 정신치료 과정과 비교하면 심우(尋牛), 견적(見跡), 견우(見牛)는 환자의 핵심감정, 핵심역동을 이해하는 것으로 부정적 감정이라 할 수 있다. 득우(得牛)는 이러한 감정을 억압하지 않고 느끼고 자각하고 있는 것에 해당하며, 목우(牧牛)는

---

39) 같은 책, p.251.

감정을 놓치지 않고 부려 갈등을 해결하기 시작하는 단계이다. 여기서는 긍정적인 감정이 나타나서 자라고 커지게 된다. 기우귀가(騎牛歸家)는 문제와 현실을 그대로 받아들이고 해결하는 것이다. 망우존인(忘牛存人)은 갈등은 해결되었지만 무아(無我)가 되지 못한 상태이다. 인우구망(人牛俱忘)은 집착이 없어진 상태로 공(空)의 경지, 무아의 상태이다. 반본환원(返本還源)은 자신이나 현실을 투사 없이 있는 그대로 보는 것이다. 입전수수(入鄽垂手)는 자기 문제를 해결하고 무아의 경지에서 보살이 되어 중생을 제도하는 것을 뜻한다. 서양의 정신분석학에서는 망우존인의 단계까지 설명 가능하다. 현재 트랜스퍼스널 심리학에서는 자아실현, 자아초월을 주장하고 있지만, 입전수수와 보살행까지는 미치지 못하고 있는 것으로 생각된다.

정신치료에서나 선수행에서는 마음으로 마음을 보도록 훈련을 시키게 되므로 필연적으로 자아의 분열이 일어난다. 소를 타고 있는 사람이 소 위에서 소를 찾는 것과 같이 자신이 자신을 찾고 있다. 선수행에서도 처음에는 이런 이분법, 자아분열을 거쳐 공(空) 무아(無我)의 단계로 나아간다. 정신치료에서는 치료자 측에서는 자발적이지만 피치료자 측에서는 강요된 자아분열이 일어나게 되는데, 이것이 자신의 일거수일투족을 관찰하게 하고 궁극적으로는 자기분석이 가능한 정도에까지 이르게 한다. 그러나『십우도』는 자아분열에서 시작하여 제8도 인우구망에 이르러 주객이 합일되는 경지를 체험하고, 다시 이타행의 경지까지 나아가게 됨을 설명하고 있는 것이다.

5. 결 어

서양의 정신치료가 인간의 심리상태가 빚어내는 각각의 마음의 병들을 치료하는 것에 목적을 두고 있지만 불교는 어떻게 하면 인간이

윤회의 고통으로부터 벗어나서 마음의 자유를 얻는가에 목표를 둔다. 불교에서는 인간은 본래 자유의지를 지닌 존재이지만 무명에 의한 아집과 욕망으로 스스로를 속박하기 때문에 인간의 속성은 고일 수밖에 없다고 한다. 따라서 우리는 끊임없이 일어나는 욕망 집착, 번뇌의 현실적 자기에서 본래의 자기를 찾는 노력과 자각적인 삶으로 우리들 자신의 존엄성을 확보해야 한다.

정신적인 문제가 있는 사람들은 대개 그 문제의 원인과 해결책을 외부에서 찾지만 문제의 핵심은 자신의 내적 욕망 사이의 갈등에 있다. 치료를 위해서는 먼저 자신의 마음을 성찰해야 한다. 그러기 위해서는 스승이나 치료사, 상담원의 도움이 필요하다. 자신의 내적인 원인에서 출발하는 문제를 해결하기 위해서는 진정한 자기이해와 자신의 본래의 모습에 대한 통찰이 필요하다. 그 통찰의 방법으로는 요가, 지관(止觀), 선(禪) 등의 여러 방법이 말해진다. 특히 선은 서구의 정신치료요법의 한계를 극복할 수 있는 대안으로 주목받고 있다.

선에 있어서 깨달음이란 자기의 본래면목을 자각하는 것 즉 견성(見性)하는 것이다. 이것은 자기와 대상이 하나 된 상태를 깨닫는 체험이며, 주객미분화(主客未分化)의 순수경험이라 할 수 있다. 이러한 체험은 현대 트랜스퍼스널 심리학에서 말하는 개인의 의식을 초월한 것과 일체감을 느끼는 트랜스퍼스널 체험과 유사하다.

청원유신은 깨달음의 단계를 3단계로 구분했는데, 깨닫기 전에는 자기중심적 사고에 의한 자기 긍정과 부정이 혼재된 이원적 상태이다. 다음 단계는 분별도 긍정도 없는 부정만 있는 무분별의 단계로 이원적 입장이 사라진 공(空)의 경지이다. 마지막 단계는 무분별의 부정을 통한 대 긍정의 단계이다. 정신치료에서도 마찬가지로 처음 자기중심적인 사고로 현실에서 고통을 느낀다. 다음 치료를 통해 원인이 자기에게 있음을 받아들이는 무분별의 공(空)의 경지가 된다. 그리고 다시 무분별의 감정을 긍정하고 현실을 있는 그대로 받아들임으로써 가치의 전도가 일어난다. 이렇게 하여 부정되었던 감정이 관용과 자비의 감정으로 바뀌게 된다.

불교의 실천방법은 응병여약(應病與藥)의 방식에 따라 설해지기 때문에 개인의 상태와 능력에 상응한 수행방법이 제시된다. 따라서 선을 정신치료의 방법에 응용하였을 때 치료자의 능력, 마음가짐, 상태, 관심에 따라 다양한 치료방법 즉 지관(止觀), 묵조선(默照禪), 간화선(看話禪) 등의 방법을 제시할 수 있다. 정신적인 갈등과 분열의 문제는 자신의 마음에서 생겨나는 것이기 때문에 선수행에 있어 일반적으로 행해지는 계(戒)·정(定)·혜(慧)의 삼학과 좌선, 간화선을 통한 마음의 안정과 자기성찰은 정신치료에 매우 효과가 있다. 그리고 곽암의 『십우도』는 선의 수련 과정에서 경계의 변화를 비유하여 설명한 것이다. 즉 수행을 통해 자기의 본래면목을 증득해 가는 과정을 말한 것이지만, 이것을 정신치료에 응용하면 피치료자의 감정을 이해하고 현실을 있는 그대로 긍정하게 하여 피치료자의 마음의 갈등을 해결해 나가는 과정으로 풀이할 수 있다.

선을 수행함으로써 얻게 되는 효과는 마음의 편안, 신경증과 같은 정신적, 육체적 병의 치료, 성격 개조와 인격 성숙, 일의 능률 향상, 원만한 인간관계, 주체성 회복에 의한 깨달음의 자각 등을 말할 수 있다.

참고문헌

『碧巖錄』

『六祖大師法寶壇經』

『修心要論』

『景德傳燈祿』

關田一喜, 『坐禪の構造と實踐』, 木耳社, 1980.

가와이 히야오, 최정윤 옮김, 『불교와 심리치료』, 시공사, 1996.

김영진, 『철학적 병에 대한 진단과 처방: 임상치료』, 철학과현실사, 2004.

김종해, 『선의 정신의학』, 한강수, 1996.

大慧宗杲, 장순용 옮김, 『대혜보각선사서 참선의 길』, 答陳少卿, 1997.

Don Dinkmeyer, Jr. & Len Sperry, 김춘경 옮김, 『상담과 심리치료』, 시
    그마프레스, 2004.

루 매리노프, 이종인 옮김, 『철학으로 마음의 병을 치료한다』, 해냄, 2000.

Raymond J. Corsini & Danny Wedding, 김정희 옮김, 『현대심리치료』,
    학지사, 2004.

백련선서간행회, 『臨濟祿・法眼祿』, 선림고경총서 12, 장경각, 2003.

불학연구소, 『간화선』, 조계종출판사, 2005.

三枝充悳・岸田秀, 『불교와 정신분석』, 소학관, 1982.

西谷啓治, 김호귀 옮김, 『현대와 선』, 불교시대사, 1994.

아베 마사오・히사마쯔 신이치, 변선환 옮김, 『선과 현대철학』, 대원정사,
    1996.

애렌 왓츠, 강석현 옮김, 『동양과 서양의 정신치료』, 하나의학사, 2004.

E. Fromm & D. T. Suzuki & R. de Martino, 김용정 옮김, 『선과 정신분
    석』, 정음사, 1987.

吳經熊, 조영록・정인재 옮김, 『선의 향연』 하, 현대불교신서 28, 동국대
    역경원, 1980.

오까노 모리야, 김세곤 옮김, 『불교심리학입문』, 양서원, 2003.

이리야 요시타카, 박용길 옮김, 『마조어록』, 고려원, 1989.

정성본, 『선의 역사와 사상』, 불교시대사, 2000.

S. Freud. 설영환 옮김, 『프로이트 심리학 해설』, 선영사, 1993.

현각, 『선학강의 중 좌선의』, 불일출판사, 1998.

『주역(周易)』의 치료적 함의

정병석

1. 머리말

보통 질병은 육체적인 병과 정신적인 병 두 가지로 크게 구분된다. 육체적인 병이라는 것은 후두염, 디스크나 암 등의 신체적 증상을 분명히 나타내는 것을 말하고, 정신적인 병은 신경정신과적인 것으로 우울증, 편집증이나 정신분열증 등을 들 수 있다. 그러나 질병은 육체나 정신에 의해서 생기는 것만은 아니다. 질병은 육체나 정신으로 생긴 질병 이외에도 환자가 가지고 있는 매우 사적(私的)인 가치관, 정체성이나 세계관과 관련되어 생길 수도 있기 때문이다. 만약 병을 가지게 된 이유가 환자의 자기정체성, 가치관, 윤리 등과 관련되어 있다면, 정신과 의사를 찾아가 정신병으로 진단받고 약물을 타서 복용하는 것은 아무런 도움도 되지 않는다. 약물 등의 자연과학적 태도를 통해서는 결코 이런 병을 치료하지 못한다. 이렇게 본다면 인간이 앓고 있는 병은 결코 육체적인 병과 정신적인 병 두 가지로만 나눌 수 없다. 환자의 사적인 가치관이나 세계관과 관련되어 생긴 병을 치료하기 위해서는 자연과학의 부류에 속하는 의학이나 신경과학의 차원이 아닌 철학을 통한 치료가 요구된다. 즉 설명의 방식에 입각하고 있는 자연과학적 태도가 아니라 이해의 방식에 입각하고 있는 인문학적 태도[1]가 요구되는 것이다.[2] 이런 관점에서 인간이 앓고 있는 질병을 '육체적인 병', '정신적인 병' 이외에 '철학적인 병'으로 분류하기도 한다.[3]

이전에도 몇몇의 연구자들이 '철학상담'이나 '철학치료'에 대해 관심을 가지기 시작한 것은 사실이지만, '철학치료'라는 독립적 분과를 학문적으로 다룬 것은 거의 드물다. 철학치료의 첫 걸음은 무엇보다도 인간의 이해와 해석이라는 치료가 우선적이다. 이런 치료의 관건은 결코 외부의 어떤 약물이나 요법을 개입시키는 것이 아니라, 병을 가진 사람이 처해 있는 상황의 본질을 주체적, 능동적으로 이해하고 아울러 자신의 본질을 파악하도록 만든다. 이런 해석 활동이 바로 철학적 치료이다.[4] 이런 치료의 활동으로 현재의 어려운 문제를 해결할 수 있을 뿐만 아니라 다음번 문제도 같은 방식으로 해결

---

1) 전통적인 정신치료 및 심리치료가 가지는 자연주의적 접근의 한계를 극복하기 위한 다양한 인문학적 대안들이 제시되고 있다. 예를 들면 음악치료, 영화치료, 미술치료, 문학치료, 철학치료, 무용치료 등이다.

2) 김석수, 「철학, 고통 그리고 치료」, 『동서철학의 정신치료적 함의에 대한 연구』, 아시아대학교 철학치료연구소, 2005년 12월 27일, p.5 참조.

3) 김영진, 『철학적 병에 대한 진단과 처방: 임상철학』, 철학과현실사, 2004, p.11.

4) 우울증, 공포증, 강박증, 불안증, 정신분열증과 같은 신경정신과의 병들이 근본적으로 철학적 병의 범주에 들어가는 병은 아니다. 그러나 신경정신과의 병을 치료하는 데 철학적 병을 치료하는 방법이 적용될 수 있으며 또 그 역도 성립 가능하다. 실제로 철학적 병인지 정신적 병인지 엄밀하게 구별하기가 어려운 경우가 있는 것이 사실이다. 같은 책, p.37 참조.

할 수 있게 되는 것이다.

이 글에서는 유가의 가장 오래된 경전 중의 하나인『주역(周易)』을 통하여 철학의 치료적 기능 내지 함의의 가능성을 검토하려고 한다. 과연『주역』이라는 다양한 해석을 양산한 경전이 현대에도 유용한 철학의 치료적 기능 내지 함의를 가지고 있는가 하는 것은 충분히 검토해 볼 만한 주제라고 생각한다.

독일의 유명한 심리분석학자인 융(C. G. Jung, 1875-1961)은 이미 리하르트 빌헬름(Richard Wilhelm)의『주역』에 대한 독일어 번역판의 서문에서『주역』이 가지고 있는 '상담'이나 '치료'의 관점들에 대해서 언급하고 있는데, 이것은 아마도『주역』이 가지고 있는 철학치료적 혹은 정신치료적 함의를 가장 처음으로, 본격적으로 언급한 것이라고 할 수 있을 것이다. 현대에 와서 더욱 본격적으로『주역』이 가지고 있는 '철학치료'의 관점을 분석하고 있는 책은 루 매리노프(Lou Marinoff)가 쓴 *Plato not Prozac*이다. 이 책에서 루 매리노프는 여러 차례에 걸쳐『주역』을 통한 철학치료를 예로 들어 설명하고 있고,「『주역』을 참조하는 방법」이란 항목까지 부록으로 첨부하고 있다. 최근에 중국어권에 있어서『주역』과 철학치료에 대한 연구도 점차적으로 활기를 띠고 있는데 그 출발점은 유명한 현대 신유학자 중의 한 명인 당군의(唐君毅)에서 출발하였다.

당군의는『인생의 체험(人生之體驗)』,『인생의 체험 속편(人生之體驗續篇)』과『병리건곤(病裡乾坤)』등의 저술 속에서 유가적인 방식의 철학치료에 관해 이야기하고 있다. 또 철학치료의 관점을 빅토르 프랑클(Victor Frankl)의 로고테라피(Logotheraphie)의 관점에 근거하여 처음으로 중국어권에 소개한 학자가 바로 부위훈(傅偉勳)이다. 당군의와 부위훈 이들 두 사람의 영향을 받은 타이완의 학자들은 이 분야에서 상당히 주목할 만한 많은 연구성과들을 내고 있다.

이 중 대표적인 학자가 바로 임안오(林安梧)이다. 그는 『중국의 종교와 의의치료(中國宗敎與意義治療)』라는 저서를 중심으로 하는 10여 편 이상의 논문 속에서 중국의 종교와 철학에 나타난 철학치료적 관점들에 대해 분석하고 있다. 여기서 임안오는 유가의 철학치료를 의의치료(意義治療)로, 도가의 철학치료를 존재치료(存在治療)로, 불교의 철학치료를 반야치료(般若治療)라는 개념으로 명명(命名)하고 이들을 총괄하여 '의의치료'라는 것으로 지칭할 수 있다고 하였다. 그러나 임안오의 관점은 프랑클의 로고테라피에 지나치게 편중되어 있고 기본적으로는 당군의의 영향이 매우 큰 것으로 보인다.

이처럼 타이완 같은 경우에는 의의치료 혹은 문화치료 등의 광의적 의미의 철학치료와 유가철학의 관련성에 대한 논의가 상당 부분 진행된 데 비해 우리나라에서 철학치료의 관점에서 유가나 『주역』을 분석한 논의들은 거의 전무하다.

2. 의서(醫書)로서의 『주역』과 자료(自療)

철학을 통해서 고통을 치료하려는 철학치료는 심리치료나 정신과 치료처럼 모든 사람을 '질병화'하는 데 치중하는 것이 아니라 '정상인을 위한 치료법'에 관심을 두고 있다. 한마디로 말하여 철학치료나 철학 카운슬링은 기술이라기보다는 인간에 대한 이해로부터 시작된다5)고 말한다. 철학치료가 노리는 가장 중요한 핵심은 먼저 "자신이 처해 있는 상황의 본질을 이해하고" 난 후 "자기 자신을 성찰하여", "자기 스스로 대답을 찾을 수 있게 만드는 것"에 있다. 말하자면 철

---

5) 루 매리노프, 이종인 옮김, 『철학으로 마음의 병을 치료한다』, 해냄, 2000, p.59 참조.

학치료의 핵심은 환자가 철학적으로 자급자족의 상태가 되도록 만들어 마치 필요할 때마다 자신의 내부에서 스스로 꺼내어 사용할 수 있도록 만드는 데 있다. 이런 의미에서 철학적 치료는 어떤 바깥의 힘이 개입되는 것이 아니라 자기 자신 속에 숨어 있는 힘을 꺼내어 활동하도록 만드는 것을 말한다. 이른바 자료적(自療的)이다. 여기에서 말하는 '자료적'이라는 의미는 "인간 자신의 내면적 작용을 거울처럼 비추어 보는" 또는 "내면의 대답을 찾아내어"[6] 스스로 치료하는 것을 의미한다.

실제로 어떤 유학자는 아예 유가의 경전들을 '의서(醫書)'로 간주하고 그 치료방법으로 '스스로 치료하는' '자료(自療)'를 말하고 있다. 손기봉, 황종희와 더불어 청대 초기의 3대 유가로 불리는 이곡(二曲) 이옹(李顒)은 방문을 걸어 잠근 채 언어문자에만 의지하여 날마다 도덕을 강론하고 성명의리를 이야기하는 것은 "구두성현(口頭聖賢) 또는 지상도학(紙上道學)에 지나지 않는다."[7]고 강하게 비판한다. 이런 구두성현이나 지상도학이 바로 학자들이 가지고 있는 가장 큰 병통임을 지적하고 있다. 학문을 하는 목적이 단순하게 문장을 외우거나 짓는 것에 그친다면 그것은 학문의 궁극적 목적과 효용을 알지 못한 것이라는 것이다. 이이곡은 학문은 기본적으로 쓰임새가 있어야 함을 강조하고 공리공담에 그치는 당시의 학문적 경향에 대해 비판하고 있다. 이런 관점에서 이이곡은 철학을 현실의 문제를 진단하고, 처방하고 치료하는 치료학의 관점으로 보려고 한다. 그것은 바로 대표적인 유가의 경전들 예를 들면 사서, 『주역』을 포함한 오경 또는 송명 시기의 어록 등을 의사의 처방으로, 선진 이래

---

6) 같은 책, p.146 참조.
7) 『二曲集』卷19, 「雜著」, 「急務」, 中華書局, 1996, 北京. "作口頭聖賢, 紙上道學"

송명 시대의 성현이나 대유(大儒)들을 훌륭한 의사로 간주하고 있다. 이이곡은 다음과 같이 말하고 있다.

공자, 안회, 자사, 맹자와 송나라 때의 주렴계, 정이천, 장횡거, 주자 등은 모두 의사로 치면 모두 뛰어난 명의이고 오경과 사서 그리고 여러 유가들의 어록은 모두 의사들의 양방 아닌 것이 없다.8)

이이곡의 이런 언급은 유가철학 자체를 다분히 치료학적인 관점에서 다루고 있는 것으로 볼 수 있다. 말하자면 '주체', '경전'(텍스트), '유학자'(텍스트의 작자)를 '환자', '의서', '의사'의 치료적 관계에다 두고 이야기하고 있다. 이런 관계에서 행해지는 치료방법이나 치료의 목적은 일반적인 거병(去病)을 위한 약물치료나 수술 등의 시술을 통한 병인(病因)의 제거의 방식과는 구별된다. 여기에서의 치료방법은 이른바 '자가(自家)치료' 즉 '자료(自療)'로 본성의 회복 혹은 주체 자체의 반성이 핵심이고 그 목적은 '성성(成聖)'이라고 할수 있다. 이이곡의 이런 관점은 오늘날 우리가 말하는 철학치료와는 분명히 다르지만 여러 가지 측면에서 응용할 부분들이 많을 것으로 보인다.

철학치료라는 각도에서 보면 어떤 다른 경전보다도 『주역』이야말로 철학치료적인 함의를 가장 많이 담고 있는 고전이라고 할 수 있을 것이다. 『주역』은 보통 서양어로 '변화의 책(Book of Changes)'이란 말로 번역되는데, 이렇게 불리게 되는 기본적 관점은 모든 것은 변화하고 있고 그 속에 존재하고 있는 나 자신도 변화하고 있다는 점 때문이다. 삶의 모든 과정 속에서 우리는 변하지 않는 상태를

---

8) 『二曲集』「悔過自新說」 "孔、顏、思、孟、及、宋之濂、洛、關、閩, … 俱是醫人的名醫. 五經、四書及、諸儒語錄, 俱是醫人的良方"

기대하는 것은 곤란하다. 그러므로 각각의 변화가 가져오는 새로운 상황에 대처하기 위해서는 변화의 본성을 이해하고 그 변화에 적응하기 위해 노력해야 한다. 여기에서 외적 변화에 대한 관찰보다 더욱 중요한 것은 자기 자신에 대한 성찰이다. 『주역』은 바로 이런 성찰을 가능하게 만들어주는 작용을 하고 있다.

『주역』을 '우환의 책(憂患之書)'으로 보아, 『주역』에 나타나는 인간상을 '우환적(憂患的)인 존재'라는 말로 표현하기도 한다. 왜냐하면 『주역』의 괘효사에 나타나는 인간들이 대부분 매 순간마다 그 나름의 어려움과 고통 등을 가지고 걱정하고 있기 때문이다. 여기에서 말하는 '그 나름의 어려움과 고통' 등이 바로 걱정하고 고민하는(憂) 대상인 '환(患)'이다. 우환(憂患)이라는 말은 『주역』의 「계사전」에서 "역을 지은 사람은 우환이 있었나 보다(作易者, 其有憂患乎)."라는 말에서 나왔다. 우환은 정신이나 현실 상황 속의 고통이나 위기를 경각한 가운데에서 나온 것이다. 점을 통하여 설문하려는 사람들은 대부분 일상적인 안전, 현실의 세계로부터 소외된 불안과 의혹 속에서 결단을 구하려고 한다. 우환은 결코 자신이 스스로 할 수 있는 일들을 모두 포기하여 버리고 운명의 결정을 두려워하는 그런 정신상태나 마음가짐이라고 생각하면 곤란하다. 오히려 자력으로 어려움과 고통을 극복하려는 태도라고 할 수 있다. 자기의 책임을 회피하거나 다른 외재적 신에게 자신의 결정을 내맡기는 것이 아니라 자신이 마땅히 가져야 할 결과에 대한 책임의식을 말한다. 이런 책임에 대한 두려움 즉 우환은 현재의 고통과 어려움을 스스로 치유하고 해결하려고 하는 일종의 합리적 두려움(rational fear)이라고 할 수 있을 것이다.9) 즉 『주역』이 말하려고 하는 우환은 스스로의 걱정과

---

9) 여기에서 말하는 '합리적 두려움'이라는 말은 위험 상황에서 가지는 정서적 반응으로 인간의 기본적이고 정상적인 방어기제를 말한다. 이와는 별도로

고통이라는 문제를 스스로 판단하여 해결하려는 일종의 자각적인 반응 혹은 자료적(自療的)인 태도라고 할 수 있다.

『주역』의 발생적 기원은 역시 점(占)이라는 문제와 분리해서 생각할 수는 없을 것이다. 『주역』의 점에 대한 관점은 다분히 치료적이라고 할 수 있다. 점을 치는 이른바 설문(設問)은 설문자 자신의 '의심'에 기초적인 도움 또는 자료를 제공해 준다. 그러므로 점이라는 행위에 있어서 중요한 것은 설문자 자신의 주관적 판단과 반성이다. 그러므로 『좌전』에서는 "점이라는 것은 의심나는 것을 결정하기 위해 치는 것인데, 의심나는 것이 없으면 무엇을 위하여 점을 칠 것인가?"[10)라 하고 『순자』에서는 "역을 잘 배워 익힌 자는 점치지 아니한다."[11)라고 말한 것처럼 모든 것을 점치는 것에 맡겨버리는 것은 아니다. 어떤 피치 못할 선택을 할 경우 나 아닌 어느 누구도 결단을 할 수 없을 경우, 그 결단이 자신 이외 어떤 사람도 책임을 가지지 않을 경우, 문점(問占)은 매우 중요한 조언과 참고자료의 역할을 하게 된다. 『주역』에 나오는 어떠한 괘효사를 고르더라도 설문자들의 의식적인 마음은 그 텍스트에서 의미 있고 유익한 정보를 발견할 수 있을 것이다. 이 텍스트의 괘효사가 제공하는 정보를 통하여 자기 자신을 돌아보고 스스로의 문제를 해결할 가능성을 발견하게 된다. 사실 그것은 이미 자신의 잠재의식 속에 들어 있던 것인데, 텍스트에 의해서 구체화된 것이라고 할 수 있다. 『주역』은 자신의 마음속에 있는 것을 거울처럼 비춰주므로, 그 속의 지혜와 당신의 지혜는

'비합리적 두려움'이라는 것은 위협적이지 않은 상황에서 느끼는 감정을 말하는 것으로 가장 대표적인 것으로 폐쇄 공포증 같은 것을 들 수 있다. 이 문제에 대해서는 헨릭 울프 · 스티그 페데르센 · 라벤 로젠베르그, 이호영 · 이종찬 옮김, 『의학철학』, 아르케, 1999, p.168을 참조 바람.

10) 『左傳』桓公 11년. "卜以決疑, 不疑何卜"
11) 『荀子』「大略」 "善爲易者不占"

서로 공명한다12)고 말하는 것이다.

   괘효의 상(象)과 사(辭)에 대한 해석은 그것을 보고 해석하는 사람들에게 여러 가지로 해석할 수 있는 가능성을 무한대로 열어놓고 있다. 고정되거나 이미 결정되어 있는 해석이란 있을 수 없다. 그러므로 같은 괘효의 상과 사에 대한 사람들의 해석은 각기 다를 수밖에 없다. 왜냐하면 여기에는 그 괘효를 해석하는 주체가 가지고 있는 개별적 상황 또는 의지 등의 실제적 조건 등이 강하게 반영되고 개입되기 때문인 것으로 보인다.13) 이런 해석의 자유로운 개방성과 더불어 『주역』이 비록 점치는 것에서 발생적 기원을 가지고 있다고 하여도 결코 인간의 정해진 운명을 이야기하는 점서(占書)의 성격만을 가지고 있는 것은 아니다. 오히려 이 책이 사람들에게 말하려는 것은 주어진 상황을 잘 살피고 그 속에서 최선을 다하여 자신의 운명을 스스로 만들어 나갈 것(立命)을 주문하고 있다. 결코 숙명론적인 입장이 아닌, 스스로가 스스로의 운명을 결정하고 확립하는 '입명'을 강조하고 있다. 이에 대해 왕부지(王夫之)는 "성인이 주역을 지은 것은 배우는 사람들로 하여금 주역의 참뜻을 넓히고 극진히 다하여, 자신을 반성하고 수양하여 다른 사람을 바르게 인도하는 수기치인의 모범으로 삼게 하려는 것이지, 결코 다만 점치는 사람들에게 운명을 점치는 길흉만을 이야기하려 한 그런 책은 아니다."14)라고 하였다. 『주역』이 말하고자 하는 것은 결코 인간의 구속된 운명을 말하려는 것이라기보다는 인간이 주체적으로 "자신이 처해 있는 상황의 본질을 이해하도록 하고", "자기 자신을 성찰하도록 만들어주

---

12) 루 매리노프 지음, 앞의 책, p.432 참조.

13) 같은 책, p.147 참조.

14) 王夫之, 『般山易學』 「周易內傳」 卷六, 廣文書局, 台北, 1981. "聖人作易, 俾學者引伸盡, 以爲修己治人之龜鑑, 非從王爲筮者示吉凶"

고", "자기 스스로 문제의 해결을 찾을 수 있게 만드는" 역할을 하려는 데 있다. 이런 『주역』의 성격을 루 매리노프는 *Plato not Prozac*에서 "인간의 내면적 작용을 거울처럼 비추어 주는 반성의 책"이라고 말하고 "주역은 당신으로 하여금 내면의 대답을 찾게 도와줄 뿐이다."15)라고 하였다. 그의 이런 언급은 『주역』이 가지고 있는 성격을 매우 적절하게 표현한 것이라고 할 수 있다.

『주역』이 가지고 있는 기능 중에서 가장 두드러진 특징은 64괘를 통하여 우리가 살아가는 데 있어서 자신을 돌아보게 만드는 조언이나 명상거리를 제공하고 있다는 점이다. 이것은 결코 어떤 하나의 괘가 구체적인 어떤 행동을 직접적으로 지시하고 있다는 말은 아니다. 다만 그 괘가 말하고 있는 내용을 참고자료로 삼아 반성적인 유비의 과정을 통하여 "자신이 처해 있는 상황의 본질을 이해하고", "스스로 자신을 성찰하도록 만들어", "자기 스스로 대답을 찾아가도록 만드는" 일련의 단계들을 말하고 있다. 이런 각도에서 우리는 『주역』 속에서 철학치료적 함의를 가지고 있는 많은 자료들을 발견할 수 있다. 그 중 중요한 몇 가지를 정리해 보도록 하자.

3. 괘효 간의 상관적 관계와 괘효사(卦爻辭)의 지혜를 통한 치료적 함의

『주역』이 지니고 있는 철학치료의 함의는 괘효 간의 상관적 관련이나 괘효사 속에서 나타난다. 『주역』이 가지고 있는 가장 큰 특색은 역시 '변화'라는 점에서 찾아야 할 것이다. 이런 '변화'의 관점들은 『주역』의 기본적인 체계를 구성하고 있는 괘효의 체계 속에 그대

---

15) 루 매리노프, 앞의 책, p.146.

로 반영되어 있다. 왜냐하면 괘효의 구성 자체나『주역』의 발생적
기원에 해당하는 '점법(占法)' 즉 '대연서법(大衍筮法)'의 형성은
모두 천지, 일월(日月)이나 사계 등의 변화하는 현상들을 관찰하여
그것을 본떠서 괘효에 반영한 것이기 때문이다.『주역』의 괘효 체계
는 바로 변화하는 현상세계의 모방 또는 반영이라고 할 수 있다. 실
제로『역전』에서 현상세계의 관찰을 통한 작역(作易)의 관점들은 어
렵지 않게 발견할 수 있다.

> 옛날 복희씨가 천하를 통치하던 시대에 위로는 천의 현상을 관찰
> 하고, 아래로는 땅의 법칙을 관찰한다. … 가까운 곳에서는 몸의 형
> 상에서 취하고, 멀리는 만물의 형상을 취하여서, 팔괘를 만들었다.16)

> 본뜬 상이 천지보다 큰 것이 없고 변하여 통하는 것이 사시보다
> 큰 것이 없고 형상을 드러내 밝음을 나타내는 것이 일월보다 큰 것
> 이 없다.17)

「계사전」의 이런 언급들은 천지, 일월이나 사시 등의 현상들을 관
찰하여 그것을 본떠서 괘효에 재현(再現, duplicate)하거나 반영하려
는 것이라고 할 수 있다. 말하자면 천지 사이의 모든 변화가 괘효와
괘효사에 그대로 재현되고 있다는 것을 의미한다.18) 이처럼『주역』

---

16)「繫辭傳」下 "古者包犧氏之王天下也, 仰則觀象於天, 府則觀法於地, … 近
取諸物, 於始作八卦"
17)「繫辭傳」上 "是故法象莫大乎天地, 變通莫大乎四時, 縣象著明莫大乎日
月"
18) Willard J. Peterson, "Making Connections: Commentary on the Attached
Verbalization of the Book of Change", *Harvard Journal of Asiatic Studies*
Vol. 42, No. 1, 1982, Harvard Yenching Institute, Cambridge, Massachu-
setts, 02138, U.S.A, p.85, p.91.

은 세계의 구조적 반영체로서 64괘 384효의 전개과정이 우주의 생성변화를 상징하며 서법은 역법(曆法)에 근거한 것으로 자연의 변화원리를 반영하고 있기 때문이다.19) 이런 괘효의 체계는 우주의 생성변화뿐만 아니라 인간사의 문제를 더욱 효과적으로 반영하고 있다. 이 때문에 『주역』은 특히 천·지·인의 '삼재(三才)'를 강조한다.

주역이라는 책은 넓고 커서 하나도 남김없이 (모든 것을) 다 갖추어 있는데, (그 중에는) 천도도 있으며 인도도 있고 지도가 있으니, 삼재를 겸해서 둘로 하였다. 그러므로 여섯이니, 여섯이란 것은 다른 것이 아니라 삼재의 도이다.20)

위의 「계사전」의 인용문과 같이 『주역』은 세상의 모든 이치를 다 갖추고 있는데 이 중에서 가장 대표적인 것이 바로 천도, 지도, 인도이다. 전체 우주는 하나의 큰 상관적(相關的)인 세계 혹은 체계를 이루고 있고, 또 이 큰 체계 속에 여러 가지 다양한 체계들이 서로 의존하면서 존재하고 있는 통일적인 하나의 대체계를 구성하고 있음을 말하고 있다.

전체 우주가 상관적인 체계를 갖추고 있는 것처럼 인간세계 역시 하나의 상관적인 통일체로 구성되어 있다. 여섯 개의 효를 각각 둘로 나누어 '삼재'로 표현하고 있는 것처럼, 여섯 효를 인간세계의 다양한 관계로 나누어 그들 상호간의 관계에 대해 상징적으로 묘사하고 있다. 『주역』이 말하고 있는 상당 부분은 모두 이런 인간 간의 관계문제를 다루고 있다. 이른바 상응(相應)이니 승(承), 승(乘), 정위

---

19) 최영진, 「주역에 있어서의 數의 문제」, 『유교사상연구』 제1집, pp.268-269 참조.

20) 「繫辭傳」 下, 第10章 "易之爲書也, 廣大悉備, 有天道焉, 有地道焉, 有人道焉. 兼三材而兩之, 故六, 六者, 非它也, 三才之道也"

(正位) 또는 부정위(不正位) 등의 개념들은 대부분 인간관계를 상관적인 각도에서 다양하게 살펴보고 있는 것들이라고 말할 수 있다. 이런 인간 간의 충돌과 모순으로 인해 야기되는 고통이나 모순들에 대해 『주역』은 나름대로 여러 가지 다양한 해법과 충고들을 제시하고 있다. 실제로 현대사회에서 나타나는 많은 문제들은 대부분 인간관계에서 나온 것이기 때문에 『주역』의 이런 관점들이 시사하고 있는 바는 분명히 주의를 기울여 볼 필요가 있을 것으로 보인다.

현대인들이 가지는 스트레스나 정신적 질환의 상당 부분은 인간관계에서 나오고 그런 관계가 여러 가지 힘들고 고통스러운 상황을 초래한다. 이런 관점들을 『주역』의 64괘와 384효는 매우 적절하게 표현하고 있다. 이런 괘효의 관계를 통하여 현실의 여러 가지 상황들을 해결할 수 있는 실제적 지혜를 제공받을 수 있을 것으로 보인다. 최근 우리 사회가 가지고 있는 큰 문제점 중의 하나인 '우울증', '왕따'나 '스트레스' 등이 초래한 심각한 후유증 중의 하나는 자살이라는 극단적 수단을 택하는 경우가 많다는 점이다. 이런 것들은 단순한 약물치료 등으로 해결할 수 있는 문제는 아닌 것으로 보인다. 현대사회가 모든 개인들에게 부가시키고 있는 불안과 우울, 이것으로부터 완전히 해방되기 위해서는 프로잭(prozac) 등의 항우울제의 도움 역시 한계를 가질 수밖에 없다. 여기에서 참으로 필요한 것은 "자신이 처해 있는 상황의 본질을 이해하고", "자기 자신을 성찰하도록 만들어주고", "자기 스스로 대답을 찾을 수 있게 만드는" 그런 치료인 것이다.

『주역』의 모든 괘효와 괘효사는 만물의 상호관계 속에 있는 하나의 단계 혹은 사태를 말하는 것이라고 하여도 과언은 아닐 것이다. 즉 하나의 괘효와 괘효사는 전체성 속에 있는 어떤 하나의 의미연관을 의미하는 것이라고 할 수 있다. 이런 전체적 관계 속에서 관계성을 상실할 때 불안과 우울에 빠지게 되는 것이다. 여기에서 개체와 개체, 개체와 사회 등의 상호관계성이 더욱 강조되는 것이다.

『주역』에서 자주 등장하는 음양, 천지, 상하, 부부, 남녀 등의 양극성(兩極性)의 개념이 이야기하려는 것은 결코 등급적, 서열적이거나 억압적인 것에 있는 것이 아니라 상호 대등한 개체와 개체 간의 상호전환을 강조하려는 데 있다. 유가의 천은 초월적인 개념으로 보이지만, 천은 지(天地)와 인(天人)과의 상호연관적인 대칭상관성을 말하는 양극성의 개념일 뿐이다. 특히 이런 관점은 「계사전」에서 분명하게 나타난다.

한 번 음하고 한 번 양하는 것을 도라고 한다.21)

음과 양의 변화를 측정할 수 없는 것을 신묘하다고 한다.22)

강한 것과 부드러운 것이 서로 밀어서 변화가 생겨난다.23)

천지의 큰 작용을 일러 생이라고 한다.24)

『주역』에서 천지, 음양, 강유 등의 양극적 개념들은 어떤 하나가 다른 하나를 규정하거나 지배하는 초월의 의미라기보다는 차라리 어떤 하나가 존재하기 위한 필요조건으로 다른 하나가 필요 불가결하다는 의미로 보아야 할 것이다. 말하자면 음양이나 남녀 중에서 어떤 하나를 말하기 위해서는 다른 하나에 근거하지 않고는 성립 불가

---

21) 「繫辭傳」 上, 제4장 "一陰一陽之謂道"
22) 「繫辭傳」 上, 제5장 " 陰陽不測之謂神"
23) 「繫辭傳」 上, 제2장 "剛柔相推而生變化"
24) 「繫辭傳」 下, 제1장 "天地之大德曰生"

능하다는 것이다. 개념의 양극성을 통하여 『주역』이 말하려고 하는 것은 우주 속의 모든 사물은 상호의존적이고, 상호관련성 속에서 부단히 변역한다는 사실이다. 사물 간의 상호의존성이 의미하는 것은 모든 존재는 연속적인 통일체 속에 존재하고 있음을 말하는 데 그 초점이 있다.25)

『주역』이 강조하려는 것은 양극은 서로 연결되어 있고 서로 보충한다는 것에 있다. 이것은 갈등하는 의견들을 조화시키는 문제에 커다란 빛을 던져준다. 배우자 간의 혹은 부모와 자식, 직장 상사와의 의견과 갈등에서 오는 정신적 고통은 양극의 조화라는 관점에서 파악하고 이해하게 만들어 자신을 한 발자국 뒤로 물러서게 만들고 상대방에게도 자기 의견을 강요하려는 욕망을 억제하게 만들 수 있다는 것이다. 『주역』이 근본적으로 말하려고 하는 이런 상호의존과 상호이해라는 태도는 인간관계에 획기적인 변화를 가져올 수 있는 자료들을 제시하고 있는 것으로 보인다.

4. 『주역』의 자아갱신(自我更新)에 나타난 치료적 함의

리하르트 빌헬름이 번역한 『주역』이 1950년 미국의 베인즈(Cary F. Baynes) 부인에 의하여 영어로 번역되었을 때 융은 이 책에 서문을 쓰고 있다. 여기에서 그는 『주역』의 점에 대한 몇 가지 중요한 언급을 하고 있다. 여기에서 그는 점을 친다고 하는 행위를 통하여 설문자 자신이 괘사 내지 효사에 대한 해석을 스스로 하도록 만드는데 이것은 결코 비합리적인 것도 아니고 또 신비적인 것도 아니라고 설명하고 있다.26) 점이라는 행위가 미래를 예측하거나 정해진 운명을

---

25) 정병석, 「周易의 秩序觀」, 『동양철학연구』 제25집, 2001. 6, p.244 참조.
26) Richard Wilhelm, Cary F. Baynes, *The I Ching or Book of Changes*

이야기해 주는 것이 아니라 자기 자신을 돌아보게 하거나 스스로의 해답을 찾아내는 데 필요한 자료의 역할을 하고 있다는 것이다. 즉 "50개의 시초(蓍草)를 헤아림으로써 우연히 이루어진 괘의 내용을 읽어낸다고 하는 것은 대저 어떠한 것인가? 비록 단순한 우연에 의한 개연성을 훨씬 넘어서는 규칙성이 있다 하더라도, 그 규칙성을 증명하는 과학적 증거는 전혀 있지 않으며, 기껏해야 점치는 자의 성실성, 혹은 동기의 순수성이나 선의에 의한 보증만이 존재한다. 따라서 그 결과를 믿느냐 마느냐는 질문자 자신에게 맡겨져 있는 것이다."27) 이 때문에 『주역』이라는 책은 군자(君子)가 공부해야 하는 책으로 이해(利害)와 길흉(吉凶)이라는 눈앞의 문제들에만 관심을 두는 소인(小人)에게는 부적합하다고 말하는 것이다. 이런 점에서 "정신적으로 미숙하고 장난삼아 점을 치려고 하는 사람에게는 역은 맞지 않으며 주지주의적이고 합리주의적인 성격의 사람에게도 적합하지 않다. 이와는 전혀 반대로 자기의 행위나 자기에게 일어나는 일들을 깊이 생각하기를 좋아하며 명상적이고 자성적인 사람들에게만 도움이 되는 것"28)이라고 말한다.

괘효의 상이나 사가 담고 있는 의미를 자신의 상황 속에 연결시켜 자신에게 필요한 조언 혹은 충고를 스스로 읽어내어 자기화(自己化)하는 것이 바로 『주역』의 점이 가지고 있는 중요한 역할이라고 할 수 있다. 이런 점이 가지고 있는 역할이나 작용은 대단히 빼어난 치료적 기능을 가지고 있다. 이런 치료적 기능의 핵심은 자기치료 즉 자료적(自療的)인 것에 있다. 이런 『주역』을 읽는 독자가 파악하는 현실은 그 순간적 상황의 전체 속에 독자의 주관적인 즉 심리적 여

(Princeton University Press, 1950)의 C. G. Jung의 Foreword 참조 바람.
27) 다까다 아쓰시, 이기동 옮김, 『주역이란 무엇인가?』, 여강출판사, 1991, p.64.
28) 같은 책, pp.64-65.

러 조건을 이미 그 속에 투여하고 있다고 할 수 있다. 실제로『주역』의 어떤 장(章)을 고르더라도 설문자의 의식적인 마음은 그 텍스트에서 의미 있고 유익한 정보를 발견하게 될 것이다. 사실 그것은 설문자의 잠재의식 속에 이미 들어 있던 것인데 텍스트에 의해서 구체화되는 것이라고 할 수 있다.29) 말하자면『주역』의 지혜와 설문자의 지혜가 문점 환자 또는 설문자의 자기회답(問占)을 통하여 공명(共鳴)한다고 할 수 있다.

여기에서『주역』의 점을 통한 치료는 하나의 방법일 수 있다. 동전을 던지는 방법을 사용하든지 50개의 시초를 이용한 시초점을 통하여 현재 주어진 상황과 자신의 현실적 처지를 연결하여 볼 수가 있다.『주역』의 각각의 괘효와 괘효사에는 설문자에게 충분히 조언을 해줄 수 있는 다양한 내용과 덕목들을 지니고 있기 때문이다. 주자는『오찬(五贊)』에서 다음과 같이 말한다.

주역을 읽는 방법은 먼저 마음을 바르게 하고 용모를 엄숙하게 하고 단정히 앉아서 조심스럽게 임하고 모든 괘와 효에 대해서는 마치 점쳐서 얻은 듯이 하여 상과 사를 빌려서 나의 본받음과 법으로 삼아야 한다.30)

『주역』의 상과 사에는 우리가 참고하여 본받아야 할 많은 내용들이 들어 있다. 이런 내용들에는 현재의 우리가 처해 있는 고통과 어려움을 해소할 수 있는 지혜를 담고 있다. 물론 여기에서 주의를 기울여야 할 것은 현재의 상태가 아니라 다음 단계로 다시 변화할 것이라는 전환 가능성의 문제이다. 결코 고착되거나 정적인 상태로 상

---

29) 루 매리노프 지음, 앞의 책, p.423 참조.

30)『五贊』"讀易之法, 先正其心, 肅容端席, 有翼其臨, 于卦于爻, 如筮斯得, 假彼象辭, 爲我儀則"

황을 보아서는 곤란하다는 점이다. 이런 전환 가능성은 단순히 다른 외부적 요소에 의해서만 결정되는 것이 아니라 자신의 주관적 의지가 더욱 강하게 개입된다는 사실에 주의해야 한다. 『주역』이 파악하는 현실은 그 순간적 상황의 전체 속에 주관적인 여러 가지 심리적 조건을 이미 포함하고 있기 때문이다. 이것을 융은 인과율과는 다른 동시성 혹은 공시율(Synchronicity)이란 개념으로 말한다. 이는 공간과 시간에 있어서의 복수의 사건 사이사이의 암합, 그 특이한 상호의존관계를 단수 또는 복수의 관찰자의 주관적이고 심리적인 상태까지를 포함시켜 드러내고 있다.31) 그러므로 『주역』의 점사(占辭) 즉 괘효사를 통해서 나타난 64괘의 괘효사는 "자신이 처해 있는 상황의 이해", "자신에 대한 반성", "자기 스스로 해답 찾기" 등의 단서들을 제공해 주는 것이다. 바꾸어 말하면 384 경우의 어떤 효가 나오더라도 그 속에서 자기 자신을 스스로 돌아볼 수 있는(自觀) 유익한 정보거리를 충분히 발견할 수 있기 때문이다.

『주역』이 말하려고 하는 자기 자신을 돌아보는 자관은 더 이상 자신에 대한 단순한 '관찰'이나 수동적인 '반성'에만 머물러 있지 않다. '자관'은 스스로를 돌아보게 만드는 자기반성과 '실존적인 자기해석'을 통하여 그 지평을 입체적, 다차원적으로 확대시켜 외부세계와 융합시키는 상호간의 의미연관성을 말하고 있다. 이런 입장들을 관괘(觀卦)의 육삼(六三) 효사에서 말하는 '관아생(觀我生)'이라는 문제를 통하여 살펴보도록 하자.

　　나의 생(生)을 살펴서 나아가고 물러난다.32)

---

31) Richard Wilhelm, Cary F. Baynes, 앞의 책, Foreword 참조 바람; 다까다 아쓰시, 앞의 책, p.67 참조.
32) 觀卦 六三 爻辭 "觀我生, 進退"

주자는 『주자어류』에서 "나를 본다는 것은 스스로 보는 것(自觀)이다. '과거에 행한 것을 되돌아보아 길흉화복의 단서를 자세히 살펴본다'는 말과 같은 어조를 가지고 있다."33)라고 하였다. 또 그는 '자관'을 리괘(履卦)의 상구 효사에서 말하는 "실천한 것을 되돌아보아 길흉화복을 자세히 살펴본다."는 말과 관련하여 설명하고 있다. "실천한 것을 되돌아보아 길흉화복의 단서를 자세히 살펴보고 (그 근본에 따라서) 남김없이 온전하게 할 수 있으면 크게 길할 것이다."34)라고 하였다. 어떤 구체적인 내용과 방법에 따라 '자관'하여야 하는가? '되돌아본다'는 말은 설문자 또는 환자 자신에게 더 차원 높은 수준의 자아치료를 통하여 다시 한번 자신을 거듭나게 만드는 것으로 일종의 자아갱신(自我更新)이다. 예괘(豫卦)의 경우를 예로 들어보자.

上六 : 기쁨에 눈이 멀어지게 되었으나 변함이 있으면 허물이 없으리라.35)

예괘는 주로 안락함, 즐거움이나 기쁨에 관련된 문제들에 대해 이야기하고 있다. 특히 이런 안락함이나 즐거움을 일방적으로 추구하면서 생기는 문제나 병통(病痛)에 대해 이야기하고 있다. 사람이면 누구나 안락함이나 즐거움을 추구하기 마련이지만 문제는 어떻게 그것들을 추구하는가 하는 것이 더욱 중요하다. 왜냐하면 정상적이지 않은 안락의 추구는 고통이라는 결과가 따르기 마련이고 안락 속에 늘 위기가 있기 마련이기 때문이다. 실제로 현대사회에서 생기는 심신의 병은 대부분 편안함과 안락함만을 지나치게 추구해서 생기는

---

33) 『朱子語類』, 708쪽 "觀我是自觀, 如'視履考祥'底語勢"
34) 履卦, 上九 爻辭 "視履考祥, 其善元吉"
35) 豫卦, 上六 爻辭 "冥豫, 成有渝, 无咎"

것이 대부분일 정도이다. 이런 기쁨이란 문제는 자신의 이익 혹은 바람이 성취될 때 달성되는 심리적 만족을 말한다. 그러므로 안락함과 즐거움을 눈이 멀 정도로 지나치게 추구해서 생기는 마음이나 신체의 병은 '자기반성(自反)'을 통하여 스스로를 철저하게 갱신하여야 치유가 가능한 것이다. 즉 자기 자신의 반성을 통해서만 치료할 수 있다는 말이다. 예를 들면 주색에 지나치게 탐닉하거나 도박에 빠져 재산을 탕진하는 등의 자신의 안락함과 즐거움에 눈이 먼(冥豫) 사람들을 치료하기 위해서는 환자 자신의 철저한 자기반성을 통한 자아갱신이 가장 중요하다. 이런 즐거움에 탐닉하는 사람들은 자기 자신만이 아파하고 마는 복통이나 치통과는 달리 자신의 가족이나 사회에 나쁜 영향을 주어 그들을 고통에 빠뜨리기 때문에 더욱 심각한 것이다.36) 이런 환자들의 치료에는 어떤 약물의 치료보다는 철학적인 상담이나 치료가 효과적이다. 왜냐하면 이런 환자들의 치료를 위해서는 잘못된 가치관, 신념이나 습관을 바꾸는 것이 효과적이기 때문이다. 이런 잘못된 가치관, 신념이나 습관을 바꾸어 변함이 있어야(渝) 더 이상의 큰 허물(咎)이 생기지 않을 것이라고 말한다. 그런데 여기에서 말하는 '구(咎)' 역시 일종의 병이다. 실제로 『이아(爾雅)』에서는 '구'를 '병(病)'이라고 말한다. 물론 여기에서 말하는 '병'은 신체적인 병보다는 '허물'이나 '하자'를 의미하고 있다. '구'는 『주역』에서 모두 98번 출현하는데 딱 한 번 '위구(爲咎)'로 쓰이고 나머지는 '비구(匪咎)'가 한 번, '하구(何咎)'가 세 번 출현하고 나머지 대부분의 93번은 '무구(无咎)'로 사용되고 있다. '무구'라는

---

36) 육체적 병이나 정신과적 병은 주로 환자 자신이 직접적인 고통을 당하는 것과는 달리 철학적 병은 주로 다른 사람에게 고통과 어려움을 주는 병이다. 이것이 철학적 병과 다른 종류의 병이 가지고 있는 차이점이라고 할 수 있다. 김영진, 앞의 책, p.37 참조.

말은 더 이상 병이 악화되지 않고 호전된다는 의미로 사용된 것으로 보인다.

자신을 거듭나게 만드는 자아갱신은 이전의 삶 속에서 자기 자신의 행위를 다시 돌아보고, 자신의 생활방식에 근본적인 물음을 던지는 재생(再生) 혹은 '거듭나기'라는 반성적이면서도 창조적인 활동을 의미한다. 이것은 부단히 "자기 몸을 반성하여 거듭나려는" 현실의 구체적인 활동을 말한다. 『주역』은 '우환적 존재' 즉 '결핍적 존재'로서의 인간이 현실적으로 가질 수밖에 없는 자신의 잘못이나 미래에 대한 불안이나 고통, 우환의 모습들을 아주 잘 묘사하고 있다. 이러한 자신의 모습을 자각하여, 자신의 과오를 반성하고 개정하는 부단한 노력을 할 수 있는 존재라는 사실 또한 잘 보여주고 있다. 이를 자각하여 자신 속에 들어 있는 내면의 해답을 통하여 다시 새로이 시작하고 출발하는 '자아갱신'은 반관(反觀)과 생생(生生)의 의미를 통하여 참된 자기의 재건(再建) 혹은 '갱신'을 가능하게 만든다.37) 『주역』은 자신에게 물음을 묻는 설문자 혹은 환자들에게 자신의 모습을 자각하고, 자신을 개정하여 자신의 병을 고치는 부단한 노력을 할 수 있도록 만들어주는 매우 훌륭한 철학 카운슬러이다. 철학 카운슬러는 특별한 전문지식이 아니라 누구나 가지고 있는 일반적 능력을 바탕으로 하여 설문자 또는 환자들이 스스로 자신을 탐구하고 해답을 얻을 수 있도록 도와준다. 『주역』은 사람들에게 해답을 주는 것이 아니라 사람들이 필요로 하는 길 안내를 제공할 뿐이다. 즉 자기 자신을 되돌아보는 방법을 잊어버렸거나 그런 방법을 무시하는 사람들에게 그 방법을 되돌려주는 것이다. 이런 점에서 『주역』이 가지고 있는 기본적 성격은 '인도적(引導的, Orientative)'이라

---

37) 정병석, 「주역의 관」, 『철학』 제75집, 2003 여름, p.22.

고 할 수 있다.

　이런 『주역』의 관점은 세상사는 마치 포물선 같은 것으로 올라감이 있으면 내려감이 있기 마련이라는 점을 자각하게 만든다. 이런 관점은 특히 길흉의 전환 가능성이란 점을 통하여 더욱 분명해진다. 『주역』의 384효에는 항상 판단개념이 붙어 있다. 384효에 가치의 기준과 근거를 제공해 주는 가치판단의 개념들에는 길, 흉, 회(悔), 린(吝), 무구 등이 있다. 길흉 이외에 회와 린은 모두 작은 과실을 말하는 것으로 회는 잘못을 저지른 후에도 마음으로부터 그 과실을 보충하여 선으로 향하려는 것이고 린은 흉으로 향하는 것을 말한다. 길흉개념은 일반적으로 우리의 자유의지와는 관계없이 이미 결정되어 있는 것으로 생각하기 쉽다. 『주역』의 점으로 인간의 길흉화복을 묻는 것은 본래는 미신적인 것에서 출발하는 것인지도 모른다. 그러나 여기에는 세계와 자기에 대한 철학적 인식을 포함하고 있다. 길흉은 자신의 주도적 노력 여하에 따라 '추길피흉(趨吉避凶: 길을 추구하고 흉은 피함)'하고 '봉흉화길(逢凶化吉: 흉을 길로 바꿈)'할 수 있다는 것이다. 직업상의 위기, 이혼이나 파산, 도덕적 딜레마, 정신적인 우울증 등을 마음이나 정신의 안정을 통해 치료하는 경우 이런 낙관적인 '추길피흉'과 '봉흉화길'의 관점은 분명히 유효할 것이다.

　『주역』은 어떤 주어진 상황에 대하여 설문자가 모두 책임을 질 필요는 없다. 하지만 일단 그 상황 안에 들어섰다면 최선을 다해 그 상황을 돌파해야 한다. 『주역』에 의하면, 만약 최악의 방법을 선택했다고 하더라도 실망할 필요는 없음을 말하고 있다. 왜냐하면 그 오르막 너머에는 또 다른 좋은 상황들이 기다리고 있기 때문이다. 늘 최선의 방법을 선택하려고 노력하는 것은 좋은 상황을 최대한 활용하게 해줄 뿐만 아니라 나쁜 상황도 잘 활용하게 해주는 작용을 하기 때문이다.

5. 맺음말

『주역』은 바깥세계의 변동하는 모습을 괘효의 상을 통해서 재현하고 있다. 그러나 그 재현된 모습은 단순한 외부세계의 모사나 복사에만 그치지 않는다. 『주역』은 여기에서 한걸음 더 나아가 인간의 내면을 거울처럼 비추어주는 역할을 하고 있다. 『주역』은 그 책을 읽는 자로 하여금 스스로를 반성하게 만드는 책이다. 『주역』에 물음을 던진다는 것은 바로 자기 자신에게 질문을 하는 것이나 마찬가지이다. 엄밀히 말해서 『주역』이 가지고 있는 치료적 함의는 물음을 던지는 자 혹은 환자 스스로 내면의 대답을 찾도록 인도하고 도와주는 역할을 한다.

『주역』은 가장 훌륭한 '책자치료' 혹은 '경전치료'의 전범이라고 할 수 있다. 철학치료나 정신치료에 있어서 『주역』을 응용하는 경우 이 책을 처음부터 끝까지 모두 읽을 필요는 없다. 하나의 효나 하나의 괘가 그 물음을 묻는 환자나 설문자에게 충분한 생각거리를 제공해 줄 수 있기 때문이다. 왜냐하면 나타난 『주역』의 특정한 괘효사 자체가 중요한 것이 아니라 논의의 초점은 그 상황에 처한 환자나 설문자 자신의 현명한 행동방식에 있다. 나타난 괘효사는 하나의 자료로서 설문자의 특수한 상황과 결합되면서 설문자 자신에게 필요한 결과를 산출해 낼 수 있기 때문이다. 그 결과의 바람직함 혹은 바람직하지 못함은 환자나 설문자의 자유로운 생각이나 말에 의해서 결정될 뿐이다. 『주역』은 결코 환자의 병환을 직접적으로 치유하는 특효약과 같은 역할이나 효능을 가지고 있는 것은 아니다. 어쩌면 『주역』이라는 '책자'가 가지고 있는 '치료'의 주성분이 무엇인가 하는 것을 분석하기란 처음부터 불가능할지도 모른다. 왜냐하면 『주역』은 기본적으로 '인과율'이 아닌 '우연'을 바탕으로 하고 있기 때문이다.

참고문헌

『論語』

『尙書』

『荀子』

『般山易學』

『易程傳』

『二曲集』

『張載集』

『周易本義』

『周易內傳』

『朱子語類』,

『左傳』

高懷民, 『先秦易學史』, 中國學術著作獎助委員會, 臺北, 1986년 再版.

廖名春・康學偉・梁韋弦 著, 『周易硏究史』, 湖南出版社, 長沙, 1991.

李鏡池, 『周易探源』, 中華書局, 北京, 1982.

鄭萬耕, 『易學源流』, 沈陽出版社, 沈陽, 1997.

朱伯崑, 『易學哲學史』, 華夏出版社, 北京, 1996.

朱伯崑, 『朱伯崑論集』, 沈陽出版社, 沈陽, 1998.

陳來, 『古代思想文化的世界』, 三聯書店, 北京, 2002.

馮友蘭, 『中國哲學史新編』 第一冊, 人民出版社, 北京, 1992.

Richard Wilhelm, Cary F. Baynes, *The I Ching or Book of Changes*, Princeton University Press, 1950.

Willard J. Peterson, "Making Connections: Commentary on the Attached Verbalization of the Book of Change", *Harvard Journal of Asiatic Studies* Vol. 42, No. 1, 1982, Harvard Yenching Institute, Cambridge, Massachusetts, 02138, U.S.A.

김석수, 「철학, 고통 그리고 치료」, 『동서철학의 정신치료적 함의에 대한 연구』, 아시아대학교 철학치료연구소, 2005년 12월 27일.

김영진, 『철학적 병에 대한 진단과 처방: 임상철학』, 철학과현실사, 2004.

다까다 아쓰시, 이기동 옮김, 『주역이란 무엇인가?』, 여강출판사, 1991.

루 매리노프, 이종인 옮김, 『철학으로 마음의 병을 치료한다』, 해냄, 2000.

정병석, 「周易의 秩序觀」, 『동양철학연구』 제25집, 2001. 6.

_____, 「周易의 觀」, 『철학』 제75집, 2003 여름.

최영진, 「주역에 있어서의 數의 문제」 『유교사상연구』 제1집.

헨릭 울프·스티그 페데르센·라벤 로젠베르그, 이호영·이종찬 옮김, 『의
학철학』, 아르케, 1999.

장자철학의 정신치료적 의의

장윤수

"마음의 질병에 대해서는 철학이 그 치료약을 제공한다. 그런 의미에서 철학은 마음의 치료제라 할 수 있다." ― 에피쿠로스

1. 머리말

원래 정신(마음)치료는 주로 정신분석학과 관련해서 이루어졌다. 그렇지만 한때 20세기 최고의 학문으로 평가받던 정신분석학 또한 여러 학파로 분열된 데다 최근 임상치료에서 과학적 인지치료가 더 각광을 받게 되면서 인기가 시들해졌다. 치료중심의 정신분석학은 환자의 병리적 증상의 구체적 해소와 정상성(正常性)의 회복에 초점을 둔다. 이때 '치료(therapy)'라는 말은 인간의 정신을 물화(物化)한 표현으로서, 정신현상마저도 물리현상과 마찬가지로 다루며 그 연구 방법에 있어서도 자연과학주의적 가설을 전제로 하고 있다.

그렇지만 대부분의 사람은 신경쇠약증, 자기도취증, 경계성 인격 장애의 요소를 조금씩 지니고 있다. 정신적 문제는 대부분 자아분열이나 아니면 자신과 타인(세계) 간의 불일치 혹은 괴리감을 느낄 때 생겨난다. 이러한 문제는 결국 자신과 자신, 그리고 자신과 타인 간

의 분열을 해소해 나갈 때 자연스럽게 사라지게 된다. 정말 중요한 것은 자신의 문제를 있는 그대로 응시하고 탐구할 수 있는 용기가 필요하다는 사실이다. 바로 이 점에서 정신분석학적 의미의 '치료'와 구분되는 철학의 '성찰적 치유'가 요청된다. 철학은 다양한 가치 스펙트럼을 제시함으로써 사람들이 그렇게 노출된 고통에 피동적으로 함몰되지 않고 오히려 능동적인 의미를 창출할 수 있도록 도와준다.

동아시아 전통철학은 그 어느 것이나 일정 부분 정신치료의 의미를 갖는다. 유(儒)·불(佛)·도(道) 모두 인간의 마음을 어떻게 다스릴 것인가 하는 공통의 문제의식 위에 서 있다. 여기에서 마음을 다스린다는 말은 정신을 치료한다는 현대 치료학적인 의미와도 상당 부분 통한다. 수심(收心), 안심(安心)이라는 차원에서 낙도(樂道)의 삶을 추구하는 동아시아 전통철학의 궁극이념이 병리학(病理學)의 시각에서 본다면 그 무엇보다도 본질적인 정신치료의 의미를 가질 수 있다.

장자철학이 의도하는 '치료'는 주체-객체의 분리라는 이분법적 도식을 뛰어넘어 일치와 합일의 대자아를 회복하는 것이다. 여기서는 문제의 문제성을 문제 삼으며, 문제 자체를 무효화시킨다. 장자(莊子)는 좌망(坐忘)을 통해 타자와의 소통을 기획하고, 근원적으로는 주체의 의미를 일즉전(一卽全), 전즉일(全卽一)의 세계존재(대자연)로 확장해 나가면서 정신존재의 자연스러움을 추구한다. 이러한 장자철학의 궁극이념이 바로 '자유'이다.

우리는 여기에서 장자의 자유이념을 해명하면서 그 정신치료적 가능성을 모색해 보고자 한다. 우선 병의 근원으로서, 우리가 왜 자유롭지 못한가를 검토한 후에 장자철학의 정신치료적 기본 논리를 살펴볼 것이다. 그리고 대자유를 성취하기 위한 방법적 차원에서 좌망을 설명해 보고자 한다. 특히 좌망의 이론은 도교의 경우에 임상(臨

床)의 의미를 상당 부분 지니고 있기 때문에 그 치료적 가치가 매우 높다. 그렇지만 여기서는 치료-프로그램 개발 수준의 구체적이고 실제적인 논의보다는 철학치료의 가능성을 모색해 보고 향후 연구와 관련하여 시사점을 던져주는 정도에서 그치겠다.

2. 병의 근본 원인: 우리는 왜 자유롭지 못한가?

병을 치유하기 위해서는 병의 원인을 먼저 찾아야 한다. "우리는 왜 자유롭지 못한가?" 이 질문은 곧 "인간은 왜 마음(정신)의 병을 갖는가?"라는 질문으로 치환해도 크게 무리가 없을 것이다. 장자의 경우에는 인간이 물(物)에 구속되어 있기 때문에 마음의 병이 생겨난다고 보며, 마음의 병이 완전히 해소된 이상적 정신의 경지를 '자유'라고 표명한다. 그렇다면 우리를 자유롭게 하지 못하고, 우리의 마음을 병들게 하는 '물'이란 도대체 무엇인가?

『장자』에서 사용되는 물(物)의 의미는 매우 다양하다. 우리를 자유롭지 못하게 하는 모든 사건, 사물들이 '물'이다. 그러므로 인간도 하나의 '물'이며 인간의 지식, 욕망, 감정, 인의예악이 모두 '물'이다.[1] 『장자』에서 언급되는 '물'의 의미를 범주화해 보면 대략 다섯 가지 종류로 구분된다.[2]

첫째, 감각의 대상이 되는 모든 것을 의미한다. "무릇 모양과 상(象)과 소리와 색(色)을 갖는 것은 모두 '물'이다."[3]

---

1) 한국동양철학회 편, 『동양철학의 본체론과 인성론』 7판, 연세대 출판부, 1996, p.247 참조.
2) 김만겸, 「장자 자아관의 형성 배경에 관한 고찰 (1)」, 『철학회지』 22집, 2000, pp.91-93; 이강수, 『노자와 장자』 2판, 도서출판 길, 1997, pp.168-176 참조.
3) 『莊子』 「達生」 "凡有貌象聲色者, 皆物也."

둘째, 우리 의식의 대상을 말한다. "언어로 논의할 수 있는 것은 '물'의 조야(粗野)한 것이요, 의식으로 도달할 수 있는 것은 '물'의 정미(精微)한 것이다."[4] "지사(知士)는 변란으로 지모(智謀)를 쓸 일이 없으면 즐겁지 않고, 변사(辯士)는 제 의견을 말할 기회가 없으면 즐겁지 않으며, 찰사(察士)는 말다툼을 해서 상대방에게 이기지 않으면 즐겁지 않다. 이들은 모두 '물'에 구속되어 있다."[5]

셋째, 도덕적 가치를 말한다. "천하 사람들은 모두 인의(仁義) 때문에 이리 뛰고 저리 달린다. 이러한 행동이야말로 인의로써 사람의 본성을 바꾸는 짓이 아닌가. 그러니 그것을 한 번 말해 보자. 하·은·주 삼대(三代) 이후로는 세상 사람들이 모두 (인의라고 하는) '물' 때문에 자기의 본성을 바꾸지 않는 이가 없다."[6] "무엇 때문에 '물'로써 일을 삼겠는가?"[7]

넷째, 사람을 의미한다. "자연으로부터 명(命)을 받아 오직 요·순 임금이 우뚝하고 바르니, 만물의 으뜸이다."[8]

다섯째, 정치제도와 세상사를 말한다. "막고야(邈姑射) 산에 어떤 신인(神人)이 살고 있는데 … 무엇 때문에 피곤하게 천하를 일로 삼으리요? 그 사람은 … 그의 티끌과 먼지와 겨 등으로 또한 요·순을 지어낼 수 있는데, 무엇 때문에 '물'로써 일을 삼겠는가?"[9]

---

4) 『莊子』「秋水」"可以言論者, 物之粗也. 可以意致者, 物之精也."
5) 『莊子』「徐无鬼」"知士无思慮之變則不樂, 辯士无談說之序則不樂, 察士无凌誶之事則不樂, 皆囿於物者也."
6) 『莊子』「騈拇」"天下莫不奔命於仁義, 是非以仁義易其性與. 故嘗試論之, 自三代以下者, 天下莫不以物易其性矣."
7) 『莊子』「逍遙遊」"孰肯以物爲事."
8) 『莊子』「德充符」"受命於天, 唯堯舜獨也正, 在萬物之首."
9) 『莊子』「逍遙遊」"邈姑射之山, 有神人居焉 … 孰弊弊焉以天下爲事. 之人也 … 是其塵垢粃糠, 將猶陶鑄堯舜者也, 孰肯分分然以物爲事."

‘물’이란 감각 대상이 되는 사물들은 말할 것도 없고 사려, 담론 등 추상적인 사건들 그리고 일체의 심리현상, 사회현상, 자연현상을 의미한다. 즉 현상계의 일체 사물과 사건을 가리킨다.10) 장자에게 있어서 ‘물’은 현실적 실용성, 전통적 가치관, 일반적으로 통용되는 사회적 합리성을 의미하는 것이기도 하다. 그러므로 그가 무물(無物)의 경지를 강조한 것은 곧 합리성과 실용성의 기준을 넘어선 더 큰 세계의 사람을 강조하는 것이다. 즉 그는 자유로운 정신의 관점에서 ‘물’에 구속된 협소하고 병든 자아의 인간상을 비판하고, 본연의 자유를 만끽하는 새로운 자아관을 모색했던 것이다.

장자는 인간이 ‘물’에 구속되어 주체성을 상실한 채, 그리고 자유스럽지 못한 상태에서 살아가게 될 때 정신적으로 병들게 된다고 보았다. 그러므로 그는 ‘물’의 구속에서 벗어날 때 비로소 건강한 정신을 얻게 된다고 생각하였다.

장자에게 있어서 모든 마음(정신)의 병을 떨쳐버리고 안심낙도(安心樂道)의 삶을 살아가는 궁극적 이상은 ‘자유’이다. 즉 장자철학은 ‘물’에 구속된 인간이 어떻게 하면 부자유한 현실에 얽매이지 않고 ‘자유로운 자기’가 될 수 있는가를 밝힌 것이다.11) 이러한 무물(無物)의 경지를 장자의 어법으로 표현하면 소요유(逍遙遊), 자유자재(自由自在), 절대자연(絶對自然)이라고 할 수 있다. 그렇다면 과연 자유란 무엇인가?

먼저 우리가 주목할 것은 ‘자유(自由)’와 유사한 개념들이다. 적어도 자재(自在), 자유자재(自由自在), 소요자재(逍遙自在), 자연(自然), 무위자연(無爲自然), 자연이연(自然而然) 등의 의미들은 모두 자유와 비슷한 의미를 지닌다. 자유, 자연, 자재라는 세 가지 주요개

---

10) 이광세 외, 『동서문화와 철학』, 철학과현실사, 1996, p.341 참조.
11) 福永光司, 『난세의 철학: 장자』, 민족사, 1991, p.16 참조.

념 중에서 『장자』에 직접 등장하는 것은 '자연'뿐이다.12) 그런데도 우리가 '자유'13)를 주제로 삼은 이유는, 이 개념이 근대 이후 우리들에게 가장 익숙하며, 또한 장자철학의 핵심을 가장 잘 표현할 수 있는 현대적 어감을 지니고 있다고 보기 때문이다.

자유의 의미는 감각적 경험의 대상인 현상계의 현실성을 지시하는 것도 아니고, 초월적인 실재성에 관여하는 것도 아니다. 그것은 초월행위 자체를 지시하기 때문에, 인과현상의 추정에 의해서는 설명될 수 없다. 즉 자유의 논리는 어떤 대상에 관한 어떠한 표상에 의해서도 포착되지 않는다. 이러한 의미에서 자유는 오직 자기성찰적인 자기인식에 의해서 체험될 수 있을 뿐이다.14) 즉 자유는 '진정한 자기'

---

12) '自然'은 『莊子』에서 총 7회 등장한다.
   『莊子』「德充符」 "吾所謂无情者, 言人之不以好惡 內傷其身, 常因自然而不益生也."
   『莊子』「應帝王」 "汝遊心於淡, 合氣於漠, 順物自然而無容私焉, 而天下治矣."
   『莊子』「天運」 "吾又奏之以无怠之聲, 調之以自然之命, 故若混逐叢生, 林樂而无形."
   『莊子』「繕性」 "當是時也, 莫之爲而常自然."
   『莊子』「秋水」 "知堯桀之自然而相非, 則趣操覩矣."
   『莊子』「田子方」 "夫水之於汋也, 无爲而才自然矣."
   『莊子』「漁父」 "眞者, 所以受於天也, 自然不可易也."

13) 중국 고전에서 自由의 용례는 크게 두 가지로 나뉜다. 이 중 (2)의 용례가 장자의 사상과 좀더 부합한다.
   (1) 내가 뜻하고자 하는 대로 하는 것. 생각대로. 기분대로.
   『後漢書』「閻皇后紀」 "吾兄弟權要, 威福自由."
   『後漢書』「五行志」 "樊崇等立劉盆子爲天子, 然視之如小兒, 百事自由, 初不恤錄也."
   柳宗元,「酬曹侍御過象縣見寄詩」 "春風無限瀟湘意, 欲採蘋花不自由."
   (2) 다른 사람의 속박에 구애받지 않는 것.
   白居易,「苦熱詩」 "始慙當此日, 得作自由身."

14) 신오현, 『절대의 철학』, 문학과지성사, 1993, p.165.

326

일 수밖에 없으며, 그러므로 자유는 천연(天然), 본연(本然), 자연(自然)일 수밖에 없다. 바로 이러한 측면에서 자유는 자기 이외의 타자에 의해 대립되지 않는 존재이다. 대립자를 상정하는 상대관계에서는 참 자유를 꿈꿀 수 없다.

자유의 이러한 의미는 '일즉전(一卽全), 전즉일(全卽一)'의 세계관에서 잘 읽혀진다. '일즉전'의 세계관에서 비로소 모든 상대성이 단절되고 절대에 대한 확실성 즉 자명성을 자득할 수 있다. 우리는 자기 곧 주체를 '일즉전'의 세계관에서 이해하게 될 때 비로소 모든 추상적 이분법에서 벗어날 수 있게 된다. 결국 자유는 과정으로 보면 천지와 내가 하나 되는 '일즉전'의 방법이며, 그리고 결과로 보면 천지와 내가 하나 된 상태를 말하는 것이다. 자유란, 내가 저절로 그러한 바로서(自然), 인위적이지 않으며(無爲), 아무런 속박에도 얽매이지 않고(自由), 모든 대립을 뛰어넘은(絶對) 통달무애의 경지(自在)인 것이다. 자유의 이러한 이념은 단순히 사변철학에만 그치지 않고, 구체적 생활세계에서, 지치고 힘들어하는 우리의 마음에 평안을 가져다 줄 수 있는 정신치료의 의미를 상당 부분 지닌다.

장자는 세상만사를 논리적으로 따지거나 생각하지 말라고 충고한다. 하지만, 그러해야 하는 이유를 대단히 논리적으로 제시한다. 즉 장자는 논리적으로 따지지 말아야 하는 이유를 잘 따진 철학자라고 할 수 있다.15) 그렇다면 장자철학의 기본 논리는 무엇일까? 특히 우리가 철학치료, 정신치료의 도구로써 활용할 만한 장자철학 특유의 논리는 무엇일까?

---

15) 박성희, 『도덕경과 상담』, 학지사, 2007, pp.97-98.

3. 장자철학에 있어서 정신치료의 기본 논리

장자철학의 정신치료는 환자의 핵심 가치관을 새롭게 전환하고, 그 가치관에 어울리게 생활하는 방법을 안내하는 것에 초점이 맞추어진다. 장자는 이러한 목적을 달성하기 위해 몇 가지 기본 논리를 사용하고 있다. 장자철학 전편에 걸쳐 보이는 몇 가지 단서를 중심으로 그 논리를 찾아보면 대략 다음 세 가지로 요약된다.

1) 상대주의 논리

장자의 시각에서 본다면, 만물은 본성에 있어서 모두가 다르고 그들의 자연능력 또한 같지 않다. 다만 공통적인 것은 그들 각자가 자연능력을 완전하고 자유롭게 발휘하였을 때 그들 모두는 다함께 행복할 수 있다는 것이다.

『장자』「소요유(逍遙遊)」는 재미있는 이야기로 가득 차 있다. 그 첫 머리에 대단히 큰 새 대붕(大鵬)과 작은 매미에 관한 이야기가 나온다. 두 존재의 능력은 완전히 다르다. 대붕은 한 번에 수천만 리를 날아갈 수 있는 데 반해, 매미는 겨우 이 나무 저 나무를 날아다닐 뿐이다. 그렇지만 그들은 각자가 할 수 있는 것, 그리고 각자가 하기 좋아하는 것을 했을 때 다같이 행복하다. 장자의 시각에서 본다면, 사물의 본성에는 어떠한 획일성도 없고, 또한 그러한 획일성이 있을 필요도 없다.16) 이러한 의미에서 그는 "학의 다리가 길다고 자르지 마라."고 요청한다. 평균적인 의미에서 분명 학의 다리는 길다. 그러나 학은 다리가 길어야 유용하며, 길기 때문에 행복할 수 있다.

---

16) 馮友蘭, 문정복 옮김, 『중국철학소사』, 이문출판사, 1997, pp.148-149 참조.

반면 오리는 평균 수준에서 다리가 짧다. 그렇지만 오리의 다리를 길게 한다면 오히려 오리의 불행이 될 것이다. 학이든 오리이든 본성적으로 자기에 맞는 다리가 있듯이 우리 모두에게는 자기에게 적합한 모습이 있다. 아무리 멋있게 보이더라도 나에게 맞지 않으면 소용없는 것이다. 반면, 볼품없고 불완전한 현실이라도 그것이 나에게 천성적으로 맞는다고 생각하면 도대체 불만을 가질 이유가 어디에 있겠는가? 이러한 의미에서, 상대주의 입장을 가지게 되면 마음이 편안해지게 된다.

우리가 갖는 마음의 병은 상당 부분 비교적인 시각에서 온다. 남과 비교할 때 나의 용모를 비관하고, 나의 현실에 낙담한다. 치료중심의 정신분석학은 환자의 병리적 증상의 구체적 해소와 정상성(正常性)의 회복에 초점을 둔다. 그렇지만 이러한 접근으로는 열등감과 자괴감에서 오는 마음의 병을 완전히 치유하기는 어려울 것이다. 자신의 현실과 문제를 있는 그대로 직시하고, 이를 적극적으로 수용하여 능동적 의미를 창출해 내는 것이 중요하다. 우리에게 주어진 현실이 어떠하든 이 현실을 있는 그대로 받아들이고 마음의 평정을 유지하겠다는 장자의 생각은 장재(張載)의 저 유명한 「서명(西銘)」마지막 구절과 대단히 유사하다.

부유하고 귀하며 복스럽고 윤택한 것은 장차 나의 삶을 두텁게 하고, 가난하고 천하며 근심스럽고 걱정스러운 것은 마치 옥을 다듬듯 너를 잘 이루게 할 것이다. 살아 있을 동안 나는 하늘과 땅을 부모처럼 거역함이 없이 섬기고, 죽게 되면 편안히 쉬게 되리라.[17]

---

17) 『正蒙』「乾稱」 "富貴福澤, 將厚吾之生也; 貧賤憂戚, 庸玉汝于成也. 存吾順事, 沒吾寧也."

이러한 상대주의적 시각을 가지게 되면 자신과 입장이 다른 타인에 대해서도 이해하고 수용할 수 있다. 상대주의의 논리는 나와 다른 사람의 삶 또한 있는 그대로 받아들이게 하며, 자기중심주의를 벗어날 수 있도록 한다. 비록 우리가 그 이유를 모르는 일에 대해서조차 나름대로의 이유가 있을 것이라고 받아들이게 되는 '수정합리주의'의 입장[18] 또한 상대주의의 논리와 크게 다르지 않다. 내가 어떤 대상의 모든 것을 이미 알고 있거나 반드시 알아야 한다는 자기중심주의를 벗어나게 될 때 비로소 상대를 있는 그대로 받아들일 수 있는 이해력과 포용력이 생긴다. 성경의 다음 구절은 이러한 입장을 잘 표현하고 있다.

천하에 범사가 기한이 있고 모든 목적이 이룰 때가 있나니

날 때가 있고 죽을 때가 있으며 심을 때가 있고 심은 것을 뽑을 때가 있으며

죽일 때가 있고 치료시킬 때가 있으며 헐 때가 있고 세울 때가 있으며

울 때가 있고 웃을 때가 있으며 슬퍼할 때가 있고 춤출 때가 있으며

돌을 던져 버릴 때가 있고 돌을 거둘 때가 있으며 안을 때가 있고 안는 일을 멀리 할 때가 있으며

찾을 때가 있고 잃을 때가 있으며 지킬 때가 있고 버릴 때가 있으며

찢을 때가 있고 꿰맬 때가 있으며 잠잠할 때가 있고 말할 때가 있으며

사랑할 때가 있고 미워할 때가 있으며 전쟁할 때가 있고 평화할 때가 있느니라.

---

18) 루 매리노프, 이종인 옮김, 『철학으로 마음의 병을 치료한다』, 해냄, 2000, p.242.

무엇이나 다 정해진 때가 있다.19)

도가사상은 일반적으로 유(有)와 무(無) 같은 양극개념을 반대관계가 아니라 상호보완관계로 본다. 유와 무, 음(陰)과 양(陽) 중에서 무엇이 우위를 차지하느냐 하는 문제는 적어도 도가적 시각에서는 아무 의미도 가질 수 없다. 특히 장자의 경우에는 고정된 개념분류나 구분을 고집하는 입장과는 분명 반대된다. 장자의 경우 개념적 융통성을 받아들이고, 주어진 개념적 테두리에 집착하지 않는 열린 마음의 연속성을 지향한다.20) 현대 서양철학의 해체주의 또한 현전(現前)과 부재(不在), 중심과 주변, 유와 무, 실재와 현상, 남성과 여성 등 양극적인 반대개념의 대립쌍(binary pairings)으로 이루어진 계층적인 가치질서를 전도시키는데,21) 이 두 사상의 가장 큰 공통점은 바로 상대주의의 논리를 기본으로 하고 있다는 점이다.

그렇지만 장자에게 있어서 상대주의의 논리는 어디까지나 절대적 행복에 도달하기 위한 방법론으로 사용된다. 장자는 일차적으로 사물 본성의 상대성을 강조하기는 하지만, 궁극적으로는 천인합일(天人合一)을 주장한다. 이 합일을 이루기 위해 사람들은 더욱 고차적 지식과 이해를 필요로 하게 되고, 이 합일로부터 귀결되는 행복이야말로 진실한 절대행복이라고 보는 것이다.22) 그리고 장자가 지향하는 천인합일의 절대경지가 바로 자유, 자재, 자연의 상태이다.

---

19) 「傳道書」 3:1-8.
20) 이광세, 『동양과 서양: 두 지평선의 융합』, 도서출판 길, 1998, pp.343-344 참조.
21) 같은 책, pp.341-342 참조.
22) 馮友蘭, 앞의 책, pp.154-155 참조.

2) 역설의 논리

장자철학은 유가철학의 비판에서 출발한다. 유가사상은 합리주의
적 도덕론이라 할 수 있다. 유가인(儒家人)들은 선천적인 도덕원리
를 지적(知的)으로 인식할 수 있다고 생각하였다.23) 그러나 장자는
이러한 합리주의적 도덕론을 비판하며, 도덕의 근원이 지적으로 파
악될 수 있다는 유가의 대전제를 우선 부정하고 나선다. 그리고 이
때 가장 잘 이용되는 논리가 바로 역설(逆說)의 논리이다.24) 장자철
학의 주요개념인 무명(無名), 무위(無爲), 무용(無用), 무지(無知)는
유가에서 강조하는 유명(有名), 유위(有爲), 유용(有用), 유지(有知)
에 대한 역설적 표현이다. 역설적 표현은 장자뿐만 아니라, 노자(老
子)도 자주 사용하고 있다. 어떤 면에서 노자의 『도덕경(道德經)』은
그 전체가 역설적 표현으로 이루어진 책이라고 할 수 있을 정도이다.
노자는 이러한 역설적 표현을 '정언약반(正言若反)'(78장)이라고 한
다. 대표적인 몇 구절을 살펴보자.

밝은 도는 어두운 것 같고, 나아가는 도는 물러나는 것 같고, 평
탄한 도는 구불거리고 울퉁불퉁한 것 같고, 높은 덕은 아래 골짜기
같고, 너무 결백한 것은 욕을 먹는 것 같고, 넓은 덕은 부족한 것 같
다.25)

크게 이루어진 것은 결함이 있는 것 같으나 그 쓰임은 낡아지지
않는다. 크게 채워져 있는 것은 빈 것 같으나 그 쓰임은 끝이 없다.

---

23) 末木剛博, 『동양의 합리사상』 2판, 이문출판사, 1994, pp.167-168 참조.

24) 김득만 외, 『장자사상의 이해』, 도서출판 소강, 2003, p.34.

25) 『道德經』 41장 "明道若昧, 進道若退, 夷道若纇, 上德若谷, 大白若辱, 廣
德若不足."

크게 곧은 것은 굽은 것 같고, 크게 교묘한 것은 졸렬한 것 같고, 훌륭한 웅변은 말이 어눌한 것 같다.26)

장자의 경우 이러한 역설적 논리를 다양한 예화를 동원하여 좀더 설득력 있게 사용한다. 그는 유가가 강조하는 합리적 인간상을 비판하고 '혼돈(混沌)'27)으로 상징되는 자유의 인간형을 강조하면서 역설의 논리를 사용하고 있다. 『장자』「응제왕(應帝王)」의 한 구절을 살펴보자.

남해의 임금을 숙(儵)이라 하고 북해의 임금을 홀(忽)이라 하며, 중앙의 임금을 '혼돈(混沌)'이라 한다. 숙과 홀이 때마침 혼돈의 땅에서 만났는데, 혼돈이 매우 융숭하게 그들을 대접했으므로, 숙과 홀은 혼돈의 은혜에 보답할 방법을 의논을 했다. "사람은 누구나 눈, 귀, 코, 입의 일곱 구멍이 있어서 그것으로 보고 듣고 먹고 숨쉬는데 이 혼돈에게만 없다. 어디 시험 삼아 구멍을 뚫어 주자." 그래서 날마다 한 구멍씩 뚫었는데, 7일이 지나자 혼돈은 그만 죽고 말았다.28)

합리적 가르침에서 그토록 배격하는 '혼돈'이 여기 장자에게 있어서는 오히려 조화 혹은 질서의 의미를 뛰어넘는 '대안적' 의미를 지닌다. 여기서 말하는 '혼돈'이라 함은 인위적 조작을 가하지 않은 '자연스런 모습' 그대로를 말하며, 또한 아무것에도 구애됨이 없는

---

26) 『道德經』45장 "大成若缺, 其用不弊, 大盈若沖, 其用不窮, 大直若屈, 大巧若拙, 大辯若訥."
27) '混沌'은 '무질서'라는 의미와 상통하나, 그러나 '混亂'의 의미를 지니지는 않는다.
28) 『莊子』「應帝王」"南海之帝爲儵, 北海之帝爲忽, 中央之帝爲混沌. 儵與忽時相與遇於混沌之地, 混沌待之甚善. 儵與忽謀報混沌之德, 曰. 人皆有七竅以視聽食息, 此獨無有, 嘗試鑿之. 日鑿一竅, 七日而混沌死."

자유스러움을 말한다.

역설의 논리는 사실 그 자체의 진리성 혹은 효용성보다는 역설을 통하여 비판하는 상대 진술의 한계를 여실히 보여주는 데에 그 목적이 있다. 즉, 역설의 논리가 원래 진술에 대한 하나의 현실성 있는 강력한 대안이라기보다는 차라리 원래 진술의 비판적 기능이 중요하다 할 것이다. 예를 들면, 불면증에 시달리는 환자에게 수면제를 투여하는 것과 같은 인위적인 처방을 가하여 잠을 쉽게 잘 수 있도록 도와주는 것이 합리적 처방이라면, 수면제의 중독성과 또한 불면증에 시달리는 환자의 '수면-노이로제'를 자각하고 오히려 잠을 더욱 자지 않도록 노력해 보라는 정신과 의사의 권면은 분명 역설적 처방이 될 것이다.

장자는 역설적 논리를 불합리가 아니라, 비합리의 논리로 끌어올리고 있다. 즉 형식논리의 한계를 뛰어넘는 고차원의 새로운 논리로 승화시킨다. 예를 들면, 무가 있어야만 유가 있다는 것을 입증하기 위해 방이나 그릇은 가운데가 비어 있어야만 제 역할을 할 수 있다는 노자의 비유가 바로 그러하다.

철학치료는 다른 사람보다 삶의 고통을 민감하게 느끼는 사람들에게 도움이 될 수 있다. 그 말은 철학치료의 대상이 되는 사람들은 그 누구보다도 삶의 고통, 정신적 고통에 쉽게 노출되고 그리고 이러한 고통에 피동적으로 함몰된다. 역설적 논리로 말한다면, 아픈 자는 아프지 않다. 이 말은 정신분석학적 정신치료의 가장 큰 맹점을 잘 지적할 수 있다. 역설적 시각은 문제가 되는 문제성 자체를 무효화시킨다. 그리고 이러한 무효화를 넘어서, 이때까지 자신의 약점이라고 생각했던 부분이 오히려 자신의 장점이자 행복이라는 시각 전환, 세계관의 전환이 이루어지게 된다. 주어진 현실에 피동적으로 함몰되지 않고 이를 통해 오히려 능동적인 의미를 창출해 낸다.

3) 도추와 양행의 논리

장자는 건강한 정신의 세계를 구체적으로 묘사하면서 아무런 모순이나 대립도 없는 도추(道樞)와 양행(兩行)의 경지를 설명하였다. 장자철학에 있어서 이 두 가지는 개별자아로서의 마음을 초월하는 적극적인 실천근거이다. 이 논리는 앞서 언급하였던 상대주의의 논리를 뛰어넘는 절대논리라고 할 수 있다.

도추와 양행은 모두 장자의 「제물론(齊物論)」에 등장하는 개념이다. 먼저 도추는 이것과 저것이라는 구분과 대칭이 없는 것을 말한다. 장자는 "주체(是)와 객체(彼)를 갈라놓을 수 없는 것(대립이 해소된 경지)을 일러 도추(道樞)라고 한다."[29]라고 하였다. '도'는 전체이고 '추'는 전체의 중심을 말한다. 원에 비유하자면, 원의 한 가운데에 있는 중심이 추(지도리)이고, 도는 원의 중심으로부터 동일거리에 있는 원주를 뜻한다. 따라서 추로부터 시작하면 원주의 어느 부분도 닿지 않는 곳이 없다. 어느 한편에 설 때 분별되던 옳음과 그름은 전체의 중심으로 들어가면 모두 다 긍정될 수밖에 없다. 이처럼 전체의 입장에서 대립되는 양면을 동시에 비춤으로써 이것, 저것의 분별과 시비를 초월해 버리는 것이 바로 도추이다.[30] 즉, 도추는 부분을 전체 속에 회통시켜 해결하는 방식인데, 전체의 입장에서 각 부분은 대립(對立)의 관계에서 대대(對待)의 관계로 전환한다. 결국 도추는 판단의 개별 준거와 잣대를 전체에 용해시켜 버림으로써 마음을 극대화한다. 현대 심리학에서 말하는 '차원의 변화(dimensional change)'와 유사한 개념이다.

그리고 양행이라고 하는 것은 도추의 효과이다. 양행은 대립되는

---

29) 『莊子』「齊物論」 "彼是莫得其偶, 謂之道樞."
30) 김충열, 『김충열 교수의 노장철학강의』, 예문서원, 1995, p.284.

둘 다를 긍정하고 둘 다를 부정하기도 하는(兩是兩非) 병행의 논리이다. 모든 것을 조화시켜 '자연의 균형(天均)' 속에 머물게 하는 것이며, 모든 것을 있는 그대로 받아들이고 인정하는 태도이다. 다양한 존재와 삶의 모습에 무한히 마음을 여는 수용성, 이것이 바로 양행이 지향하는 목표이다. 『장자』「제물론」의 구절을 인용해 보자.

'물(物)'에는 저것 아닌 것이 없고 이것 아닌 것이 없다. 자기를 떠나 '그'의 처지에서 보이지 않는 것도 자기의 입장에서는 환히 이해하게 된다. 그러므로 저것은 이것 때문에 생겨나고, 이것이라는 개념은 저것이 있기 때문에 생겨난다. 곧 이것과 저것은 상대적으로 생겨난다는 설명이다. 그러나 상대적인 것은 여기에 그치지 않는다. 생(生)에 대립하여 사(死)가 있고, 사에 대립하여 생이 있으며, 가(可)에 대립하여 불가(不可)가 있고, 불가에 대립하여 가가 있으며, 시(是)에 기인하여 비(非)가 있고, 비에 기인하여 시가 있다. 그러므로 성인(聖人)은 이런 상대적 입장에 서지 않고 인위를 초월한 대자연(天)의 입장에서 사물을 보는 것이다. 이것이야말로 시(是) 즉 천(天)에 기인한 것이다. 말하자면 시비의 상대성을 넘어서 진정 옳은 입장에 입각한 것이라 할 것이다. 이런 절대적인 입장에서 보면 이것이 곧 저것이요 저것이 곧 이것이다. 저것에도 그것을 근거로 할 시비의 판단이 있고, 이것에도 이것을 근거로 할 시비의 판단이 있다.[31]

이러한 절대적 입장에 서게 되면 굳이 분별지를 내세워 다른 사람이 틀렸다고 비판할 필요도 없고, 자신이 반드시 옳다고 강변할 필요도 없다. 세상의 온갖 주장, 주의, 이론이 모두 평화롭게 공존할 가

---

31) 『莊子』「齊物論」 "物无非彼, 物无非是. 自彼則不見, 自是則知之. 故曰彼出於是, 是亦因彼. 彼是方生之說也, 雖然, 方生方死, 方死方生. 方可方不可. 因是因非, 因非因是. 是以聖人不由, 而照之於天, 亦因是也. 是亦彼也, 彼亦是也. 彼亦一是非, 此亦一是非."

치가 있는 것이다.32) 이러한 시각에서 본다면 그토록 자신을 힘들게 했던 열등감도, 또한 남과 어울리지 못하게 했던 자기우월감도 모두 자연스럽게 풀려나간다. 이러한 절대적 입장에서는 모든 존재와 다양한 삶의 모습들을 모두 무한히 마음을 열고 수용하게 된다. 이것이 바로 도추와 양행의 입장이며, 또한 절대자유가 지향하는 세계인 것이다.

그렇다면 장자는 어떻게 자유의 이념을 실현할 수 있다고 보는가? 한마디로 좌망을 통해서이다. 이제 우리는 장자철학의 정신치료방법으로서 좌망을 살펴보도록 한다.

4. 정신치료의 방법: 좌망

중국철학사에 있어서 좌망(坐忘)에 관한 논의는 장자로부터 비롯된다. 장자 이전의 그 어떤 철학자에게서도 좌망의 개념은 발견되지 않는다. 그만큼 좌망은 독창적이며, 장자철학에서 차지하는 비중이 크다.33)

우리는 여기에서 장자철학의 정신치료방법의 핵심개념으로 좌망을 주목한다. 즉, 앞서 일관되게 주장하였듯이 장자가 추구하는 정신적 궁극이념을 자유라고 보며, 이러한 자유에 이르기 위한 방법으로 좌망을 주목하는 것이다.

---

32) 박성희, 『마음과 상담』, 학지사, 2007, p.66.

33) 坐忘에 관한 논의는 『莊子』 「大宗師」 편에 단 한 차례 등장할 뿐이나, 그와 관련된 유사한 내용들은 『莊子』 전편에 걸쳐 자주 언급된다. 이종성, 「장자 '좌망'론」, 『대동철학』 24집, 2004, p.575.

1) 좌망과 심재

모든 상대성을 뛰어넘어 절대에 대한 확실성 즉 자명성을 얻으려는 장자교육의 최대목표는 자유의 경지에 이르려는 것 이외 다른 것이 아니다. 장자는 이러한 경지에 이를 수 있는 방법으로 '좌망'을 강조한다. 『장자』「대종사(大宗師)」의 구절을 인용해 보도록 하자.

안회가 말했다. "저는 얻는 바가 있었습니다." 공자가 물었다. "무엇 말이냐?" "저는 인의(仁義)를 잊었습니다." "됐다. 하지만 아직 미흡해." 얼마 후의 다른 날, 다시 안회가 말했다. "저는 얻는 바가 있었습니다." "무엇 말이냐?" "저는 예악(禮樂)을 잊었습니다." "됐다. 하지만 아직 미흡해." 다시 며칠이 지난 후인 다른 날, 또 안회가 만나서 말했다. "저는 얻는 바가 있었습니다." "무엇 말이냐?" "저는 좌망(坐忘)하게 됐습니다." 공자는 놀라서 물었다. "무엇을 좌망이라고 하느냐?" 안회가 대답했다. "손발이나 몸을 잊고, 귀와 눈의 작용을 물리쳐서, 형체를 떠나 지식을 버리고 저 위대한 도와 하나가 되는 것, 이것을 좌망이라고 합니다."34) 공자는 말했다. "도와 하나가 되면 좋다 싫다 하는 차별 따위가 없어지고, 도와 하나가 되어 변하면 어느 한 곳에 집착하지 않게 된다. 너는 정말 훌륭하구나. 나도 네 뒤를 따라야겠다."35)

---

34) 『莊子』의 탁월한 주석가 郭象은 '坐忘'의 의미를 이렇게 풀이하고 있다. "대저 坐忘이라고 하는 것에 어찌 잊지 못하는 바가 있겠는가? 그 자취를 잊고 또한 그 자취의 근거마저 잊고서, 안으로는 자신의 몸을 느끼지 못하고 밖으로는 천지마저도 의식하지 못하게 되는 그런 후에야 비로소 탁 트여 (천지의) 변화와 한 몸이 되어 (만물이) 서로 통하지 않음이 없게 된다." (『莊子注』「大宗師」 "夫坐忘者, 奚所不忘哉. 旣忘其迹, 又忘其所以迹者, 內不覺一身, 外不識有天地, 然後曠然與變化爲體而無不通也.")

35) 『莊子』「大宗師」 "顔回曰. 回益矣. 仲尼曰. 何謂也. 曰. 回忘禮樂矣. 曰. 可矣, 猶未也. 他日, 復見, 曰. 回益矣. 曰. 何謂也. 曰. 回忘仁義矣. 曰. 可矣, 猶未也. 他日, 復見, 曰. 回益矣. 曰. 何謂也. 曰. 回坐忘矣. 仲尼蹴

일즉전(一卽全)의 절대경지에 이르기 위해서는, 세상사의 잡다한 차별을 잊어버리고 초월해야만 한다. 그러려면 우선 지(知)를 버려야 한다. 이것이 바로 '내성(內聖)'의 방법이다. 일반적인 의미에서 지식의 과제는 사물의 구별을 짓는 것이다. 그리고 어떤 사물을 안다고 하는 것은 그것과 다른 사물의 차이를 아는 일이다. 그러므로 지(知)를 버린다는 것은 바로 이러한 차별, 즉 상대를 잊어버리고 넘어서는 일이다. 모든 차별을 넘어서서 이르게 되는 하나의 무차별의 세계가 '일즉전'의 세계이며 절대의 세계이며 또한 자유의 세계이다.

그렇다면 장자는 '자아' 이외의 외재사물이나 타자의 존재를 완전히 부인한 것인가? 그것은 아니다. 그는 어디까지나 나와 우주가 '혼연일체'의 모습으로 존재한다는 사실을 강조했던 것뿐이다. 그러므로 그는 "육신을 무너뜨리고 총명을 내쫓으며 육체의 구속을 떠나고 시비의 소견을 버려서 대도(大道)와 동화하는 것을 일컬어 좌망이라고 한다."[36]라고 하였다. 장자는, 인간이 알고 있는 사물은 다만 우주 안에서만 인간의 자아와 관련된 단편적인 사물의 모습일 뿐, 그것은 우주의 본래 진면목은 아니라고 보았다. 그러므로 지식이 쌓이면 쌓일수록 혼연일체로서 우주 본연의 참모습과는 거리가 점점 멀어진다고 생각했던 것이다.

좌망은 일견 보기에 '체념'을 연상시킨다는 점에서 허무주의적 요소를 띠고 있으나, '자유'를 지향한다는 점에서는 허무주의적 색채를 적극적으로 극복한 것으로 평가될 수 있다.[37] 그리고, 장자의 이러한

然曰. 何謂坐忘. 顔回曰. 墮肢體, 黜聰明, 離形去知, 同於大通, 此謂坐忘. 仲尼曰. 同則無好也, 化則無常也. 而果其賢乎. 丘也請從而後也."

36) 『莊子』「大宗師」"墮肢體, 黜聰明, 離形去知, 同於大通, 此謂坐忘."

37) 박성희, 『마음과 상담』, p.65 참조. 박성희 교수는 도가와 장자의 마음 수양법의 특징을 주로 소극적인 방법에서 이해하고 있다. 즉 도가 학자들이 "마음의 기능을 부정적인 것으로 파악하여 가능한 한 마음의 작용을 제한하려

좌망의 사상은 도가철학의 선구자 노자에게서도 보인다. 즉 노자는, "자신을 뒤로 돌림으로 자신은 앞서게 되고, '자신을 바깥으로 함으로(外其身)' 자신은 오히려 존재하게 된다."38)라고 하였다. 물론 이 때 '외기신(外其身)'은 '자신을 잊어버린다'는 '망기신(忘其身)' 즉 '좌망'의 의미를 갖는다.

장자는 지인(至人)이나 신인(神人) 혹은 진인(眞人)을 말하는 곳에서는 언제나 무기(無己),39) 상망(相忘),40) 망오(忘吾),41) 망족(忘足),42) 망요(忘要),43) 망시비(忘是非),44) 망기간담(忘其肝膽),45) 망기일(忘其一)46) 등을 강조한다. 이것은 모두 놀이에 빠져 자의식을 망각한 어린아이와 같은 것으로서 절대자유의 경지를 체득하기 위한

는 소극적 방법을 사용하였다."(pp.59-60), "도추는 결국 마음의 작용을 마비시키는 효과를 얻게 된다."(p.65)고 말한 부분이 그러하다. 그리고 그는 虛, 靜, 止, 坐忘, 喪我, 至人無己, 心齋 등과 같은 莊子的 마음공부의 주요개념을 모두 소극적 공부방법으로 이해하고 있다. 그렇지만 필자가 보기에 이러한 개념들이 小我를 버려간다는 측면에서는 소극적이지만, 大心을 회복하고 자유의 절대경지를 열어간다는 측면에서는 오히려 적극적으로 해석해야 한다.

38) 『道德經』 7장 "後其身而身先, 外其身而身存."

39) 『莊子』「逍遙遊」 "故曰, 至人无己, 神人无功, 聖人无名.";『莊子』「在宥」 "大同而无己. 无己, 惡乎得有有."

40) 『莊子』「大宗師」 "泉涸, 魚相與處於陸, 相呴以濕, 相濡以沫, 不如相忘於江湖.";『莊子』「天運」 "泉涸, 魚相與處於陸, 相呴以濕, 相濡以沫, 不若相忘於江湖."

41) 『莊子』「達生」 "齊七日, 輒然忘吾有四枝形體也."

42) 『莊子』「達生」 "忘足, 屨之適也."

43) 『莊子』「達生」 "忘要, 帶之適也."

44) 『莊子』「達生」 "忘是非, 心之適也."

45) 『莊子』「達生」 "忘其肝膽, 遺其耳目, 芒然彷徨乎塵垢之外, 逍遙乎无事之業, 是謂爲而不恃, 長而不宰."

46) 『莊子』「徐无鬼」 "上之質若亡其一."

전(前) 단계, 혹은 방법으로 강조되는 개념들이다. 모두 중요한 표현들이므로 관련되는 용례를 재구성해 보도록 하자.

지인(至人)에게는 '자기(사심)가 없다(無己).'

샘물이 말라 물고기가 메마른 땅 위에 모여 서로 축축한 물기를 끼얹고, 서로 물거품으로 적셔줌은 물이 가득한 드넓은 강이나 호수에서 '서로의 존재를 잊고 있는 것(相忘)'만 못하다.

7일을 재계(齋戒)하면 전혀 마음이 움직이지 않고 '내가 사지(四肢)와 육체를 지녔다는 것조차 잊고 만다(忘吾有四肢形體).'

신이 꼭 맞으면 '발을 잊게 되고(忘足)', 허리띠가 꼭 맞으면 '허리를 잊으며(忘要)', 마음이 자연스러움에 알맞으면 '시비를 잊게 된다(忘是非).'

'간담 따위 몸 안의 기관을 잊고(忘其肝膽)' 눈과 귀 따위 감각기관까지도 잊어버린 채 무심하게 세속 밖에서 떠다니고 인위를 일삼지 않는 자연 속에서 노닌다.

최상의 개는 '스스로를 잊은 듯 정신이 움직이지 않는다(忘其一).'

이 개념들은 모두 좌망을 달리 표현하는 것들이다. 그런데 장자는 자유자재의 경지를 체득하는 방법으로 이러한 '좌망'류의 개념과는 구분되는 또 하나의 개념을 언급한다. 그것은 바로 심재(心齋)이다. 심재의 개념은 반드시 좌망과 함께 언급되어야 한다. 학자에 따라 양자의 관계에 대한 설명이 매우 다양하나, 이 두 개념은 기본적으로 상호 밀접한 연관을 갖는 유사개념으로 보아야 할 것이다.47) 우선 심재와 관련한 장자의 언급을 직접 들어보도록 하자.

안회는 말한다. "부디 심재(心齋)에 대해 가르쳐주십시오." 공자가
대답했다. "너는 잡념을 없애고 마음을 통일하라. 귀로 듣지 말고
마음으로 듣도록 하고, 마음으로 듣지 말고 기(氣)로 듣도록 하라.
귀는 소리를 들을 뿐이고 마음은 밖에서 들어온 것에 맞추어 깨달을
뿐이지만, 기란 공허하여 무엇이나 다 받아들인다. 그리고 참된 도
(道)는 오직 허(虛) 속에 모인다. 이러한 허가 곧 심재이다.48)

여기서 말하는 심재는 마음의 재계를 의미하는 것으로서 자유 체
득의 기점이 된다. 심재의 요체는 '허(虛)'이다. 장자는 "마음이 공허
해지면 일체를 받아들일 수 있어서 자연히 충실해지거나 고요해진
다."고 하였다. 그러므로 심재는 사려나 욕망을 배제할 수 있는 정신
수양의 방법이며, 좌망의 전 단계라 볼 수 있다. 그러므로 장자의 강
조처는 심재보다는 좌망에 있다고 할 것이다. 전자, 즉 심재의 단계
에서는 아직 사려와 욕망을 배제하는 주체는 있다. 그러나 후자에서
는 이러한 주체를 포함한 모든 것을 넘어선 단계 즉 대주체와 대자
유의 경지에 진입할 수 있는 그러한 단계이다. 장자는 좌망이야말로
나와 천지만물이 '혼연일체'가 되는 초월의 경지에 접근할 수 있는
관건이라고 생각하였다. 그리고 좌망을 통해 비로소 인간과 인간, 인
간과 사물, 인간과 대자연 상호간의 차별과 분별의 한계가 해소된다
고 보았다.

그런데 좌망이 자유의 경지에 이르기 위한 방법론이 되려면 구체

---

47) 이종성, 앞의 논문, pp.584-585.
48) 『莊子』「人間世」 "回曰. 敢問心齋. 仲尼曰. 若一志, 无聽之以耳而聽之以
心, 聽之以心而聽之以氣. 耳止於聽, 心止於符. 氣也者, 虛而待物者也. 唯
道集虛. 虛者, 心齋也."

적인 하위 방법론이 있어야 하는데, 장자에서는 구체적인 방법론은 보이지 않고 다만 대자유의 경지를 획득할 수 있는 관건과 전제로만 간주된다. 이러한 이유 때문에 우리는 당대(唐代) 도교(道教)의 저명한 학자 사마승정(司馬承禎, 647-725)[49]의 『좌망론(坐忘論)』[50]을 주목하지 않을 수 없다. 사마승정은 장자의 좌망론을 발전시켜 그 수행방법을 구체적으로 7단계로 세분화하여 설명하고 있다. 정통 도가 연구자들은 크게 주목하지 않으나, 도교 수행론에서는 상당 부분 인정받고 있다. 불교 수련법의 영향을 강하게 받는 당대(唐代) 학자의 이론이어서 일견 보기에 불교의 수심법과 상당한 유사성을 띠기도 하지만, 구체 신체와 현실을 강조하고 대자연과 자유자재의 이념을 지향한다는 점에서 여전히 도가의 세계관을 충실히 계승한다 할 수 있다. 그러므로 이것이 장자의 정신치료방법론으로서도 상당히 주목할 만한 것이라 여겨 특징적인 내용 몇 가지를 소개하고자 한다.

2) 좌망의 구체 방법론

좌망은 장자철학의 주요한 개념이지만, 동시에 도교의 대표적인 수심법(收心法)이다.[51] 좌망론에도 여러 가지가 있지만 가장 대표적이고 자세한 것은 당대의 사마승정이 저술한 『좌망론』이다. 사마승

---

49) 字는 子微이고, 法號는 道隱이며 天台白雲子라고 自號하였다.

50) '坐忘論'은 司馬承禎의 저작 명칭이기도 하고, 그의 收心法을 일컫는 말이기도 하다.

51) 儒 □ 佛 □ 道의 收心法을 비교해 볼 필요가 있다. 특히 居敬, 止觀, 坐忘의 의미를 收心과 安心法의 차원에서 비교해 볼 필요가 있다. 이 방면의 연구와 관련하여 三浦國雄, 이승연 옮김, 『주자와 기 그리고 몸』, 예문서원, 2003, pp.215-250을 참고할 만하다.

정은 도홍경(陶弘景) - 왕원지(王遠知) - 반사정(潘師正) - 사마승정으로 도계(道系)가 이어지는 상청파(上淸派) 13대 종사(宗師)로서[52] 당 현종(玄宗)에게 법록(法錄)을 주었으며 정일(貞一)이라는 시호 (諡號)를 받았다. 사마승정과 그의 좌망론에 대해서 중국문화권과 일본에서는 상당한 연구가 이루어져 왔는데,[53] 아직 국내에서 크게 주목받지는 못하고 있다. 향후 이 분야와 관련하여 국내에서도 전문적인 연구가 이루어져야 할 것이다.

좌망론은 서문과 총 7편의 글로 이루어져 있다. 신경(信敬), 단연 (斷緣), 수심(收心), 간사(簡事), 진관(眞觀), 태정(泰定), 득도(得道)가 바로 그것이다. 이 7장은 단순한 부분이 아니라 득도에 이르기까지 수행단계이기도 한데, 수행자에게는 친절한 안내서가 된다. 장자 원문에서 좌망과 관련된 수행단계의 언급이 전혀 없는 점을 고려하면 귀중한 참고자료가 된다. 이제 사마승정의 좌망론의 주요 내용을 수행단계별로 차별화하여 살펴보도록 하자.[54]

(1) 신경(信敬: 믿고 공경하기) : 신(信)과 경(敬)이란 도덕의 근간이며 득도의 입구이다. 안은 몸이 있음을 기억하지 않고 밖은 우주를 모르며, 만물과 하나가 되어 만 가지 생각을 잊고 대도(大道)에 동화되는 것이다. 어리석은 사람은 이러한 사실을 믿지 않고, 자기 안에 보석을 품고 있으면서도 그 보석을 밖에서 구한다.

---

52) 『天隱子』에 의거함.
53) 司馬承禎과 坐忘論에 대한 대표적인 연구 성과 몇 가지를 소개하면 다음과 같다.
陳國符,「司馬承禎傳」,『道藏源流考』影印版, 臺灣: 古亭書屋, 1975; 神塚 淑子,「司馬承禎『坐忘論』 について」,『東洋文化』 62号; Livia Kanul, "Seven Steps to the Tao: Ssu-ma Ch'eng Tso-wang-lun", *Monumenta Serica* 37(1986).
54) 三浦國雄, 앞의 책, pp.227-231에 의거하여 다시 정리함.

(2) 단연(斷緣: 불필요한 인연 끊기) : 단연이란 사람과의 관계 때문에 고민하거나, 출세를 위해 고민하는 일 등과 같은 유위속사(有爲俗事)와 인연을 끊는 것을 말한다. 그렇게 해야만 편안히 쉴 수 있으며 도를 닦을 수가 있다.

(3) 수심(收心: 마음 거두어들이기) : 마음은 일신(一身)의 주인이며 백신(百神)의 스승이다. 그러므로 도를 배우는 초기에는 편안히 앉아서 마음을 다스리고 경계에서 벗어나게 하여 물(物)에 집착하지 않아야 한다. 이렇게 되면 마음은 자연히 허무로 돌아가 도(道)와 합일하게 될 것이다. 마음이 물(物)에 집착하지 않고 부동(不動)의 상태에 이르게 되는 것이 진정(眞定)에 이르기 위한 올바른 기반이다.

- 도와 합일하여 도 가운데 안주하는 것을 귀근(歸根)이라 하며, 근(根)을 지켜 떨어지지 않는 것을 정정(靜定)이라 한다. 정정을 오랫동안 지속하면 지상(知常)의 경지에 이른다. 알면(知) 모든 것이 명확해지고, 상(常)을 유지하게 되면 생사를 벗어날 수 있다.

- 공(空)에 집착해서도 안 된다. 그렇게 되면 공은 이미 무(無)가 아니라 유(有)에 떨어지게 된다.

- 마음이 일어나는 대로 내버려 두어서도 안 되고, 마음의 움직임을 완전히 없애 영원히 지각을 끊어서도 안 된다.

- 고요함을 지키면서도 공(空)에 집착됨이 없으면 진견(眞見)을 얻을 수 있다.

- 나쁜 지식이나 어지러운 생각은 각(覺)에 따라 제거해야 한다.

- 세속의 잡음에 마음을 두지 않는 것을 허심(虛心)이라 하고, 마음이 세속의 세계를 좇지 않는 것을 안심(安心)이라 한다.

- 마음이 편안하고 비어 있으면 도는 스스로 내 마음에 와 머문다. 마음이 병에 걸리면 정(定)의 문으로 들어갈 수 없다.

- 마음은 본래 경계에 의존하는 것이어서 독립 자존하는 것에는 익숙하지 못하다. 경계에서 떼어내면 마음은 의지할 곳을 잃어버려 안심하기 어렵다.

- 주야(晝夜)를 묻지 말며 행주좌와(行住坐臥)를 묻지 말고 항상 '의식적으로' 마음을 편안하게 가지도록 해야 한다.

(4) 간사(簡事: 일을 간단하게 처리하기) : 간(簡)은 일을 취사선택하는 것을 말한다. 사람은 살아가면서 일을 필요로 한다. 그러나 온갖 일 전부와 관계할 수는 없기 때문에 자신에게 주어진 몫에 따라 취사선택하지 않으면 안 된다. 도덕과 성명(性命)은 소중히 해야 하지만 지위, 재산, 명예처럼 삶에 있어서 불필요한 것들은 사양해야한다.

(5) 진관(眞觀: 진실의 눈으로 바라보기) : 수심(收心)과 간사(簡事)를 행하여 날마다 유위(有爲)를 줄여나가야만 진리를 관(觀)할 수있다. 단, 의식주 등은 삶을 영위해 가는 데 빠뜨릴 수 없는 것이므로 마음을 비우고 이것을 받아들이며 눈을 밝게 하여 이것에 대응해야 한다. 이용은 하되 득실의 마음이 없으면 마음은 편안하게 있을수 있다.

- 제거하기 힘든 마음의 병은 법(法)에 의거하여 관(觀)하도록 하라. 예를 들어, 색병(色病)이 깊은 사람이라면 여색(女色)은 상(想)에불과하고 상은 곧 공(空)이라는 사실을 관(觀)하라. 색(色)은 몸과 마음 어디에도 필요하지 않을 뿐 아니라, 성명(性命)을 손상시키는 적(敵)이다.

- 빈천(貧賤)은 그 누구의 탓도 아니며 내 업(業)이고 천명(天命)임을 관(觀)하여 다른 사람을 원망하지 말고 낙천지명(樂天知命)의경지에 이르도록 하라.

- 애증(愛憎)의 마음은 망심(妄心)에서 생겨나 도를 방해한다.

- 경계에서 벗어나고자 하는 마음으로 경계를 보아야만 시비(是非)를 확실히 볼 수 있다.

(6) 태정(泰定: 마음을 크게 안정되게 하기) : 정(定)이란 몸과 마음이 아무런 감정도 욕구도 없는 적정(寂靜)의 극치를 말한다.

- 정(定)에 이르는 방법은 다양하지만, 정을 완수하기만 하면 서슬퍼런 칼날도 생사(生死)도, 명리(名利)도 마음을 움직일 수 없다. 그래서 장자는 "마음의 움직임을 모으고 분산시키지 않으면 신(神)에가깝다."[55]라고 하였다.

---

55) 『莊子』「達生」 "用志不分, 乃凝於神."

(7) 득도(得道: 도를 얻음) : 도가 사람에게 깃들게 될 때 그 강한 영향력으로 인해 심신(心身)에 변화가 발생한다. 형(形)은 도(道)를 얻어 순화되고 신(神)과도 합일하여 마침내 도와 형과 신이 일체가 된다. 이러한 존재를 신인(神人)이라 부른다.

좌망론 총 7편 중 가장 긴 문장이 수심(收心)이고, 그 다음 긴 문장이 진관(眞觀)이다. 즉 사마승정이 좌망의 방법 중에서 가장 강조한 부분이 바로 이 두 부분이다. 그리고 수심과 진관 두 가르침의 요지는 마음을 편안히 하여 잘 다스리고, 진리의 법으로 세상만사를 바라보라는 것이다. 이것은 또한 좌망론의 핵심이기도 하다.

사마승정의 좌망론은 노장사상을 모범으로 삼으면서 『서승경(西昇經)』, 『묘진경(妙眞經)』, 『정지경(定志經)』, 『영보경(靈寶經)』(生神經)과 같은 도전(道傳)의 영향을 강하게 받았다.[56] 그렇지만 『군재독서지(郡齋讀書志)』에서, 사마승정이 말하는 좌망이 곧 불교에서 말하는 명좌(冥坐)라고 평할 만큼 불교의 영향 또한 상당하다. 그렇다고 하여 불교의 수심법과 도교의 수심법을 동일하게 취급할 수는 없다.

불교의 경우에는 무명(無明)과 집착(執着)이 병의 원인이라고 보며 그것을 해결하기 위한 방법적, 이념적인 개념으로 해탈(解脫)을 주장한다. 한편 장자의 경우에는 인간이 물(物)에 구속되어 있기 때문에 마음의 병이 생겨난다고 보며, 마음의 병이 완전히 치유된 이상적 정신의 경지를 자유라고 표명한다. 해탈이라고 하는 것은 자기 마음을 돌이켜보는 가운데서 찾아진다. 반면 장자가 추구하는 자유의 경지는 타자와의 근원적 소통으로서, 대자연과의 합일을 꿈꾼다. 즉 불교의 수심법을 '주체적 주관주의'라고 한다면, 도교의 수심법은

---

56) 三浦國雄, 앞의 책, p.231.

'관계론적 주관주의'라고 할 수 있겠다. 그리고 사마승정의 경우 불교에서 중요시하지 않았던 신체성을 강조하여 그 차이점을 드러내기도 한다. 그리고 그의 좌망론에서는 혜(慧)의 힘이 대단히 낮게 억제되어 있고 매우 미약하다. 그는 혜를 많이 사용하는 것을 경계하였고, 오히려 정(定)과 대립적으로 파악하기까지 하였다.

이제 우리에게 남은 과제는 장자가 그토록 염원한 좌망의 이상, 즉 소요자재(逍遙自在)의 경지를 좀더 직접적으로 그려보는 것이다.

3) 좌망의 이상: 소요자재

세계와 인생에 대한 장자의 기본 입장을 정리해 보면 이러하다.

이 세상 아닌 다른 세상은 없다. 그리고 삶 속에서 우리가 느끼는 고통은 삶의 외부 조건에서 기인하는 것이 아니라 내부 요인에 기인한다. 그러므로 이 세상에서의 삶은 가능한 한 즐겁게 살도록 노력해야 한다. 이 세상은 하나의 재미있는 놀이에 비유할 수 있다. 삶이 비극적으로 보이는 이유는 우리들이 의식을 갖고 무엇인가를 욕망하며 그리고 우리의 실제 삶이 이러한 욕망과 어긋나는 데서 생겨난다. 그러므로 욕망을 버리고 주어진 삶의 조건들을 있는 그대로 받아들인다면 우리의 삶은 더 이상 아픔과 비극일 수 없다.[57]

삶을 비극이 아닌 희극으로 보는 관점의 전환 그리고 고통을 낙(樂)으로 보는 관점의 전환이 바로 자유의 경지에 이르는 관건이다. 그리고 이러한 관점의 전환 이후에 다다르는 정신적 경지를 장자는 소요자재(逍遙自在) 즉 자유의 경지라고 하였다. 바로 이러한 경지

---

57) 박이문, 『노장사상』, 문학과지성사, 1983, pp.111-112를 참조하여 필자가 재구성함.

에서 장자는 아내가 죽었을 때 노래 부를 수 있었던 것이다.

　　장자의 아내가 죽어서 혜자(惠子)가 문상을 갔다. 장자는 마침 두
다리를 뻗고 앉아 질그릇을 두드리며 노래를 부르고 있었다. 혜자가,
"아내와 함께 살고 자식을 키워 함께 늙은 처지에 이제 그 아내가
죽었는데 곡조차 하지 않는다면 그것도 무정하다 하겠는데 거기다가
더욱 질그릇을 두드리고 노래까지 하다니 이거 심하지 않소"라고
말했다. 그러나 장자는 대답했다. "아니 그렇지가 않소. 아내가 죽은
당초에는 나라고 어찌 슬퍼하는 마음이 없었겠소. 그러나 태어나기
이전의 근원을 살펴보면 본래 삶이란 없었던 거요. 그저 삶이 없었
을 뿐만 아니라 본래 형체도 없었소. 비단 형체가 없었을 뿐만 아니
라 본시 기(氣)도 없었소. 그저 흐릿하고 어두운 상태로 있다가 변해
서 기가 생기고, 기가 변해서 형체가 생기며, 형체가 변해서 삶을
갖추게 된 거요. 이제 다시 변해서 죽어 가는 거요. 이것은 춘하추
동 사계절이 서로 되풀이하며 운행되는 것과 같소. 아내는 지금 천
지라는 커다란 방에 편안히 누워 있소. 그런데 내가 소리를 질러 울
고불고 한다면 나는 하늘의 운명을 모르는 거라 생각되어 곡을 그쳤
단 말이오."[58]

　　소요자재는 산다는 게 어떤 것인가에 대한 장자의 가장 적절한 대
답이다. 그것은 인생을 하나의 놀이와 산책으로 보는 것이다. 즉 삶
을 그 어떤 목적을 위한 수단으로 보는 것이 아니라 그 자체를 목적
으로 본다. 성공이나 업적 등을 인생의 목적으로 보는 것이 아니라

---

58) 『莊子』 「至樂」 "莊子妻死, 惠子弔之, 莊子則方箕踞鼓盆而歌. 惠子曰. 與
　　人居・長者・老, 身死, 不哭, 亦足矣, 又鼓盆而歌, 不亦甚乎. 莊子曰. 不
　　然. 是其始死也, 我獨何能无槪然. 察其始而本无生, 非徒无生也而本无形,
　　非徒无形也而本无氣. 雜乎芒芴之間, 變而有氣, 氣變而有形, 形變而有生,
　　今又變而之死, 是相與爲春秋冬夏四時行也. 人且偃然寢於巨室, 而我噭噭
　　然隨而哭之, 自以爲不通乎命, 故止也."

인생 자체를 목적으로 보는 것이다.59) 이러한 경지는 상대적, 소아적(小我的) 세계관으로부터 절대적, 일즉전(一卽全)의 세계관으로 관점 전환을 하게 되는 대자연, 대자유의 경지이다. 장자는 이러한 자유의 경지를 소요자재(逍遙自在) 또는 소요유(逍遙遊)라고 한다. 소요자재(소요유)는 어떠한 외물에도 얽매이지 않고 자유롭게 살아가는 통달무애(通達無碍)의 경지를 뜻한다. 그리고 그는 이러한 경지를 체득한 인간을 일러 지인(至人) 혹은 신인(神人) 혹은 성인(聖人)이라고 한다.60) 『장자』「소요유」의 구절을 살펴보자.

(1) 그러므로 그 지식이 불과 한 관직에 효과가 있고 그 행위가 한 고을에 알맞으며, 그 덕은 한 임금의 신임을 얻을 만하고, 그 재능은 한 나라에서 빛날 정도인 그런 인물은 스스로를 보는 눈이 메추라기와 같이 비좁다. (2) 송영자(宋榮子)는 이런 인물을 싱긋이 비웃는다. 그리고 세상 모두가 칭찬한다고 더욱 애쓰는 일도 없고, 세상 모두가 헐뜯는다고 기가 죽지도 않는다. 다만 내심(內心)과 외물(外物)의 분별을 뚜렷이 하고 영예와 치욕의 경계를 구분할 뿐이다. 그는 세상일을 좇아 허둥지둥하지 않는다. 하지만 아직 안정되지 못한 데가 있다. (3) 저 열자(列子)는 바람을 타고 다니니 가뿐하고 좋다. 15일이 지나서야 비로소 돌아온다. 그는 편하게 복을 가져다주는 것(바람)을 좇으며, 허둥지둥하지는 않는다. 그러나 이것도 스스로 걷는 불편은 면했으나 역시 '기대는 데가 있다(有待).' (4) 만약 천지 본연의 모습을 따르고 자연의 변화에 순응하여 무한의 세계에 노니는 자가 되면 대체 '무엇에 의존하랴(無待).' 그래서 "지인(至人)에게는 사심이 없고, 신인(神人)에게는 공적이 없으며, 성인(聖人)에

---

59) 박이문, 앞의 책, pp.122-126 참조.

60) 至人은 충분히 덕을 쌓은 사람, 神人은 신묘한 능력을 갖춘 사람, 聖人은 自得通達한 사람을 일컫는데, 세 경우 모두 이상적 인격을 가리킨다. 成玄英은 『莊子疏』에서, 그 형체를 至라 하고 그 작용을 神이라 하며 그 명목을 聖이라고 할 뿐 사실은 동일하다고 설명한다.

게는 명예가 없다."라고 한다.[61]

우리는 편의상 위에서 언급한 네 경지를 유명(有名), 무명(無名), 무공(無功), 무기(無己)의 경지로 구분할 수 있다. 그래서 장자는 말하기를, "지인(至人)은 무기(無己)하며 신인(神人)은 무공(無功)하며 성인(聖人)은 무명(無名)하다."[62]라고 하였다. 즉 (1)은 세상명성에 민감하고 입신영달에 애쓰는 그런 단계이다. 그런데 송영자란 인물은 "세상 모두가 칭찬한다고 더욱 애쓰는 일도 없고, 세상 모두가 헐뜯는다고 기가 죽지도 않는다."고 한 것을 보아서 분명 무명의 경지에 이른 사람이다. 그러나 그는 여전히 내심(內心)과 외물(外物)을 분별하고 영예와 치욕을 구분하고 있으니 아직 무공의 경지에는 이르지 못하였다. 그런데 열자(列子)는 복을 구하는 일에도 연연하지 않으니 무명뿐만 아니라 무공까지 이루었다고 할 수 있으며 또한 얼핏 보기에 소요의 경지에 이른 것 같다. 그러나 장자는 이러한 열자의 경지마저 비판한다. 비판의 요지는 '유대(有待)'에 있다. 즉 장자는 열자의 소요의 경지는 '유대소요(有待逍遙)'라고 보았다. 열자가 무명과 무공의 경지에 이르기는 하였지만 여전히 무언가 의존하는 게 있다는 것이다. 이것은 바로 열자가 무기의 경지, 즉 무대소요(無待逍遙)의 경지에까지 이르지는 못했다는 말이다.[63]

---

61) 『莊子』「逍遙遊」 "故夫知效一官, 行比一鄕, 德合一君而徵一國者, 其自視也亦若此矣. 而宋榮子猶然笑之. 且擧世而譽之而不加勸, 擧世而非之而不加沮, 定乎內外之分, 辯乎榮辱之境, 斯已矣. 彼其於世未數數然也. 雖然, 猶有未樹也. 夫列子御風而行, 冷然善也, 旬有五日而後反. 彼於致福者, 未數數然也. 此雖免乎行, 猶有所待者也. 若夫乘天地之正, 而御六氣之辯, 以遊无窮者, 彼且惡乎待哉. 故曰, 至人无己, 神人无功, 聖人无名."

62) 『莊子』「逍遙遊」 "故曰, 至人無己, 神人無功, 聖人無名."

63) 劉笑敢, 최진석 옮김, 『장자철학』, 소나무, 1998, pp.130-137, 「有待와 無待에 관한 문제」 참조.

최고의 경지에 이른 이상적 인간, 즉 지인은 명예를 떠나며 공(功)을 떠날 뿐만 아니라 심지어는 자신의 존재마저 의식하지 않는다고 보았던 것이다. 이러한 의미에서 본다면 무명과 무공은 무기의 파생이라고 볼 수 있다. 무기의 경지, 즉 무대소요의 경지에 이르면[64] 외물은 말할 것도 없고 자신의 존재마저 잊게 되므로 자연히 무명·무공하게 될 것이다. 무기의 경지에 이르러서야 비로소 어떠한 사물·사건에도 의존하지 않으며 어떠한 일에도 얽매이거나 이끌려 다니지 않는 '절대'의 자유를 누릴 수 있다. 그러므로 무대소요, 소요자재, 자유자재의 경지는 곧 정신의 '절대적인' 자유를 의미한다. 장자가 꿈꾸는 자유의 궁극경지, 즉 소요자재의 경지는 현대철학의 표현을 빌어서 말한다면, 주체를 확장시켜 타자와의 소통을 근원적으로 이루어내는 것이다.

『장자』의 첫 편이자 핵심 편이기도 한 「소요유」는 수사학적으로 과장된 대붕(大鵬) 이야기로부터 시작된다. 여기에는 그만한 이유가 있다. 과장법은 이성의 제한적 사고방식의 울타리를 벗어나려는 의도에서 생긴다. 대붕의 이야기는 분명 허구이다. 그러나 이 허구는 사실의 세계, 경험적 인식의 한계를 박차고 싶을 때 사용되는 초현실의 논리이다. 우리는 세세한 인간현실을 훨훨 벗어나서 무한의 자유세계를 여유작작하려는 대붕의 이야기를 단순히 문학적 상상력과 허구적 우화로만 돌릴 수는 없을 것이다. 특히 정신치료의 영역에 있어서는 많은 가치를 발견하게 될 것이다.

---

64) 王先謙은 『莊子集解』의 "以遊無窮者, 彼且惡乎待哉." 註釋에서, '無待逍遙'가 「逍遙遊」 全篇의 綱要라고 하였다.

5. 맺음말

일찍이 프로이트는, 정신분석학이 의학과 결합하기보다는 인문학과 결합하게 될 때 더 큰 기여를 하게 될 것이라고 예언한 바 있다. 이러한 의도와 같이하여 독일은 20여 년 전부터, 그리고 미국은 10여 년 전부터 철학과 정신분석학을 연계하여 전공한 철학치료사 제도를 운영하고 있다. 예를 들면, 미국인 루 매리노프는 심리상담의 대안으로 '철학 카운슬링'을 주장하며, 카이 호프만은 철학자들의 발자취에서 아프고 힘든 사람의 순간마다 즉효를 내는 심리치유법을 찾고자 한다.

그렇지만 철학적 정신치료를 시도하는 상당수 학자들조차 종래의 정신분석학적 치료법을 위주로 하고 있으며, 근본적으로 마음의 병을 물화(物化)해서 물리현상으로 다루고, 그 연구방법으로 자연과학주의적 가설을 자주 사용하고 있다. 그렇지만 이들이 기본적으로 간과하고 있는 중요한 사실은 정신분석학의 대상이 무의식세계인 것에 반해, 철학의 대상은 철저히 의식세계라는 점이다.

철학치료의 핵심은 '성찰'이다. 장자에서 강조하는 철학(정신)치료의 핵심 또한 마음의 성찰, 즉 마음 다스리기이다. 장자는, 인간이 현실세계의 초월과 달관을 통하여 절대의 세계인 자연으로 돌아가서 무한한 자유와 평안을 누릴 수 있는 문제에 근본 관심이 있었다. 그는 역설적 논법과 우화를 많이 사용하였으며, 또한 자증(自證) · 자득(自得)이라는 내관적(內觀的) 인식법[65]을 사용하였다. 그리고 그의 교육목표는 물(物)에 얽매이지 않는 자유자재한 인간 즉 통달무애한 인간의 지향에 있었다. 그러므로 장자적 치료의 의미는 회복,

---

65) '內觀'이란 개념은 列子에서 유래하는데, 陳鼓應은 이것을 莊子認識論의 특색을 지칭하는 개념으로 발전시켜 사용하였다.

일치, 합일의 의미를 강하게 담고 있는 자연치유의 개념에 더 가깝다. 마음의 문제를 물화(物化)하고 이것을 다시 자연과학주의적 방법을 적용하여 해결해 나가는 것이 아니라, 문제의 문제됨 자체를 문제 삼거나 무효화시킨다.

장자는 궁극적으로는 마음의 마음다움, 즉 본래마음을 회복하는 대심(大心)의 공부가 참공부라고 생각하였으며, 이것을 통해서만 도를 체득하게 된다고 보았다. 도를 체득하는 것이란 다름 아닌 내 몸과 만물을 한 가지로 여기는 것으로서, 소아적(小我的) 주체를 넘어서서 타자와의 근원적 소통을 이루는 것이다. 장자는 이러한 경지가 자유의 경지라고 생각하였으며, 또한 우리 마음공부가 궁극적으로 지향해야 할 바라고 이해하였다.

참고문헌

『孟子』
『莊子』
『周易』
『道德經』
『韓非子』
司馬承禎, 『坐忘論』, 『天隱子』
成玄英, 『莊子疏』
王先謙, 『莊子集解』
김득만 외, 『장자사상의 이해』, 도서출판 소강, 2003.
김득만·장윤수, 『중국철학의 이해』, 예문서원, 2000.
김만겸, 「장자 자아관의 형성 배경에 관한 고찰 (1)」, 『철학회지』 22집, 2000.

김충열, 『김충열 교수의 노장철학강의』, 예문서원, 1995.

박성희, 『도덕경과 상담』, 학지사, 2007.

박성희, 『마음과 상담』, 학지사, 2007.

박이문, 『노장사상』, 문학과지성사, 1983.

신오현, 『절대의 철학』, 문학과지성사, 1993.

안동림 역해, 『장자』, 현암사, 1993.

이강수, 『노자와 장자』 2판, 도서출판 길, 1997.

이광세, 『동양과 서양: 두 지평선의 융합』, 도서출판 길, 1998.

이광세 외, 『동서문화와 철학』, 철학과현실사, 1996.

이종성, 「장자 '좌망'론」, 『대동철학』 24집, 2004.

임수무, 「노자의 존재와 공부에 관한 연구」, 『철학연구』 59집, 1997.

한국동양철학회 편, 『동양철학의 본체론과 인성론』 7판, 연세대 출판부, 1996.

末木剛博, 최승호 옮김, 『동양의 합리사상』 2판, 이문출판사, 1994.

福永光司, 임헌규·임정숙 옮김, 『난세의 철학: 장자』, 민족사, 1991.

福永光司, 이동철·임헌규 옮김, 『莊子』, 청계출판사, 1999.

三浦國雄, 이승연 옮김, 『주자와 기 그리고 몸』, 예문서원, 2003.

神塚淑子, 「司馬承禎『坐忘論』について」, 『東洋文化』 62号.

劉笑敢, 최진석 옮김, 『장자철학』, 소나무, 1998.

錢穆, 『莊老通辨 (上)』 再版, 三民書局, 台北, 1973.

陳國符, 「司馬承禎傳」, 『道藏源流考』 影印版, 古亭書屋, 臺灣, 1975.

陳鼓應, 『莊子今註今譯』, 中華書局, 香港, 1983.

馮友蘭, 문정복 옮김, 『중국철학소사』 3판, 이문출판사, 1997.

루 매리노프, 이종인 옮김, 『철학으로 마음의 병을 치료한다』, 해냄, 2000.

Livia Kanul, "Seven Steps to the Tao: Ssu-ma Ch'eng Tso-wang-lun", *Monumenta Serica* 37(1986).

'경(敬)' 사상의 철학치료적 함의

하 창 환

1. 머리말

철학치료라는 개념은 우리에게 낯설고 어색한 느낌을 준다. 낯설다는 것은 이것이 철학에서 이제 막 시작된 분야이기 때문일 것이다. 그래서 그 대상, 즉 어떤 병을 철학적 병으로 규정하고, 또 그 처방과 치료는 어떻게 할 것인가 등의 근본적인 문제들이 아직 논의 중에 있다.[1] 그리고 어색하다는 것은 이것이 이질적인 두 개념의 결합처럼 보이기 때문일 것이다. 다시 말해서 치료는 구체적이고 현실적인 행위인 데 반해 철학은 관념적이고 이상적인 것을 추구하는 것으로 생각하고 있다는 것이다. 이것은 철학이 학적 체계와 논리적 정합성에 치중한 나머지 스스로를 현실로부터 멀어지게 하고 있다는 것을 뜻하기도 한다. 이런 의미에서 보면 철학치료는 현실로부터 멀

---

1) 김영진, 『철학적 병에 대한 진단과 처방』, 철학과현실사, 2004, pp.11-23.

어지는 철학을 현실로 되돌리고자 하는 노력의 일환이라고 할 수 있다.

그러나 유가의 입장에서 보면 철학치료는 그다지 생소한 것이라고 할 수 없다. 비록 철학치료라는 개념을 사용하고 있지는 않지만, 유가는 현실에서의 문제를 고치고 바로잡으려고 해왔기 때문이다. 공자의 다음과 같은 예는 폭넓은 의미에 있어서의 철학치료라고 할 수 있을 것이다. 공자는 그의 제자인 자로(子路)와 염유(冉有)가 "옳은 말을 들으면 바로 행해야 합니까?" 하고 물었을 때, 전자에게는 "부형이 계신데 어찌 바로 행할 수 있겠느냐?"라고 답하고, 후자에게는 "들으면 바로 행해야 한다."라고 답했다. 공자가 같은 질문에 이렇게 서로 다른 충고를 내린 것은 두 제자의 성격적 결함을 보완하고자 했기 때문이었다. 즉 염유는 소심하여 스스로 물러서는 경향이 있으므로 나아가게 하고, 자로는 과감하여 남에게 이기려는 경향이 있으므로 물러서게 하고자 했기 때문이라는 것이다.2)

공자의 이러한 태도는 중심이 없이 자의적으로 판단을 내리는 것이 아니라, 언제나 현실에 그 중심을 두고 현실에 맞는 판단을 내린 것이다. 『중용』에서는 공자의 이러한 원융한 정신적 경계를 "양 극단을 잡고서 그 적절함을 쓴다."3)는 말로 표현한다. 이처럼 유학은 언제나 현실적 삶에 바탕하면서 그 문제들을 제기하고 해결하고자 해왔다. 주희가 『중용』의 '성(性)'이나 '도(道)'와 같은 형이상학적인

---

2) 『論語』「先進」
　　子路問, 聞斯行諸. 子曰 有父兄在, 如之何其聞斯行之. 冉有問, 聞斯行諸.
　　子曰 聞斯行之. 公西華曰 由也問聞斯行諸, 子曰 有父兄在, 求也問聞斯行
　　諸, 子曰 聞斯行之. 赤也惑, 敢問. 子曰 求也退, 故進之, 由也兼人, 故退
　　之.

3) 『中庸』 第4章
　　執其兩端, 用其中於民, 其斯以爲舜乎.

개념들을 '실학(實學)'이라고 한 것4)은, 그것들이 바로 현실에 바탕하고 있는 원리이면서 현실에 적용되어야 할 원리라고 생각했기 때문이다.

유학의 이러한 철학적 경향은 현실을 원만히 이끌어 나갈 행위의 준칙과 함께 그 실천의 방법을 모색하는 데 힘을 기울였다. 그 하나의 결실이 송대 성리학자들에 의해 제시된 '경(敬)'이라는 수양의 방법이다. 그리고 퇴계는 수양방법으로서의 '경'이 한 가지 증상에 대해서만 쓰이는 한 가지 약이 아니라 모든 병의 약이 될 수 있다고 주장한다.5)

만약 퇴계의 주장처럼 '경'이 우리가 가지는 모든 문제를 해결할 수 있는 처방이 된다면, 어떤 근거와 원리에서 가능한지 되묻지 않을 수 없다. 이 글은 바로 '경'으로부터 철학치료라는 우리의 문제를 해결할 수 있는 그 근거와 원리를 찾고, 어떤 실제적인 효과를 얻을 수 있는지를 밝히고자 한다.

그러기 위해서 우리는 먼저 '경'이 어떤 전제 위에 있는지를 살펴보고자 한다. 이것은 '경'의 수양방법으로서의 가능성과 그 근거를 밝히는 과정이 될 것이다. 다음으로 '경'의 체계, 즉 구체적 수양방법을 검증하고자 한다. 그러나 이 과정은 단순히 '경'의 수양방법을 기술하는 데 그치는 것이 아니라, 그 이념의 지향점을 모색하는 데까지 나아갈 것이다. 그 까닭은 이렇게 할 때 비로소 '경'의 전모를 파악할 수 있기 때문이다. 그리고 이를 바탕으로 '경'이 어떤 실제적인 효과를 거둘 수 있는지를 살펴보고자 한다. 이것은 퇴계가 그의 제

---

4)『中庸』第1章 集註

其書始言一理, 中散爲萬事, 末復合爲一理, 放之則彌六合, 卷之則退藏於密, 其味無窮, 皆實學也. 善讀者玩索而有得焉, 則終身用之, 有不能盡者矣.

5)『退溪先生文集』卷29 答金而精

譬之治病. 敬是百病之藥. 非對一證而下一劑之比. 何必要求對病之方耶.

자의 병증에 대한 진단과 처방의 실례를 통해 이루어질 것이다. 이 과정은 지금 우리에게 당면해 있는 철학치료의 문제, 즉 철학적 병이 무엇이며, 그 치료는 어떻게 이루어질 수 있는지를 살펴볼 수 있는 계기가 될 수 있을 것이다.

2. '경'의 수양론적 전제

우리의 논의를 시작하기 위해 먼저 '경'의 대체적인 윤곽을 살펴볼 필요가 있다. 주희의 '경'에 대한 다음과 같은 언급은 이러한 목적에 부합하는 내용을 담고 있다.

성인의 말씀이 처음에는 미처 종합적인 것(關聚)이 되지 못했다. 예를 들어 "문 밖에 나가서는 마치 아주 귀한 손님을 만난 듯이 하고, 백성을 부릴 때는 마치 중대한 제사를 받들 듯이 하라."[6]와 같은 말은 모두 '경(敬)'의 세목들이다. 이천(伊川) 선생에 이르러 비로소 종합하여 하나의 '경'이라는 글자를 이끌어내어 사람들을 가르쳤다. 그렇다면 '경'이라는 것은 무엇인가? 다만 '두려워한다'라는 뜻의 '외(畏)'라는 글자와 비슷하다. 흙덩이처럼 우두커니 앉아 귀로는 아무것도 들으려 하지 않고, 눈으로는 아무것도 보지 않으려 해서 전혀 일을 살피지 않는 것을 말하는 것이 아니다. 오로지 몸과 마음을 거두고 간직하여 몸은 단정하고 가지런히 하며, 마음은 순수하고 한결같이 되게 하는 것이다. 이와 같이 거리낌 없이 제멋대로 하지 않는 것이 바로 '경'이다.[7]

---

6) 『論語』「顔淵」集注
7) 『朱子語類』卷12 「持守」
   因說敬曰 聖人言語, 當初未曾關聚. 如說'出門如見大賓, 使民如承大祭'等類, 皆是敬之目. 到程子始關聚說出一箇'敬'來敎人. 然敬有甚物. 只如'畏'字相似. 不是塊然兀坐, 耳無聞, 目無見, 全不省事之謂. 只收斂身心, 整齊純一, 不恁地放縱, 便是敬.

먼저 성인의 말씀이 처음에는 종합적인 것은 아니었다고 하는 것은, '경'이 처음부터 하나의 추상적 원리, 즉 체계적인 수양의 방법으로 확정되어 있었던 것이 아니라, 단순히 구체적인 사례들 속에 들어 있었다는 것을 뜻한다. 그 예로써『논어』「안연(顔淵)」편에 나타나는 공자의 가르침을 들고 있다. 주희의 말에 따르면 '경'이 마음을 수양하는 하나의 원리로 대두된 것은 정이천에서부터 시작되었다. 그가 '경'을 '외자(畏字)'와 비슷하다고 한 것은, "밖으로 드러나는 엄중한 위세와 공손하고 삼가는 태도가 곧 경의 도는 아니다. 그러나 '경'에 이르기 위해서는 마땅히 이로부터 들어가야 한다."[8]라는 정이천의 말에 영향을 받은 것이라고 할 수 있다. 이어서 그는 '경'이 흙덩이처럼 우두커니 앉아 있는 것이 아니라, 몸과 마음을 거두고 간직하여 거리낌 없이 제멋대로 하지 않게 하는 것이라고 간략하게 정의를 내리고 있다.

우리는 주희의 이 말을 통해 '경'의 대략적인 의미를 파악할 수 있다. 그런데 우리가 '경'의 의미를 더 깊이 이해하기 위해서는 그의 마지막 말을 다시 한번 음미해 볼 필요가 있다. 그가 '경'을 정의하면서 굳이 흙덩이처럼 우두커니 앉아 있는 것이 아니라고 한 것은 이단으로 규정하고 있는 불교의 수양방법인 선(禪)과 구분하기 위한 것이다. 그러나 그의 이 말을 뒤집어 보면 '경'이 그만큼 선과 닮아 있다는 것을 말해 주는 것이기도 하다. 그리고 성리학이 불교의 영향을 받은 사상이라는 주장[9]이 대두되고 있는 지금에 와서는 주희의 말을 그대로 받아들일 수만은 없다. 우리가 '경'을 유학의 독자적인 수양방법으로 정립하기 위해서는 불교의 선과 어떻게 구분되는지 명

---

8) 『二程集』
    嚴威儼恪, 非敬之道, 但致敬須自此入.
9) 가노 나오키, 오이환 옮김, 『중국철학사』, 을유문화사, 1995, pp.352-353.

확히 하지 않을 수 없다. 그리고 이것은 '경'이 수양방법으로서 가지는 특징을 밝히는 과정이 되기도 한다.

'경'을 불교의 선과 구분하는 가장 명확하고 직접적인 방법은 수양의 대상, 즉 우리의 내면을 어떻게 보고 있느냐 하는 것이다. 왜냐하면 대상을 다르게 본다는 것은 그 방법의 유사성에도 불구하고 그 내용이 달라짐을 뜻하기 때문이다. 우리는 유학이 수양의 대상으로 삼고 있는 것의 성격을 알 수 있는 단서를 공자와 재아(宰我) 사이에 있었던 삼년상에 대한 논쟁에서 찾을 수 있다.

> 재아가 공자에게 물었다.
> "삼년상은 기간이 너무 긴 것 같습니다. 군자가 삼년 동안 예를 행하지 않으면 예가 반드시 무너질 것이며, 삼년 동안 악(樂)을 행하지 않으면 악이 반드시 허물어질 것입니다. 옛 곡식이 이미 없어지고 새 곡식이 벌써 돋아나며, 불씨를 일으키는 나무도 철마다 바꾸어야 불을 얻을 수 있으니, 일년이면 옳을 듯합니다."
> 공자가 말했다.
> "정녕 쌀밥을 먹고, 비단 옷을 입는 것이 너에게는 편하냐?"
> "편합니다."
> "네가 편하다고 하니 그렇게 하도록 해라. 군자가 상중에 있을 때는 맛있는 것을 먹어도 달지 않으며, 음악을 들어도 즐겁지 않으며, 기거해도 편안하지 않기 때문에 그렇게 하지 않는 것이다. 이제 네가 편하다고 하니 그렇게 하도록 해라."[10]

이 논쟁을 보면 재아의 주장이 공자보다 훨씬 설득력 있게 들린다.

---

10) 『論語』「陽貨」
    宰我問, 三年之喪, 期已久矣. 君子三年不爲禮, 禮必壞; 三年不爲樂, 樂必崩. 舊穀旣沒, 新穀旣升, 鑽燧改火, 期可已矣. 子曰 食夫稻, 衣夫錦, 於女安乎. 曰 安. 女安則爲之. 夫君子之居喪, 食旨不甘, 聞樂不樂, 居處不安, 故不爲也. 今女安, 則爲之.

삶이란 것은 그것을 구성하고 있는 조건들로부터 결코 자유로울 수 없기 때문이다. 예악은 물론이고 우리가 먹고 사는 데 필요한 의식주가 충족되지 않는다면 결코 인간다운 삶을 누리고 있다고 말할 수 없을 것이다. 그래서 공자도 재아의 주장에 대해 기껏 반문한 것이 쌀밥을 먹고 비단 옷을 입는 것이 편하냐는 것이었다. 그리고 편하다는 재아의 대답에 공자는 그렇게 하라고 말할 수밖에 없었다.

그런데 과연 이 논쟁에서 공자가 제기한 주장의 근거는 빈약한 것일까? 우리가 재아의 주장에 기울어지는 것은 우리 역시 재아처럼 삶의 조건들을 중요시하기 때문이다. 사실 공자의 주장 속에는 삶의 조건들을 넘어서는 그 무엇이 있다는 의미가 함축되어 있다. 공자가 재아에게 "편하냐?"라고 물은 것은 단순하게 그의 개인적인 심적 상태를 물은 것이 아니라, 인간의 삶에 있어서 더 본질적인 것이 무엇이냐라고 묻고 있는 것이다. 다시 말해서 "편하냐?"라는 질문은 편하지 않게 하는 그 무엇이 우리의 내면에 있고, 그것이 삶의 조건들을 넘어서는, 인간에게 있어 더 본질적인 가치를 갖는 것이라는 의미를 내포하고 있다. 공자의 주장에 따르면 삼년상이라는 비현실적인 것처럼 보이는 예는 현실의 삶을 무시하거나, 또는 누가 시키거나 누구에게 보이기 위해서 행해지는 것이 아니다. 오히려 그것은 모든 외적인 상황들을 무화시키고 그렇게 하지 않을 수 없게 하는 인간의 본연의 성품에서 우러나온 자연스러운 행위인 것이다.

이러한 의미에서 보면, 공자가 "재아의 어질지 못함이여! … 재아도 부모에게서 사랑을 받았을 텐데."[11]라고 탄식한 것은 삼년상의 근거를 말한 뜻도 없지는 않지만, 그것보다는 은혜를 은혜로 받아들

---

11) 『論語』「陽貨」
　　宰我出. 子曰 予之不仁也. 子生三年, 然後免於父母之懷. 夫三年之喪, 天下之通喪也. 予也有三年之 愛於其父母乎.

이는 인간 본연의 성품을 잃어버린 재아에 대한 안타까움과 질책의 의미가 더욱 강하다고 할 수 있다. 즉 인간은 그 타고난 본연의 성품을 간직하고 있을 때 비로소 인간으로서의 가치를 가질 수 있다는 것이 삼년상을 주장하는 공자의 핵심적 근거인 것이다.

공자의 이러한 사상은 유학의 전통으로 계승되었다. 맹자가, 물에 빠지려는 아이를 보면 자신도 모르게 측은한 마음이 드는데 그것이 곧 인(仁)의 단서이며, 이 마음이 없으면 사람이 아니라고 주장한 것[12]은 바로 이러한 것의 단적인 예가 된다. 이처럼 유학의 인간이해는 타고난 본연의 성품으로부터 시작된다. 그리고 그 본연의 성품은 우리를 기쁘게도 하고 슬프게도 하지만, 진정한 기쁨과 슬픔이 무엇인지를 가늠하게 하는 바탕이자 기준이 된다.

유교의 이러한 인간이해는 불교의 인간이해와 구별된다. 물론 불교 또한 인간의 마음이 본래 청정한 것이라고 한다. 하지만 현실적으로 마음은 번뇌로 오염되어 있기 때문에 그 번뇌가 사라질 때 비로소 본래의 청정한 마음을 되찾을 수 있다.[13] 그런데 번뇌라는 것이 눈, 귀, 코, 혀, 몸, 뜻의 육근(六根)이라는 자아와 그에 상응하는 색깔, 소리, 냄새, 맛, 감각, 법의 육진(六塵)이라는 대상 사이에서 생겨나는 호오(好惡)에 대한 집착에서 생겨나기 때문에 둘 사이의 관계를 단절시키지 않고서는 결코 번뇌로부터 벗어날 수 없다. 즉 자아와 대상 사이에서 일어나는 모든 것은 인연에 따라 생멸하는 것

---

12) 『孟子』「公孫丑」
　　所以謂人皆有不忍人之心者,　今人乍見孺子將入於井,　皆有怵惕惻隱之心.
　　非所以內交於孺子之父母也,　非所以要譽於鄉黨朋友也,　非惡其聲而然也.
　　由是觀之, 無惻隱之心, 非人也; 無羞惡之心, 非人也; 無辭讓之心, 非人也;
　　無是非之心, 非人也. 惻隱之心, 仁之端也; 羞惡之心, 義之端也; 辭讓之心,
　　禮之端也; 是非之心, 智之端也.
13) 조수동, 『여래장』, 이문출판사, 1994, pp.23-29.

으로 실체가 없음(無我)에도 불구하고 거기에 집착하기 때문에 괴로움과 자기파멸을 초래하게 된다는 것이다.14)

그러나 실체로서 인간 본연의 성품을 인정하는 유학의 입장에서 보면 잠시도 자아와 대상 사이의 단절은 용납될 수 없다. 왜냐하면 현실의 원만한 삶, 즉 자아와 대상 사이의 조화로운 관계를 지향하는 유가에 있어서 대상과의 단절은 곧 삶 자체를 부정하는 것이기 때문이다. 따라서 유학의 핵심은 자아와 대상의 관계에서 자아가 대상에 휩쓸리지 않고 주도적 입장에서 어떻게 대상과의 조화를 이루느냐 하는 것이다. 이런 의미에서 보면 주희가 '경'을 흙덩이처럼 우두커니 앉아 있는 것이 아니라고 한 것은 바로 불교의 선을 비판한 것임과 동시에 그것과의 차별을 분명히 한 것이다. 이러한 생각은 그의 독단적인 것이 아니라, 수양의 방법으로 '경'을 처음 제시한 정이천에서부터 비롯된 것이다. 그는 주렴계가 '주정(主靜)'의 방법을 제시했을 때, 그것이 마침내는 사물과의 교섭을 단절시킬 염려가 있다고 하면서 '경'의 방법을 제시했다.15) 정이천의 이러한 생각 역시 주희와 같이 불교의 선과 구별되는 수양방법으로서의 '경'을 염두에 두고 있었던 것이라고 할 수 있다. 이처럼 '경'은 타고난 본래의 성품을 바탕으로 하고 있기 때문에, 주희는 마음을 순수하고 한결같이 되게 하여 제멋대로 하지 않게 하는 것이 '경'이라고 정의한 것이다.

---

14) 고익진, 『불교의 체계적 이해』, 도서출판 새터, 1994, pp.33-36.
   물론 자아와 대상 사이의 단절은 잠정적인 것이다. 그 단절을 통해 본래의 청정한 마음을 되찾은 후에 자아와 대상 사이의 정당한 관계가 수립될 수 있다. 그렇기 때문에 불타는 『법구경』에서 "나의 주인은 나이며, 나를 제어하는 것은 곧 나다."라고 한 것이다. 하지만 불교에서는 유가의 인의예지와 같은 본래의 성품을 인정하지 않는다는 점 또한 분명하다.

15) 『朱子全書』卷48
   周子, 聖人定之以中正仁義而主靜, 正是要人靜定其心, 自作主宰. 程子又恐只管靜去, 遂與事物不相交涉, 却說箇敬. 云敬則自虛靜, 須是如此做工夫.

3. '경'의 수양론적 체계

우리가 우리 자신의 본성을 선하다고 규정하게 되면, 우리의 궁극적인 가치는 그 선한 본성을 실현하는 데 있게 된다. 그러나 그 가치를 실현하기까지는 선결하지 않으면 안 될 과제를 떠안게 된다. 그 것은 먼저 우리가 현실적으로 너무도 쉽게 경험하는 인간의 선하지 못한 행위는 어떻게 해서 생겨나느냐 하는 것이다. 그리고 선하지 못한 행위를 어떻게 선한 행위로 바꾸어놓을 수 있느냐 하는 것이 그 다음의 과제이다.

주희는 첫 번째 과제에 대해 다음과 같이 대답한다.

> 사람의 한 몸에서 일어나는 지각과 그 운용이 마음(心)의 하는 바가 아님이 없다는 것은, 바로 마음이라는 것이 본래 몸을 주재하는 바탕(所以)이어서 사람의 언행과 분리되지 않는다는 말이다. 그러나 지금 한창 그 마음이 고요할 때에는 사물이 아직 이르지 않아서 생각이 싹트지 않았기에 하나의 성이 순수하게 도(道)와 의(義)로 완전히 채워져 있게 된다. 그것이 이른바 중(中)이며, 곧 마음의 본체로 고요히 움직이지 않는 것이 되는 까닭이다. 그 마음이 움직일 때에는 사물이 서로 이르러서 생각이 싹트기에 칠정(七情)이 번갈아 작용하여 각기 주재하는 바가 있게 된다. 그것이 이른바 화(和)이며, 곧 마음의 작용으로 서로 감응하여 마침내 통하는 것이 되는 까닭이다.16)

---

16) 『性理大全』卷32 答張欽夫
　　人之一身, 知覺運用莫非心之所爲, 則心者固所以主於身, 而無動靜語黙之間者也. 然方其靜也, 事物未至, 思慮未萌, 而一性渾然, 道義全具, 其所謂中, 是乃心之所以爲體而寂然不動者也. 及其動也, 事物交至, 思慮萌焉, 則七情迭用, 各有攸主, 其所謂和, 是乃心之所以爲用, 感而遂通者也.

주희는 마음을 본체와 작용으로 나누고 있다. 이 마음의 본체는 온전히 도와 의로만 채워져 있어 모든 행위를 판단하는 중추가 된다. 그리고 이 마음이 사물과 접하여 움직이면 사물이 그 마음에 이르게 되고, 사물이 이르게 되면 생각이 일어나고, 그 생각은 일곱 가지의 '정(情)'으로 나타난다. 그런데 마음과 사물의 만남에서 마음의 본체가 지닌 도의에 의해 사물이 이끌어질 때 자신과 사물은 조화를 이루게 된다. 그와 반대로 사물에 마음이 이끌려 갈 때 그 도의가 가려져 조화는 깨어지고 우리는 선하지 못한 방향으로 나아가게 된다.

이것으로 미루어 보면, 앞에서 주희가 '경'을 두려워한다는 뜻의 '외(畏)'자와 비슷하다고 했을 때 그 두려움의 대상이 무엇인지 알 수 있다. 그것은 바로 마음이 사물에 이끌려 그 본체가 지니고 있는 도의가 가려지는 것이다. 그리고 그것을 두려워하는 까닭은 나와 사물, 나와 세계 사이의 조화가 무너지기 때문이다.

인간의 본성이 선함에도 불구하고 그렇지 못한 행동이 이러한 과정에서 생겨난다면, 그 대처방법인 '경' 또한 이와 연관될 수밖에 없다. 즉 모든 지각과 그 운용을 수행하는 마음이 사물에 이끌려 그 본체인 성이 갖추고 있는 도와 의를 가리게 하는 일이 없게 하는 것이 수양방법으로의 '경'인 것이다. 그런데 마음이 본체인 성을 가린다는 것은 성의 명령을 따르지 않고 함부로 움직인다는 것이다. 그러므로 '경'을 통한 수양의 첫 번째 과제가 함부로 날뛰는 마음을 제어하는 것이다. 그리고 그 방법이 곧 '거경(居敬)'이다.

경(敬)을 보전하는 데 대한 설명은 반드시 많은 말이 필요한 것이 아니다. 단지 몸을 가지런하고 엄숙하게 하며, 태도를 위엄 있고 공손하게 하여 얼굴 표정을 다스리고, 생각을 바로잡고, 의관을 바르게 하고, 바라보는 시선을 존중하듯이 하는 것을 익숙하게 하는 것이다. 이와 같을 것들을 자주 말하고 실제로 충실함을 더하게 되면 이른바 안이 곧게 되며, 마음이 하나로 되어서 자연스러워 애써 안배할 것도 없으며, 몸과 마음이 숙연해지고 안과 밖이 한결같이 된다.17)

우리는 흔히 마음을 잡는다고 말한다. 그러나 그 마음은 형체는 물론이고 그림자조차 없다. 그렇기 때문에 말처럼 그렇게 쉽게 잡히지 않는 것이 또한 마음이다. '경'은 속에 있는 마음을 먼저 밖으로부터 잡으라고 가르친다. 즉 몸가짐, 태도, 얼굴표정, 말씨, 옷차림과 같은 외관을 단속하는 것이 마음을 잡는 시초이자 근본이라는 것이다.

그러나 이 방법은 얼핏 보기에 지나치게 형식적인 것처럼 보일지도 모른다. 왜냐하면 우리는 현실 속에서 겉과 속이 다른 사람의 모습을 쉽게 목격할 수 있기 때문이다. 하지만 위기지학을 근본으로 하는 유학의 '경'은 이것과 근본적으로 다르다. 겉과 속이 다르다는 것은 외관을 통해서 자신의 마음을 감추고자 하는 것이며, 이에 반해 '경'이 외관을 단속하는 것은 스스로 자신의 마음을 보고자 하는 것이다. 다시 말해서 '경'은 자기를 과시하기 위한 외향적 수단이 아니라, 자기를 성찰하는 내면적 공부라는 것이다. 이것이 자기성찰의 공부가 되는 까닭은 몸으로 드러나는 하나하나의 행동 모두가 마음이 드나드는 통로이기 때문이다. 그래서 공자도 공부는, 먹을 때 배부르기를 구하지 않고, 거처할 때는 편하기를 구하지 않고, 일을 할 때는 민첩하게 하며, 말을 할 때는 신중하게 하는 것이라고 말했던

---

17) 『語類』 卷十二
　　持敬之說, 不必多言, 但熟味整齊嚴肅, 嚴威儼恪, 動容貌, 整思慮, 正衣冠, 尊瞻視. 此等數言而實加功焉, 則所 謂直內, 所謂主一, 自然不費按排, 而身心肅然, 表裏如一矣.

것이다.18)

몸과 마음은 둘이 아니다. 몸은 마음의 지시에 따라 움직이고, 마음은 몸의 욕구에 영향을 받는다. 몸에 깊은 병이 든 사람에게는 살고자 하는 굳은 의지를 갖게 하고, 마음에 깊은 상처를 받은 사람에게는 규칙적인 생활과 운동을 시키는 것도 이와 같은 이치가 있기 때문이다. 그래서 맹자도 뜻이 한결같으면 기(氣)를 동하게 하고, 기가 한결같으면 뜻을 동하게 한다고 했던 것이다.19) 이런 의미에서 보면 외관을 단속하는 일은 마음을 잡는 가장 기본적이면서도 효과적인 방법이라고 할 수 있다.

주희는 외관의 단속을 통해 마음을 잡는 방법이 익숙해지면 몸과 마음이 하나가 되어 애쓰지 않아도 저절로 모든 행위가 숙연해진다고 말한다. 하지만 이 방법을 통해 드러나는 행위는 소박하기는 하지만 체계가 갖추어져 있지 못하다. 그것은 어린아이의 행위가 순수하기는 하지만 갈피가 없는 것과 같다. 그래서 퇴계는 형체나 그림자가 없는 마음을 가지려면, 그 형용과 그림자가 있어 의지하여 지킬 수 있는 곳에서부터 공부를 더해야 한다고 했다.20)

퇴계가 제시한 것은 곧 사물(四勿)의 방법이다. 이것은 공자가 안자에게 말한 것으로, 예가 아니면 보지를 말며, 예가 아니면 듣지를 말며, 예가 아니면 말하지를 말며, 예가 아니면 움직이지를 말라는

---

18) 『論語』「學而」
   子曰, 君子食無求飽, 居無求安, 敏於事而愼於言, 就有道而正焉, 可謂好學也已.

19) 『孟子』「公孫丑」上
   志壹則動氣, 氣壹則動志也. 今夫蹶者趨者, 是氣也, 而反動其心.

20) 『退溪先生文集』卷29 答金而精
   聞之古人. 欲存無形影之心. 必自其有形影可據守處加工. 顔曾之四勿三貴. 是也.

가르침이다. 이 방법은 마음에 하나의 기준을 세우는 일이다. 이 기준을 통해 자신의 욕망과 사물의 유혹으로 이끌리는 마음을 굳게 잡을 수 있다.

그러나 외관을 다스리고 행위의 기준을 세워 따르는 일이 수양방법으로서의 '경'을 완전하게 하는 것은 아니다. 왜냐하면 아직도 그 속에는 강제성과 맹목성이 있기 때문이다. 이러한 속성이 있다는 것은 '경'을 지속적으로 실천할 수 없다는 것을 뜻한다. 그 이유는 외적으로는 긴장으로 인해 압박감이 가중될 것이며, 내적으로는 진정한 의미의 성취감을 가질 수 없기 때문이다. 그래서 주희는 '경'의 다음 단계가 무엇이며, 왜 그 단계를 거쳐야 하는지를 다음과 같이 말하고 있다.

이치를 궁구하는 것은 사물이 그러하게 된 까닭(所以然)과 마땅히 그러해야 하는 바(所當然)를 아는 것뿐이다. 사물의 그러하게 된 까닭을 알기 때문에 뜻이 미혹되지 않고, 사물의 마땅히 그러해야 할 바를 알기 때문에 행동이 그릇되지 않는다.21)

밖으로부터 주어지는 규제와 기준은 안으로부터 납득이 될 때, 비로소 자연스럽게 그리고 흔들림 없이 실천으로 옮겨질 수 있다. 따라서 수양방법으로서의 '경'은 거경과 궁리(窮理)가 함께할 때 완전할 수 있다. 그렇다면 궁리는 어떻게 할 것인가? 퇴계는 그 한 가지 방법으로 공자의 '구사(九思)'를 제시한다.22) 즉 무엇인가를 볼 때는

---

21) 『性理大全』卷48
窮理者, 欲知事物之所以然與所當然者而已. 知其所以然, 故志不惑, 知其所當然, 故行不謬.
22) 『退溪集』卷29 答金而精
孔子曰, 君子有九思, 未之思也, 夫何遠之有.

가린 것 없이 밝게 보기를 생각하고, 무엇인가를 들을 때는 막는 것 없이 귀를 열어 들을 것을 생각하고, 얼굴빛을 나타낼 때는 온순하게 하고 있는가를 생각하고, 몸가짐을 가질 때는 공손한가를 생각하며, 말을 할 때는 충성스러운지를 생각하고, 일에 처해서는 공경스럽게 하고 있는지를 생각하고, 분한 일을 당할 때는 함부로 행동하지 말 것을 생각하고, 의심스러운 일이 있을 때는 물을 것을 생각하고, 얻을 것을 보면 의로운지를 생각하는 것이다.23) 그리고 여기서 생각한다(思)는 것은 시시각각으로 마음에 일어나는 생각(念)이 아니라, 마음으로 살펴서 통하기를 구하는 것,24) 즉 자아의 성찰을 통해 사물과의 합일을 주체적으로 추구하는 것이다.

지금의 우리는 획일과 규제보다는 개성과 자유를 중시한다. 이러한 점에서 보면 수양방법으로서의 '경'은 지나치게 위압적이라는 느낌을 갖게 할 수도 있다. 그러나 사회적 존재로서의 인간이 타인과의 조화와 그에 대한 이해를 전제하지 않는다면, 그것은 오만이며 방종이 된다. 그리고 이것은 타인과의 갈등과 대립을 야기하며, 끝내는 자신의 안위마저 위태롭게 할 수 있다. 그러므로 우리는 먼저 스스로를 제어할 수 있는 힘을 가져야 한다. 거경은 그 힘을 기르는 방법이다. 그러나 제어만이 능사는 아니다. 그것이 제어만으로 끝날 때 오히려 스스로를 위축시키고 힘들게 할 뿐이다. 그것이 진정한 힘으로 되기 위해서는 자신이 하는 행위의 이유와 의미를 알아야 한다. 그것이 곧 궁리의 방법이다. 따라서 '경'은 밖으로부터 강요된 제재

---

23) 『論語』「季氏」
    孔子曰 君子有九思, 視思明, 聽思聰, 色思溫, 貌思恭, 言思忠, 事思敬, 疑思問, 忿思難, 見得思義.
24) 『退溪集』卷29 答金而精
    思, 韻會, 念也, 然念不足以盡思義. 念淺而思深, 念疎而思密, 蓋心省求通之謂, 亦事物上心之謂也.

와 주입된 지식에 의한 행동을 요구하는 것이 아니라, 안으로부터 우러나온 각오와 스스로의 깨달음으로부터 나오는 행동을 요구하며 또한 추구한다.

퇴계는 '경'을 통해 정일집중(精一執中)의 성학과 존체응용(存體應用)의 심법을 얻을 수 있다고 말한다.25) 이 말은 '경'이 우리들로 하여금 한결같은 마음으로 올바른 판단을 내릴 수 있는 중심을 가지게 하며(精一執中), 선한 마음의 본체로부터 일에 응할 수 있게(存體應用) 하는 경지에 이르게 한다는 것이다. 이것은 진정한 의미의 자유를 누리는 경지, 즉 "마음이 하고자 하는 바를 따라도 법도에 어긋남이 없다."26)는 경지라고 할 수 있다.

4. 철학치료방법으로서의 '경'의 실제

퇴계는 그의 제자인 김성일(金誠一)로부터 생각이 왜 번거롭고 어지러워지는가라는 질문을 받았을 때 이렇게 대답했다. "마음이란 것은 이(理)와 기(氣)가 합쳐서 된 것인데, 이가 주도하여 기를 이끌면 마음은 고요하고 생각이 한결같아져서 저절로 쓸데없는 생각이 없어진다. 그러나 이가 주도하지 못하고 기가 이기게 되면 마음은 어지럽기가 끝이 없어서 사특한 생각과 망령된 상념이 뒤섞여 일어서, 마치 무자위가 빙글빙글 돌듯이 잠시도 가만히 있지 못한다. 이러한 마음

---

25) 『退溪先生文集』卷7 第六心統性情圖說
　　要之兼理氣統性情者, 心也. 而性發爲情之際, 乃一心之幾微, 萬化之樞要, 善惡之所由分也. 學者誠能一於持敬, 不昧理欲, 而尤致謹於此, 未發之功深, 已發而省察之習熟, 眞積力久而不已焉, 則所謂精一執中之聖學, 存體應用之心法, 皆可不待外求而得之於此矣.

26) 『論語』「爲政」
　　七十而從心所欲, 不踰矩.

을 다스리는 데는 '경'만한 것이 없다. '경'을 하게 되면 마음은 곧 한결같아지고, 그렇게 한결같아지면 생각은 저절로 고요해진다."27)

퇴계의 이 말을 다시 한번 풀어본다면 이렇게 말할 수 있을 것이다. 우리를 바른 길로 인도할 수 있는 이치를 갖춘 선한 본성이 사물에 대한 사사로운 욕심에 의해 가려지지 않고 발현될 수 있으면 생각이 어지럽지 않지만, 그 반대로 사사로운 욕심이 본성을 가리고 그 자체가 날뛰게 되면 마음은 어지럽게 된다. 따라서 마음을 안정시키기 위해서는 사욕을 멋대로 날뛰는 것을 막아서 본성이 항상 깨어 있도록 해야 한다. 이것을 가능하게 하는 것이 곧 '경'이다.

그런데 퇴계의 이러한 주장에 대해 홍반(洪胖)은 다른 의견을 제시했다. 그는 "마음이 어지러운 병(心之紛擾)"을 치유하는 방법으로 습망(習忘), 즉 무엇이든 마음에서 지워내는 것을 주장했다.28) 그가 이렇게 주장한 것은 마음의 어지러움은 욕망으로부터 생겨나며, 그 욕망은 무언가를 자꾸 마음에 두기 때문이라는 생각에서 비롯된 것이다. 그의 이러한 생각에 따르면 마음의 어지러운 병을 치유하는 방법은 마음에서 그 모든 것을 지워내는 것일 수밖에 없다.

퇴계는 홍반의 견해가 도가와 너무나 닮아서 놀랍다는 반응을 보였다. 그는 격물치지 후에 뜻을 정성스럽게 하고 마음을 바르게 하는 유학의 수양방법은 하늘의 해와 별처럼 확실하다고 주장했다. 그

---

27) 『退溪先生言行錄』卷1 論持敬
問思慮之所以煩擾何也, 先生曰夫人合理氣而爲心, 理爲主而帥其氣, 則心靜而慮一, 自無閒思慮, 理不能爲主而爲其所勝, 則此心紛綸膠擾, 無所底極, 邪思妄想, 交至疊臻, 正如翻車之環轉, 無一息之定貼也. 又曰人不可無思慮, 只要去閒思慮耳, 其要不過敬而已, 敬則心便一, 一則思慮自靜矣.

28) 『退溪先生文集』卷39 答洪畔
昔, 謝上蔡有習忘之語, 明道先生斥其非, 今君患心之紛擾, 不以持敬爲治病之藥, 乃以明道所斥之說從事, 何耶.

리고 이어서 홍반의 주장은 어린아이처럼 무지하고 무능하게 된 이후에야 마음을 수양할 수 있다고 하는 것으로, 이것은 눈을 멀게 한 후에 길을 갈 수 있다고 하는 것과 같은 것이라고 비판했다.29)

퇴계의 이러한 비판은 욕망이 결코 부정적인 것이 아니며, 없애려 한다고 해서 없어질 수 있는 것이 아니라는 판단에서 나온 것이다. 이것은 마음이 이와 기가 합쳐져 된 것이라는 말 속에 이미 전제되어 있는 것이었다. 따라서 퇴계에게 있어서 마음의 병을 치료하는 것이란 이가 주도하여 기를 이끌어가는 것, 즉 선한 본성이 사사로운 욕심에 의해 가려지지 않고 발현되도록 하는 것이 된다.

퇴계는 금문원(琴聞遠)이 "마음이 마구 치달아 들뜨는 병(心之馳騖飛揚)"을 치유하기 위해 산속에 들어가 홀로 조용히 사색하는 것을 오히려 염려했다.30) 퇴계의 이러한 염려는 일반적인 생각과는 정반대의 것이다. 우리는 마음이 안정되지 못하고 불안할 때는 조용한 곳을 찾아 정양을 하고, 그것이 또한 효과가 있다고 믿는다. 퇴계 역시 이것을 모르는 바는 아니었다. 그 또한 이러한 마음의 병을 억지로 제어하려 하거나 급박하게 구속하려 한다면 오히려 병을 부추기는 원인이 될 것이라고 했다. 그리고 이러한 병은 생각을 너그럽게 하고, 서두르지 말고 조용히 사색하기를 권하고 있다.31)

---

29) 『退溪先生文集』卷39 答洪畔
古人格物致知而後誠意正心, 其法明如日星, 今乃云如赤子無所知無所能而後, 可以施涵養之功, 是欲人盲目而後能行路耶. 君之所見, 甚似老莊, 可駭. 然君旣自以爲是, 吾何更有云耶.

30) 『退溪先生文集』卷36 答琴聞遠
君屢入仙山. 獨處靜思, 必有所樂於胸中者多矣, 而恨未同之也, 但學而無與講明之人, 此亦宜吾子之所大懼也.

31) 『退溪先生文集』卷36 答琴聞遠
至於心之馳騖飛揚, 僕自正坐此患, 以至老而無成, 何敢爲君謀之, 然而熟觀前賢之論此, 此事也不可强力把捉, 亦不可急迫制縛, 如此則非但無成, 必

그러나 퇴계가 보기에 이러한 방법은 임시방편이 될지는 몰라도 근원적인 치유가 될 수 없다고 생각했다. 이 병의 근원적인 치유는 스스로 깨어 있는 마음의 주인이 되어 이것을 잃지 않고 돌볼 수 있게 될 때 비로소 가능하다고 주장한다.32) 그러나 문제는 지금 당장 마음이 마구 치달아 안정이 되지 않는데, 그런 마음의 상태에 있는 사람이 어떻게 자신의 마음의 주인이 될 수 있는가 하는 것이다. 이에 대해 퇴계는 진정으로 옛사람을 믿는가 하고 반문한다. 그의 경험에 따르면 성인의 말씀이 참된 것은 분명하며 결코 자신을 속이지 않았다고 말한다.33) 이 말은 마음이 치달아 안정되지 않는 병을 치유하는 방법으로 거경을 제시한 것이다. 다시 말해서 마음의 이러한 병은 믿고 의지할 구심점을 잃었기 때문에 생긴 것이며, 그 구심점이 되어 줄 수 있는 것은 이미 검정을 거쳐 참되다고 인정된 성인의 말씀이라는 것이다. 이러한 성인의 말씀을 믿고 실천하면서 궁리, 즉 스스로의 마음이 그 이치와 합치하기를 궁구한다면 이 마음의 병은 치유될 수 있다고 퇴계는 주장한다.

우리가 보기에 퇴계의 이러한 주장은 자신의 신념인 유학을 강요하는 것처럼 보일 수도 있다. 그러나 사실 마음의 불안증을 스스로 치유하기는 힘이 든다. 그래서 불안한 마음을 달래기 위해 무언가 의지할 곳을 구한다. 우리 주변에서 종교와 같은 것을 믿음으로써 마음의 안정을 구하고, 실제로 이것이 효과를 발휘하는 경우를 종종 목격하기도 한다. 그러나 무엇에 의지해서 마음의 안정을 구하는 것

至生病, 須寬著意思, 優游涵泳.

32) 『退溪先生文集』卷36 答琴聞遠
   而惺惺主人, 常不失照管.

33) 『退溪先生文集』卷36 答琴聞遠
   然果能篤信古人, 而於日用之間, 主敬窮理, 親切用工, 眞積力久, 則有以灼
   見聖言之誠不我欺, 何憂用功之未端的耶.

은 방편이 될 수 있어도 근원적인 치유는 기대할 수 없다. 근원적인 치유는 자신의 마음을 스스로 제어할 수 있는 내적인 힘을 가질 때만이 가능하다. 이러한 의미에서 보면 '경'은 불안한 마음의 병증에 대한 치유효과뿐만 아니라 내적인 힘을 기르는 계기가 될 수 있을 것이다.

퇴계가 말한 것처럼 '경'은 여러 가지 마음의 병을 치유하는 데 적용될 수 있다. '경'이 적용될 수 있는 또 다른 마음의 병은 "생각이 많은 병(多思慮之害)"이다. 여기서 말하는 이 병은 이것저것 많이 공부해서 생각이 정리되지 않는 병이라고 할 수 있다. 퇴계는 이 병이 배우는 사람들에게 항상 있어 온 병이며, 이 병이 더욱 심하게 되면 마음속이 번잡하고 시끄러워서 편안하지 못할 것이라고 했다. 그래서 그 치유의 방법으로 '정양(靜養)', 즉 심신을 조용히 하여 마음을 기르는 공부를 제시한다고 했다.34)

그런데 퇴계가 제시한 이 방법은 앞의 경우를 보면 의외라고 하지 않을 수 없다. 왜냐하면 '주정(主靜)', 즉 고요함을 위주로 하는 방법은 습망과 같이 사물과의 단절을 의미하기 때문이다. 퇴계 또한 이 점을 염려하여 주정은 자칫하면 불교의 선으로 빠져들 수 있다고 경계한다.35) 그러면서 주정에 있어서의 문제점을 지적한다. 퇴계가 지적한 주정의 문제점은 바로 박문약례(博文約禮)를 싫어한다는 것이다.36)

---

34) 『退溪先生文集』卷28 與金而精
　　多思慮之害, 古今學者之通患, 觀公資性, 此患尤深, 蓋心中熱鬧, 殊未寧恬.
　　公能眞自知矣, 而滉前日寫示前賢格言, 多取靜養工夫, 皆所以救此病也.
35) 『退溪先生文集』卷28 與金而精
　　但此事一蹉, 則入於禪, 故程朱子又有用敬不用靜之說, 此乃恐人之誤入, 故
　　發此以捄之.
36) 『退溪先生文集』卷28 與金而精

이 말은 단순한 주정이 아닌 박문약례를 통한 주정의 방법만이 생각이 많은 병을 치유할 수 있다고 하는 것이다. 그렇다면 우리는 퇴계에게 박문약례를 통한 주정이 불교의 선에서 말하는 주정과 어떻게 다른가 하고 묻지 않을 수 없다. 그러나 이에 대해 퇴계는 아무런 설명도 하지 않고 있다. 그것은 박문약례라는 말이 이미 유학의 주정 방법이 가지고 있는 특색을 담고 있기 때문이라는 것을 알 수 있다.

박문약례에서 박문은 사물에 이르러 앎을 이루는 과정으로 궁리에 해당하며, 약례는 자기의 사욕을 극복하여 예를 회복하는 과정으로 거경에 해당한다.37) 따라서 박문약례에는 '경'의 과정이 집약되어 있다. 이것은 유학의 주정이 '경'을 통한 주정이라는 것을 의미한다. 그리고 '경'을 통한 주정이란 그 대전제, 즉 선한 본성이 깨어 있는 상태에서 마음을 고요하게 한다는 것이다. 이것은 '경'에 의해서 선한 본성이 깨어 있게 되면, 그 본성으로 하여금 우리의 마음을 소란스럽게 하는 많은 생각들을 정리할 수 있게 된다는 것이다. 그렇지 않고 모든 생각들을 털어내려고 가만히 앉아 있는 것은 흙덩이처럼 앉아 있는 것에 지나지 않는다고 퇴계는 주장한다.38)

우리가 처음 책을 읽을 때면 새로운 지식과 함께 세계에 대한 이해의 폭이 넓어지는 것처럼 느끼게 된다. 그런데 여러 책을 읽다보면 서로 상반되는 주장을 만나게 된다. 이것을 읽으면 이것이 맞는 것 같고, 저것을 읽으면 저것이 맞는 것 같아 도무지 갈피를 잡을 수

非以主靜爲不可也, 然亦不當厭博約之煩.

37) 『論語』「子罕」集註
　　侯氏曰 博我以文, 致知格物也. 約我以禮, 克己復禮也.

38) 『退溪先生文集』卷28 與金而精
　　而塊然以主靜.

없게 된다. 서로 다른 주장들은 우리의 의지와는 상관없이 서로 충돌을 일으키며 우리의 마음속을 소란스럽게 한다. 이것은 비단 책의 경우에만 해당되는 것은 아니다. 다른 사람들의 말이나 현실적 경험들의 경우에도 마찬가지이다. 이러한 경우 마음을 조용히 가라앉히고 스스로에게 물어보라고 퇴계는 가르친다. 그러나 이때에는 빠트릴 수 없는 한 가지 단서가 붙는다. 그것은 사욕에 휘둘리지 않은 공평한 마음의 상태, 즉 선한 본성이 깨어 있는 상태를 유지해야 한다는 것이다. 이러한 본성은 우리의 마음을 소란스럽게 하는 것들을 정리하여 고요함을 가져다줄 것이다. 왜냐하면 우리의 본성은 옳은 것을 옳게, 그른 것을 그르게, 기쁜 것을 기쁘게, 슬픈 것을 슬프게 느낄 수 있도록 하는 모든 법을 갖추고 있기 때문이다. 이러한 의미에서 보면 '경'은 주체적 각성에 의한 철학치료의 방법이라고 할 수 있을 것이다.

5. 맺음말

우리의 일상은 언제나 일로 가득하다. 그리고 그 일은 일 자체로 끝나지 않는다. 왜냐하면 그 일의 성패에 따라 우리의 삶의 조건들이 달라지기 때문이다. 그래서 우리는 모든 것을 버리고 온통 일에 매달린다. 그리고 일의 결과가 가져다주는 물질적 조건들에 울고 웃는다.

정신적 만족이란 이제 예전처럼 우리에게 큰 의미를 가지지 못한다. 그 만족 또한 얼마나 물질을 채울 수 있느냐에 달려 있다. 우리는 그렇게 마음을 버리고 나면 더 이상 마음을 쓸 일이 없을 것처럼 생각했다. 그러나 마음을 버리고 나서 우리의 삶은 더욱 허전하고 혼란스러워졌다. 그것은 마음을 대신해 우리를 이끌어가는 욕망에 그 원인이 있다. 욕망은 그 자신의 만족을 위해 다른 어떤 것도 고려하지 않을 뿐만 아니라, 결코 스스로 만족함을 알지 못하기 때문이다. 그래서 작게는 한 개인의 심신을 황폐화시키고, 크게는 이 사회를 혼란으로 몰아넣는다.

이 욕망에 이끌려 생겨난 혼란과 질병을 수습하고 치유하기 위해서는 그것을 통제할 우리 내면의 힘을 회복해야 한다. 그 힘은 우리가 버렸던 그 마음을 되찾는 일일 것이다. 그 마음을 되찾는 일이란 욕망에 이끌리지 말고, 욕망을 이끌고 가는 것이라고 유교의 수양방법인 '경'은 말한다. 왜냐하면 살아 숨쉬는 육신을 가진 인간에게서 욕망을 없애는 일은 그 육신이 사라지기 전에는 불가능하기 때문이다.

'경'은 먼저 외관을 단정하고 엄숙하게 하는 데서부터 시작할 것을 요구한다. 이러한 요구는 완고한 도학자의 이미지와 연결되면서 '경'이 지나친 엄숙주의라는 선입견을 갖게 한다. 그리고 이것은 '경'의 철학치료적 가능성에 대해 회의를 갖게 한다. 왜냐하면 그렇지 않아도 지나친 스트레스에 시달리고 있는 우리에게 '경'은 오히려 그것을 풀어주기보다는 가중시키고 있다는 느낌을 주기 때문이다.

그러나 '경'이 단정하고 엄숙한 외모를 요구하는 것은 두 가지 측면의 효과를 노리고 있다. 그 하나는 함부로 날뛰는 욕망을 제어하는 힘을 기르는 것이며, 다른 하나는 그 욕망에 의해 가려진 선한 본성의 존재를 일깨우는 것이다. 이것은 단순히 윤리적 인간으로 나아가기 위한 과정이 아니다. 우리의 본성은 옳고 그른 것은 물론이고, 기쁜 것을 기쁘게 슬픈 것을 슬프게 느낄 줄 아는 살아 있는 마음이기 때문이다.

그러나 '경'의 과정은 여기에서 그치지 않는다. 그 다음 단계는 궁리, 즉 사물이 어떻게 존재하며, 왜 그렇게 존재하는지에 대해 스스로 알아가는 과정이다. 이 단계를 거칠 때 비로소 우리는 사물의 유혹에 휘말리지 않고, 조화로운 행동으로 나아갈 수 있다. 그리고 이 것이야말로 진정한 의미에서의 자유로운 행동이라고 할 수 있다. 왜 냐하면 스스로의 성찰과 결단으로 욕망의 휘둘림에서 벗어난 자발적 인 행동이기 때문이다. 따라서 '경'은 철학치료적 측면에서 보면 주 체적 각성의 치유방법이라고 할 수 있다.

'경'이 철학치료의 방법으로서 가지는 장점은 안과 밖, 즉 외적 규 제와 내적 자각을 동시에 추구하고 있다는 것이다. 그것은 인간이 행위하는 존재일 뿐만 아니라, 스스로를 성찰할 수 있는 존재이기도 하기 때문이다.

참고문헌

『論語』
『孟子』
『中庸』
『二程集』
『性理大全』
『朱子全書』
『語類』
『退溪先生文集』
『退溪先生言行錄』
가노 나오키, 오이환 옮김, 『중국철학사』, 을유문화사, 1995.
고익진, 『불교의 체계적 이해』, 도서출판 새터, 1996.
금장태, 「경재잠도와 퇴계의 거경수양론」, 『퇴계학보』 68권, 퇴계학연구
　　원, 1990.
김영진, 『철학적 병에 대한 진단과 처방』, 철학과현실사, 2004.
조수동, 『여래장』, 이문출판사, 1994.

화엄사상의 가족치료적 함의

전 영 숙

1. 머리말

가족치료학은 미국을 중심으로 1950년대에 형성되어 1960년대에 점차 확대되기 시작했고, 1980년대에 와서 더욱 성장하고 전문화되기 시작했다. 우리나라에서는 1975년 이후에 연구가 이루어지기 시작하여(4편), 1980년대에 16편의 논문이 발표되면서 본격적으로 연구가 시작되었다고 할 수 있다.[1]

가족은 이 지구상에 인간이 존재한 이래 오늘날까지 가장 오래고 중요한 사회의 기본 단위이다. 가족원은 그 속에서 태어나 자라는 가운데 인격이 형성되고, 나아가 사회적 인간으로 성장할 수 있게 된다. 그러나 유영주, 김경신, 김순옥(1999)은 현대의 한국의 사회구조는 매우 전문화되어 전인격적 접촉을 거의 불가능하게 하고 있다

---

[1] 한국가족학연구회 편, 『가족학 연구의 이론적 접근: 미시이론을 중심으로』, 교문사, 1991, p.13 참조.

고 한다.2) 한국 가족제도는 서구문화의 급격한 도입으로 서구화되어 가고 있고, 기존의 가치관이 붕괴되고 새로운 가치관이 정립되지 않은 상황에서 여러 가지 갈등이 불거지고 있다. 부부 간, 부모자식 간, 형제 간, 고부 간, 친척들 간의 갈등은 가정폭력, 이혼 및 별거, 동거 및 혼외 출산, 노부모 부양문제 등의 마찰을 불러일으키고 심지어는 가정 붕괴까지도 초래하고 있는 실정이다.

가족이 처한 사회의 역사, 문화, 종교 등에 따라 그 특성은 다르겠으나, 최근 들어 가족의 형태가 더욱 다양해지고, 가족의 문제 또한 늘어나면서 가족치료의 필요성과 유용성은 더욱 강조되고 있다. 서구의 가족풍토는 개인주의적 성향이 강한 반면 한국의 가족풍토는 가족에 대한 헌신과 집착이 강하여 가족유대를 강조하는 편이라 할 수 있다. 이러한 문화적 차이가 있음에도 불구하고 대부분의 가족치료의 이론과 기법은 서구에서 발전한 것을 그대로 도입하고 있는 실정이다.

물론 우리에게 필요한 선진 학문을 외국으로부터 받아들이는 것은 매우 중요한 일일 것이다. 그러나 더 중요한 것은 서양이론의 의미 있는 특성을 살려 우리의 것과 상호보완해야 할 필요성이 있다는 점이다. 좀더 공감할 수 있는 용어의 사용과 우리의 정서에 알맞은 새로운 해석과 적용이 이루어져야 할 것이다. 따라서 서구에서 발전한 학문을 그대로 도입하기보다 우리의 심성에 영향을 미쳐왔고 이미 우리 심성의 일부분을 이루고 있는 동양의 지혜를 통해 가족치료의 의미를 살펴보는 노력이 절실하다 할 것이다.

가족치료에 대한 학문적 연구가 20세기 중후반에 와서야 시작되었다고 해서 가족에 대한 중요성이 무시되어 왔던 것은 아니다. 일

---

2) 유영주 · 김경신 · 김순옥, 『가족관계학』, 교문사, 1999, p.250.

찍이 동양의 전통인 도교와 유교에서는 인(仁)과 효(孝)를 중심으로 가족의 중요성과 가족원들의 도리를 가르쳐왔으며, 그보다 더 이전 화엄불교에서는 모든 개체의 특성을 존중하면서도 하나로 화합할 수 있는 화엄연기의 세계관을 가르치기도 하였다. 화엄불교의 세계관이란 그 어떤 것도 홀로 고립적으로 존재하는 것은 없다는 것이다. 우주만물의 하나와 일체는 중중무진(重重無盡)한 관계를 이루며 상호의존적이고 상호인과적인 관계에 놓여 있음을 말한다. 이는 가족치료의 바탕이 되는 체계이론을 그대로 설명하고 있는 것이어서 화엄사상에서 가족치료의 뜻을 찾아보려는 노력은 참으로 의미 있는 일일 것이다.

화엄의 연기사상과 가족치료의 체계이론은 매우 밀접한 관련성이 있으며, 화엄사상은 가족을 이해하는 데 도움을 주고 가족의 문제를 해결하기 위한 가족치료에 시사하는 점이 매우 크다고 할 수 있다. 화엄사상은 부분과 전체의 조화로움을 강조할 뿐 아니라, 보살정신과 서원정신을 통하여 인간이 지향해야 할 바를 제시해 주며, 십바라밀을 통하여 더 나은 삶을 위한 구체적인 수행방법을 제시하고 있다. 또한 구도의 길을 나선 선재를 깨달음의 길로 인도하는 선지식의 태도에서 치료자의 태도를 배울 수 있을 것이다. 따라서 이 글에서는 화엄사상을 통한 가족치료적 함의가 무엇인지를 찾고자 한다. 체계이론을 이해하고, 기능적인 가족의 정의를 생각하며, 치료자가 가져야 할 자세를 탐색하고, 보살의 수행과정을 치료자의 성숙을 위한 수련덕목으로 삼아 어떻게 치료과정에 적용할 수 있을 것인지를 모색하고자 한다. 남의 옷을 입은 어색함이 아니라 내 몸에 알맞은 편안함으로 화엄사상이 한국의 가족치료에 적용되기를 기대하는 마음이다.

2. 연기사상의 체계론적 함의

화엄사상의 주된 내용은 법계연기사상이라고 할 수 있다. 연기(緣起, pratΣtyasamutpＦda)는 인연소기(因緣所起)를 줄인 말로 연(緣)이 되어서 결과를 일으킨다는 뜻이다. 즉 사물이 필연적으로 원인, 조건에 의해 생기(生起)하는 인과(因果)관계를 의미한다.3) 법계연기(法界緣起)는 법계무진연기(法界無盡緣起), 무진연기(無盡緣起)라고도 하며,4) 법계의 사물이 천차만별이지만 서로서로 인과관계를 가지고 있는 것이며 하나도 단독으로 존재하는 것이 없다는 것이다. 한 사물은 독립된 하나가 아니고 그대로 전 우주이며 또한 그것은 전 우주로 말미암아 성립된 것이다. 이처럼 우주만물이 각각의 하나와 일체가 서로 연유(緣由)하는 중중무진(重重無盡)한 관계인 것이다. 이를 화엄종(華嚴宗)에서는 일즉일체(一卽一切), 일체즉일(一切卽一)이라 말한다.5)

즉 법계연기는 개별적인 존재와 작용은 바로 전체의 존재와 작용이 된다는 의미로 상즉상입(相卽相入)이라 요약할 수 있는데, 의상(義相)은 그의 『화엄일승법계도』에서 일즉일체다즉일(一卽一切多卽一)이라고 요약하였다.6) 부분과 부분, 부분과 전체 간의 관계에서 볼 수 있는 화엄의 상호동일성(相互同一性)과 상호의존성(相互依存性)의 원리는 체계이론의 전체성과 상호성의 내용과 같은 맥락을 이룬다. 가족치료에서 볼 수 있는 인공두뇌 즉 사이버네틱(cybernetic)

---

3) 안형관, 「동서의 철학적 전통과 유기체철학: 화엄철학과 화이트헤드를 중심으로」, 『현대와 종교』 제19집, p.267.
4) 동국대학교 불교문화대학 불교교재 편찬위원회, 『불교사상의 이해』, 불교시대사, 1999, p.238.
5) 耘虛 龍夏, 『불교사전』, 동국역경원, p.268.
6) 義湘, 김지견 옮김, 『一乘法界圖合詩一印』, 초롱, 1997, pp.45-46 참조.

원리와 피드백(feedback) 원리에 의해 체계가 유지되고 변화되는 것과 같이 설명할 수 있을 것이다.

체계란 상호작용을 하는 요소들의 합이라고 할 수 있다. 각 요소는 서로 상호작용하면서 영향을 미치기도 하고, 영향을 받기도 하면서 하나의 전체를 이루는데, 이는 전체성(Wholeness), 통일성이라 불리는 체계의 특성이다.[7] 또 체계는 상호성(Reciprocity)을 가지는데, 상호작용 없이 체계는 존재하지 않는다. 체계에 있어서 계속 변화하는 부분들 간에는 행동과 반작용의 상호작용이 있다.[8] 즉 체계는 자신을 유지하기 위해 스스로 창조해 내는 에너지인 시너지(synergy)를 소유할 수 있다. 따라서 전체는 각 부분들의 합(合)과는 다른 것이다. 전체의 특징은 각 부분들의 특징으로는 파악될 수 없다. 부분들의 과정과 관계가 더 큰 응집력 있는 실체(entity)를 만들기 때문이다. 벳슨(Bateson)은 인공두뇌학에 영향을 받아 이 세상의 모든 것은 인공두뇌학적 체계로 구성되어 있고, 일련의 인과관계에 얽혀 있다는 것을 강조하였다.[9]

개인은 하나의 체계로서 형제자매, 부모자녀라는 또 다른 체계를 이루며 가족이라는 더 큰 체계에 소속된다. 또한 나아가서 집단체계, 조직체계, 사회체계, 초국가체계, 지구환경, 전 우주의 하위체계가 된다. 그러므로 한 개인을 이야기할 때, 다른 모든 것에서 고립된 개인은 있을 수 없으며, 가족 내의 구성원으로서 관계 속의 개인을 생각하지 않으면 안 될 것이다. 이러한 점에서 가족치료는 순환적 사고, 전체로서의 가족, 비합산의 원칙, 관계치료라는 가정[10]을 가지는데,

---

7) 이화여대 사회복지학과 편, 『가족치료총론』, 도서출판 동인, 2000, pp.79-80 참조.

8) Virginia Satir, 성민선 옮김, 『사람만들기』, 홍익재, 2001, p.130.

9) 이화여대 사회복지학과 편, 앞의 책, p.81 참조.

법계의 사물이 천차만별이지만 서로서로 인과관계를 가지고 있는 것이며 하나도 단독으로 존재하는 것이 없다는 화엄사상과 맥락을 같이한다는 것을 알 수 있다.

1) 십현문에서 본 체계론의 의미

법계연기의 모습(相)을 가장 잘 설명한 것이 십현연기의 무애법문과 육상원융론이다. 십현문은 화엄사상의 극치로서, 현상하고 있는 사사물물(事事物物) 전체가 원융무애(圓融無礙)의 관계에 있음을 열 가지 관점에서 설명한 것이다. 그것은 첫째 동시구족상응문(同時具足相應門), 둘째 광협자재무애문(廣狹自在無礙門), 셋째 일다상용부동문(一多相容不同門), 넷째 제법상즉자재문(諸法相卽自在門), 다섯째 은밀현료구성문(隱密顯了俱成門), 여섯째 미세상용안립문(微細相容安立門), 일곱째 인드라망법계문(因陀羅網法界門), 여덟째 탁사현법생해문(託事顯法生解門), 아홉째 십세격법이성문(十世隔法異成門), 열째 주반원명구덕문(主伴圓明具德門)이다.11)

동시구족상응문이란 모든 사물이 공존하고 동시에 함께 일어난다는 상관의 원리이다.12) 불법은 하나의 전체로서 비록 수많은 법문으로 나뉘지만, 그와 동시에 상응하여 연기를 이루고 성불의 근거가 됨은 같다고 할 수 있다.13) 광협자재무애문이란 극대의 사물과 극소의 사물이 서로 포용함이 무애자재하다는 원리이다.14) 즉 한 티끌

---

10) 김용태, 『가족치료 이론』, 학지사, 2000, pp.58-64 참조.

11) 法藏, 동국역경원 옮김, 『華嚴經探玄記』제1권, 동국역경원, 1996, p.88.

12) Junjir3 Takakusu, *The Essentials of Buddhist Philosophy*, Connecticut: Greenwood Press, 1973, p.120.

13) 김승동 편, 『불교·인도사상사전』, 부산대 출판부, 2001, p.398.

14) G. C. C. Chang, *The Buddhist Teaching of Totality, The Philosophy of*

속에 법계가 편만하고 작은 한 티끌이 법계에 편만하기도 하는, 하나와 전체는 자유자재하고 무애하게 상호전환될 수 있다는 의미를 함축하고 있다.

이상의 십현문의 열 가지 진술들은 결국 일자(一者)와 다자(多者, 전체), 다자와 일자 상호간에 그리고 개별적 사물(일자)들 상호간에 성립하는 상입상즉(相入相卽)의 유기적인 총체적 관계구조를 좀더 구체적으로 전개하고 있다. 즉 법계에 존재하는 모든 것들은 모양과 작용이 다른 각각의 개성을 지니고 있으면서도 그 하나하나가 고립되어 단독으로 존재하지 않는다는 법계연기(法界緣起)를 잘 설명해 주고 있다.

인드라망법계문을 예로 들어보자. 수미산의 정상인 도리천에 제석천의 궁전에는 인드라망이라는 보배그물이 있다고 한다. 그 그물은 그물코마다 보배구슬이 달려 있는데, 보배구슬 한 개마다 각각 다른 보배구슬의 영상이 비치고, 그 한 보배구슬에 나타나는 모든 보배구슬의 영상마다 또 다른 모든 보배구슬의 영상이 나타나서 중중무진(重重無盡)하게 서로 비친다고 한다. 화엄에서는 이것을 일(一)과 다(多)가 상즉상입(相卽相入)하는 적절한 예로 사용하고 있다.

십현문(十玄門)에서 일(一)과 다(多)의 상즉상입하는 유기적인 관계에서와 마찬가지로 가족과 가족구성원은 현상적으로 보면 각각 서로 다르지만 본질적인 면에서 보면 그 하나하나가 결코 독립적인 별개가 아니라 밀접한 인과관계를 맺고 하나로서 조화를 나타내 보이는 공동체인 것이다. 가족 내에서 가족구성원들의 관계도 인드라망에 달려 있는 보배구슬이 저마다 상호반영하는 원리와 마찬가지이다. 즉 가족을 하나의 전체로 보는 체계론적 관점에서 모든 존재는

Hwa Yen Buddhism, The Pennsylvania State University Press, 1974, p. 164.

서로 의존하고 서로에게 영향을 주며 서로에 의해서 성립되는 중중무진한 관계를 가진다는 것을 의미한다.

가족치료이론은 화엄의 연기사상에서와 마찬가지로 어떤 것도 상호작용 없이 고립된 채로 존재할 수 없다고 전제하고 있다. 가족치료자들은 증상을 드러낸 가족구성원 한 사람에게 문제가 있다고 보지 않으며, 치료대상도 문제를 가진 한 사람으로 삼지 않고 전체가족을 대상으로 할 뿐만 아니라 그 원인을 여러 세대에 걸친 가족배경에서 찾는다. 그런 점에서 볼 때 가족치료는 문제의 해결을 위한 더 근원적인 접근이라고 볼 수 있다.[15]

2) 육상원융에서 본 체계론의 의미

육상원융(六相圓融)은 화엄법계의 무진연기의 실상을 보여주는 것으로 십현연기와 함께 중요한 가르침이다. '육상'은 『화엄경』[16]의 「십지품」[17]에 나오는 내용으로 법장이 그의 『화엄오교장(華嚴五教章)』에서 건물과 건물의 부분들과의 유비를 통하여 상즉상입을 설명하고 있다.[18] 육상의 명칭은 총상(總相, 보편성), 별상(別相, 특수성), 동상(同相, 동일성), 이상(異相, 차이성), 성상(成相, 통합성), 괴상(壞相, 해체성)이다.

먼저 총상과 별상은 전체(보편성)와 부분(특수성)을 말한다. 법장

15) 안형관 · 전영숙, 「화엄법계연기설과 가족치료」, 『동서정신과학』 제4권 제1호, pp.75-77 참조.
16) 『화엄경』, 無比, 懸吐科目, 제1권-제4권, 민족사, 1997; 『한글대장경 화엄경』, 동국역경원 옮김, 동국역경원, 1997.
17) 『화엄경』의 제26품에 해당함.
18) 賢首法藏, 김무득 역주, 『華嚴學體系(華嚴五教章)』, 우리출판사, 1990, pp. 428-441 참조.

은 총상은 건물에, 별상은 그 건물을 이루는 하나의 부분인 서까래에 비유했다. 전체가 전체일 수 있기 위해서 부분은 전체의 형성에서 총체적 힘을 행사해야만 한다. 총체적 힘을 지닌다는 것은 전체 건물의 원인적 힘을 의미한다. 반면에 부분적 힘은 서까래 그 자체의 힘이다. 이것이 화엄의 상호의존성이다.19) 가족 역시 가족이라는 전체는 가족구성원이라는 부분으로 이루어진다. 가족구성원이 없는 가족은 존재할 수 없으며, 가족구성원들은 가족이라는 전체를 통해 부분이 된다. 전체와 부분은 떼려야 뗄 수 없는 관계임을 망각해서는 안 될 것이다.

둘째, 동상과 이상은 동일성과 차이성을 말한다. 법장은 건물을 이루는 서까래와 기둥 그리고 기와 등은 서로 부분들이라 하더라도 건물을 이루는 조건이라는 의미에서 하나의 동일성을 이룬다고 하였다. 그러나 그 부분이 저마다의 특이성을 갖춘 것을 차이성이라고 했다. 서까래는 서까래로서의 모양과 크기가 다르고 기와는 기와대로의 모양과 크기가 다르다는 것이다. 이는 가족구성원들이 가족을 이룬다는 점에서 동일성을 가진다고 할 수 있지만, 가족구성원 저마다 각자 나름대로의 독특한 개성을 지님으로써 차별적인 모습을 가지고 있음을 말하고 있다. 건물을 이루는 요소들이 서로 다른 모양을 하고 있어야 하나의 건물이라는 동일성을 이룰 수가 있듯이 가족구성원의 차이성으로 말미암아 가족이라는 동일성을 유지할 수가 있는 것이다.

셋째, 성상과 괴상은 총체성과 해체성을 말한다. 건물의 여러 요소들은 협력의 결과로서 형성된다. 즉 서까래와 기둥과 기와와 벽돌 등이 모여서 하나의 건물이 완성되는 것이다. 서로 다른 재료들이

---

19) F. H. Cook, *Hua-yen Buddihism, The Jewel Net of Indra*, Pennsylvania State University Press, 1977, pp.81-83 참조.

각각 자기 위치를 버리지 않으면서 각각의 인연으로 하나의 건물을 이루게 된다는 것이다. 그럼에도 불구하고 건물에 있어서 기둥은 기둥의 성질을 지키고, 서까래는 서까래의 성질을 지키면서 자신의 본성에서 혼란되지 않아야 한다. 따라서 건물을 구성하는 부분들이 전체의 완성을 위해 각자 스스로 자기를 내세우지 않으면서, 제각기 기와는 기와, 기둥은 기둥, 서까래는 서까래대로 스스로의 개성적 역할을 지니고 있는 것을 말한다. 가족은 아버지, 어머니, 자녀 등의 구성원들의 다양한 역할이 어울려 이루어지는 것이다. 그러나 부모나 자녀는 각자 자기의 역할과 위치가 있다. 부모가 가장 부모답고 자녀가 가장 자녀의 역할에 충실할 때 훌륭한 가정이 형성된다. 가족 구성원이 제자리를 안다는 것은 바로 정체성이 뚜렷하다는 것을 의미한다.

가족학에서 체계란 상호작용을 하는 요소들의 합으로 정의되는데, 개체들 간의 상호작용과 개체들이 가지고 있는 속성들의 상호작용 모두를 합하는 전체를 의미한다. 또한 어떤 체계들은 다른 체계들보다도 상위의 규칙과 질서를 가지고 있어서 하위체계들(subsystems)을 통제하고 조정하는 역할을 한다.[20]

육상은 총별(總別), 동이(同異), 성괴(成壞)라는 세 쌍의 대립되는 개념으로 이들이 서로 원융무애(圓融無碍)한 관계에 놓여 있어 하나에 다른 다섯 가지가 포함되면서도 여섯 가지 모두 각자 나름대로의 모습을 잃지 않음으로써 법계연기(法界緣起)가 성립됨을 설명하고 있다. 화엄학에서는 일반적으로 총상·별상을 본체(體)로, 동상·이상을 특성(相)으로, 성상·괴상을 작용(用)으로 3대(三大)와 관련시켜 해석하고 있다. 또 화엄의 육상을 가족관계에 적용할 경우, 총

---

20) 한국가족학연구회 편, 앞의 책, pp.93-94 참조.

상·동상·성상은 가족의 동일성(同一性)으로, 별상·이상·괴상은 가족구성원의 다양한 차이성(差異性)으로 해석할 수 있겠다. 화엄사상에서 상호작용의 양상을 이토록 구체적으로 밝히고, 체·상·용 또 동일성과 차이성으로 이해하기 쉽게 체계를 설명하고 있는 것은 놀라운 일이 아닐 수 없다.[21]

3) 육상원융에서 본 기능적 가족

가족치료 학자들은 각자 자신의 입장에서 역기능적 가족과 기능적 가족에 대해 다음과 같이 주장하고 있다.

와인(Wynne)은 의사상호성(pseudomutuality, 가짜 친밀성) 개념을 제시하면서, 자신의 정체성은 무시한 채 서로가 고정된 역할에 매여버린 경우 가족의 역기능을 초래한다고 하면서 진실한 상호작용을 강조하였다. 미누친(Minuchin)과 헤일리(Haley)는 구조적으로 접근하여 가족 내 하위체계 간의 경계와 위계질서가 적절해야 함을 강조하였고, 경계가 하위체계 간의 독립과 자율성을 보장하면서도 자유로운 소통과 융통성을 강조하였다. 사티어(Satir)는 가족구성원의 정서적 경험의 개방과 직접적이고 명백한 의사소통을 강조하였고, 휘태커(Whitaker) 역시 창조성과 융통성을 강조하였다. 레잉(Laing)은 가족구성원이 자신의 경험을 위장(mystification)하게 되면 가족은 현실을 왜곡하고 가족신화(family myths)를 영속시키려 한다고 하였다. 따라서 항상성에 얽매인 가족이 아니라 변화를 받아들이고 적응하여 성장하는 가족이 되어야 할 것이다. 사티어도 가족규칙이 지나치게 엄격하고 비인간적이며 바꿀 수 없을 때 가족이 문제를 드러낸다고

---

21) 전영숙, 「화엄불교사상의 가족치료학적 해석과 그 적용」, 『한국가족치료학회지』 제10권 2호, pp.105-110 참조.

하였다. 따라서 규칙이 융통성이 있고 변경이 가능해야 하며 사회와의 연결도 개방적이어야 한다고 하였다.

밀란(Milan) 가족치료 학파들도 가족의 항상성을 유지하기 위한 가족게임(family game)이 문제의 원인이라고 하며 가족게임을 치료 대상으로 삼고 체계를 변화시키고자 하였다. 보웬(Bowen)은 자아분화의 개념을 제시하면서 가족구성원 개인이 가족으로부터 얼마나 정서적으로 분화해 나가느냐에 관심을 가지고 다세대의 가족체계 안에서 상호관계성을 파악하고자 하였다. 즉 건강한 가족은 가족원들이 서로의 차이점과 주관을 인정하고 수용하면서도 친밀한 정서적 접촉을 할 수 있다고 하였다.22)

이러한 가족치료 학자들의 이론을 종합하면 기능적인 가족의 특성은 융통성 있는 가족, 진실한 상호작용이 있는 가족, 의사소통이 효과적으로 이루어지는 가족, 경험의 개방과 공유가 가능한 가족, 분화가 잘 이루어진 가족, 위계질서와 경계가 명확한 가족이라고 정리할 수 있을 것이다. 기능적인 가족의 특성을 육상으로 분석해 보면 다음과 같다.

융통성 있는 가족이란 변화에 적응하는 가족을 말한다. 즉 육상에 비추어 본다면 가족구성원의 개성을 인정하고 발전시키려는 노력(이상[異相])과, 가족구성원이 유연하게 상황에 대처하고 역할을 적절하게 분배하고 조절(괴상[壞相])할 수 있어야 한다. 만약 개성과 변화에 따른 역할을 무시한다면 병리적인 가족규칙과 가족신화에 얽매이게 될 것이다. 벳슨은 가족이라는 상호의존적 관계를 순환적 인공

---

22) 송정아 · 최규련, 『가족치료이론과 기법』, 도서출판 하우, 1997, pp.11-19 참조; 김용태, 앞의 책, pp.26-38 참조; I. Goldenberg & H. Goldenberg, *Family Therapy: An Overview*(3rd ed.), Brooks/Cole Publishing Company, 1990, pp.63-67 참조.

두뇌(cybernetic)이론으로 설명하면서 모든 삶, 현상, 조직, 행동패턴들이 상호연결되어 있다고 주장했다. 따라서 증상을 드러내는 가족구성원이 있을 때 증상 그 자체보다는 관계 내 가족규칙의 연쇄과정에 지배되고 있다고 보았다.

진실한 상호작용이 이루어지는 가족이란 거짓됨 없이 자기정체성을 가지고 서로를 인정하며 상호보완적인 역할을 해야 하는 것을 말한다. 가족구성원의 있는 그대로의 모습을 수용(이상[異相])하고, 서로 지지하고 도울 수 있어야(괴상[壞相]) 한다. 만약 진정한 가족구성원의 모습을 인정하지 않으면 가면을 쓰며 위장(mystification)을 사용하거나, 가짜 친밀성(pseudomutuality), 가짜 적대성(pseudohostility)에 빠지게 된다. 또한 상호보완적인 역할이 이루어지지 않을 때 병리적 가족의 특징인 부부관계의 분열(marital schism, 결혼분열) 혹은 부부관계의 불균형(marital skew, 결혼왜곡) 등의 현상이 나타나게 되어 가족의 붕괴를 초래하게 될 우려가 있다.

가족구성원 간의 의사소통과 경험의 공유가 잘 이루어지는 가족에 있어서도 가족구성원의 인격과 의견을 존중하고 그의 욕구와 감정을 이해(이상[異相])하며 각 가족구성원의 위치에 알맞은 의사소통방법(괴상[壞相])을 사용하여야 한다. 만약 말과 사고와 감정에 있어서 일치적인 의사소통을 하지 않는 경우 자존감이 낮아지며 좌절감에 빠지게 된다. 또한 서로의 경험을 이해하지 못하고 갈등을 회피하며 안정을 추구하게 되면 위장적인 행동과 의사소통을 하게 된다.

가족구성원의 성숙된 정도를 나타내는 자아분화가 잘 이루어진 가족이란 가족구성원이 정신 내적, 상호대인적 수준에서 친밀감을 유지하면서도 독립성과 정체감(이상[異相])을 잃지 않는 것을 말한다. 결혼하게 되면 원 가족에서의 위치에서 정서적으로 벗어나 새로운 역할(괴상[壞相])로 거듭나야 한다. 만약 정신 내적으로 사고와 감정을 잘 분리시키지 못하거나 원 가족과의 병리적 애착관계에 계속 얽매여 있다면 삼각관계에 빠지거나 지나치게 의존적인 구성원이 될 것이다.

위계질서와 경계가 명확한 가족이란 가족구성원의 독립성과 자율성을 인정(이상[異相])하는 것을 말한다. 역할에 있어서도 자신의 위치가 뚜렷하여 다른 가족구성원의 입장을 지나치게 간섭하거나 반대로 무관심하지 않다(괴상[壞相]). 또한 권력을 적절하게 분배하여 어느 한쪽으로 기울어지지 않고 부모는 사랑으로 자녀를 보살피고 자녀는 존경하는 마음으로 부모를 대할 때(괴상[壞相]) 위계질서가 뚜렷한 기능적인 가족이 될 것이다. 만약 그렇지 못하다면 지나치게 경직된 경계를 갖게 되거나 지나치게 모호한 경계를 갖게 되어 상호작용이 적절하지 못할 뿐 아니라 세대 간의 동맹을 통하여 권력을 행사하려는 역기능적인 가족문제가 발생할 수 있다.

가족이라는 동상(同相)과 성상(成相)은 가족의 다양한 특성인 이상(異相)과 괴상(壞相)을 통하여 이루어진다. 총상으로서의 가족은 별상(別相)인 가족구성원의 특성(이상[異相])과 작용(괴상[壞相])으로 인하여 성립된다. 가족구성원(별상[別相])은 가족을 이루는 요소로서 중요한 의미를 지닌다. 이는 전체 가족을 의미하기도 한다(총상[總相]). 가족구성원끼리는 상호의존적인 관계를 갖는다. 서까래가 없으면 기둥이 될 수 없듯이 나 없이 너가 될 수 없고 너 없이 나가 될 수 없다. 또 서로의 차이성(이상[異相])을 지니지 못하면 한 가족으로서의 동일성(동상[同相])을 갖지 못한다. 가족구성원과 구성원들은 다르면서 같다. 같은 가문의 혈통을 이어받고 공통적 특성을 가지면서도 각자 다른 개성을 지닌다. 전체 가족도 구성원 각자와는 다른 전체로서의 새로운 특성을 지닌다(동상[同相]). 그리고 각자의 위치를 지키는 해체성(괴상[壞相])이 없으면 온전한 가족으로 통합성(성상[成相])을 기대할 수 없을 것이다. 가족구성원은 각자 기능하여 전체로서의 가족(성상[成相])을 이루지만 이것은 또 하나의 작은 부분으로서 사회 혹은 인류라는 체계 속에서 기능하게 된다.

기능적 가족이란 바로 이런 여섯 가지의 요소가 동시에 갖춰진 것을 의미한다. 가족구성원의 특성이나 작용이 무시된 가족인 경우 가족의 붕괴 즉 가족이라는 존재 자체가 해체될 위기를 의미하는 것이라 할 수 있다. 가족구성원들은 서로 개성을 존중하고 각자의 경험을 인정하면서도 전체 가족과의 조화를 이룰 수 있어야 한다. 기능적인 가족이란 바로 육상이 원융한 법계연기의 세계를 구현하고 있는 것을 말하는 것이다.

육상을 체·상·용으로 구분할 때, 본체(體)라는 것은 가족과 가족구성원의 존재에 있어서 전체와 부분의 관계이다. 특성(相)이란 가족이라는 전체와 부분인 가족구성원을 한정해 주는 성격, 모습을 말한다. 작용(用)이란 가족 혹은 가족구성원이라는 존재, 특성이 움직여 기능하는 것을 말한다. 체(體)·상(相)·용(用)은 분리될 수 없고 어느 것도 덜 중요하거나 더 중요하다고 말할 수 없다. 이들은 외면적으로 서로 대비되는 것 같지만 상즉상입(相卽相入)의 관계를 이루고 있는 것이다. 따라서 가족의 본체와 특성, 작용이 잘 조화되고 가족의 동일성과 다양성이 인정되고 존중될 때 기능적인 건강한 가족이 될 것이다.23)

---

23) 안형관·전영숙, 「화엄불교의 육상원융과 기능적 가족」, 『동서정신과학』 제4권 2호, pp.11-13 참조; 전영숙, 「화엄불교사상의 가족치료학적 해석과 그 적용」, pp.112-115 참조.

3. 보살정신의 치료적 함의

1) 보살과 치료자

보살사상은 『화엄경』의 중요한 사상 중의 하나이다. 보살(菩薩)이라는 용어는 원래 산스크리트어인 Bodhisattva를 음사한 보리살타(菩提薩埵)의 준말이다. 그 의미는 깨달음을 위해 수행하는 이의 총칭이라 할 수 있으나, 넓은 의미에서는 일반적으로 대승교(大乘敎)에 귀의한 이를 말한다. 즉 서원(誓願)을 내어 육바라밀(六波羅蜜)을 행하며, 위로는 보리(菩提)를 구하고 아래로는 일체 중생을 교화(敎化)하여 오랜 세월 동안 자리(自利)·이타(利他)의 행을 닦으며 드디어는 불과(佛果)를 증득(證得)하는 이를 말한다.

가족치료에 있어서 치료자는 자신의 성장을 도모하는 한편 어려움을 겪고 있는 내담자를 치료하겠다는 염원을 가지고 노력하는 사람이라 할 수 있을 것이다. 결국 구경의 깨달음에 이르겠다는 원과 중생을 구제하겠다는 원력을 가지고 직접 실천행을 닦아나가는 보살과도 같이 구도적 자세로 치료에 임해야 할 것이다.

누구나 불성(佛性)을 가지고 있지만 그것을 깨닫지 못한 자가 중생(衆生)이며, 불성이 있음을 믿고 발심한 중생을 보살이라 부른다. 마찬가지로 치료자는 비록 문제를 가진 가족이라 하더라도 모든 사람에게 불성이 있음을 믿고, 내담자가 어려움을 극복하고 얼마든지 성장할 수 있는 가능성을 믿어야 할 것이다. 이러한 의미에서 치료자는 보살이어야 한다. 보살은 치료자가 지향해야 할 가장 이상적인 인간상이다. 부처가 된다는 것은 최선의 자기실현을 의미한다. 치료는 그 대상이 인격적 존재로서의 사람이기 때문에 더욱 신중해야 하고 끊임없는 자기 연찬(研鑽)이 필요한 것이다. 그런 의미에서 훌륭

한 치료자의 궁극적인 목표는 바로 보살정신의 성취이다.[24]

2) 보살의 서원과 치료자의 원

원(願)을 세우는 것이 서원(誓願)이다. 보살의 삶은 원으로 시작된다고 해도 과언이 아니다. 또한 보살의 마음은 원으로 가득하며, 보살의 삶 자체가 원이라고도 할 수 있을 것이다. 보살(菩薩)은 자리이타(自利利他)의 원(願)을 세운다. 이타(利他) 행위를 통해서 자리(自利)가 이루어진다. 이것은 대승불교(大乘佛敎)의 위대한 정신이다. 이것을 완성한 자를 부처라고 한다. 내담자를 돕겠다는 진실한 원(願)이 있을 때, 그 서원의 힘으로 내담자를 고통에서 구할 수 있는 것은 물론 내담자를 통해 자신도 성숙하게 되는 것이다.

『화엄경』 전체에 걸쳐 보살의 서원을 읽을 수 있지만, 「정행품」에서 보살은 일상생활의 행동 하나하나마다 원을 세우며 중생제도의 마음을 한시도 잊지 않음을 볼 수 있다. 또한 40화엄의 「보현행원품」에서는 열 가지 행원을 말하고 있는데 보살의 마음가짐을 잘 나타내고 있다. 보살의 삶을 추구하는 치료자에게 귀감이 되는 서원이 아닐 수 없다.

(1) 「정행품」[25]의 원

「정행품」의 원을 보면 140가지나 되는 원을 세우고 있지만, 고통을 겪는 사람을 대하는 보살의 마음은 어떤 것인지를 살펴보면서 치료자로서의 자세를 배우고자 한다.

---

24) 안형관 · 전영숙, 「상담자의 태도와 화엄경의 보살정신」, 『동서정신과학』 제 2권 제1호, 1999, pp.7-8 참조.
25) 『화엄경』의 제11품에 해당함.

고뇌하는 사람을 볼 때에는 마땅히 모든 중생들이 근본지를 얻어서 모든 고통 없애기를 원해야 합니다. 병든 사람을 볼 때에는 마땅히 모든 중생들이 몸의 공적함을 알아서 어긋나거나 다투는 법이 없기를 원해야 합니다. 누추한 사람을 볼 때에는 마땅히 모든 중생들이 착하지 못한 일에 즐거움을 내지 않기를 원해야 합니다. 고행하는 사람을 볼 때에는 마땅히 모든 중생들이 고행함에 의지하여 구경에 이르기를 원해야 합니다.26)

중생을 보살피는 보살의 마음은 이렇게 지극하다. 「십지품」에서는 이러한 보살의 원은 끝이 없음을 말한다.

만일 중생계가 끝나면 나의 원도 끝나며, 만일 세계와 내지 세간의 존속, 법의 존속, 지혜의 존속하는 계가 끝나면 나의 원도 끝날 것이지만, 중생계가 끝날 수 없고, 내지 세간의 존속, 법의 존속, 지혜의 존속하는 계가 끝날 수 없으므로, 나의 큰 원의 선근도 끝날 수 없습니다.27)

중생(衆生)이 있는 한 보살(菩薩)의 원(願)은 결코 끝날 수 없다. 원(願)은 어떤 일을 성취하도록 하는 원동력이다. 원(願)이야말로 어떤 업력(業力)도 소멸시키고 깨달음의 길로 향하도록 끊임없이 채찍질한다. 원(願)은 모든 행동의 기반이 되고 어떤 원(願)을 가지고 살아가느냐가 그 사람 존재의 본연의 자세를 결정하는 것이 된다.28) 치료자 역시 매순간 내담자의 성장을 간절히 바라는 마음을 가져야 할 것이다.

---

26) 『화엄경』, 제1권, pp.336-346 중 발췌.
27) 『화엄경』, 제2권, p.392.
28) 木村淸孝, 『華嚴經を よむ』, 日本放送出版協會, 1997, p.154.

(2) 「보현행원품」[29)의 원

보살도의 해탈은 현실에 수순(隨順)하면서도 현실을 초월하고 있다. 이러한 부사의(不思議)의 해탈(解脫)이야말로 여래(如來)의 경계이며 이에 순응하는 것이 보현(普賢)의 행원(行願)이다.[30] 서원이란 굳은 의지요, 결의이다.[31] 보살이 보리심을 낸 후 어떤 어려움도 견디며 그 길을 가게 하는 것은 바로 서원이다.

보현행원은 모든 보살의 행원을 대표하는 것으로 40화엄의 「보현행원품」(「대방광불화엄경입부사의해탈경계보현행원품」의 약칭)의 내용이다. 열 가지의 행원이란 ① 부처님들을 예배·공경하는 것(禮敬諸佛) ② 부처님들의 공덕 장엄을 찬양·찬탄하는 것(稱讚如來) ③ 부처님들께 많은 것을 공양하는 것(廣修供養) ④ 업장을 참회하는 것(懺悔業障) ⑤ 남의 공덕 행동을 모두 기쁜 마음으로 따라 행하는 것(隨喜功德) ⑥ 설법해 주시기를 간절히 청하는 것(請轉法輪) ⑦ 부처님들께 이 세상에 계셔주시기를 간절히 청하는 것(請佛住世) ⑧ 항상 부처님의 법을 전하는 것(常隨佛學) ⑨ 모든 중생들을 항상 편안히 모시는 것(恒順衆生) ⑩ 모든 공덕을 중생들에게 돌려드리는 것(普皆廻向)이다. 그 중에서 내담자에 대한 치료자의 태도와 관련된 다섯 가지 서원을 살펴보고자 한다.

첫째 예경제불(禮敬諸佛)이란, 모든 부처님들께 지극한 마음으로 예배하고 공경하는 것을 말한다. 『여래장경』에 의하면 모든 중생은 자신 속에 여래를 품고 있다고 한다.[32] 여래장(如來藏, tathagata

---

29) 『보현행원품』, 무비·조현춘 옮김, 우리출판사, 2000, p.11.
30) 金伣石, 『화엄경개론』, 법륜사, 1986, p. 128.
31) 權坦俊, 「화엄경의 서원사상 소고」, 한국불교학회 편, 『한국불교학』 제11집, 1995, p.421.
32) 『여래장경』, 一切衆生有如來藏

garbha)은 여래의 태(胎)라는 의미로 불성(佛性, Buddhatva)과 동의
어이다. 불성은 청정심(淸淨心)이다. 또 『열반경』33)에는 모든 중생
은 다 불성을 가진다고 했다. 즉 모든 사람이 다 불성을 가지고 있다
는 인간이해이다. 그렇다면 치료자는 내담자가 참으로 존귀한 불성
을 가지고 있음을 믿는 한편 끝내는 내담자 자신이 깨달아 확신하게
해야 한다. 치료자는 내담자가 비록 무명에 가리어 온갖 고통에 얼
룩져 있어도 불성을 지닌 존엄한 존재라는 것을 잊지 말아야 한다.
내담자를 정신적인 불구자로 보거나 병리적인 불치의 환자로 보아서
는 안 되는 것이다. 내담자의 증상이 비록 미망의 집착이라고 하더
라도 이를 극복할 수 있는 긍정적인 힘으로 전환시켜야 할 것이다.
이것은 내담자에 대한 인격적 존중이며 확고한 신뢰이기도 하다.

둘째 칭찬여래(稱讚如來)란, 모든 부처님들의 공덕 장엄을 바로
눈앞에 계시듯이 깊이 믿고 찬양하고 찬탄한다는 의미이다. 치료자
도 내담자의 장점을 찾아내어 찬탄하는 자세를 갖는다면 뛰어난 치
료적 효과를 가지고 오게 될 것이다. 대부분의 내담자들은 부정적인
자아상을 가지고 있을 뿐 아니라 심하게는 심각한 자기비하로 스스
로를 무가치하게 느끼는 경우가 많다. 아무리 문제를 가진 내담자라
할지라도 단점만 가진 사람은 없다. 어떤 사람에게서 단점만 보거나,
장점만 본다면 그것은 잘못 본 것이라고 할 것이다. 그에게서 숨겨
진 장점을 찾아내는 것이 어쩌면 치료자의 주된 역할일지도 모른다.
치료자는 내담자를 수용하고, 아무리 미미한 장점이라 할지라도 그
것을 발견하여 지지하고 칭찬하며, 나아가 불성을 이루게 될 씨앗임
을 깨닫게 하여 자기실현의 길로 이끌어갈 수 있어야 할 것이다.

셋째 상수불학(常隨佛學)이란, 항상 부처님을 따라서 배운다는 것

---

33) 『열반경』, 一切衆生 悉有佛性

이다. 치료자는 발보리심하여 수행하는 보살과 같이 끊임없이 정진하는 자세를 가져야만 한다. 선재와 선지식을 통해 부처님의 수행과정을 배워야 할 것이다. 치료를 위한 수련과정을 거치고 소정의 자격을 갖추었다고 해서 훌륭한 치료자가 될 수 있는 것은 아니다. 부처님은 성불에 이르기까지 다생(多生)의 수행과 현생에 있어서의 뼈를 깎는 고행 끝에 깨달음을 이루셨다고 한다. 치료자도 전문지식을 계속해서 습득해 나가고 훈련해 나가는 것은 물론 일상 속에서 자기분석과 치료에 힘써야 하며 관계 속에서의 갈등을 통찰하고 해결해 나감으로써 자기실현을 추구해야 할 것이다.

넷째 항순중생(恒順衆生)이란, 중생들에 따라 방편에 의해 교화하는 것을 말한다. 어떤 중생이라도 항상 그들에게 수순하겠다는 것이다. 경에서는 보살이 중생들에게 이러한 평등한 마음을 가질 수 있는 것은 큰 자비심 때문이라고 한다. 중생이 없으면 어떤 보살도 깨달음을 이루지 못한다. 치료자도 온갖 중생들에게 알맞은 방편으로 다가가는 보살과 같이 내담자 개개인의 근기와 개성에 따라 대할 수 있어야 할 것이다. 내담자를 수용하고 진심으로 공감할 수 있는 것은 기법의 훈련에서가 아니라 자비심에서 나온다고 할 수 있다. 내담자를 진정으로 존중하고, 부모처럼 부처님처럼 편안히 모시겠다는 생각을 한다면 그들이 가진 아픔이나 어려움을 보고 자비심이 우러나오지 않을 수 없을 것이다.

다섯째 보개회향(普皆廻向)이란, 보살이 가진 모든 공덕을 중생들에게 다 돌리겠다는 것이다. 치료자도 자신이 쌓은 모든 지식과 업적과 공덕을 모두 내담자를 통하여 사회에 환원하는 자세를 가져야 할 것이다. 내담자를 성숙하게 하고 자기실현의 길로 인도하기 위해서 자신의 선근 공덕을 모두 회향할 수 있어야 하는 것이다. 회향하려는 마음을 가지고 있는 사람은 아무리 작은 것이라 하더라도 중생

과 더불어 나눌 것이 있는 것이다. 치료자가 온 마음으로 내담자에
게 자신의 선근 공덕을 다 회향하려는 마음을 가지게 된다면 보살로
서의 치료자의 삶을 산다고 할 것이다.

3) 보살의 사섭법과 치료방법

사섭법(四攝法, catuḥ-saṃgraha-vastu)이란, 고통 세계의 중생을
구제하려는 보살이 중생을 불도에 이끌어 들이기 위한 네 가지 방법
이다.34) 이는 가족치료에서 치료자가 내담자의 가족을 기능적으로
이끌어가기 위한 방법이 될 수 있을 것이다.

첫째, 보시섭(布施攝)은 만약 중생이 재물을 좋아하면 재물을 보
시하고, 법을 구하면 법을 보시하여 친애하는 마음을 내게 하고, 그
것으로 중생을 섭수하여 도(道)를 받게 하는 것이다. 내담자의 욕구
는 참으로 다양하다. 보시라고 해서 치료자가 물질로써 내담자를 돕
는 것을 의미하는 것이 아니라, 올바른 사고를 갖게 한다든지 두려
움에서 벗어나게 한다든지 자기를 바로 볼 수 있게 한다든지 하는
것이야말로 치료자로서의 내담자에 대한 보시라 할 수 있을 것이다.

둘째, 애어섭(愛語攝)은 중생의 근성에 따라 좋은 말로 위로하고
깨우쳐, 이로 인하여 친애하다는 마음이 생겨 도(道)를 받게 하는 것
이다. 대부분의 내담자들은 가족들로부터 충분히 수용되거나 사랑받
지 못한 이유로 인정욕구과 애정욕구에 사로잡혀 있다. 적절한 말로
그들을 통찰할 수 있게 하여 스스로 사랑스럽고 고귀한 존재임을 깨
닫게 해야 할 것이다.

셋째, 이행섭(利行攝)은 보살이 몸과 말과 뜻으로 선행을 일으켜

---

34) 耘虛 龍夏, 앞의 책, p.370.

중생을 이롭게 하며 진리에 이르도록 도(道)를 받게 하는 것이다. 치료자 역시도 자신의 욕구에 의해서가 아니라 진심으로 내담자의 치료와 성장을 위하는 마음으로 올바른 방편을 사용해야 할 것이다.

넷째, 동사섭(同事攝)은 불·보살이 중생의 근기에 따라 몸을 나타내되, 그들과 사업·이익을 같이하면서, 고락을 같이하고 화복을 함께함으로써 진리의 길로 이끌어 들이는 것을 말한다. 치료자는 내담자의 수준을 분명하게 보면서도 내담자의 감정을 깊이 공감하고 이해하면서 치료로 이끌어야 할 것이다.

4) 보살의 수행덕목인 십바라밀과 치료자의 수련과정

바라밀(波羅蜜, Pāramitā)이란 도피안(到彼岸)이라 번역하며 피안(彼岸) 즉 이상(理想)의 경지에 이르고자 하는 보살의 수행을 말한다. 화엄에서는 열 가지 보살의 실천덕목을 가르치고 있는데, 치료자의 자기실현을 위한 수련과정으로서 또 내담자를 치료하기 위한 과정에 적용할 수 있다.

첫째, 보시바라밀(布施波羅蜜)은 단바라밀(檀波羅蜜, Dānapāramitā)로, 베풀어주는 것을 말한다. 특히 부처님의 가르침을 전해 주는 것을 법시(法施)라 하고, 남에게 정신적인 안도감을 주어 두려움이 없게 하는 것을 무외시(無畏施)라 하는데, 치료자의 경우라면 법시와 무외시의 수행으로 다른 사람에게 보시할 수 있을 것이다. 치료자의 경우는 업적을 바라거나 명예를 구하지 않고 자기가 가진 모든 것을 베풀면서도 아까워하거나 자신을 내세우지 않아야 할 것이다.

둘째, 지계바라밀(持戒波羅蜜)은 시바라밀(尸波羅蜜, śīlapāramitā)로 불교도의 일상 수행의 준칙이면서 불교의 도덕실천 규범이기도 하다. 치료자는 지계바라밀을 수행하는 수행자와 같이 청정한 삶을 살아야 할 것이며 그것은 내담자에게도 올바른 생활태도를 갖게 할 수 있을 것이다. 치료자의 경우 온갖 유혹에도 흔들리지 않고 탐욕을 내지 않으며 스스로 계를 잘 지키는 것은 물론 내담자를 탐·진·치의 집착으로부터 벗어나는 길을 제시해야 할 것이다.

셋째, 인욕바라밀(忍辱波羅蜜)은 찬제바라밀(羼提波羅蜜, Ks.Fn-tip.Framit.F)로, 욕됨을 당하고도 복수하려는 마음이 없이 참고 안주하는 것이다. 치료자는 항상 겸손하며 비록 곤란한 입장에 처하게 되더라도 굽히거나 성냄이 없이 인내해야 한다. 내담자는 치료자의 수고를 몰라줄 수도 있고, 치료효과가 더디게 나타나더라도 참고 인내할 수 있어야 한다. 참는다는 것은 잘못된 것을 인정한다는 것과는 다르다. 자신과 상대의 불성을 믿고 서로 존중한다면 쉽게 문제를 해결해 나갈 수 있을 것이다.

넷째, 정진바라밀(精進波羅蜜)은 비리야바라밀(毘梨耶波羅蜜, Viryap.Framit.F)로, 끊임없이 수행에 노력하고, 이 과정 중에서 끊임없이 선(善)을 닦고 악(惡)을 끊어 훌륭한 공덕을 몸에 익히는 것이다. 치료자의 경우 쉬지 않고 정진하며 결코 자신의 길을 후회하지 않으며 긍지를 가지고 전문성을 길러야 할 것이다.

다섯째, 선정바라밀(禪定波羅蜜)은 선바라밀(Dhy.Fnap.Framit.F)로 마음을 하나의 대상에 집중하여 산란함을 막고 번뇌를 끊어서 깊이 진리를 사유하는 경지에 들어가는 것이다. 이는 치료자의 자기실현을 위한 수행법이 될 수 있을 것이며, 내담자의 번뇌를 가라앉히고 건강한 삶을 되찾을 수 있는 훌륭한 방법이 될 수 있을 것이다. 즉 내담자의 경우 자신의 무지를 들여다보고 가족 역기능의 원인을 밝혀 자신과 가족의 참모습을 발견하는 일이 될 것이다. 선정을 통해 모든 스트레스, 번민, 괴로움 그리고 정서적 불안정을 없애고 고요하고 평안한 마음을 얻을 수 있게 될 것이다.

여섯째, 지혜바라밀(智慧波羅蜜)은 반야바라밀(般若波羅蜜, Pɑɑ-jñFpFramitF)로, 보살이 실상(實相)을 비추어보는 지혜로서, 생사의 이 언덕(차안[此岸])을 건너 열반의 저 언덕(피안[彼岸])에 도달한다는 뜻이다. 지혜(智慧)는 모든 분별심을 떠난 것이다. 모든 존재의 자성(自性)이 공(空)함을 알게 되는 것을 말한다. 치료자는 내담자를 평가하거나 자신의 욕구를 투사하지 말고 지혜의 눈으로 있는 그대로 보아야 한다. 내담자 역시 편견과 투사로서 상대를 보지 않고, 있는 그대로의 사물을 볼 수 있어야 한다.

일곱째, 방편바라밀(方便波羅蜜, UpFyapFramitF)은 보살이 방편으로 여러 형상을 나타내어 중생을 제도하는 일을 말한다. 모든 중생은 자신의 업력(業力)과 원력(願力)에 따라 그 근기(根機)가 모두 다르다. 따라서 치료자와 내담자도 각각의 근기를 가지고 있다고 볼수 있다. 치료자가 보살의 수행덕목인 방편바라밀을 닦는다면 객관적이고 비판단적인 태도로 수많은 사람들이 가진 저마다의 고통을 적절한 방법으로 극복하도록 도움을 줄 수 있을 것이다.

여덟째, 원바라밀(願波羅蜜, PranidhFna-pFramitF)은 피안(彼岸)인 이상(理想)의 경지(境地)에 도달하려는 보살수행을 완성하고자 하는 희망을 말한다. 치료자든 내담자든 성장하고자 하는 의지가 없는 사람은 없을 것이다. 치료자는 자각각타(自覺覺他)의 보살의 원처럼 자기실현의 원(願)을 가지고, 내담자는 문제의 극복과 건강한 삶 그리고 더 나아가 자기실현의 원까지도 가질 수 있게 되는 것이다.

아홉째, 역바라밀(力波羅蜜, BalapFramitF)은 다라니를 얻게 되고 변재가 뛰어나게 되며 중생들의 어떤 의혹에도 대답할 수 있는 능력을 갖추게 된다. 치료자 역시 전문성을 위한 힘을 갖추기 위해 노력해야만 할 뿐만 아니라 지혜의 힘이 있어야 스승이 되고 등불이 되는 치료자가 될 수 있을 것이다.

열째, 지바라밀(智波羅蜜, JñFnɑpFrɑmitF)은 만법(萬法)의 실상(實相)을 있는 그대로 아는 지혜는 생사의 이 언덕을 지나서 열반의 저 언덕에 이르는 배가 되기 때문에 지바라밀이라 한다. 지(智)는 사리(事理)를 분명히 아는 것이다. 지혜와 자비심으로 내담자의 실상을 그대로 볼 수 있고 모든 사람의 마음을 이해할 수 있어야 한다.

해주35)는 육상원융적으로 볼 때 보시바라밀이 곧 전체 화엄보살도라고 하면서 보시바라밀이 없으면 온전한 보살도가 이루어지지 않듯이 다른 바라밀도 마찬가지라고 했다. 이와 같이 치료자가 열 가지 덕목을 실천하여 치료 장면에 적용한다면 그는 바로 깨달음의 길을 추구하는 보살이라고 말할 수 있을 것이다. 치료는 치료자의 의무의식만으로 가능한 것이 아니다. 치료자의 이러한 태도는 구도적인 보살의 행이 아니고서는 불가능하다. 끊임없는 노력으로 십바라밀(十波羅蜜)을 실천해 나갈 때 참으로 내담자의 근기와 처지에 따라 최선의 방법을 펼칠 수 있을 것이다. 또한 십바라밀은 내담자가 건강한 삶을 살도록 이끌어주는 실천 수행법이다. 내담자는 이미 치유능력을 갖추고 있다. 불성을 가지고 있기 때문이다. 치료자는 단지 이들의 불성을 일깨워 스스로 치료해 나갈 수 있도록 도와주는 역할을 해야 할 것이다.36)

---

35) 海住, 『華嚴經의 世界』, 민족사, 1998, p.98 참조.
36) 전영숙, 『화엄불교 사상과 체계론적 가족치료』, 영남대학교 대학원 가족학전공 박사논문, 2002, pp.145-180 참조.

4. 선지식에게서 본 치료자의 태도

선지식(善知識, KalyFṇamitra)은 불교의 도리를 실천하고 중생을 교화하여 해탈로 이끄는 스승이며 길잡이이다. 즉 부처님이 말씀하신 교법(敎法)을 말하여 다른 이로 하여금 고통 세계를 벗어나 이상경(理想境)에 이르게 하는 이로 남녀, 노소, 귀천을 가리지 않고 모두 불연(佛緣)을 맺게 하는 사람이다.[37]

가족치료이론에서 치료자의 역할은 주로 교사 및 지도자의 역할이 많다. 선지식이 깨달음의 길로 인도하는 스승이라면, 가족치료자는 역기능적 가족을 기능적인 가족이 되도록 이끌어주는 지도자라 할 수 있다. 단지 가족치료자는 내담자의 증상이나 병리적인 가족체계를 다루는 데 비해 선지식은 깨달음을 추구하는 사람에게 구도적 삶으로써 최고의 경지에 이르도록 안내하는 사람이라는 차이가 있다. 그러한 점에서 치료자는 내담자의 성공적인 치료와 더 나아가 내담자 및 치료자 자신의 성장을 위해 선지식의 마음가짐, 행동, 가르침의 방법 등을 배울 필요가 있을 것이다.

『화엄경』의 마지막품인 「입법계품」에서 선재동자는 문수보살에게서 발심을 하고 문수보살의 가르침대로 여러 선지식을 찾아다니며 보살도를 배우고, 보현보살의 원과 행을 성취함으로 법계에 들어가게 된다. 여기서 선재는 내담자에, 선지식은 치료자에 비유하여 살펴볼 수 있다.

선재동자(善財童子)는 문수보살(文殊菩薩)로부터 보현보살(普賢菩薩)에 이르기까지 53분의 선지식(善知識)을 만나게 되는데, 이것은 깨달음의 단계를 나타내는 것이기도 하지만 선지식이 갖추어야

---

37) 耘虛 龍夏, 앞의 책, p.458.

할 덕성이 이렇게 많다는 것을 의미하는 것이기도 하다. 마찬가지로 치료자는 온갖 모습과 방편으로 내담자를 정성으로 이끌어야 한다는 것을 배울 수 있을 것이다. 가족치료라는 측면에서는 증상을 드러낸 역기능적 가족을 그 대상으로 하고 있지만, 자기완성이라는 차원에서 보면 내담자는 물론 치료자까지도 치유적 대상이 된다고 말할 수 있을 것이다. 따라서 완전한 치유 혹은 치료의 완성이란 바로 깨달음의 성취를 의미하는 것이 되는 것이다.

선재를 깨달음의 길로 이끄는 선지식의 가르침을 살펴보면 다음과 같다.

첫째, 상대의 근기(根機)에 맞는 적절한 가르침이다. 선지식(善知識)은 어디까지나 배우고자 하는 이의 근기(根機)에 따라 참으로 알맞은 방법을 선택하고 있다. 아무리 훌륭한 가르침이라 할지라도 상대가 알아듣지 못하는 내용이라면 소용이 없는 것이다. 즉 상대에게 꼭 필요하고 수용할 만큼의 가르침이 가치 있는 것이다.

선지식(善知識)이 상대의 근기(根機)에 알맞은 가르침을 주듯이 치료자는 내담자와 그 가족이 드러내는 문제의 상황에 알맞은 방법을 사용해야 한다. 이 지구상의 어떤 가족도 동일한 가족은 없을 것이다. 각각의 가족구성원이 다르고, 배경이 다르고, 서로가 관계하는 방식이 다르므로 그들이 소유한 문제 또한 다를 수밖에 없다. 따라서 치료자는 고정된 사고와 획일적인 방법을 지양하고 각자가 처한 사정을 고려하여 섬세하게 배려하는 마음을 가져야 할 것이다.

둘째, 구도정신에 대한 존중이다. 선재가 찾아간 선지식들은 선재가 보리심을 내었다는 것에 깊이 경의를 표하고 칭찬과 격려를 아끼지 않는다. 제자가 스승을 공경하는 것은 당연한 일이라 하겠지만, 스승이 제자의 배우고자 하는 열망에 진심으로 공경하는 모습은 참으로 놀랍고도 아름다운 광경이다. 아무리 어리더라도 그 인격을 존중하고 또 배우고자 하는 열망을 높이 인정하고 귀중히 여기는 태도는 매우 훌륭하다 하겠다. 선지식이 선재의 구도정신을 높이 평가하듯이 치료자는 성장의지를 가진 내담자와 그의 가족의 치료동기와 의지를 격려하고 지지해야 한다. 모든 사람에게 불성이 있고 깨달음을 향하는 길은 누구에게나 열려 있듯이 어떤 문제를 가진 내담자라 하더라도 자기실현의 가능성은 있는 것이다.

역기능적 가족문제를 인식하고 그것을 바로잡겠다는 시도를 하는 것은 참으로 중요한 일일 것이다. 문제의 해결은 문제를 해결하겠다는 마음에서 시작된다. 비록 길이 멀다 하더라도 그곳으로 향하고 있다는 것은 이미 그 길을 가고 있다는 것을 의미하는 것이다. 치료자는 변화를 위한 첫걸음을 내디딘 내담자의 용기를 존중하고 혼란한 관계 속에서도 정체성(正體性)을 찾으려는 내담자의 용기를 인정할 수 있어야 한다.

셋째, 언제나 떠나지 않는 선지식의 사랑이다. 존경하는 스승으로부터 들은 한마디 말씀은 평생을 두고 삶의 지표가 된다. 어려움에 처했을 때나 결정적인 선택의 갈림길에 섰을 때, 우리는 스승의 모습을 떠올린다. 그 분의 가르침을 되새기고 지금 내게 무슨 말씀을 하실지에 귀 기울인다. 어려움에 처했을 때 내담자를 새로운 삶으로 이끄는 치료자의 말 한마디는 무엇보다 소중한 것이라 하겠다. 선지식이 언제나 선재의 마음속에 머물면서 바른 길로 인도하는 양심이 되듯이 치료자는 내담자에게 새로운 관계와 행동을 하게 하는 모델로서 내담자의 마음에 머문다. 내담자는 치료과정에서 치료자를 배우고, 치료가 끝난 후에도 새로운 관계에서 그의 인간됨과 관계방식을 적용하게 된다.

넷째, 더 높은 경지로 나아가도록 이끌어주는 선지식의 배려와 겸허이다. 선재가 만나는 53분의 선지식들은 자기가 깨달은 해탈문을

선재에게 가르쳐줄 뿐만 아니라 자기가 알지 못하는 부문에 있어서
는 솔직하게 모르는 것을 인정하고 기꺼이 다른 선지식을 찾아가 배
울 것을 권하고 있다. 참으로 겸허한 태도가 아닐 수 없다. 치료자
역시 내담자에게 솔직해야 하며, 더 큰 성장을 위해서는 다른 치료
자를 소개해 주는 용기를 가져야 할 것이다. 선지식이 겸손한 자세
를 가지고 더 높은 경지로 선재를 이끌어주듯이 치료자 역시 내담자
의 증상완화는 물론 더욱 성숙한 인간으로 거듭날 수 있도록 할 수
있어야 한다. 역기능을 불러일으킨 지금까지의 관계패턴에서 벗어나
는 것은 물론 높은 자기가치감을 가진 가족구성원으로서 가족관계,
대인관계에서 잘 기능할 수 있도록 도와주어야 할 것이다.38)

법장은 『화엄경탐현기』에서 선재(善財)와 선지식(善知識)은 두
몸이 아니라고 한다.39) 즉 가르치는 사람이 배우는 사람이고 배우는
사람이 곧 가르치는 사람이다. 가르치면서 배운다는 말이 있듯이 내
담자를 치료하는 것은 곧 치료자 자신을 치료하는 것이기도 하다.
치료자가 스스로 도(道)를 구하는 입장에서는 선재의 구도정신을 본
받아야 하겠고, 내담자와 그 가족의 역기능을 파악하고 그들의 잠재
력을 발견하여 기능적인 가족, 건강한 내담자로 이끌어가기 위해서
는 선지식의 태도를 익혀야 할 것이다.

5. 맺음말

이 글은 화엄사상에 함축된 가족치료의 의미를 탐구하고자 하였
다. 이분법적 사고에 익숙한 서구인들에 비해, 동양인들의 사고가 훨

---

38) 안형관·전영숙, 「화엄경의 선지식과 현대의 교육적 의미」, 『동서정신과학』
    제3권 제1호, pp.3-17 참조.
39) 法藏, 동국역경원 옮김, 『華嚴經探玄記』, 동국역경원, 1996, p.278.

씬 가족치료의 체계론적 입장에 쉽게 접근할 수 있는 장점을 가지고 있다. 소수림왕 2년에 우리나라에 불교가 전래되어 일찍부터 불교사상과 문화에 익숙한 우리들로서는 화엄불교의 사상인 '일즉일체(一即一切), 일체즉일(一切即一)'에서 말하는 것과 같이 하나와 전체가 서로 유기적인 상호관계를 가지고 있음을 이해하기에 큰 어려움이 없다. 이미 연기사상을 통하여 이론으로서가 아니라 체험으로 체계론적 사고를 호흡해 왔기 때문이다.

그러나 자연과 인간의 분리, 주체와 객체의 분리 등의 이분법적 사유습관은 이념과 종교, 인종과 성의 대립과 갈등을 빚어왔고, 사회의 가장 기본적인 단위라 할 수 있는 가족의 붕괴와 해체의 위기까지 초래하고 있다. 혈육의 정이 각별하였던 우리의 가족풍토는 전통적인 확대가족이 핵가족으로, 가족주의적 가치관이 개인주의적 가치관으로 빠른 속도로 변화하고 가족 간의 갈등이 심화되고 있어 가족치료의 연구와 필요성은 더욱 커지고 있다. 이 글은 이러한 문제를 극복할 수 있는 길을 화엄사상에서 찾으려고 하였다.

첫째, 화엄의 연기사상은 체계론적 사고를 잘 설명하고 있다. 연기사상은 작게는 티끌 하나에서부터 크게는 전 우주에 이르기까지 부분과 전체가 조화를 이루고 있음을 나타내주고 있다. 화엄의 연기사상은 만물이 서로 상의상성(相依相成)하면서 존재한다는 것을 가르쳐준다. 이를 구체적으로 설명하는 대표적인 예가 십현문과 육상원융이다. 가족치료의 체계론적 관점 역시 모든 존재가 서로 의존하며 서로에 의해서 성립되며 중중무진한 관계를 가진다는 법계연기사상과 다르지 않다는 점을 알 수 있다. 또한 가족의 본체와 특성, 작용이 잘 조화되고 가족의 동일성과 다양성이 인정되고 존중될 때 기능적인 건강한 가족이 될 것이다.

둘째, 보살정신은 치료적인 많은 의미를 함축하고 있다. 치료자에게 보살은 모델이 되는 이상적인 인간상이라 할 수 있다. 자리(自利)와 이타(利他)를 추구하는 보살정신은 바로 치료자가 추구해야 할 목표이기도 하다. 따라서 치료자는 보살의 자비와 지혜를 배워 공감적 이해와 적절한 방편으로 내담자에게 다가가야 한다. 보살의 서원, 보살이 중생을 제도하기 위한 사섭법, 보살의 수행덕목인 십바라밀을 통하여 치료자 자신의 성장과 더불어 내담자와 그 가족을 기능적으로 이끌 수 있고, 치료자 자신도 자기실현에 조금씩 다가갈 수 있게 될 것이다.

셋째, 선지식에게서 치료자의 올바른 태도를 배울 수 있다. 가족치료에서 치료자는 여러 역할이 요구되지만, 공통적인 것은 교사로서의 역할이므로 깨달음의 길로 인도하는 스승으로서의 선지식에게서 치료자의 태도를 익힐 수 있는 것이다.

이상에서 보는 바와 같이 화엄사상은 여러 가지 측면에서 가족치료에 시사하는 점이 컸다. 가족치료에서는 주로 내담자의 치료에 대한 이론과 기법이 주로 다루어지지만, 화엄사상에서는 기법에 의존하기보다 치료자의 수행과 구도적 태도를 강조하고 있다. 후지타 기요시는 불교는 바로 카운슬링이라고 주장하였지만,[40] 이미 오래 전 지눌은 『정혜결사문』[41]의 시작에서 "땅으로 인해서 넘어진 사람은 땅을 의지하여 일어선다."[42]고 하는 이통현의 『신화엄경론』의 구절을 옮기면서 땅을 떠나서 일어선다는 것은 있을 수 없다고 했다. 비록 무명(無明)에 가려진 망심(妄心)이나 그것을 떠나 별도의 진심(眞心)이 있는 것이 아니며, 가족의 문제도 관계 속에서 일어나는 갈등이지만 그 갈등을 떠나 다른 곳에 조화와 일치가 있는 것이 아니

---

40) 藤田淸, 김용택 옮김, 『카운슬링 불교』, 시공사, 1999, p.25.

41) 보조사상연구원, 『보조전서』, 불일출판사, 1989, p.7.

42) 李通玄, 동국역경원 옮김, 『신화엄경론』 제1권, 동국역경원, 1997, p.376.

라는 관계의 철학을 설파하고 있다.

화엄에서는 내담자와 치료자, 치료와 깨달음으로 향하는 성장을 분리하지 않는다. 그것은 법계연기의 이치이며, 보살(菩薩)의 자리이타(自利利他) 서원(誓願)이기도 하다. 화엄불교사상은 개인의 깨달음을 목표로 하지 않고 우주적 깨달음, 집단적 깨달음을 추구하고 있다. 이것은 문제를 가진 개인에 초점을 두기보다, 관계와 체계의 중요성을 강조한 가족치료가 추구하는 이상이기도 하다.

치료적 체계는 개방체계이다. 개방체계로서의 가족치료가 앞으로도 더욱 발전하고, 우리의 정서적 경험에 온전히 적용 가능한 학문으로 거듭나기 위해서 용기 있는 새로운 시도가 계속되어야 할 것이다. 화엄사상 외의 다른 불교사상이나 타종교 혹은 철학과의 만남과 대화를 통해 좀더 깊이 있는 학문으로 발전하기를 기대해 본다.

참고문헌

『대반열반경』

『여래장경』

『보현행원품』, 무비·조현춘 옮김, 우리출판사, 2000.

『한글대장경 화엄경』, 동국역경원 옮김, 동국역경원, 1997.

『화엄경』, 無比, 懸吐科目, 제1권-제4권, 민족사, 1997.

藤田淸, 김용택 옮김, 『카운슬링 불교』, 시공사, 1999.

權坦俊, 「화엄경의 서원사상 소고」, 한국불교학회 편, 『한국불교학』 제11집, 1995.

賢首法藏, 김무득 역주, 『華嚴學體系(華嚴五敎章)』, 우리출판사, 1990.

金芿石, 『화엄경개론』, 법륜사, 1986.

義湘, 김지견 옮김, 『一乘法界圖合詩一印』, 초롱, 1997.

김승동 편, 『불교·인도사상사전』, 부산대 출판부, 2001.

김용태, 『가족치료 이론』, 학지사, 2000.

동국대학교 불교문화대학 불교교재 편찬위원회, 『불교사상의 이해』, 불교
시대사, 1999.

法藏, 동국역경원 옮김, 『華嚴經探玄記』, 동국대학교부설 동국역경원,
1996.

李通玄, 동국역경원 옮김, 『신화엄경론』, 동국역경원, 1997.

보조사상연구원, 『보조전서』, 불일출판사, 1989.

Virginia Satir, 성민선 옮김, 『사람만들기』, 홍익재, 2001.

송정아·최규련, 『가족치료이론과 기법』, 도서출판 하우, 1997.

안형관, 「동서의 철학적 전통과 유기체철학: 화엄철학과 화이트헤드를 중
심으로」, 『현대와 종교』 제19집, 1996.

안형관·전영숙, 「상담자의 태도와 화엄경의 보살정신」, 『동서정신과학』
제2권 제1호, 1999.

_____, 「화엄경의 선지식과 현대의 교육적 의미」, 『동서정신과학』 제3권
제1호, 2000.

_____, 「화엄법계연기설과 가족치료」, 『동서정신과학』 제4권 제1호, 2001.

_____, 「화엄불교의 육상원융과 기능적 가족」, 『동서정신과학』 제4권 2
호, 2001.

耘虛 龍夏, 『불교사전』, 동국역경원, 1998.

유영주·김경신·김순옥, 『가족관계학』, 교문사, 1999.

이화여대 사회복지학과 편, 『가족치료총론』, 도서출판 동인, 2000.

전영숙, 「화엄불교사상의 가족치료학적 해석과 그 적용」, 『한국가족치료
학회지』 제10권 2호, 2002.

_____, 「화엄불교 사상과 체계론적 가족치료」, 영남대학교 대학원 가족학
전공 박사논문, 2002.

한국가족학연구회 편, 『가족학 연구의 이론적 접근: 미시이론을 중심으로』,
교문사, 1991.

海住, 『華嚴經의 世界』, 민족사, 1998.

木村淸孝, 『華嚴經を よむ, 日本放送出版協會, 1997.

Chang, G. C. C., *The Buddhist Teaching of Totality, The Philosophy of Hwa Yen Buddhism*, The Pennsylvania State University Press, 1974.

Cook, F. H., *Hua-yen Buddihism, The Jewel Net of Indra*, Pennsylvania State University Press, 1977.

Goldenberg, I. & Goldenberg, H., *Family Therapy: An Overview*(3rd ed.), Brooks/Cole Publishing Company, 1990.

Takakusu, Junjirȝ, *The Essentials of Buddhist Philosophy*, Connecticut: Greenwood Press, 1973.

원효의 일미관행과 트랜스퍼스널

조 수 동 · 최 지 숭

1. 서 론

서양의 정신치료는 프로이트의 정신분석학에서 최근의 트랜스퍼스널 심리학에 이르기까지 다양한 인간관계 속에서 인간 성격의 형성과 발달, 그리고 그 속에서 발생하는 다양한 정신적 문제들이 인간 행동에 어떠한 영향을 미치는가를 파악해 왔다. 트랜스퍼스널 심리학에서는 전통적 정신치료로서는 치유에 한계가 있다고 보고, 인간의 본질에 대한 체험을 통해 그 한계의 극복이 가능하다고 본다.

자아초월의 목적을 실현하기 위해 트랜스퍼스널 심리학에서는 무의식을 향한 자기반성적 의식을 인간존재의 기초로 보고 무의식의 확대를 지향하고 있다. 그 방법으로 종래의 전통적 방식이 아닌 선(禪)과 같은 동양종교의 수행법을 수용한다. 따라서 트랜스퍼스널 심리학은 동양의 종교적, 철학적 지혜와 서양의 과학적 지식이 조화를 이루고 있다고 할 수 있다.

트랜스퍼스널 심리학은 1968년 앤서니 슈티치(Anthony J. Sutich)의 *Journal of Transpersonal Psychology*의 창간에서 시작된다. 여기서 슈티치는 고전과학적 방법인 분석과 논리에만 의존하지 않고 인간의 체험을 전일적(全一的), 종합적인 방법으로 정리하고 있다. 트랜스퍼스널 운동의 토대가 된 것은 1960년대 말 미국 서부에서 일어난 뉴에이지 운동이다. 이들은 현대사회의 불평등, 환경파괴, 핵위험 등과 같은 위기의 원인을 개인, 집단, 국가 이기주의에서 찾는다. 우리들의 마음의 이기심을 현대사회 위기의 근원으로 보기 때문에 트랜스퍼스널 심리학은 현대인의 개인주의의 극복에 그 초점이 맞추어져 있다.

트랜스퍼스널 심리학에서는 트랜스퍼스널이 동양의 정신치료와 관계가 깊다고 강조하고, 요가, 탄트라, 수피즘(sufism), 노자, 장자, 영성신학, 특히 불교의 무아(無我)사상이나 선불교에 많은 관심을 갖는다. 트랜스퍼스널 심리학자인 켄 윌버(Ken Wilber)는 인간의 마음은 단계적인 층 구조 모델로 되어 있으며 그 속에 깨달음 및 신비체험의 가능성을 내포하고 있다고 주장한다. 켄 윌버의 의식의 계층 모델과 유사한 이론은 불교 유식설, 이슬람 신비주의, 힌두교의 베다나 우파니샤드 등이 있다. 켄 윌버는 자신의 이론이 이러한 사상에 시사받고 있음을 인정한다.[1] 특히 유식사상의 식설(識說)에서는 심층심리학적 통합이 이미 체계화되어 있다고 할 수 있다.

이 글에서는 원효의 마음의 이론과 수행방법을 켄 윌버의 의식의 계층이론과 비교 검토하고자 한다. 그래서 원효의 불교사상과 실천방법이 현대인들의 정신치료에 기여할 수 있음을 검토해 보고자 한다.

---

1) 정인석, 『트랜스퍼스널 심리학』, 대왕사, 2003, p.38 참조.

2. 의식의 계층 이론

1) 켄 윌버의 의식의 스펙트럼

트랜스퍼스널 심리학은 첫째, 전개인적(prepersonal)인 단계에서부터 개인성의 확립인 퍼스널의 단계를 거쳐서 자기초월의 트랜스퍼스널의 단계에 이르는 인간 발달의 과정을 설명하고, 둘째, 정신 = 의식 + 개인적, 자전적 무의식 + 과거의 집합적 무의식 + 미래의 집합적 무의식의 도식, 셋째, 의식의 각 발달 단계 및 의식의 각 층에 부응한 각종 요법의 통합을 주장한다.2) 이를 통해 인간의 성장은 자아확립, 실존의 자각, 자기실현 등의 단계에서 끝나지 않고, 나와 타자와의 동질성 확립, 우주와의 합일 등을 통해 자아초월의 단계에 도달하는 것이 가능하다고 본다. 진정한 인간 성장은 자아 이전에서 자아의 확립을 거쳐 자아실현, 자아초월의 수준에 도달할 때 완성된다는 것이다.

이같이 트랜스퍼스널 심리학은 자아의 정당한 측면에 동양의 종교와 영성을 수용하여 현대인의 이기주의의 한계를 초월함으로써 개인주의적 인생관을 우주적 의식으로 확장하고자 한다. 이러한 입장은 개인과 자연, 개인과 사회, 더 나아가 우주 안의 모든 것이 서로 의존되고 연관되어 있다는 견해에 바탕하고 있다.

켄 윌버는『영원한 심리학 : 의식의 스펙트럼』에서 인간의 의식은 전자파의 스펙트럼처럼 다차원적 계층을 이루고 있다고 보았다. 그는 물리학에서 전자기 스펙트럼이 단일하며 특유한 전자파를 다수의 대(帶)로 나타내는 것에 착안하여 인간의 자아동일성에 대한 다차원

---

2) 같은 책, p.42.

적 단계를 의식의 스펙트럼이라 하였다. 윌버는 의식의 전체상을 계층 모델로 설명하기 위하여 영원-무한-우주-마음의 수준, 초개인적 대역, 실존의 수준, 생물 사회적 대역, 자아 수준, 철학적 대역, 그림자 수준이라는 일곱 가지 계층구조 모델을 제시했다. 이것은 자기와 우주와의 합일에서부터 가아(假我)의 수준으로 자아동일성이 전개되는 과정이라 할 수 있다.3)

첫째, 그림자는 자기 가능성의 모든 것을 의식화하지 못함으로써 의식의 빛이 없는 어두운 부분이다. 따라서 그림자 수준은 개인적 가치관에 의해서 자기 이미지에 수용될 수 없는 것은 억압되고, 수용 가능한 부분에 대해서만 자아동일성이 좁혀지는 수준이다. 우리들은 자신의 처지, 역할, 지위 등 자아의 몇 가지 부분만을 가지고 자아동일성을 형성한다. 우리가 사회에 적응하기 위하여 지니고 있는 가면인 신분, 지위, 복장, 말투, 태도 등은 진정한 인격이 아니다. 그것은 인간관계를 원활하게 하여 사회에 순조롭게 기능하기 위해서 필요한 가면(persona)일 뿐이다.

둘째, 철학적 대역(philosophic bands)은 자신만의 가치관이나 사고방식 등 개인적인 성격을 형성하는 영역이다. 자아를 가면과 그림자로 분리시켜 이원론을 만드는 역할과 그 유지에 기여한다.

셋째, 자아 수준(ego level)은 자각적 의식의 수준이다. 자아의식은 자신을 정신과 육체로 분리하여 심신이원적(心身二元的) 분열감각을 갖게 하여 신체를 자기 자신과 동일시하지 않고 단지 자기의 소유물, 도구라고 인식한다. 신체적 요소에 대한 억압이 지나치면 무의식적으로 자아의식을 자극해서 정신적 불안이 생기게 된다. 불교에

---

3) 의식의 스펙트럼에 대한 설명은 존 웰우드, 박희준 옮김, 『동양의 명상과 서양의 심리학』, 범양사 출판부, 1987, pp.30-56과 정인석, 『트랜스퍼스널 심리학』, pp.202-214을 참조하였음.

서는 이 수준을 제6의식이라고 부른다.

넷째, 생물 사회적 대역(biosogical bands)은 의식적 자아의 기저에 있는 것이다. 생물적 존재로서의 개인에게는 언어, 논리, 윤리, 법률 등의 사회제도와 함께 문화적 신념, 신화, 가족의 구조, 규칙, 관습과 같은 사회적 정보가 거의 무의식적으로 내면화되어 있다. 이 영역에서는 자아, 역할, 가치, 정황 등이 생활기능의 단위가 된다.

다섯째, 실존의 수준은 자신 대 세계, 주체와 객체의 이원적 분열과 대립이 일어나는 수준이다. 이 수준에서는 시간과 공간 속에 존재하는 유기체로서의 자기정체성이 형성되며, 사람은 오직 시간과 공간 속에 존재하는 정신 신체적(psychophysical) 유기체와 동일시된다. 불교에서는 이 수준을 말나식이라고 하여 실존적, 합리적, 의지적 자각의 지속적인 원천이라 본다.

여섯째, 초개인적 대역(transpersonal bands)은 나와 세계와의 이원적 대립이 초월되며, 시간과 공간도 초월되는 수준이다. 이 수준에서는 초상현상(超常現象)이나 신비체험을 할 수 있다. 번뇌와 깨달음의 가능성을 함장하고 있는 불교의 아라야식과 같은 것이라 한다. 이 영역에서는 개인성이 초월되고 있지만 아직 우주와 나와의 합일에는 이르지 못하고 있다.

일곱째, 마음의 수준은 초개인적 영역보다 더 심층적이고 포괄적인 상태이다. 분열이나 이원적 대립이 없는 상태이며, 우주와 내가 일체화된 상태이다. 내가 우주이며, 우주가 나인 우주심의 상태 즉 범아일여(梵我一如)의 상태이다. 인간의 가장 깊은 내부 의식이 우주의 절대 의식과 동일시된다고 보기 때문에 이 수준은 인간 지고(至高)의 자아동일성의 수준이다.

의식의 스펙트럼은 우주에서 시작해 유기체라고 불리는 우주의 부분적인 면으로, 유기체에서 시작해 정신이라고 불리는 유기체의 부분적인 면으로, 다시 정신에서 시작해 페르소나라고 불리는 정신의 부분적인 면이라는 식으로 점차 자기동일성의 협소화한 영역을 나타내고 있다.4) 그런데 트랜스퍼스널 심리학에서는 마음만이 유일 진실한 의식 상태이며, 그 밖의 모든 상태는 본질적으로 환상에 지나지 않는다고 본다.

2) 원효의 식설

서양 심리학에서는 자아와 의식은 동일한 것이라 보지만, 원효는 의식을 개인적 의식이 아닌 초개인적인 본성에 맞추어 설명한다. 원효는 마음의 구조를 심진여(心眞如)와 심생멸(心生滅)이라는 일심 이문설(一心二門說)로 설명한다. 진여문은 염법(染法)의 허망한 마음으로는 인식할 수 없는 청정한 덕성을 완전히 갖추고 있는 진실, 평등의 세계이다. 진여는 의언진여(依言眞如)와 이언진여(離言眞如)로 구별된다. 이언진여는 절대적이고 미분화되어 있는 비현상적인 공(空)의식으로 의식의 무한한 가능성을 말한다. 의언진여는 현상계를 향하여 작용하는 의식으로 무의식(無意識)도 여기에 포함된다. 왜냐하면 불교에서는 무의식도 단지 다른 수준의 의식으로 보기 때문이다. 따라서 심진여의 입장에서 보면 융이 말하는 집단무의식도 의식으로 볼 수 있다. 이것은 초개인적이고 인류 전체로 확장되는 극히 깊은 수준에 있는 의식이다.

심생멸은 우리들 현실의 생멸 인연상을 나타내며 심진여가 자가 분열한 형태이다. 마음의 본래 모습은 불생불멸하고 깨달음의 지혜(本覺)를 갖추고 있지만, 무명(無明)이라는 조건 때문에 동요를 일

---

4) 존 웰우드, 앞의 책, p.35.

으켜 여러 가지 현상적인 모습을 나타내게 된다.

생멸심이 여러 인연 화합에 의해서 갖가지 현상적인 모습들을 나타내지만 그 본원은 진여이다. 생멸과 함께하는 이 진여를 원효는 여래장(如來藏)이라 한다. 여래장은 불생불멸한 자진상(自眞相)이지만 항상 무명과 함께하고 있다. 무명의 힘에 의한 업식(業識)에 의해서 업상(業相)이 나타나 생멸을 일으킨다.5) 원효는 자성청정한 여래장이 개별적 생멸 현상을 일으키는 것을 아리야식(阿梨耶識)이라 하고, 그것이 7식과 함께 생겨나는 것을 전멸상이라 하고 있다.

원효는 무명에 의하여 아리야식이 훈습되어 나타나는 과정을 업식(業識), 전식(轉識), 현식(現識), 지식(智識), 상속식(相續識)으로 나눈다. 이 다섯 식들은 마음이 무명에 의해서 물든 것이기 때문에 여기에 상응하는 염심(染心)이 생기게 되고, 염심에 의해서 또한 그것에 상응하는 상(相)이 생기게 된다. 식의 전개에 있어 원효는 업식, 전식, 현식을 제8식인 아리야식, 지식을 제7식인 말나식(manas), 상속식을 제6식인 의식으로 본다. 8식에는 미세한 업의 흐름이 남아 있기 때문에 원효는 8식을 염정화합식(染淨和合識)으로 보고, 제9식인 암마라식(唵摩羅識)을 설정하고 있다.

6식은 5식과 관련되어 설명된다. 지각작용인 오식(五識)은 감각기관인 안(眼), 이(耳), 비(鼻), 설(舌), 신(身)이 색(色), 성(聲), 향(香), 미(味), 촉(觸) 등을 대상으로 하여 생겨나는 안식(眼識) 등 다섯 가지 식이다. 지각의 대상은 반드시 오식의 감각작용을 통과하여야 비로소 주어질 수 있다. 유식(唯識)에서는 지각 대상의 능력을 현량(現量), 비량(比量), 비량(非量)으로 나누는데, 오식이 외물(外物)을 총괄하는 능력은 단지 현량에 있다. 현량은 일체법의 현상(現象)을 정

---

5) 원효, 『대승기신론소기회본』(소), 해인사장경 영인본, p.9.

하는 자성집(自性執)에 의해서 외물을 포섭하게 된다. 오식은 단지 지각하는 대상을 급여할 뿐 대상의 명상(名相)을 세우지는 않는다. 비량(比量) 작용인 개념에 의해 명상을 세우는 것은 제6식이다. 제6식은 의식(意識)이다. 의식이란 상속식이 근본이 되어 그것에 대한 집착이 깊어져 '나'와 '나의 것'이 있다고 집착하여 갖가지 망령된 생각을 일으키고, 육근(六根)에 의해 사상(事相)을 반연하여 육진(六塵)을 분별하는 것이다.[6] 제6식은 오식이 심불상응행법(心不相應行法)에 의해서 대상을 급여하면, 개념의 법칙에 의해서 비탁양지(比度量知)하여 하나하나의 대상에 이름과 종(種)의 차별자성(差別自性)을 결정하고, 각 대상에 차별명상(差別名相)을 부여한다. 명상(名相)이 성립되면 개념이 형성되고, 변계소집성(遍計所執性)의 형태가 완성된다. 변계소집성은 주관과 객관의 분별에 의해 계량(計量)하여 객체적 대상을 실재물로 집착하는 것이다. 사념분별이라고 하는 정신작용은 모두 이 6식의 작용이다. 이같이 제6식은 일체법을 대상(所緣)으로 하고, 제7식을 소의(所依)로 한다.

제7식은 말나식(意)이다. 원효에 의하면 의(意)는 아리야식을 의지해 있는 것으로 무명에 의해 불각(不覺)이 일어나 볼 수 있고, 나타낼 수 있으며, 경계를 취하여 생각이 일어나서 상속하는 것을 말한다.[7] 원효는 "의(意)는 아리야식의 종자로부터 출생하여 도리어 그 식을 반연하여 아치(我癡), 아애(我愛), 아집(我執), 아만(我慢)과 상응한다고 하였다."[8] 끊임없이 상속해서 일어나는 7식은 제8식의 주관을 본질로 하여 따로 객체를 연상하고 그것을 반연하여 실아실법(實我實法)의 망집(妄執)을 일으키는 근본식이다. 7식에 의해 제

---

6) 같은 책, p.23 참조.
7) 같은 책, pp.16-17.
8) 원효, 『二障義』, 한국불교전서 1, 동국대 출판부, 1997, p.790 중.

법의 진리를 깨닫지 못하고 생사의 미계(迷界)에 잠겨서 해탈의 경계에 이르지 못하게 된다.

아라야식(Ālayavijñāna)이라 할 때의 Ālaya는 원시경전에서는 집착의 의미로 사용되기도 하지만 일반적으로는 주거(住居), 주처(住處)의 뜻으로 종자(種子)가 내재한다는 의미를 가지고 있다. 『해심밀경(解深密經)』에서는 아라야식을 의식의 근원적인 것, 또는 생명이라 하여 일체종자식(一切種子識), 아타나식(阿陀那識), 아뢰야식(阿賴耶識), 심(心)이라 부르고 있다.9) 『섭대승론(攝大乘論)』에서는 아뢰야식이 일체법의 의지처이기 때문에 아뢰야식으로부터 미(迷)와 오(悟)의 세계가 전개된다고 하고, 또 일체법의 원인인 종자를 간직하고 있기 때문에 일체종자식이며, 일체 유정이 자아라고 잘못 집착하는 것이라 하고 있다.10) 이같이 아라야식은 집착에 의해서 이루어지는 일체법의 존재 근거를 제공하는 식이다. 그것은 본래 가법(假法)으로 완전히 아(我)에 상응해서 내세워진 이름이라 할 수 있다. 아라야식은 식(識)이기 때문에 실체적 원리는 아니다.

원효는 8식설을 제8 아리야식(업식, 전식, 현식), 제7 말나식(지식, 意), 제6 의식(상속식)으로 분류한다. 그런데 원효는 제8 아리야식이 생멸과 관계하기 때문에 생멸이 없는 순수한 본각의 경지인 제9식설을 주장하고, 그것을 일각(一覺, 本覺) 즉 암마라식(唵摩羅識)이라 하여 "무분별지(無分別智)로 본각을 증득하여 들어가 지위마다 증장되어 모든 잡염(雜染)을 떠났기 때문에 9식의 흐름은 깨끗하다고 하였으니, 본각이 바로 제구식이다."11)라고 말하고 있다. 구식설(九識說)은 진제삼장(眞諦三藏)이 주장한 것으로 제8식을 염정화합식

---

9) 『해심밀경』, 대정 16, p.692 중 참조.

10) 『섭대승론』, 대정 31, p.133 중.

11) 원효, 『금강삼매경론』, 한국불교전서 1, 동국대 출판부, 1997, p.648 하.

(染淨和合識)으로 보고, 제8식 위에 다시 순수청정무구(純粹淸淨無垢)한 암마라식을 설정한 것이다. 그래서 원효는 "자성청정심과 본각의 이(理)에는 모든 경계의 더러운 것이 들어가지 못한다."12)라고 하고, "본각에 들어갈 때에 여덟 가지 식이 본래 적멸함을 깨닫는다. 깨달음이 완전해졌기 때문에 모든 식이 일어나지 않는다."13)라고 말하고 있다.

3. 의식의 전개

1) 켄 윌버의 의식의 전개

윌버는 의식의 스펙트럼에서 마음의 수준만이 이원적 대립이 전혀 없는 우주와 자기가 일체가 된 상태라고 보았다. 마음 외의 수준이 실재처럼 보이는 것은 마야에 의한 것이다. 마야(maya, 幻)는 주체 대 객체라는 근본적인 이원론으로 이루어지거나 이원론에서 생겨나는 어떤 경험을 말한다.14) 윌버의 마야 이론은 인도 상카라의 영향에 의한 것으로 보인다.

인도 근세 철학자인 상카라(700-750)의 불이일원론(不二一元論)에 의하면, 참된 실재는 브라흐만뿐이고 현상계는 마야가 나타난 것이다. 마야는 현상과 실재 사이에 대한 우리의 무지에 근거한 것으로 현상을 실재로 보려고 하는 것이다. 따라서 현상세계는 환영이라는 의미에서 마야이다. 그러나 상카라는 마야를 브라흐만의 창조력이라 보기 때문에 현상계가 비록 환영이지만 그 현상계의 성립 근거

---

12) 같은 책, p.641 상.
13) 같은 책, p.631 상.
14) 존 웰우드, 앞의 책, p.36.

는 브라흐만에 있다고 본다. 현상세계를 마야로 인식하게 하는 것은 무명(無明)인데, 무명은 브라흐만을 알지 못하고 현상을 실재로 착각케 하는 것이다. 무명이 브라흐만의 인식에 의해 극복되게 되면 마야도 자연 사라지게 된다.15) 무명의 근원은 의식에 직접 나타나지 않은 속성을 의식에 직접 나타난 사물에 귀속시키는 가탁(假託)에 있다. 가탁은 기억된 속성을 현재 경험되는 것에 귀속시킴은 물론 더 나아가 무차별적이고 유일한 실재인 브라흐만에 이름과 형태를 부여하여 현상계를 전개시킨다. 현상세계는 가탁에 의해서 나타난 세계로 실재나 비실재의 세계가 아니다. 우리는 브라흐만에 대한 무명에 의해서 변화되는 현상세계를 실재라 생각한다.16) 우리들의 경험적 자아도 순수 무차별적인 아트만의 가탁에 의한 이름과 형태의 나타남이다. 우리들이 무명의 가탁을 벗어날 때 비로소 아트만만이 유일하고 무차별적인 것으로 인식되며, 거기서 아트만과 브라흐만의 동일성을 수립하게 된다. 이러한 상태에 이르게 되면 주관과 객관의 모든 구분이 사라지고, 아(我)와 비아(非我) 사이의 구분도 없어지게 되어 순수존재, 순수의식, 순수희열의 상태가 된다.17) 상카라의 이러한 입장은 불교의 영향을 반영한 것이기 때문에 그를 불교도라 비난하기도 한다.

월버는 마음의 수준 이전의 이원론적인 입장은 마야에 의한 착각일 뿐이라 한다. 마음의 수준을 제외한 의식의 여러 수준은 마야나 이원론의 소산이기 때문에 그들은 마야의 모습으로 존재할 뿐 각 수준의 진실은 항상 마음으로 머물러 있다고 한다.18) 즉 진실한 존재

---

15) 조수동, 『인도철학사』, 이문출판사, 1995, pp.189-190 참조.
16) 같은 책, p.190.
17) 같은 책, p.192.
18) 존 웰우드, 앞의 책, p.37.

는 마음뿐이며, 다른 수준들은 마야에 의한 환영으로 존재한다는 것이다. 이러한 입장은 원효가 우리들의 마음은 진실·평등·청정한 진여이지만 무명에 의한 불각(不覺)에 의해 가구(假構)된 것이라 보는 것과 같은 논리구조라 하겠다. 윌버에 의하면 주체와 객체, 자기와 타인 등과 같은 이원적 견해가 생겨나는 것은 인간의 자아동일성이 비이원적 총체에서 그 자신의 유기체에로 외견상 이동하기 때문이다. 그렇다고 인간의 궁극적 자아동일성이 망실되는 것은 아니다. 그것은 불명료한 것이 된다. 마음이 전개되는 과정을 살펴보면 먼저 마음의 전일성(全一性)으로부터 실존적 수준이 생겨난다. 실존적 수준에서 인간은 환경이 아닌 자기 유기체의 자아동일성을 갖게 된다. 이 일차적 이원론은 관찰되는 자로부터 관찰하는 자, 객체로부터 주체를 분리하며 그와 동시에 공간을 창조한다.[19]

실존적 수준에서 인간에게 존재와 비존재, 삶과 죽음, 시간과 공간의 문제가 생기게 된다. 인간이 죽음의 공포를 느끼게 되면 인간은 그러한 죽음의 공포로부터 도피하고자 한다. 죽음으로부터 영원히 도피하고자 하는 욕구에서 인간은 육체와 다른 자아라는 것을 만들어낸다. 이로부터 가멸적인 육체와 불멸적인 정신이라는 이원론이 생겨나고, 인간의 자아동일성은 전체적인 정신 신체적 유기체로부터 유기체의 정신적 표상으로 옮겨져 자아 수준으로 발전된다. 이때 우리들은 자아 경향의 통합성을 분리하여 자기의 심리과정의 일부만을 가지고 자아동일성을 형성한다.[20] 즉 인간은 사멸(死滅)할 육체가 아닌 그 자신의 상징적 영성으로 자아동일성을 형성한다. 육체와 정신의 이원론이 형성되면 인간은 자기 자아의 바람직하지 않은 측면은 배척하게 되고 자신이 수용할 수 있는 자기상을 만들게 된다. 그

---

19) 같은 책, p.37.
20) 같은 책, p.38.

에 따라 스펙트럼의 마지막 수준인 그림자 수준이 만들어진다. 이 수준에서는 페르소나라고 불리는 불명확하고 허약한 자기상으로 자아동일성을 형성하게 된다.

이와 같이 유기체 대 환경, 삶 대 죽음, 마음 대 신체, 페르소나 대 그림자와 같은 이원론을 통해 의식의 스펙트럼은 다양한 수준으로 전개된다. 의식의 스펙트럼의 수준들은 불연속적인 것이 아니라 서로 간에 무수히 상호침투된다. 실재적인 존재는 마음뿐이고 거기에서 전개되는 다양한 스펙트럼의 수준들은 존재하되 환상과 같은 모습으로 존재한다. 각 수준의 실재는 언제나 마음 바로 그것이지만 착각을 통해서 보는 데에 너무 매료되어 있는 사람들에게는 실제의 각 수준 자체가 독립된 실재인 것처럼 보이는 것뿐이라는 것이다.21)

2) 생멸의 인연과 상(相)

진여의 마음이 인연에 의해 현실에 전개되면서 세계 내에 여러 가지 현상적인 모습을 나타내는 것이 생멸의 마음이다. 원효는 아리야식을 생멸하는 주체적 견해와 그 가운데의 본체로 나누어서 그것을 전식(轉識)과 장식(藏識)으로 설명한다. 원래의 자성청정한 마음이 무명에 의해서 생멸을 일으키게 되는 것이 7전식이며, 그 가운데 있는 아리야식의 본체를 장식이라 한다. 이 장식은 바로 불생불멸하고 자성청정한 여래장이다.22) 아리야식이 생기하는 것은 진여의 체(體)에 이미 그 인연이 갖추어져 있기 때문인데 이를 수연진여(隨緣眞如)라 한다. 이 수연진여가 근본무명에 의하여 움직이게 되면 아리야식이 발동하게 된다. 즉 진여가 직접적 원인(因)이 되고, 무명이

---

21) 같은 책, p.39.
22) 원효,『대승기신론소기회본』(소), p.10.

간접적 조건(緣)이 되어 아리야식을 일으킨다. 이렇게 해서 생긴 아리야식은 다시 근본무명을 직접적 원인(因)으로 하고 망령된 경계를 간접적 조건(緣)으로 하여 일체법을 일으킨다.

아리야식을 염정화합식이라 하는 것은 아리야식이 각(覺)과 불각(不覺)의 관계로 이루어져 있기 때문이다. 각이란 마음의 불멸성 즉 진여청정(眞如淸淨)한 절대적 면을 의미한다. 이것은 또한 생멸 세계의 근거가 되며 본원이 되는 진여이다. 각에는 본각(本覺)과 시각(始覺)이 있다. 본각이란 일체 중생에게 본래적으로 갖추어져 있는 깨달음, 깨달음의 지혜를 의미하며, 결정성의 경지로 그 어디에도 머무름이 없는, 청정하고 평등하며 지혜로운 부처의 경지[23]이다. 원효는 이것을 제9 암마라식이라 하고 있다.

시각이란 실천 수행을 통해 여러 종류의 번뇌염구(煩惱染垢)를 깨뜨리는 것에 의해서 처음 새롭게 깨달음이 개현되는 것이다. 즉 무명에 의해서 망령된 마음이 수행을 통하여 깨달음의 경지로 나아가는 것이 시각이다. 그 완전한 깨달음을 얻은 것을 구경각(究竟覺)이라 하여 본각과 동일시한다. 그리고 불각(不覺)이란 마음이 무명, 망념에 의해 상대적, 생멸적인 현상을 일으키는 것으로 근본불각(根本不覺)과 지말불각(枝末不覺)이 있다. 근본불각이란 아리야식 내의 근본무명이고, 지말불각이란 무명에서 일어난 일체의 염법이다.[24] 근본불각은 미진(迷眞)의 무명 즉 진여를 진여 자체로 보지 못하는 데서 생기는 불각이다. 지말불각은 근본불각이 바탕이 되어 무명이 번뇌 망상을 일으킴이 한층 더 깊어져 가는 것을 말한다. 즉 망집(妄執)의 무명이다. 지말불각에 의해서 번뇌가 일어나 생사의 괴로움의 과보를 초래한다.[25] 불각의 전개는 윌버가 말하는 자아형성의 과정

---

23) 원효, 『금강삼매경론』, p.632 중-하.
24) 원효, 『대승기신론소기회본』(별기), p.748 하.

과 유사하다.

무명의 힘에 의해 불각하여 마음이 움직여서 일체의 경계 등을 나타내기 때문에 마음이 생기면 갖가지 법이 생긴다. 그러나 그 법은 환영과 같은 허망한 법이다. 그래서 원효는 "마음이 낸 법은 바로 허망한 마음의 능취(能取)와 소취(所取)로 마치 술 취한 눈에 보이는 허공의 꽃과 같다. 네가 생각하고 있는 법이 공하여 존재하지 않는 것은 허망한 마음이 취한 것이기 때문이다."26)라고 하고 있다. 무명이 일으키는 상(相)에는 무명의 두텁고 얇음에 의해 삼세육추(三細六麤)의 구별이 있게 된다. 삼세는 마음이 움직이는 최초의 것으로 업상(業相), 능견상(能見相, 轉相), 경계상(境界相, 現相)을 말한다. 업상은 무명의 힘에 의해서 불각의 망념이 움직여 업식이 생기고, 그에 따라 마음에 근본업불상응염심(根本業不相應染心)이 생겨서 나타나는 상이다. 업식(業識)은 심진여가 무명에 의해서 동요를 시작한 최초의 모습으로 아직 주관, 객관의 구별 작용은 없다. 주관적 작용인 전식(轉識)이 생기고, 능견불상응염심(能見不相應染心)이 생겨서 나타나는 상이 능견상(轉相, 見相)이다. 이것은 극히 미세한 인식작용이라 할 수 있다. 경계상(現相)은 주관심에 의해서 일체 경계를 나타내는 현식(現識)이 생기고, 그에 따라 현색불상응염심(現色不相應染心)이 생겨서 나타난 상이다. 이것은 인식의 형성과정을 통하여 인식대상으로서의 경계가 나타난 상태로 견상에 의해서 그의 대상인 경계가 망령되게 생기는 것을 말한다. 전상(轉相)과 현상(現相)은 주관과 객관의 관계로 서로 대립하며, 마음의 최초 작용에 의해서 동시에 나타난다. 원효는 업상, 능견상, 경계상을 모두 아리야식의 작용으로 본다.

---

25) 조수동, 『여래장』, 이문출판사, 1997, p.236.
26) 원효, 『금강삼매경론』, p.667 하.

육추는 삼세에서 주관, 객관의 대립이 일어나 객관적 소연(所緣)인 경계상이 나타나고, 이 경계상에 연해서 망령된 생각과 분별이 일어나 점차로 추상(麤相)을 더해 가는 것이다. 육추는 지상(智相), 상속상(相續相), 집취상(執取相), 계명자상(計名字相), 기업상(起業相), 업계고상(業繫苦相) 등을 말한다. 지상은 제7 지식(智識)의 작용에 의한 상이고, 나머지는 모두 제6식인 상속식(相續識)에 의해 거기에 상응하는 염심이 생겨 나타나는 상이다.

지상은 염(染)·정(淨)의 법을 분별하는 지식이 생기고, 그에 따라 분별지상응염심(分別智相應染心)이 생겨 경계상에 대해 그것을 마음 밖에 실재하는 것이라 집착하여 선악 등을 나타내는 것을 말한다. 상속상은 생각이 상응하여 끊어지지 않은 상속식에 의해 부단상응염심(不斷相應染心)이 생겨 집착의 괴로운 감정이 끊어지지 않는 것을 말한다. 집취상은 상속식이 근본이 되어 고락의 경계 대상이 마음의 나타남임을 알지 못해 아집(我執)이 일어나는 것을 말한다. 계명자상은 상속식이 근본이 되어 일어난 아집에 의해서 다시 명언(名言)을 내세우고 분별하여 그것을 실재하는 것으로 생각하는 것이다. 기업상은 명언을 내세우기 때문에 명자(名字)에 의해서 이름을 찾고 번뇌를 일으켜 업을 만드는 것이다. 이 업이 모든 고의 원인이 된다. 업계고상은 이미 업의 원인이 만들어졌기 때문에 필연적으로 고의 과보를 받고 생사윤회에 의해서 오랫동안 계박(繫縛)됨을 말한다.

삼세육추는 상의상자(相依相資)의 관계에 있다. 삼세에서 육추로 나아갈수록 더욱 더 염법(染法)의 미혹된 세계에로 유전이 심화되어 간다. 즉 8식이 무명에 의해서 점차적으로 마음이 물들어 가고, 그것에 의해 상응하는 상(相)을 짓는 것이다. 삼세는 아리야식의 전개로 현상, 전상, 업상은 미세하게 나타나므로 마음의 작용이 서로 연합하지 않는 불상응심(不相應心)이다. 육추는 제7식, 제6식의 전개로 지상, 상속상, 집취상, 계명자상은 거칠게 나타나므로 마음의 작용이 서로 상응하는 상응심(相應心)이다. 삼세에 의한 불상응심은 무명이 인(因)이 되어서 나타나며, 육추에 의한 상응심은 망령된 경계가 연(緣)이 되어 나타난다. 무명을 제거하면 불상응심을 제거할 수 있고, 이 무명 훈습에 의해서 일어난 망령된 차별 대상의 경계가 제거되면 상응심이 없어진다.

4. 치료와 깨달음

1) 켄 윌버의 치료법과 자아초월

켄 윌버는 자아를 인간 성장의 흐름 속에서 필요한 하나의 기점으로 본다. 인간의 성장은 자아 이전의 단계에서부터 시작해서 자아의 확립과 자아실현의 단계를 거쳐 자아초월의 수준에 도달할 때 비로소 완성된다. 인류는 모두 각자 자기초월의 가능성을 가지고 태어났기 때문에 이를 촉진시켜 줄 수 있는 적절한 치료와 수행의 과정을 체험하게 되면 자아를 초월하여 궁극적인 깨달음의 경지로 나아갈 수 있다. 켄 윌버의 이러한 주장은 우파니샤드의 범아일여설(梵我一如說)이나 불교의 여래장설(如來藏說)과 유사성이 있다.

서양의 전통적인 정신치료법은 정신적 내용들을 변화시키고 때에 따라 "나는 누구인가?"라든지 "나는 어떤 타입의 사람인가?"라는 의문을 탐색해 보는 것으로 요약될 수 있다. 그러나 트랜스퍼스널 치료법은 이러한 목적들을 포함하는 동시에 자아초월의 관점에서 본 인간모델로부터 야기된 그 이상의 목표들을 통합시키는 방향으로 그 목적들을 확장시킨다.[27] 또한 치료자는 피치료자와 함께 자신의 자아초월적 성장을 최대한 모색한다. 즉 트랜스퍼스널 치료는 자신과 피치료자 모두에게 최선의 도움을 주는 방식이라 할 수 있다.

첫째, 자아 수준의 치료법은 페르소나와 그림자 사이의 균열을 치료하여 자기상을 갖게 하는 것이다. 인간의 병리현상은 자기상(自己像)의 왜곡에서 비롯되기 때문에 그 치료는 무엇보다 정확하고 올바른 자기상의 확립에 있다. 자아의 의식과 무의식 사이의 균열을 해소하고, 무의식을 의식화하여 온전하고 건강한 정신을 이루어내고자 하는 것이다.

둘째, 실존적 수준의 치료법의 목표는 구체적인 전인격적 인간존재를 실현시키는 것이다. 실존적 치료는 우리들의 의식은 신체적, 유기체적 살아 있는 전체의 불가결한 일부이며, 전통적으로 신체적인 것이나 정신적인 것이라고 생각되어 온 여러 가지 기능의 유기적 통합으로서의 자기인식이나 자기통제 기구[28]라는 사실을 보여주는 데 있다. 실존심리학, 게슈탈트 요법, 인간학적 심리학 등이 여기에 해당된다.

셋째는 생물 사회적 대(帶) 치료법이다. 사회 문화적 영향력이 자아구조와 사고를 형성하기 때문에 생물 사회적 대 치료법은 언어와 논리 같은 사회적 패턴에 의한 인식의 변화에 치료의 목표를 둔다. 즉 언어와 논리를 넘어 실존적 인식으로 바로 들어가게 한다.

넷째, 초개인적인 대 치료법은 인간에게 있는 초개인적 힘을 인정하고 신비체험을 치료에 활용하는 것이다. 이 치료법은 피치료자가 자기의 감정적, 심상(心像) 형성적 콤플렉스를 포괄적으로 바라볼 수 있는 전위(轉位)를 밝혀주기 때문에 진실을 왜곡시키는 행위를 중지시킬 수 있다. 매슬로의 '정상경험'이나 초지각적 지각, 염력 이

---

27) Seymour Boorstein, 정성덕 · 김익창 옮김, 『자아초월 정신치료』, 하나의학사, 1997, p.43.

28) 존 웰우드, 앞의 책, p.42.

른바 신통력과 같은 경험이 여기에 속한다. 이 단계에서는 실재를 경험할 수 있지만, 아직 인간과 자연이라는 미세한 이원론이 남아 있다. 융의 정신분석, 정신통합론, 종자진언기법, 프로고프 대화 등이 이 치료법에 속한다.

다섯째, 마음 수준의 치료법은 일종의 영적 수행이다. 마음의 수준에 들어가게 되면 인간의 의식의 바닥이 완전히 소멸된 상태가 되고, 초개인적 대에서 남아 있던 미세한 주객의 이원론도 완전히 소멸한다. 마음은 원래부터 이원론적인 분리가 없었음에도 불구하고 우리들이 주체와 객체로 분리하여 본 것에 불과하다. 불교의 진리, 우파니샤드의 범아일여, 상카라의 불이일원론(不二一元論), 베단타 힌두교, 수피즘 등이 여기에 해당된다.

켄 윌버에 의하면 의식의 스펙트럼 자체는 중첩되는 부분이 있어 서로를 명확하게 분리하는 것은 불가능하기 때문에 그 치료에 있어서도 명확하게 구분을 짓는 것은 어렵다고 한다. 트랜스퍼스널, 실존적, 그림자의 각 수준에서 나타나는 불안은 고뇌의 대상이 다르기 때문에 그것을 같은 것으로 취급해서는 안 된다. 따라서 증상이 동일하다고 하여 한 가지 치료법을 사용해서는 효과적인 목적을 이룰 수 없다. 그림자 수준에서 마음의 수준으로의 전개는 협소하고 배타적이며 부분적인 자아동일성을 버리고 더 넓고 포괄적인 자아동일성을 발견해 가는 것이라 할 수 있다. 즉 페르소나와 그림자 사이의 분열을 치료할 수 있다면 그 사람은 자아 수준으로 들어가게 되고, 자아와 신체 사이의 이원적 분열을 치료하면 실존 수준으로 들어가게 된다. 그리고 인간에게 미세하게 남아 있는 이원론을 극복하여 불이(不二)의 상태가 될 때 마음의 수준에 도달할 수 있다.

윌버에 의하면 인간의 궁극적인 목표와 욕구는 초월자가 되려고 하는 욕구, 또는 전체와 하나가 되려고 하는 충동 나아가 아트만

(Ｆtman)과 일체화되려는 욕구라고 하였다. 우파니샤드에 의하면 아트만은 원래 주체적, 인간적 원리로 소우주의 본체인데, 생명원리, 영혼의 의미, 만물에 내재하는 영묘한 힘의 의미로 발전되어 대우주의 본체인 브라흐만의 의미와 동일하게 된다. 윌버는 인간은 현상(現狀)의 자기의 모습은 전혀 변화시키지 않고 그대로 간직하면서 아트만이 되려고 하는 모순을 가지고 있다고 보고, 절대로 아트만이 될 수 없는 상태를 지닌 채 아트만이 되려고 하는 모순된 인간의 잘못된 구상을 아트만 프로젝트라고 보았다.29)

아트만 프로젝트에서는 의식의 발달 단계를 크게 나누어 전개인적 단계, 개인적 단계, 초개인적 단계로 설명한다. 전개인적 상태에서 개인적 상태로 나아가는 길을 추구의 길이라 하고, 자아확립의 상태에서 초개인적 상태로 나아가는 길을 회귀의 길이라 한다. 자기를 확립해 가는 전개인적 단계에서 개인적 단계로 나아가는 과정은 자기주장이 기초를 이루는 외향적인 길이며, 개인적 단계에서 초개인적 단계에 이르는 길은 본래의 자기로 되돌아가는 내향적인 길이다.30) 인간의 발달은 자아 이전인 물질적 세계와 미분화된 융합 상태이면서도 자아, 이성, 영성도 존재하지 않는 상태인 전개인적 상태에서부터 시작하여 개인적인 자아의 확립을 거쳐 초개인적인 자아에서 그 정점에 이른다. 윌버의 자아 이전에서 자아의 확립, 자아실현, 자아초월로 나아가는 이러한 이론 구조는 불각(不覺)에서 각(覺)으로 나아가는 불교의 수행과 유사성이 있다.

윌버는 의식의 단계적 치료에 의한 의식의 발달 단계를 플레로마 → 우로보로스 → 신체 자아(중추적, 프라나적 이미지) → 구성원의 인식 → 초기와 중기의 자아/가면 → 후기의 자아/가면 → 성숙된 자

---

29) 정인석, 앞의 책, p.217.
30) 같은 책, p.218.

아→ 생물학적 대역 → 켄타우루스/실존→ 서틀(현묘) → 코설(인과) → 아트만으로 설명하고 있다.31) 각 단계마다 발달과 성장의 내용은 다르지만 분화－ 탈동일화－ 동일화라는 형식은 본질적으로는 동일하다고 하였다.

첫째, 플레로마(Pleroma)는 혼돈 상태이다. 외계와 자기와의 구별도 없을 뿐만 아니라 공간과 시간의 의식도 없는 상태이다. 둘째, 우로보로스(Uroboros) 단계는 인간이 자기완결적이고 미분화된 상태에 있음을 말한다. 예컨대 유아가 어머니에게 전적으로 의존하여 구순 운동을 통해 대상을 구별하지만 극히 희미한 자타의 구별밖에 하지 못하는 단계이다. 셋째, 신체 자아(bodyego)의 단계는 자아의식을 갖는 인간으로 넘어가는 과도기적 단계이다. 즉 유아가 육체적인 감각을 통해서 신체와 물질적 환경의 차이를 알게 되고, 의식을 점차 신체에 집중시켜 가는 단계이다. 넷째, 구성원으로서의 자기(membership self)는 언어의 창문을 통해서 보이는 세계의 모습이 현실임을 배우고, 집단의 일원으로서 살아가는 능력을 획득하는 단계이다. 다섯째, 초기 자아, 중기 자아, 후기 자아, 성숙한 자아형성의 단계인 심적-자아적 단계(mental-egoic stage)는 모호하고 선명치 못했던 자기지각과는 다른 더 명료하고 자기개념이 통합된 자아의식이 서서히 확립되어 가는 단계이다. 여섯째, 생물 사회적 대역(biosocial bands)은 이원론적 사고에 의해서 발생하는데, 언어, 법률, 윤리, 금기, 논리, 규칙, 초법규 등과 같은 사회적 필터를 통과한 경험만이 지각 가능하며, 통과하지 못한 경험은 지각의 외부에 남아서 무의식에 머물게 된다. 일곱째, 켄타우루스의 영역(centauric realms)은 심신이 조화롭게 일체가 된 통합적 자기를 말한다. 이 단계는 서구 발달심리

---

31) 같은 책, pp.220-236 참조.

학이 말하는 최상의 단계라 할 수 있다. 여덟째, 현묘 영역(subtle realms)은 물질적 자아나 신체 자아에 구애받지 않는 마음과 감각을 말한다. 현묘심의 단계에서는 오감으로는 식별할 수 없는 초감각적 세계에 대한 유현(幽玄)한 체험을 하며, 자기 자신의 의식의 원형적 정점으로서 신(神)과의 일체화가 나타난다. 윌버는 현묘 영역을 인간에게 근본번뇌를 일으키는 말나식을 초월하여 평등성지(平等成智)에 도달하여 의식의 근본적 본성에 회귀하는 것 즉 불교의 보신(報身)의 상태라고 하였다. 아홉째, 인과 영역(causal realms)은 성장, 초월, 통합의 과정이 계속되어 통일성이 더욱 고차원에 이르러 최종적으로 통일성 그 자체에 도달하게 되는 경지이다. 완전한 상위인과 영역에서는 일체의 외형적인 형상은 초월되지만 아직도 무형상의 빛을 목격하는 쪽과 빛 자체인 목격의 대상이 되는 쪽의 이원성은 남아 있는데, 윌버는 이를 초월적 목격이라고 불렀으며, 대승불교의 법신(法身)으로 설명한다. 열 번째는 아트만(Ātman)의 단계이다. 『반야심경』의 색즉시공 공즉시색(色卽是空 空卽是色)의 세계로 현실의 물질적 존재의 진상은 모두 공(空)이다. 공은 순수한 절정의 상태와 같은 생명의 근원이며, 모든 형태의 본질과 같은 무형상의 순수한 깨달음의 영역이다. 우리들은 이 경지에 이르러 비로소 성장의 과정이 완결된다.

우리의 의식은 성장, 발달해 간다. 현재의 의식구조보다 더 상위의 의식구조가 떠오르면 현재의 자기는 그 상위구조에 동일화하여 이를 자기 자신으로 만들어 가게 된다. 다시 더 높은 상위구조의 의식이 떠오르면 지금까지의 구조로부터 탈동일화를 일으켜서 상위의 구조에 동일성을 옮겨 가는 분화가 일어나게 된다. 이런 현상이 이어짐으로써 의식은 성장, 발달해 간다. 즉 융합, 분화, 동일화, 탈동일화를 반복해 가면서 진행된다. 최초에 떠오른 의식구조와 융합하고 나서 이로부터 분화하고, 다시 더 상위의 의식구조와 융합한다고 하는 동일화와 탈동일화의 과정을 되풀이한다는 것이다. 처음 미분화된 혼돈 상태에 있는 인간의 의식은 의식의 발달에 의해 자타를 구분하고 자기정체성을 확립해 간다. 나와 타자를 구별하는 대립과 분열의 단계를 지나 다시 통합과 융합의 과정을 거쳐 마침내 이원론을 극복하여 자신의 완전성을 발견한 후 우주와 내가 하나임을 깨달음으로써 궁극적 완전성에 이르게 된다.

2) 원효의 일미관행과 깨달음

원효에 의하면 모든 중생은 본래 일각(一覺)이지만 단지 무명 때문에 몽상을 따라 유전하다가 여래의 일미(一味)의 설법을 듣고 수행하면 마침내 모두 일심의 근원에 돌아가게 된다고 한다. 그 꿈에서 깨어나는 수행이 바로 관행이다. 관행에 의해 일심의 근원에 들어간 것을 본각(本覺, 一覺)이라 한다. 본각에 들어가게 되면 8식이 적멸하여 청정하게 된다. 일체중생에게는 모두 이러한 본각이 구유(具有)되어 있기 때문에 중생들이 그들의 마음의 근원에로 되돌아간다면 모두 깨달음을 얻을 수 있다. 이같이 일심의 근원에로 돌아가는 수행법이 일미관행(一味觀行)이다. 일미란 경(境)과 지(智)의 두 가지 경계가 없어진 것으로 경(境)이란 대상으로서의 경이 아니라 경에 대해 초월한 마음의 자세로서의 관(觀)이다. 이 심상은 유(有)에도 공(空)에도 집착하지 않는 중(中)의 자세인 동시에 반야(般若)의 심상이다. 그리고 지행(智行)의 지(智)는 진여의 대한 본각·시각에 의한 무생(無生), 무상(無相)이다.

관(觀)은 본각과 그 진실로 들어가는 시각(始覺)을 통해 진리와 진리 아닌 것을 이분법적으로 분리하고 차별하는 인식을 극복하는 것이다. 관은 경계를 관조하는 지혜의 문제로 중도제일의제(中道第一義諦)와 이제관(二諦觀)과 평등관(平等觀)이라는 방편관(方便觀)이 있다. 그리고 행(行)은 원만한 과(果)를 얻기 위한 인(因)의 수행이다. 즉 십신(十信), 십주(十住), 십행(十行), 십회향(十廻向), 십지(十地), 등각(等覺)의 수행과정을 완수하여 대원경지(大圓鏡智), 평등성지(平等性智), 묘관찰지(妙觀察智), 성소작지(成所作智)의 네 가지 지혜가 이루어지는 것이다. 불각(不覺)에서 본각(本覺)으로 나아가는 과정은 범부각(凡夫覺, 不覺), 상사각(相似覺), 수분각(隨分覺), 구경각(究竟覺)으로 진행된다. 이 중 구경각만이 심원(心源)을 완전히 깨달은 상태이다. 이 과정은 삼세육추의 상(相)과 거기에 상응하는 염심(染心)을 수행에 의해서 하나씩 없애가는 과정이다.

첫째, 집취상, 계명자상을 일으키는 집상응염심은 인아(人我)에 고집하고 있는 범부각의 단계이다. 이 단계는 성문, 연각의 이승인(二乘人)의 지혜와 보살의 신심상응지(信心相應地)에 의해서 원리(遠離)할 수 있다. 생주이멸(生住異滅) 사상(四相) 중의 멸상(滅相)에 해당된다. 둘째, 상속식에 의해 상속상을 일으키는 부단상응염심은 법집(法執)이 상속하여 끊어지지 않는 단계이다. 이 단계는 십주, 십행, 십회향의 삼현위(三賢位)에 비정(比定)되는 단계로 대승에 대한 신심을 일으켜 정진하는 초발심 보살들의 경계이다. 초발심 보살들은 자기의 망상에 의해 그려낸 명상(名相)의 차별이 환영에 지나지 않는다는 것을 각지(覺知)한다. 이 단계는 어떠한 차별의 이상(異相)도 멸한 단계로 상사각에 해당되고, 경계에 대한 집착을 버렸기 때문에 심원(心源)을 각지하는 데 접근하지만 아직 공의 지혜가 완전하지 못한 단계이다. 셋째, 지상(智相)을 일으키는 분별지상응염심은 세간, 출세간의 염정(染淨)을 구별하는 단계이다. 보살이 제2지인 구계지(具戒地)로부터 점차 이탈하여 제7지인 무상방편지(無相方便

地)에 이르러야 완전히 원리(遠離)할 수 있다. 일체법을 고정된 존재로 생각하지 않는 주상(住相)을 멸하고 있는 수분각의 단계이다. 넷째, 현식(現識), 경계상을 일으키는 현색불상응염심은 보살이 제8지에 들어가게 되면 원리(遠離)할 수 있다. 다섯째, 전식(轉識), 전상(轉相)을 일으키는 능견심불상응염심은 보살이 제9지에 들어가게 되면 심행자재(心行自在)하여 무애지를 얻어 원리(遠離)할 수 있다. 마지막으로 업식, 무명업상을 일으키는 근본불상응염심은 보살진지(菩薩盡地)에서 여래지(如來地)에 들어가 원리(遠離)할 수 있고, 그 결과 마음의 상주를 얻을 수 있다.

현색불상응염심, 능견불상응염심, 근본업불상응염심을 원리(遠離)하면 구경각에 이를 수 있다. 구경각은 일체의 미혹의 근원을 각지하여 진여의 진상(眞相)과 상응하는 단계이며, 생상(生相)을 멸하여 근본무명이 없는 이념(離念), 무무념념(無無念念)의 단계로 시각과 본각이 완전하게 합일되어 평등하고 차별 없는 마음의 본성이 나타난다. 전식(轉識), 현식(現識), 지식(智識), 상속식(相續識)이 정화(淨化)되었더라도 아직 업식(業識)의 흔적이 남아 있으면 보살이고, 이 흔적마저 완전히 정화되면 부처가 된다. 깨닫지 못하였을 때는 생주이멸(生住異滅)의 사상(四相)의 구별이 있지만 깨닫게 되면 일심뿐이다. 불각, 상사각, 수분각, 구경각이라는 시각(始覺)의 4단계는 마음의 체(體)가 생각을 떠나는 경계에 점차 수순(隨順)하여 깨달아 들어가는 연속적인 지혜의 작용 과정이다. 이것은 항상 새롭게 깨달음을 얻어 가는 주체에 있어서의 끊임없는 자기승화 과정이라 할 수 있다.

구경각의 경지에 들어가게 되면 모든 식은 일어나지 않는다. 왜냐하면 일심(一心)의 체(體)는 적정하기 때문이다. 일심의 근원에서 8식은 모두 전의하기 때문에 대원경지(大圓鏡智), 평등성지(平等性

智), 묘관찰지(妙觀察智), 성소작지(成所作智)라는 네 가지 지혜가
나타난다. 대원경지는 시공간적으로 모든 것을 항상 주객이 분리되
지 않는 상태에서 있는 그대로 인식한다. 자기와 우주의 궁극적인
진실과 하나가 된 지혜로 구경지(究竟智)이다. 평등성지는 양 극단
을 원리(遠離)하여 자타가 평등하여 둘이 없는 경지이다. 제7식인
말나식의 아집(我執)과 아소집(我所執)을 대치하여 자기와 남이 평
등하다고 보는 지혜이다. 묘관찰지는 관찰하는 바가 없기 때문에 모
든 법의 문에 대해서 관찰하지 않음이 없다. 제6식에 있으면서 방편
으로 나아가 취하기 때문에 부정지(不定智)라고도 한다. 성소작지는
작위하는 바가 없기 때문에 다른 사람을 이롭게 하는 일을 하지 않
는 것이 없는 지혜이다. 이 지혜는 전오식(前五識)을 없애어 얻는다.
근원적인 대원경지의 기반 위에 다른 세 가지 지혜가 활동한다. 이
네 가지 지혜를 얻으면 바로 묘각위(妙覺位)가 되어 부처님 지혜의
경지에 들어가게 된다. 그렇게 되면 일심의 근원으로 돌아가 8식의
모든 물결이 다시 일어나지 않기 때문에 모든 식이 일어나지 않는다.

5. 원효와 켄 윌버의 만남의 가능성

켄 윌버의 의식의 층 구조 이론은 인간의 자아동일성에 대한 다차
원적 연구이다. 의식의 스펙트럼과 원효의 식설을 비교하면 켄 윌버
에 있어 마음의 수준은 원효의 제9식인 암마라식(唵摩羅識), 트랜스
퍼스널 수준은 제8 아리야식, 실존의 수준은 제7 말나식, 자아의 수
준 이하는 제6식과 전5식에 연결시킬 수 있다. 그리고 의식의 스펙
트럼 이론을 유식의 삼성설(三性說)과 연관시키면 변계소집성(遍計
所執性)은 자아와 그림자 수준, 의타기성(依他起性)은 실존 수준과
트랜스퍼스널 수준, 원성실성(圓成實性)은 마음의 수준과 대응될 수

있다.

켄 윌버는 이원적 대립이 전혀 없는 우주와 일체가 된 마음의 수준이 다른 의식의 수준으로 전개되는 것은 마야에 의한 것으로 보고, 주관 대 객관으로 분리된 현실세계는 마야에 의한 착각이라 하였다. 따라서 마음을 제외한 의식의 여러 수준은 마야의 모습으로 존재할 뿐 각 수준의 진실은 항상 마음에 있다. 원효는 일심이문설(一心二門說)에서 심진여(心眞如)는 우리들의 인식을 넘어선 모든 청정한 덕성을 완전히 갖추고 있는 평등하고 진실한 세계라 하고, 부처와 같은 마음이 우리 인간의 본래의 모습이라고 하였다. 이 진여가 무명에 의한 불각(不覺)에 의해서 여러 가지 현상적인 모습을 나타낸다. 진여의 세계만이 진실의 세계이고 무명에 의해 물든 세계는 가구된 세계일 뿐이다.

윌버에 있어 마음의 수준은 우주와 내가 하나가 된 경지이다. 이 것은 원효에 있어 제9식인 암마라식에 비유된다. 원효나 윌버 양자 모두 수행이나 치료에 의해서 인간의 이러한 본래성에 도달할 수 있다고 주장한다. 윌버에 의하면 인간의 병리현상은 인간의 자기상이 왜곡되어 부정확하게 되었을 때 일어난다. 올바르고 정확한 자기상을 확립한 후 자아까지 초월하여 궁극적인 깨달음의 경지로 나아가기 위해서는 의식의 각 수준에 대한 적절한 치료가 필요하다. 치료를 통해 자아동일성을 확대하고, 통찰과 경험을 통해 자기 내부에 자기를 초월하는 것이 있다는 것을 자각한 후 영적 수행을 통해 미세한 이원론의 경지가 사라지면 깨달음을 얻게 되어 우주와 나와의 합일의 경지를 이루게 된다. 그림자, 자아, 실존적 수준에서 초개인적, 마음의 수준으로 나아가는 것은 협소하고 배타적이며 부분적인 자아동일성을 버리고 더 넓고 포괄적인 자아동일성을 발견하는 것이다.

원효에 의하면 아리야식이 무명을 인(因)으로 하고 망념 경계를 연(緣)으로 하여 마음의 작용이 생기게 되면 염심(染心)이 생기고 그에 따라 삼세육추라는 무명의 구상(九相)이 생기게 된다. 염심이 생겨나는 원인이 무명에 있기 때문에 무명을 제거하면 불상응심(不相應心)을 없앨 수 있고, 무명(無明) 훈습(熏習)에 의해서 일어난 망령된 경계를 없애면 상응심(相應心)을 없앨 수 있다. 따라서 진여에로의 환멸은 발심 수행하여 시각(始覺)의 네 단계를 밟아 구경각으로 깨달아 들어가 본각(本覺) 즉 심진여와 합일하는 것이다.

윌버는 우주에 있어 만물의 근원적 평등성과 상대적인 질적인 차이를 이해할 필요가 있다고 하였다. 만물은 우주의 현현으로서 평등하지만 물질과 생명, 생명과 의식, 의식과 영혼, 영성 사이에 상대적인 질적인 차이 즉 불가역적인 계층적 질서가 있다. 윌버는 질적 차이와 계층적 차이를 홀론(holon)이론으로 설명한다. 홀론은 그 자체가 전체이며 동시에 다른 전체의 부분과 같은 상태를 말한다. 존재하는 사물은 전체로서만 존재하는 것이 아니라 동시에 그것은 다른 존재의 부분이기도 하다. 존재나 과정은 전체이면서 부분이고 홀론이다. 물질을 포유하면서 이를 넘어서는 양태로 생명, 생명을 포유하면서 이를 넘어서는 양태로 영성, 영혼이 나타난다.[32]

원효는 진여는 제법의 공통되는 본질이라 하여 그것은 마치 물에 강, 하천, 바다 등이 있어 크기와 깊이, 이름 등에 차이가 있지만 이들이 바다에 들어가면 모두 바닷물이 되는 것과 같다고 하였다. 원효는 심진여와 심생멸을 통상(通相)과 별상(別相)으로 구분하여 통상은 대립과 차별을 초월한 일체 존재자의 보편적 근원이며, 별상은 생멸문이 현상적인 차별과 대립을 갖추고 있는 것이라 하고 있다.

---

32) 같은 책, p.248.

심진여문은 심생멸을 초월하고 있는 것이 아니라 심생멸의 현상(現象)에 대한 차별 관념을 초월해서 보면, 차별적인 현상 그대로가 진여 자체가 된다. 따라서 통상과 별상은 둘이 아니다.

원효와 윌버의 이러한 유사성에도 불구하고 양자 사이에는 차이점도 엄연히 존재한다. 근본적인 차이점은 트랜스퍼스널이 건전한 자아의 추구를 주장하지만, 원효는 고정불변한 실체가 없으며 일체존재는 끊임없이 변해 간다는 무상무아설(無常無我說)을 주장한다는 점이다. 따라서 불교의 깨달음과 의식의 스펙트럼에서 궁극적인 존재라 하는 아트만의 수준을 동일한 경지라 할 수 없다. 의식의 스펙트럼에서는 의식의 각 스펙트럼이 연관되어 있기 때문에 각 수준에 대한 체험이 필요하다고 하고, 특히 트랜스퍼스널 수준에서의 초상체험, 신비체험을 강조하고, 이러한 신비체험이나 초상(超常)체험이 단순한 환상이나 이상심리가 아니라 인류의 미래를 결정하는 중요한 변인으로 본다. 그러나 불교 입장에서는 이러한 신비체험이나 초상체험 등을 긍정하지 않는다. 수행 중에 나타나는 이러한 이상체험은 마(魔), 마경(魔境)으로 간주되어 그것은 반드시 극복되어야 하는 것으로 본다.

불교에서는 깨달음 이후 보살행의 실천을 매우 강조하지만, 트랜스퍼스널은 우주와 합일에 강조점을 둘 뿐 중생 구제에 대해서는 그다지 관심을 보이지 않는다. 그리고 트랜스퍼스널 치료에서는 신체적 쾌감을 매우 긍정적으로 본다. 이러한 경향은 인도의 좌도밀교나 사크티 사상에서도 보이고 있지만 원효의 입장에서는 거부된다.

6. 결 어

트랜스퍼스널 심리학은 자아에 있어 과학, 이성, 비판성 등과 같은 정당한 측면을 수용함과 함께 자아의 영성의 재발견을 통해 개인주의적 인생관을 우주적 의식으로 확장하여 현대 인간의 위기를 극복하고자 한다. 이러한 입장은 개인과 자연, 개인과 사회, 더 나아가 우주 안의 모든 것이 서로 의존되고 연관되어 있다는 견해에 바탕하고 있다. 의식의 계층 이론을 주장한 켄 윌버는 우주와 개아의 합일의 경지인 마음의 수준에서 트랜스퍼스널 대역, 실존의 수준, 생물 사회적 대역, 자아 수준, 철학적 대역, 그림자 수준 등 일곱 가지 계층구조 모델을 제시했다. 이것은 자기와 우주와의 합일에서부터 가아(假我)의 수준으로 자아동일성이 전개되는 과정이라 할 수 있다.

인간의 고통으로부터의 해방이라는 불교의 핵심 가르침은 무상무아와 공(空)이다. 원효는 우리들의 마음을 일심이문(一心二門)으로 설명하고, 본래의 마음인 진여(眞如)가 무명(無明)에 의해 생멸의 현상이 나타나는 과정을 업식(業識), 전식(轉識), 현식(現識), 지식(智識), 상속식(相續識)의 다섯 단계로 나누고 있다. 원효는 업식, 전식, 현식을 제8식인 아리야식, 지식을 제7식인 말나식, 상속식을 제6식인 의식이라 하고, 이외 청정무구(淸淨無垢)한 제9식인 암마라식(唵摩羅識)을 설정하고 있다.

원효의 식설과 켄 윌버의 의식의 스펙트럼을 비교하면 오식－오감, 제6의식－그림자 수준, 자아 수준, 생물학적 대역, 제7 말나식－실존의 수준, 제8 아리야식－트랜스퍼스널 수준, 제9 암마라식－마음의 수준으로 분류할 수 있어 그 유사성을 발견할 수 있다.

켄 윌버는 의식의 스펙트럼에서 마음의 수준만이 이원적 대립이 전혀 없는 우주와 자아가 일체가 된 상태라고 보았다. 마음 외의 수준이 실재처럼 보이는 것은 마야에 의한 것이다. 따라서 마음의 수준 이외의 여러 수준은 이원론적인 입장의 전개로 그것은 단지 마야에 의한 착각일 뿐이라 한다. 원효도 심진여(心眞如)만이 진실의 세계라 하고 심진여가 무명에 의해 불각(不覺)하여 일체의 경계를 나타내기 때문에 마음이 생기면 갖가지 법이 생긴다고 하고 있다. 무명의 두텁고 얇음에 근거하여 무명이 일으키는 상(相)에는 삼세육추(三細六麤)의 구별이 있지만, 진여만이 진실의 세계이고, 무명에 의해 나타난 세계는 가구(假構)된 세계일 뿐이라 하고 있다.

켄 윌버는 인류는 모두 각자 자기초월의 가능성을 가지고 태어났기 때문에 이를 촉진시켜 줄 수 있는 적절한 치료와 수행의 과정을 체험하게 되면 자아를 초월하여 궁극적인 깨달음의 경지에까지 나아갈 수 있다고 한다. 그는 치료와 수행에 의한 의식의 발달 단계를 플레로마에서 아트만으로 나누고 있다. 원효도 모든 중생이 여래장을 가지고 있기 때문에 발심 수행하면 모두 깨달음을 이룰 수 있다고 한다. 모든 중생은 본래 본각(本覺)이지만 무명 때문에 생사를 유전한다. 원효는 일심으로 돌아가는 수행법을 일미관행(一味觀行)이라 하고, 우리들이 발심 수행하여 구경각(究竟覺)으로 깨달아 들어감으로써 심진여에 귀일한다고 하였다. 켄 윌버는 우주에 있어 만물의 근원적 평등성과 현상된 것 사이의 상대적인 질적인 차이를 인정하고 있다. 원효도 보편적 평등성의 원리인 진여의 세계와 무명에 의해 전개된 생멸의 현상에 대해 무명의 두텁고 얇음에 따른 차이를 설명한다. 그러나 원효는 궁극적으로 진여와 생멸의 불이(不二)를 주장한다.

트랜스퍼스널 심리학에는 개인주의의 한계를 뛰어넘어야 한다는 인간관이 깔려 있기 때문에 개인이나 사회의 변혁 없이는 각종 위기의 극복도 기대할 수 없다는 실천적 측면이 있다. 나와 남, 인간과 자연을 배타적으로 구분하고, 만족할 줄 모르는 이기적 욕망에 의해 물질의 노예가 된 인류에게 가장 필요한 것은 이분법적 배타성을 넘어 인간은 상호 의존하고 관계하며, 공존해야 하는 존재로 우주 속의 한 부분이라는 인식이다. 이러한 인식이 불교의 연기설, 특히 화엄의 중중무진의 연기설이 새삼 이 시대에 주목받고 있는 한 이유이기도 하다.

참고문헌

『해심밀경』
『섭대승론』
원효, 『대승기신론소기회본』
_____, 『이장의』, 한국불교전서 1, 동국대 출판부, 1997.
_____, 『금강삼매경론』, 한국불교전서 1, 동국대 출판부, 1997.
김영진, 『철학적 병에 대한 진단과 처방: 임상치료』, 철학과현실사, 2004.
방기연, 『불교상담』, 조계종출판사, 2003.
서광, 『불교상담심리학입문』, 불광출판부, 1997.
_____, 『현대심리학으로 풀어본 대승기신론』, 불광출판부, 2005.
은정희·송진현, 『원효의 금강삼매경론』 일지사, 2000.
정인석, 『트랜스퍼스널 심리학』, 대왕사, 2003.
조대영·한경숙, 『임상심리학』, 현대교육신서출판사, 1998.
조수동, 『인도철학사』, 이문출판사, 1995.
_____, 『여래장』, 이문출판사, 1997.
최지승, 「원효의 일미사상 연구」, 대구한의대 박사학위논문, 2005.
Seymour Boorstein, 정성덕·김익창 옮김, 『자아초월 정신치료』, 하나의학사, 1997.
Don Dinkmeyer, Jr. & Len Sperry, 김춘경 옮김, 『상담과 심리치료』, 시그마프레스, 2004.
Raymond J. Corsini & Danny Wedding, 김정희 옮김, 『현대심리치료』, 학지사, 2004.
루 매리노프, 이종인 옮김, 『철학으로 마음의 병을 치료한다』, 해냄, 2000.

애렌 왓츠, 강석현 옮김, 『동양과 서양의 정신치료』, 하나의학사, 2004.

존 웰우드, 박희준 옮김, 『동양의 명상과 서양의 심리학』, 범양사, 1987.

한스 게오르그 가다머, 공병혜 옮김, 『고통』, 철학과현실사, 2005.

가와이 히야오, 최정윤 옮김, 『불교와 심리치료』, 시공사, 1996.

오까노 모리야, 일진 옮김, 『불교임상심리학』, 불광출판사, 2004.

오까노 모리야, 김세곤 옮김, 『불교심리학입문』, 양서원, 2003.

후지다 기요시, 김용택 옮김, 『카운슬링불교』, 시공사, 1999.

太田久紀, 정병조 옮김, 『불교의 심층심리』, 현음사, 1983.

三枝充悳·岸田秀, 『불교와 정신분석』, 소학관, 1982.

찾아보기

필자약력

(논문 게재순)

김영필 아시아대학교 대체요법학과 교수. 철학박사(현상학 전공). 주요 저서
로『현상학의 이해』(울산대 출판부, 1998),『현대철학』(울산대 출판
부, 2002),『서양철학이 만난 한국불교』(세종출판사, 2006) 등이 있
다.

김주완 대구한의대학교 교양과정부 교수. 시인·철학박사(미학 전공). 대한
철학회 33대 회장, 한국동서철학회 16대 회장, 새한철학회 24대 회
장 역임. 주요 저서로『미와 예술』(형설출판사, 1994),『아름다움의
가치와 시의 철학』(형설출판사, 1998) 등이 있으며, 시집으로『구름
꽃』(혜진서관, 1986),『어머니』(도서출판 그루, 1988),『엘리베이터
안의 20초』(도서출판 한줄기, 1994) 등이 있다.

김석수 경북대학교 철학과 교수. 철학박사(독일 근대철학 및 사회철학 전공).
주요 저서 및 논문으로『순수이성비판 서문』(책세상, 2002),『칸트
와 현대 사회철학』(울력, 2005),「소유론을 통해 본 칸트와 헤겔」,
「칸트철학에 대한 해체주의적 비판에 대한 반비판」 등이 있다.

신인섭 강남대학교 종교철학과 교수. 한국현상학회 총무이사. 스위스 로잔 대학교에서 박사학위를 받았다. 주요 논문으로 「메를로-퐁티의 창발론적 현상학 여정」, 「제3의 정신의학 토대로서 메를로-퐁티의 살의 공동체」, 「누보 로망과 메를로-퐁티의 유비쿼터스 현상학」, 「지각에서 역사로의 교두보, 메를로-퐁티의 언어 현상학」 등이 있다.

이종왕 영남대학교 철학과 교수. 미국 네브래스카 대학교(Lincoln)에서 철학박사학위를 받았다(심리철학). 주요 논문으로 「사건존재론과 정신인과」, 「사건과 인과적 힘」, 「인과적 과잉결정과 배출논변들은 수반논변을 손상시키는가?」 등이 있다.

이강화 계명대학교 외래교수. 철학박사(헤겔 전공). 주요 저서 및 논문으로 『문화의 이해』(이문출판사, 2002), 『문화이론과 현실』(문예미학사, 2003), 『영화 속의 여성 읽기』(세종출판사, 2003), 「영상 이미지와 자아의 동일성」, 「한의 초극과 화해 양식으로서의 여성영화」, 「사회계약론의 근대적 전개」 등이 있다.

황순향 아시아대학교 영어영문학과 교수. 문학박사(드라마 전공). 주요 논문으로 「『시련』에 나타난 권력과 주체의 양상」, 「텍스트에 반영된 작가의 무의식」, 「『세일즈맨의 죽음』에 나타난 욕망과 이데올로기」 등이 있다.

박정희 대구교육대학교 학술연구교수. 대구가톨릭대학교 철학박사. 주요 저서 및 논문으로 『직업윤리』(공저, 세종출판사, 2003), 『사고디자인과 논리』(공저, 대구가톨릭출판사, 2005), 「데이빗슨의 심신이론」, 「흄, 데이빗슨, 화이트헤드 인과론에 관한 小考」, 「사건에 관한 두 가지 견해」, 「사건인과와 정신인과에 관한 두 가지 분석」, 「인간의 마음과 행위 그리고 지향성」 등이 있다.

조수동 대구한의대학교 교수. 철학박사. 주요 저서로 『인도철학사』(이문출 판사, 1995), 『여래장』(이문출판사, 1997), 『삼국유사의 종합적 연구』 (공저, 박이정, 2002), 『불교사상과 문화』(세종, 2003), 『종교의 이해』 (학진, 2005) 등이 있다.

정병석 영남대학교 철학과 교수. 대만 중국문화대학 철학연구소에서 주역에 관한 주제로 철학박사학위를 받았다. 주요 논문으로 「태극 개념 형 성의 연원적 배경과 해석」, 「『周易』의 秩序觀」, 「이구의 경세론적 易解釋」 등이 있다.

장윤수 대구교육대학교 윤리교육학과 교수. 철학박사. 중국 섬서성(陝西省) 장재관학연구중심(張載關學硏究中心) 초빙연구원. 주요 관심 분야 는 신유학, 퇴계철학, 동양교육사상 등이다. 주요 저서 및 논문으로 『정주철학원론』, 「장재 기철학의 이론적 구조」 등이 있다.

하창환 영남대학교 철학과 외래교수(동양철학). 주요 저서로 『재미있는 논 리여행』(김영사, 1994), 『퇴계선생 권3』(국제퇴계학회 대구경북지 부, 2000), 『배우지 않으면 알지 못하고 힘쓰지 않으면 하지 못한다』 (일송미디어, 2001) 등이 있다.

전영숙 영남대학교 환경보건대학원 미술치료학과 외래교수, 경북대학교 평 생교육원 미술심리상담지도사과정 외래교수. 영남대 대학원 가정학 과 박사(가족학 전공). 주요 저서 및 논문으로 『화엄세계 안에서의 대 화』(공동편저, 이문출판사, 2002), 「화엄불교 사상과 체계론적 가족치 료」(박사학위논문), 「화엄선사상의 가족치료적 적용」, 「화엄불교사상 의 가족치료학적 해석과 그 적용」, 「인간중심 이론을 적용한 미술치 료 사례연구」, 「화엄사상에서 본 미술치료의 새로운 지평」 등이 있다.

최지승 대구한의대학교 외래교수. 철학박사. 주요 저서로 『원효의 일미사상』 등이 있다.

정신치료의 철학적 지평

·

2008년 3월 15일 1판 1쇄 인쇄
2008년 3월 20일 1판 1쇄 발행

지은이 / 김영필 외
발행인 / 전 춘 호
발행처 / 철학과현실사
서울시 서초구 양재동 338-10
전화 579-5908·5909
등록 / 1987.12.15.제1-583호

ISBN 978-89-7775-657-1   03180
값 20,000원